2020年度
保险诉讼
典型案例报告

中国保险行业协会　编

REPORT
OF
TYPICAL INSURANCE LITIGATION CASES 2020

法律出版社 LAW PRESS · CHINA

图书在版编目(CIP)数据

2020年度保险诉讼典型案例报告 / 中国保险行业协会编. -- 北京 : 法律出版社, 2021
ISBN 978-7-5197-5620-8

Ⅰ. ①2… Ⅱ. ①中… Ⅲ. ①保险法—民事诉讼—案例—研究报告—中国—2020 Ⅳ. ①D925.105

中国版本图书馆CIP数据核字(2021)第089245号

2020年度保险诉讼典型案例报告
2020NIANDU BAOXIAN SUSONG DIANXING ANLI BAOGAO

中国保险行业协会 编

责任编辑 赵明霞
装帧设计 汪奇峰

出版发行 法律出版社
编辑统筹 法商出版分社
责任校对 晁明慧
责任印制 胡晓雅
经　　销 新华书店

开本 710毫米×1000毫米 1/16
印张 27.5 **字数** 405千
版本 2021年8月第1版
印次 2021年8月第1次印刷
印刷 三河市龙大印装有限公司

地址:北京市丰台区莲花池西里7号(100073)
网址:www.lawpress.com.cn
投稿邮箱:info@lawpress.com.cn
举报盗版邮箱:jbwq@lawpress.com.cn

销售电话:010-83938349
客服电话:010-83938350
咨询电话:010-63939796

书号:ISBN 978-7-5197-5620-8
定价:128.00元
凡购买本社图书,如有印装错误,我社负责退换。电话:010-83938349

《2020年度保险诉讼典型案例报告》
编　委　会

前·言

保险业的快速、健康、可持续发展，离不开法治的保障。2017年10月召开的中国共产党第十九次全国代表大会，对全面推进依法治国做了新的战略部署。社会主义法治是我们党治国理政的一贯主张和根本追求，也是中国特色社会主义的内在要求。邓小平同志对法治曾有过深刻阐述，他指出："为了保障人民民主必须健全法制，必须使民主制度化、法律化"。"既要发展社会主义民主，也要健全社会主义法制，把二者统一起来，不仅要使社会主义民主制度化、法律化，而且要使社会主义法制民主化。"习近平总书记对法治也十分重视，党的十九大以来，他围绕着建设法治中国的目标，发表了一系列关于法治的重要论述。他指出，全面依法治国是中国特色社会主义的本质要求和重要保障，必须把党的领导贯彻落实到依法治国的全过程和各方面，坚定不移走中国特色社会主义法治道路。他要求，全面依法治国是国家治理的一场深刻革命，必须坚持厉行法治，推进科学立法、严格执法、公正司法、全民守法。因此，运用法治手段促进和保障保险行业的发展，既是法治中国的重要内容，也是落实依法治国方略的应有之义。

完善的法律规范制度能确保保险业始终沿着既定的目标稳步前行而不偏离方向；顺畅的定分止争机制能维护正常的保险经济秩序，化解保险业发展中的诸多矛盾纠纷，保障各保险法律关系主体的正当权益。因此，为提高现代保险业的法治化水平，必须在加强保险业科学立法的同时，确保保险法律、法规的运用和实施。而法律的遵从和实施，离不开人们对法律的认知和掌握。相较于抽象地研习保险法律条文和法律教材，通过研究分析司法机关对保险案例的裁判意见，发现和挖掘司法裁判者合理运用法律的经验智慧，理解司法裁判者的思维模式，是活化对法律条文理解、深化对法律精神把握、增强依法能力的一条捷径，应引起所有保险从业者及所有保险当事人的重视。

为加强保险诉讼案例研究，总结经验，加强交流，指导实践，提高投保人、被保险人、受益人与保险人诉讼实务能力和水平，并为监管人员、从业人员、司法人员、大专院校师生以及有关人士工作和学习提供参考，中国保险行业协会组织各保险公司、业内资深学者参与，精心筹划，认真筛选，撷取2019年行业保险诉讼典型案例编辑出版了《2020年度保险诉讼典型案例报告》。本书共收录最新保险诉讼典型案例40个，其中人身保险诉讼典型案例15个，财产保险诉讼典型案例25个。这些案例具有以下特点：

第一，客观性。每个案例由案情、裁决和评析三部分组成。这些案例都是现实生活中实际发生的，每个案例叙述完整，内容丰富，且语言精练，逻辑缜密，分析透彻，客观地展现了投保人、被保险人和受益人与保险人之间的业务过程和法律关系。法院在审理中通过诉讼当事人的陈述、举证、质证和辩论以及法院调查取证等程序，还原了整个事件的本来面目，呈现了有关行为的前因后果。其裁决是真实的，具有法律效力。

第二，代表性。在人身保险诉讼案例中，既有与人民生活密切相关的疾病保险、医疗保险和意外伤害保险，还有两全保险等险种。在财产保险诉讼案例中，既有社会普遍关注的交强险、商业车险和校方责任险，又有财产综合保险、诉讼保全责任保险、货物运输保险、沿海内河船舶保险及国内贸易信用保险等险种。可以说，本书案例几乎涵括现今保险市场主要产品，论及保险纠纷和保险诉讼的方方面面。本书案例来自全国各地，具有广泛的代表性。

第三，指导性。本书案例对保险销售、投保、核保、承保、售后服务和理赔等诸环节均有介绍和论述。在客户与保险人发生纠纷的情况下，双方对同一规定、同一行为和同一事实认识不同，观点迥异，分歧较大，以致争执不下，互不相让，进而诉诸法律。法院通过裁决，认定事实，适用法律，明辨是非。无论是被保险人，还是保险人，败诉一方均应引以为戒，吸取教训，纠正错误，规范行为。这无疑对被保险人和保险人都有现实指导意义。

第四,理论性。本书案例评析对所涉法律问题进行重点解读,对相关理论进行有益探讨,对保险实务以及审判和立法提出参考性建议,有助于读者更好地理解保险原理和法律精神。保险是无形产品,保险合同是射幸合同,保险合同当事人应恪守最大诚信原则。当事人之间的纷争往往是由于对保险和法律知识缺乏了解。因而努力提高全民保险意识和法律意识仍是一项长期而艰巨的任务。基于此,本书不仅对普通群众尤其是被保险人是有益的,而且对理论研究工作者来说也是有益的。

我们真诚地希望本书的出版能为保险监管工作任务顺利完成和保险业持续健康发展尽绵薄之力。

《2020年度保险诉讼典型案例报告》编委会

二〇二〇年十二月

目·录

人身保险诉讼案例

第一部分

第一部分

人身保险诉讼案例

意外伤害保险的人身保险性质及保险合同的相对性认定

辽宁省抚顺市中级人民法院
（2018）辽04终2195号民事判决书

（2019年12月3日）

案·情

2017年2月1日，游客赵某在投保人某公司某乐园（以下简称某乐园）经营的滑雪场滑雪过程中不慎摔伤，花费医疗费60,000多元。左肾受损导致肾功能轻度下降，依据《人体损伤致残程度分级》规定，被评定为八级伤残，但该伤残等级未达到某保险公司北京分公司（以下简称某保险公司）条款规定赔偿的伤残标准。最后，因医疗费及残疾赔偿无法达成一致，赵某提起诉讼。

法院判决

上诉人（原审被告）：某保险公司，住所地：北京市西城区。

被上诉人（原审原告）：赵某，男，1986年1月24日出生，汉族，住抚顺市顺城区。

原审第三人：某乐园，住所地：抚顺经济开发区高湾经济区。

上诉人某保险公司因与被上诉人赵某、原审第三人某公司某乐园意外伤害保险合同纠纷一案，不服抚顺市望花区人民法院（2018）辽0404民初1396号民事判决，向二审法院提起上诉。二审法院立案后，依法组成合议庭，公开开庭进行了审理。上诉人某保险公司委托诉讼代理人，被上诉人赵某及其诉讼代理人，原审第三人某乐园委托诉讼代理人到庭参加了诉讼。该案现已审理终结。

某保险公司上诉请求：(1)请求二审法院依法撤销(2018)辽0404民初1396号民事判决书，依法予以改判或发回重审；(2)由被上诉人承担本案的全部诉讼费用。事实与理由：(1)该案保险合同相关条款、免责事项等均已向投保人说明且系双方真实意思表示，该保险合同及相应条款应当成为该案的审理及理赔依据。原审法院对保险条款效力未予认定，并判决上诉人承担全部赔偿责任，属认定事实及适用法律错误；上诉人已向法院出示了投保单等证据予以说明，该投保单等证据已明确记载了上诉人已就保险合同条款、免责条款等向投保人明确说明，投保人也充分知悉并完全理解，该案庭审中投保人、被保险人对此证据的真实性是无异议的。原审法院对此证据未予确认并简单以格式条款未进行说明等为由，判决上诉人承担全部赔偿责任，明显与事实不符且于法无据。(2)根据该案人身保险合同条款、附加短期意外医疗保险条款中明确约定，该保险合同为补偿性保险合同，适用于医疗费用补偿原则，如被保险人除该保险合同外还可以从其他保险获得医疗费补偿，则保险人应以意外伤害医疗保险金额为限，对被保险人获得补偿后的医疗费用的余额按照合同约定给付保险金，且保险单条款中又明确约定免赔100元，上述约定均系保险合同条款的明确约定，应当成为审理的依据。该案原告的医疗费用已经(2017)辽0404民初924号及(2018)辽04民终300号民事判决确定赔偿医疗费45,188.38元的70%即31,631.87元。该已赔付的款项应当予以扣除且免赔100元，原审法院对此未予认定并扣除，属于认定事实及适用法律错误。(3)该案系人身保险合同纠纷，并非道路交通事故等侵权纠纷，原告所主张的伤残赔偿应当以保险合同的约定为依据。结合原告的伤情，依据保险条款约定的伤残标准，原告并未构成赔付人身保险中伤残赔偿的条件，原审法院判决上诉人承担伤残赔偿金100,000元，于法无据。第一，该案系人身保险合同纠纷，并非道路交通事故等侵权责任纠纷。对原告是否构成人身保险合同中约定的伤残及赔付的标准等应当依据保险合同条款的相关约定，而并非依据本案中鉴定机构所出具的报告。该伤残鉴定报告与该案的纠纷及定残依据等截然不同，因此该报告不能作为定案的依据。一审法院仅依据该报告便判决上诉人承担全部限额100,000元的赔偿责任，显然于法无据且采信证据有误。第二，该案保险合同等已向投保人进行明确说明且保险合同的签订均系当事人的真实意思表示，应当成为审理的依据。同时，对于人身保险的理赔，均依据人身保险合同条款也是目前司法实践及理赔实践中的共同规律，不能简单地以这些条款是格式条款等理由对相关保险条款一概不予采信，这与《保险法》和《合同法》（已失效）的宗旨相违背。原告的伤情为肾部受伤，依据保险合同条款、特定场所人身意外伤害险条款所附的《人身保险伤残评定标准》的约定，原告的伤情并不属于该案人身保险的伤残赔偿范围，上诉人不应承担赔偿伤残赔偿金之责任。该案的人身保险伤残评定应当以保险合同约定的《人身保险伤残评定标准》为依据，对原告的伤情进行伤残评定，看其是否属于人身保险合同中伤残赔偿之列及是否符合赔偿标准。而该案中法院所依据的伤残评定报告并非以上述评定标准为依据而是根据侵权法律关系等相关标准进行的评定。其评定的依据明显与保险合同约定相违背，因此，该案伤残评定报告不应作为理赔依据。原审法院对该伤残评定报告予以采信并判决上诉人承担赔偿责任，属认定事实及适用法律错误。第三，该案中即使对原告作出了伤残评定，上诉人也并非需要按伤残赔付限额的满额100,000元进行赔付。该100,000元系最高赔付限额，原告的伤情经依法按保险合同约定评定伤残级别后，再根据级别对应的保险赔付比例乘以赔偿限额后得出最后的赔偿额度，而并非系简单地以人身损害赔偿的标准经本案的伤残报告计算后按最高限额进行赔偿。该案中原审法院判决上诉人承担满额的100,000元伤残赔偿明显与事实不符且于法无据，并违反公平原则，将可能产生不良的社会影响。综上所述，请求贵院依法支持上诉人的各项请求及事实理由，以维护上诉人的合法权益。

赵某的代理人辩称，2017年2月1日，赵某与同伴一行前往某乐园滑雪，在买滑雪门票时又另买一份某保险公司出售的商业保险入园。在滑雪运动中不慎左肾摔伤住院1个多月，卧床3个多月，现伤残定八级。（1）赵某提供的保险小票是其参加保险的唯一证据。小票上的条款是双方的真实约定，是合同，它作为法院认定的证据，对方不能否认该证据的法律效力。今天保险公司拿出的所谓条款、依据，在赵某摔伤前后其一概不知，从没有听过和见过，也没有人告知其，所以其不认同，对方所谓的依据也对其不产生约束力。还有诉状提到的“免责事项均已向投保人说明等等”其不认同。赵某同其他游客一样买完票随即就入园，根本没有人向赵某进行说明和告知，也不存在充分知悉并完全理解的情况。所以说，保险公司诉状中所说的情况根本不存在，与事实不符。只有保险小票及上面的条款才是真实约定的合同，小票以外的约定其不认同。(2)小票明确写着“每人每次事故医疗费赔偿限额两万元，死亡伤残赔偿限额十万元”。其就是根据小票上面所载明的条款要求赔偿的，这是其依据。现在保险公司说这是“补偿性保险合同，适用医疗补偿原则”等，其认为这全是保险公司为自身利益所采用的说词，而作为购买保险的滑雪游客是不知情的，因此其不认可保险公司诉状中提出的“补偿性保险合同，适用医疗补偿原则”等内容。(3)最高人民法院、最高人民检察院、公安部、国家安全部和司法部联合发布的《人体损伤致残程度分级》规定，保险公司行业规定不能突破国家法律规定，保险规定应服从国家法律和规定。(4)伤残赔付应按保险小票的约定进行赔偿。小票中没有说明什么样的伤残该赔多少钱，只是载明“死亡、伤残”限额是100,000元。而赵某产生的各项损失的实际数额均超过保险限额，保险小票上面的条款是赵某与某保险公司唯一的约定合同，其他“告知、说明、补充、理解”等赵某全不知晓，因此其不认可。请求维持原审法院判决。

某乐园述称，(1)该案我公司为第三人，争议焦点为上诉人与被上诉人之间的关系。我公司在该案中既不承担赔偿责任，也没有事实的主体义务。(2)我们认为一审法院认定事实清楚，适用法律正确。

赵某向一审法院起诉请求：判令某保险公司赔偿赵某医疗费20,000元，伤残赔偿金100,000元，诉讼费由某保险公司承担。

一审法院认定事实：2016年8月18日，被告某保险公司(保险人)与第三人某乐园(投保人)签订《某乐园游客人身意外保险协议》约定：身体健康、在本合同约定的旅游景点活动人员，均可成为本保险合同的被保险人；保险期限自缴纳保险费并且被保险人进入游乐场所范围之时起，至被保险人离开游乐场所范围止，仅限当次有效；保险金额，其中滑雪场意外伤害为100,000元，意外医疗20,000元；投保险种为特定场所人身意外伤害险、附加短期意外伤害医疗保险；保险费，滑雪场保费为10元/人/场；免赔额为意外医疗每次事故绝对免赔额100元后，按100%比例赔付；特定场所人身意外伤害险（2013）条款中规定，残疾保险责任……如被保险人的残疾程度不在所附《人身保险伤残评定标准》之列，保险人不承担给付残疾保险金责任，责任免除，被保险人从事高风险运动、参加任何职业或半职业体育运动期间……高风险运动包括但不限于潜水，滑水、滑雪、滑冰……附加短期意外伤害医疗保险（2013）条款中规定，该保险合同为费用补偿性保险合同，适用医疗费用补偿原则，如被保险人除该保险合同外还可以从其他保险计划（……本公司在内的任何商业保险机构等）获得医疗费补偿，保险人以意外伤害医疗保险金额为限，对被保险人获得补偿后的医疗费用的余额按照合同约定给付保险金。2017年1月31日，原告赵某在入园购票时同时购买了特定场所人身意外伤害险，并同时获得相应凭证，凭证载明：每人每次事故赔偿限额，医疗费赔偿限额20,000元，死亡伤残赔偿限额100,000元，每次事故免赔100元后按照医保比例赔付。后原告赵某在被告某乐园初级滑道进行滑雪运动时，为躲避滑道内白色塑料袋不慎摔倒，受伤后就医，为此产生一定经济损失，其中医疗费46,407.89元，同时导致了左肾损伤致肾功能轻度下降评定为八级伤残的结果，产生伤残赔偿金209,958元。原告就其由该次事故产生的上述经济损失及精神损害曾来院告诉，一审法院作出（2017）辽0404民初924号、（2018）辽0404民初1397号民事判决对其损失进行赔偿。

一审法院认为，依法成立的合同，自成立时生效，对当事人具有约束力，当事人应当全面履行己方义务。另外，采用格式条款订立合同的，提供格式条款的一方应当遵守公平原则确定当事人之间的权利义务，并采取合理的方式提请对方注意免除或者限制其责任的条款，按对方的要求，对该条款予以说明，格式条款有免除其责任，加重对方责任、排除对方主要权利的，该条款无效。本案中，原告赵某投保被告某保险公司承保的特定场所旅游人身意外伤害保险，双方形成的保险合同系双方当事人真实自愿的意思表示，且不违反法律行政法规的效力性强制性规定，应认定合法有效，对双方当事人具有约束力，后原告在指定场所发生意外，产生经济损失、精神损害，要求被告按照参保凭证载明赔偿标准对己方损失进行赔付，虽被告辩称涉案保险合同是补充性合同且原告主张各项不在其理赔范围。但其向一审法院提出的保险合同及相应条款均为格式条款，该条款在原告购买上述保险时并未向原告出示，亦未向一审法院提供相应证据证明其已经履行了对原告进行说明及提示的义务，且该条款免除己方责任，应属无效，故被告该项抗辩意见一审法院不予采信，被告应承担给付保险金的义务。关于原告主张的要求被告赔付医疗费20,000元及伤残赔偿100,000元，原告赵某在指定场所受伤，产生各项损失的实际数额均超过保险限额，现原告依据合同约定向被告主张上述损失，具有事实和法律依据，一审法院予以支持。据此，判决：被告某保险公司于本判决生效之日起30日内给付原告赵某医疗费20,000元、伤残赔偿金100,000元。案件受理费150元，由被告某保险公司负担。

二审法院经审理查明的事实与一审法院认定的事实一致。另查明，抚顺市望花区人民法院（2017）辽0404民初924号民事判决确认赵某医疗费等损失为60,052.38元；抚顺市望花区人民法院（2018）辽0404民初1397号民事判决确认赵某医疗费等损失1219.51元。

二审法院认为，（1）关于保险合同的效力。2016年8月18日，某保险公司作为保险人与某乐园作为投保人签订《某乐园游客人身意外保险协议》，该合同虽然对相关免责事项作出约定，但该合同是双方签订且某乐园并没有以投保人的名义缴纳保费，故该合同并不对赵某发生效力。本案是赵某依据其购买的意外伤害保险诉请某保险公司赔偿，上诉人认为《某乐园游客人身意外保险协议》及相应条款应当成为本案审理及理赔依据的意见，理由不充分，不予支持。

（2）赵某伤情是否在保险赔付范围内。赵某受伤后，经法院委托鉴定机构鉴定为八级伤残，该鉴定合法有效，应当作为赔偿依据。赵某伤情为肾挫裂伤，该伤情虽然不符合某保险公司与某乐园签订的保险合同保险条款约定赔付人身保险中伤残赔偿的条件，但该合同对赵某没有约束力，故上诉人依据保险条款约定的伤残标准，对赵某不予赔偿的意见不予采信。

（3）关于赔偿数额。人身保险既不适用财产保险的损失补偿性原则，也不存在重复保险。赵某入园购买了门票，该门票包含公众责任险，同时又购买了某保险公司意外伤害保险，因此在发生保险事故后，赵某取得公众责任险后，也应当按约定取得意外伤害保险。赵某购买的特定场所人身意外伤害保险凭证载明的医疗费赔偿限额20,000元，死亡伤残赔偿限额100,000元，每次事故免赔100元后按照医保比例赔付。赵某发生事故后伤残赔偿金超过100,000元，其投保意外伤害保险，目的是人身伤害得到充分赔偿，具有人身保险性质，不是重复保险，故某保险公司应该对赵某伤残赔偿限额100,000元予以赔偿。对于医疗费赔偿，虽然赵某支出超过20,000元，但该费用具有财产赔偿性质，不能重复赔偿，某保险公司应该承担补充赔偿责任。赵某支付医疗费等计61,271.89元，其已得到70%赔偿，故某保险公司应承担30%的补充赔偿责任，计18,381.57元，按保险凭证中约定的免赔100元，亦应予扣除。对于上诉人认为赵某已经从其他保险获得医疗费补偿，某保险公司获得补偿后的医疗费用的余额给付保险金及保险凭证中约定免赔100元应予扣除的意见，有事实依据，本院应予支持。对于上诉人认为对赵某不应按伤残赔付限额的满额100,000元进行赔付的意见，理由不充分，本院不予支持。

综上所述，上诉人某保险公司认为保险凭证中约定免赔100元应予扣除，给付保险金为赔偿后的医疗费用余额的上诉意见，予以支持；某保险公司其他上诉理由不充分，应予驳回。依照《民事诉讼法》第一百七十条第一款第二项之规定，判决如下：

（1）撤销抚顺市望花区人民法院（2018）辽0404民初1396号民事判决；

（2）某保险公司于本判决生效之日起30日内给付赵某医疗费18,281.57元、伤残赔偿金100,000元。

一审案件受理费150元；二审案件受理费2700元，均由某保险公司负担。

该判决为终审判决。

评·析

本案属于人身意外事故致被保险人伤残的典型案例，涉及的主要争议焦点有四，分别为：投保人的认定；保险合同的效力；伤情是否在保险赔付范围；赔偿数额的确定。

一、第一个争议焦点是投保人的认定

根据《保险法》第十条的规定，保险合同是投保人与保险人约定保险权利义务关系的协议。投保人是指与保险人订立保险合同，并按照合同约定负有支付保险费义务的人。

保险合同的当事人为投保人和保险人。投保人作为保险合同的当事人，必须具备以下条件：一是具有完全民事权利能力和相应的民事行为能力；二是投保人须对保险标的具有保险利益；三是投保人须是以自己的名义与保险人订立保险合同的当事人，同时还须依保险合同的约定交纳保险费。

在本案中，与保险公司签订保险协议的一方仅满足前两个条件，不符合第三个条件，其没有以投保人的名义交纳保费，因此法院判定与保险公司签订保险协议的一方不能认定为投保人。

二、第二个争议焦点是保险合同的效力

根据《保险法》第十七条的规定，订立保险合同，采用保险人提供的格式条款的，保险人向投保人提供的投保单应当附格式条款，保险人应当向投保人说明合同的内容。对保险合同中免除保险人责任的条款，保险人在订立合同时应当在投保单、保险单或者其他保险凭证上作出足以引起投保人注意的提示，并对该条款的内容以书面或者口头形式向投保人作出明确说明；未作提示或者明确说明的，该条款不产生效力。

某保险公司与某乐园签订《某乐园游客人身意外保险协议》，该合同虽然对相关免责事项作出约定，但依据上一争议焦点，某乐园并没有被认定为投保人，因此法院认定保险公司没有对投保人作出免责条款的明确说明，该合同对受害人（被保险人）不产生效力。

三、第三个争议焦点是伤情是否在保险赔付范围

根据《保险合同》第三十条的规定，采用保险人提供的格式条款订立的保险合同，保险人与投保人、被保险人或者受益人对合同条款有争议的，应当按照通常解释予以解释。

所谓“通常理解”是指既不采纳保险人的解释，也不采纳投保人、被保险人、受益人的解释，而是按照一般人的理解来解释。对合同条款有两种以上解释的，人民法院或者仲裁机构应当作出有利于被保险人和受益人的解释。

被保险人伤情为肾挫裂伤，经法院鉴定机构鉴定为八级伤残。但依据《人身保险伤残评定标准》的约定，按照《人体损伤致残程度分级》的标准，该伤情属于十级伤残。在该两种伤残评定标准存在争议的情况下，且赵某收到的凭证上并没有列明采取哪种评级标准，因此法院作出有利于被保险人的解释，判定以鉴定机构的认定为准。

四、第四个争议焦点关于赔偿数额

保险中损失补偿原则包含两层含义：一是只有保险事故发生造成保险标的的毁损致使被保险人遭受经济损失时，保险人才承担补偿的责任。二是被保险人可获得的补偿量，仅以其保险标的遭受的实际损失为限，即保险人的补偿恰好能使保险标的在经济上恢复到保险事故发生之前的状态，而不能使保险人获得多于或少于损失的补偿。损失补偿原则主要适用于财产保险以及其他补偿性保险合同。

赵某入园购买的门票包含公众责任险，同时购买了某保险公司的人身意外伤害保险，附加意外伤害医疗保险，保险凭证载明医疗费赔偿限额20,000元，死亡伤残赔偿限额100,000元，每次事故免赔100元后按照医保比例赔付。在发生保险事故之后，赵某取得公众责任险赔付，也应当按约定索赔意外伤害保险。

本案人身意外伤害保险伤残赔付部分，不适用财产保险的损失补偿性原则，也不存在重复保险情形，因此保险人应全额给付伤残赔偿金。

而附加意外伤害医疗保险具有财产补偿性质，不能重复赔偿。因此对于医疗费赔偿部分某保险公司应该承担补充赔偿责任。

本案审理法院综合考虑人身保险的特殊性、保险合同的真实意思表示、双方当事人之间保险的合同效力，结合法律规定和合同约定，按照《保险法》等相关法律法规，确定了赔付范围和赔付金额。而这对于人身意外险标的赔付的争议问题也具有一定的指导意义。

重大疾病保险中投保人故意未履行如实告知义务时保险人的合同解除权

内蒙古自治区锡林郭勒盟中级人民法院
（2019）内25民终1828号民事判决书

（2019年12月3日）

案·情

2017年3月30日，郭乙为其父亲郭甲在某保险公司内蒙古分公司（以下简称某保险公司）投保了“老年恶性肿瘤疾病保险”，投保人及被保险人对保险公司询问的与被保险人相关的具体健康情况进行了回答，否认被保险人在投保前患有肿瘤等疾病，并声明其在投保单中所填写的各项内容均属实，同时表示其已完全理解了保险责任条款和责任免除条款，两人在《人身保险投保提示书》《投保单》中对列明的上述各项内容签字确认。上述保险合同于2017年3月31日生效，保险金额为100,000元。

此后，被保险人于2017年11月23日病故，相关受益人于2017年12月25日向保险公司申请理赔。保险公司在理赔调查中发现，被保险人于2017年3月22日至28日在扎赉特旗人民医院就医的入院记录和出院记录均诊断其疑似患有前列腺癌。根据以上调查证据，保险公司确定投保人未履行如实告知义务后，于2018年1月15日向投保人送达了解除合同并拒赔的《理赔决定通知书》。

保险合同相关受益人遂于2019年3月25日向人民法院提起诉讼。一审法院以依法成立的合同合法有效，对当事人具有约束力为由支持了原告的诉讼请求。保险公司不服一审判决提出上诉，二审法院经审查后认为，保险公司已经依法行使保险合同解除权，投保人及相关受益人并未依法请求法院确认合同解除的法律效力，因此，案涉保险合同已经依法解除，保险公司拒赔并不无不当。遂依法判决撤销一审判决，驳回一审原告的诉讼请求。

法院判决

上诉人（原审被告）：某保险公司，住所地呼和浩特市赛罕区。

被上诉人（原审原告）：刘某，女，住西乌旗巴拉嘎尔高勒镇。

原审原告：郭乙，女，住西乌旗巴拉嘎尔高勒镇。

原审原告：郭丙，女，住赤峰市红山区。

原审原告：郭丁，男，住西乌旗巴拉嘎尔高勒镇。

保险人某保险公司因与被上诉人刘某，原审原告郭乙、郭丙、郭丁人身保险合同纠纷一案，不服西乌珠穆沁旗人民法院（2019）内2526民初290号民事判决，向二审法院提起上诉。二审法院于2019年11月6日立案后，依法组成合议庭，开庭进行了审理。该案现已审理终结。

某保险公司上诉请求：（1）撤销西乌珠穆沁旗人民法院（2019）内2526民初290号民事判决，依法改判。（2）两审诉讼费用由被上诉人承担。事实和理由：该案一审判决认定事实和适用法律均属错误，对某保险公司明显不公。根据一审法院认定事实，郭乙进行投保的时间是2017年3月30日。而被保险人在2017年3月22日至28日于扎赉特旗人民医院就医时，就已经被诊断为疑似患有癌症，且郭乙在庭审时已经明确，其购买该案保险是已经得知被保险人已被诊断为怀疑患有癌症的事实，但是其却在投保时告知被保险人身体健康，未患有任何疾病。根据《保险法》第十六条的规定，在保险人依照法律规定行使合同解除权后，一审法院仅以合同合法有效为由，作出保险人应当履行保险理赔义务的判决，应当认定一审法院认定事实和适用法律错误。保险合同中双方当事人的诚实、恪守信用是保险关系建立的必要条件。如果合同一方当事人不守诚信，违反合同约定，甚至采用欺诈手段，损害对方利益或是对社会造成损害，最终将扰乱市场交易秩序，影响整个市场经济活动的健康发展。该案中保险人已经按照合同约定及法律规定行使了合同解除权，一审法院无视事实真相，且适用法律错误，对保险人极为不公。

刘某辩称，(1)死者郭甲于2017年4月19日在赤峰学院附属医院就诊时，无任何其他疾病的记录，因此并不存在骗保的行为，保险人拒绝理赔于法无据。(2)根据双方签订的《保险合同》第九条第七款第一项其中内容有第一次经医院确诊恶性肿瘤，其中癌症情况应当为确诊。而保险人在上诉状所称疑似癌症与合同不符。

原审原告郭乙、郭丙、郭丁述称，与刘某的答辩意见一致。

刘某、郭乙、郭丙、郭丁向一审法院起诉请求：(1)依法判令某保险公司向四人支付保险理赔款100,000元；(2)该案诉讼费用由某保险公司承担。

一审法院认定事实：2017年3月30日，郭乙为被保险人郭甲在某保险公司投保老年恶性肿瘤疾病保险，保险合同成立日为2017年3月30日，保险合同生效日为2017年3月31日，每期保险费1370元，保险金额为100,000元，交费方式为每年，交费日期为每年3月31日，交费期间和保险期间均为10年，自2017年3月31日至2027年3月30日。郭乙投保了一期保险费1370元。本合同生效之日起180日为疾病等待期。被保险人郭甲于2017年11月23日病故。另查明，身故保险金受益人为法定继承人。刘某是被保险人郭甲的妻子，即法定继承人。郭乙、郭丙、郭丁提供的证据无法证明，是被保险人郭甲的法定继承人。某保险公司称100,000元以下保险合同只需要询问，不需要体检。上述事实有保险合同、结婚证、户口本、身份证及当事人的陈述等在案佐证，法院予以认定。一审法院认为，郭乙为被保险人郭甲在某保险公司投保的老年恶性肿瘤疾病保险合同为双方真实意思表示，应当属于合法。被保险人郭甲病故在保险合同理赔范围内。郭乙、郭丙、郭丁无法证明是被保险人郭甲的法定继承人，但是刘某作为被保险人郭甲的法定继承人，应属保险金的受益人。某保险公司应当履行保险理赔款义务。故依据《合同法》第八条、第六十条第一款之规定，判决如下：被告某保险公司在该判决生效后10日内给付原告刘某保险理赔款100,000元。如未按该判决指定的期间履行给付金钱义务，应当按照《民事诉讼法》第二百五十三条之规定，加倍支付迟延履行期间的债务利息。案件受理费已减半收取为1150元由被告某保险公司负担。

二审中，当事人没有提交新证据。

二审法院认为，该案二审的争议焦点为某保险公司应否承担保险理赔义务。某保险公司上诉称，因投保人未履行如实告知义务其已于2018年1月15日下达了解除合同的拒赔决定通知书，双方的保险合同已经依法解除，保险公司不应当承担理赔责任。根据庭审查明情况，被保险人郭甲于2017年3月22日至28日在扎赉特旗人民医院就医，该院的入院记录和出院记录均诊断疑似患有前列腺癌。投保人郭乙于2017年3月30日在某保险公司为郭甲投保了老年恶性肿瘤疾病保险，对投保单中“被保险人健康及职业声明”的5项声明内容在“本人确认被保险人没有上诉声明中提到的疾病、症状及其他情况”一栏选择了“是”，其中声明的第3项为“被保险人未患有或者被怀疑患有癌症、恶性肿瘤……囊肿”。从投保人投保时间以及投保单声明确认内容来看，可以确认投保人未履行如实告知义务。根据《保险法》第十六条第二款、最高人民法院《关于适用〈中华人民共和国保险法〉若干问题的解释（二）》第五条的规定，保险公司有权行使合同解除权。该案中，被保险人郭甲因肺癌逝世，投保人于2017年12月25日向保险公司申请理赔，某保险公司于2018年1月15日出具拒赔决定通知书解除合同。根据《合同法》第九十六条、《民法典》第五百六十五条、最高人民法院《关于适用〈中华人民共和国合同法〉若干问题的解释（二）》（现已失效）第二十四条的规定，投保人郭乙如果不同意某保险公司解除合同，应在收到解除通知之日起3个月内请求法院或是仲裁机构确认合同解除的效力。经庭审查明，郭乙对某保险公司释明的拒赔决定书下发的时间及邮寄送达时间没有异议，但其于2019年3月25日向人民法院提起诉讼时，已超过3个月。故某保险公司解除合同的行为已经发生效力，双方的合同已经解除，某保险公司将不再承担保险理赔责任。

综上所述，某保险公司的上诉请求成立，予以支持。依照《保险法》第十六条、《合同法》第九十六条、最高人民法院《关于适用〈中华人民共和国保险法〉若干问题的解释（二）》第五条、最高人民法院《关于适用〈中华人民共和国合同法〉若干问题的解释（二）》第二十四条、《民事诉讼法》第一百七十条第一款第二项规定，判决如下：

（1）撤销西乌珠穆沁旗人民法院（2019）内2526民初290号民事判决；

（2）驳回被上诉人刘某及原审原告郭乙、郭丙、郭丁的全部诉讼请求。

一审案件受理费1150元，二审案件受理费2300元，由刘某、郭乙、郭丙、郭丁负担。

该判决为终审判决。

评·析

本案是一起典型的“带病投保”案件，人民法院将本案的争议焦点确定为保险公司应否承担保险理赔义务后，不仅仅对“带病投保”的基本事实、保险公司健康询问等常规调查重点进行严格审查，还将保险公司是否在《保险法》规定的时间内行使合同解除权，以及投保人是否按照最高人民法院《关于适用〈中华人民共和国合同法〉若干问题的解释（二）》第二十四条规定的时间，请求司法机关审查确定合同解除权的效力等时限要素列为司法审查的重点内容，所得出的审理结论更为全面、客观、准确。

在司法实践中，存在很多“带病投保”受益人胜诉的案例，人民法院在关注“带病投保”基本事实存在的同时，往往对保险公司是否履行充分提示及说明义务看得极为重要，绝大多数保险公司败诉案件皆是因其无法证明已经履行该项义务。鉴于此，目前保险公司已经较为重视对履行提示和明确说明义务的证据准备。而法院则会更加仔细审查保险公司行使合同解除权的时间、方式是否合法，因多数保险公司未在法律规定的30日内行使保险合同解除权，或者行使权利的方式不合法，法院即认定保险公司行使合同解除权无效，进而判决保险公司败诉。因此，保险公司应当特别注意行使保险合同解除权的规范性、时效性。

本案中，从被保险人在投保前的既往病史以及投保时间、投保过程等相关证据上看，不难得出投保人属于故意不履行如实告知义务，存在“带病投保”的行为。而保险人行使保险合同解除权是否有效则成为本案争议焦点中的核心问题。对此，衍生出以下四点值得探讨。

一、保险人行使保险合同解除权的法定期限

根据《保险法》第十六条及最高人民法院《关于适用〈中华人民共和国保

险法〉若干问题的解释（二）》第五条的规定，保险人应当在知道保险合同解除事由30日内行使解除权，且解除的保险合同成立不得超过2年。

二、投保人请求司法机关对保险人合同解除权有效性进行审查的法定期限

根据《合同法》第九十六条及最高人民法院《关于适用〈中华人民共和国合同法〉若干问题的解释（二）》第二十四条的规定，当事人一方主张解除合同的，应当通知对方。合同自通知到达对方时解除。对方有异议的，应当在解除合同或者债务抵销通知到达之日起3个月内，请求人民法院或者仲裁机构确认解除合同的效力。

三、《合同法》是否可以作为审理保险合同纠纷的法律依据

在司法实践中，有的律师认为，《保险法》相对于《合同法》属于特别法，因此，在保险合同纠纷中不能适用《合同法》的相关规定，否则有违《立法法》的规定与原则。

笔者认为，《保险法》相对于《合同法》确实属于特别法，但《立法法》第九十二条中规定“同一机关制定的法律、行政法规、地方性法规、自治条例和单行条例、规章，特别规定与一般规定不一致的，适用特别规定”，而在《保险法》对“投保人请求司法机关对保险人合同解除权有效性进行审查的期限”没有明确规定的情况下，作为以商事合同为主要调整对象的《合同法》及其司法解释当然可以适用于保险合同纠纷。

最高人民法院在先后下发的最高人民法院《关于适用〈中华人民共和国保险法〉若干问题的解释（二）》、最高人民法院《关于适用〈中华人民共和国保险法〉若干问题的解释（三）》中均明确可以依据《合同法》，就保险合同有关法律适用问题进行解释，更间接验证了以上结论。

四、原告只起诉保险公司索要保险金，并没有在诉讼请求中请求人民法院对保险公司解除保险合同的法律效力进行审查，人民法院是否需要主动审查保险公司解除保险合同的效力

从目前检索到的司法判例来看，大多数的司法判例认为，合同一方向相

对方发出解除合同通知，即使相对方未在异议期内请求法院确认解除合同的效力，也并不一定发生解除合同的法律效力，法院仍会对解除合同是否符合法定情形进行实质性审查。因此，保险人必须充分证明投保人在投保时存在未如实告知的事项、投保人未告知的事项足以影响保险人决定承保或者提高费率承保、投保人对于不如实告知事项是明知且故意的，用以证实保险人享有合同解除权；同时还需证明其行使合同解除权符合《保险法》第十六条第三款的规定，解除合同的行为才合法有效。

结合本案事实，保险人除证明了投保人"带病投保"的基本事实外，还证明已经于2018年1月15日向保险受益人下达了解除合同并拒赔的《理赔决定通知书》。而受益人于2019年3月25日向人民法院提起诉讼，其期间远远超过了法律规定的3个月。因此，人民法院才最终作出"该保险合同已于2018年1月15日解除；保险人行使合同解除权合法有效"的认定。

而笔者认为，从受益人准确行使诉权的角度考虑，受益人应当在主张保险金之前，充分考虑到作为保险金给付前提的保险合同是否已经解除。投保人或受益人应当严格依据法律规定，主动及时请求司法机关确认保险公司解除保险合同的法律效力，再主张要求保险金，以合法、有效维护自己的合法权益。

值得司法机关、行业主管部门关注的是，目前个别单位或个人利用网站、公众号等渠道或方式，教唆投保人回避保险公司的审查，隐瞒被保险人的真实情况，从而获得高额的赔偿。导致越来越多的投保人违背诚实信用原则，以试图骗取高额的保险赔偿金。在不对等的条件下，司法机关在相关案件审理中严格依据法律规定，保持超然、客观、公正的工作态度对保险行业的健康发展至关重要。

意外伤害保险中保险人拒赔理由的认定

河北省唐山市中级人民法院
（2019）冀 02 民终 6484 号民事判决书

（2019 年 9 月 9 日）

案·情

康甲于2015年1月26日在某保险公司河北分公司投保了畅行无忧两全保险，康甲指定其女儿康乙为受益人。2017年1月10日，康甲因交通事故意外身亡，受益人通知保险公司并申请理赔，经保险公司查明，康甲作为投保人和被保险人分别于2014年10月25日和2015年1月23日向某保险公司唐山中心支公司投保了保险金额共4,000,000元的保险。2019年1月25日，某保险公司河北分公司以投保人康甲故意不履行如实告知义务为由向原告出具拒绝理赔的《理赔决定通知书》，拒绝赔偿保险金，后受益人康乙诉至法院。

法院判决

上诉人（原审被告）：某保险公司河北分公司。

上诉人（原审被告）：某保险公司唐山中心支公司。

被上诉人（原审原告）：康乙，住唐山市。

原审原告法定代理人：焦某（系原告康乙母亲），住唐山市。

上诉人因意外伤害保险合同纠纷一案，不服河北省滦州市人民法院作出的（2019）冀0223民初1166号民事判决，依法提起上诉。该案于2019年8月20日立案后，依法组成合议庭，公开开庭进行了审理。该案现已审理终结。

上诉人上诉请求:(1)撤销原审判决,改判驳回被上诉人诉讼请求;(2)诉讼费用由被上诉人负担。事实和理由:(1)一审法院判决上诉人承担保险责任,属于适用法律错误。一审判决认定了本案投保人(系被保险人)康甲"持C1驾驶证驾驶悬挂作废牌照冀B98(车辆真实号牌为冀B2F)小型轿车"发生肇事身亡的事实,根据该保险合同免责条款第六条第八款"被保险人驾驶无有效行驶证机动车",属于《保险合同》免责条款约定范围,因此受益人丧失了获得保险赔偿的权利。一审法院既然认定《保险合同》有效,就应该按照合同的约定来确认被上诉人是否享有相应的保险权利,由于被保险人违反了保险合同的约定,被上诉人不能享有保险合同约定的保险金。因此一审判决认定被上诉人享有保险金属于适用法律错误。(2)被保险人未履行如实告知义务,保险公司不应承担责任。保险合同为射幸合同,合同双方应最大限度诚实守信,而该案投保人康甲在某保险公司河北分公司投保时隐瞒自己先前在其他公司投保高额意外伤害保险的事实,该行为足以影响保险人是否同意承保或提高保险费率,投保人康甲属于故意不履行如实告知义务,其死亡事故符合双方保险合同约定的责任免除情形,保险公司不应承担保险责任。

被上诉人康乙答辩称,(1)被保险人所驾驶的车辆有合法有效的行驶证,应当理赔。首先,被保险人在事故发生时所驾驶的车辆真实号牌为冀B2F小型轿车,该车手续已经正常年检,虽悬挂作废牌照B98,但悬挂假车牌行为并不能否定该车辆具有有效行驶证的事实。事故发生后,被保险人家属已经将手续提交给交警部门,交警部门经审验核对后在责任认定书"当事人、车辆、道路和交通环境等基本情况"第二点里作出如下认定即"2.车辆情况冀B2F,小型轿车"。如该车手续过期或存在其他情况,交警会具体说明,因此,该认定足以证明,事故车辆手续正常,只是悬挂了假牌。同时,该悬挂假牌行为并不是造成事故的原因之一。其次,《保险合同》免责条款第六条第八款不适用本案。事故发生后,被保险人家属及时报案并要求理赔,上诉人出具了理赔决定通知,告知被保险人家属"理赔结论"为"不予给付身故保险金",处理决定依据勾选的是"故意不如实告知",并未勾选"合同约定的责任免除项",同时在整个理赔过程和一审过程中,上诉人并没有提及《保险合同》第六条第八款免责条款,说明上诉人已经放弃该免赔依据。同时该条款为格式条款,就该条款中所述“被保险人驾驶无有效行驶证机动车”中“驾驶无有效行驶证机动车”行为的认定，应按不利于上诉人的解释，具体到本案，应当认定被保险人驾驶车辆具有有效行驶证。(2)投保单并非全部由投保人康甲亲笔填写，投保单上说明事项中包括“被保险人是否投保过或正在申请其他公司人寿保险”中的对勾均不是康甲勾选，保险人员没有对投保单中的内容进行过询问，只是拿着投保单(有可能是空白的)让康甲签字。因此，保险公司未履行免责条款告知和与投保有关的重点事项的询问义务，康甲不存在未如实告知情况，上诉人拒赔理由不成立。(3)退一步讲即使假设被保险人康甲未履行如实告知义务，保险公司也无权拒赔。最高人民法院《关于适用〈中华人民共和国保险法〉若干问题的解释(二)》第八条中明确规定：“保险人未行使合同解除权，直接以存在保险法第十六条第四款、第五款规定的情形为由拒绝赔偿的，人民法院不予支持。”时至今日，保险公司也无正式提出解除合同，只是在2019年1月25日出具的《理赔决定通知书》的“合同结论里”提出“解除合同不退费”，而该时间早已超过《保险法》第十六条第三款规定的解除权行使的“知道解除事由之日起三十日”和“合同签订之日起二年”的期间。且该条规定，合同签订超过两年，保险人不得解除合同；发生保险事故的，保险人应当承担理赔或给付保险金的责任。上述规定明确具体，上诉人应承担理赔责任。

上诉人康乙向一审法院起诉请求：请求法院依法判令被告给付原告保险理赔款2,000,000元人民币，并由被告承担该案诉讼费。

一审法院认定事实：2017年1月10日9时20分许，康甲持C1驾驶证驾驶悬挂作废牌照冀B98(车辆真实号牌为冀B2F)的小型轿车由南向北行驶至古冶区外环线圣火公司西侧路口时与护墙、排水沟上边缘发生碰撞，致康甲死亡、车辆受损。2018年5月30日，唐山市公安交通警察支队第四交通警察大队委托天津某司法鉴定中心对康甲尸体进行死因检验鉴定，天津某司法鉴定中心于2018年6月27日出具某〔2018〕病理鉴字第103号司法鉴定意见书，鉴定意见为被鉴定人康甲符合交通事故致颈椎离断，脊髓损伤，中枢神经系统传导功能障碍，呼吸、循环系统功能衰竭死亡。康甲生前于2015年1月23日作为投保人与上诉人某保险公司河北分公司签订了保险合同(保险合同号为887111205802)，该保险合同包括首期保险费发票、保险单、现金价值表、保险条款、个人业务投保书、人身合同投保提示书等内容。其中保险单载明：被保险人为康甲，身故保险受益人为康乙；合同成立日期为2015年1月29日，合同生效日期为2015年1月30日；保险期间自2015年1月30日0时至2045年1月29日24时止；基本保险金额为20,000元；保险费每年5360元，交费方式为年交，交费期间为10年，续期保险费交费日期为每年1月30日。《某保险公司畅行无忧两全保险条款》对保险公司承担保险责任及责任免除的条件进行了详细的规定，其中第2.3.3条驾乘车意外伤害身故或身体全残保险金规定,被保险人驾驶或乘坐私家车、单位公务或商务用车期间，交通事故遭受意外伤害导致身故或身体全残的，保险公司按被保险人身故或身体全残时所处的以下不同情形给付驾乘车意外伤害身故或身体全残保险金，该合同终止：(1)若身故或身体全残时被保险人处于70周岁保单生效对应日之前，则其驾乘车意外伤害身故或身体全残保险金为本合同基本保险金额的10倍；(2)若身故或身体全残时被保险人处于70周岁保单生效对应日(含)之后，则其驾乘车意外伤害身故或身体全残保险金为本合同基本保险金额的2倍。投保人康甲填写的《个人业务投保书》附在保险合同中，载明业务员就投保记录询问其"是否投保过或正在申请的其他公司人寿保险"时选择了"否"。同时投保人康甲还在《人身保险投保提示书》上签字确认。2017年1月10日案涉事故发生当日，原告方亲属即通知了被告保险人某保险公司河北分公司并提出理赔要求，被告某保险公司河北分公司于2019年1月25日以投保人康甲"故意不履行如实告知义务"为由向原告出具《理赔决定通知书》，拒绝赔偿保险金。另查明，康甲作为投保人和被保险人于2014年10月25日在某保险公司唐山中心支公司投保了"安行宝保险"，保险金额为2,000,000元；2015年1月23日又在某保险公司唐山中心支公司投保了"爱自由两全保险"，保险金额为2,000,000元。再查明，康甲曾用名康丙，本案原告康乙系康甲与焦某的女儿。一审法院认为，该案涉及两个争议焦点：(1)关于在投保案涉"畅行无忧两全保险"时，投保人康甲是否故意违反了如实告知义务的问题。保险合同为射幸合同，基于保险合同的特殊性，合同双方应当最大限度的诚实守信。投保人依法履行如实告知义务，是最大限度诚实守信的一项重要内容。《保险法》第十六条规定：订立保险合同，保险人应当向投保人说明保险合同的条款内容，并可以就保险标的或者被保险人的有关情况提出询问，投保人应当如实告知。投保人故意隐瞒事实，不履行如实告知义务的，或者因过失未履行如实告知义务，足以影响保险人决定是否同意承保或者提高保险费率的，保险人有权解除保险合同。投保人故意不履行如实告知义务的，保险人有权解除保险合同。投保人故意不履行如实告知义务的，足以影响保险人决定是否同意承保或者提高保险费率的，保险人有权解除保险合同。投保人故意不履行如实告知义务的，保险人对于保险合同解除前发生的保险事故，不承担赔偿或者给付保险金的责任，并不退还保险费。投保人因过失未履行如实告知义务，对保险事故的发生有严重影响的，保险人对于保险合同解除前发生的保险事故，不承担赔偿或者给付保险金的责任，但可以退还保险费。保险事故是指保险合同约定的保险责任范围内的事故。据此，如实告知义务是投保人订立保险合同时必须履行的基本义务，投保人是否对保险标的或者被保险人的有关情况作如实说明，直接影响保险人测定和评估承保风险并决定是否承保，影响保险人对保险费率的选择。所以，投保人在订立保险合同前，应当如实回答保险人就保险标的或者被保险人的有关情况作出的询问，如实告知影响保险人是否承保以及设定承保条件、承保费率的重要事项。该案中，康甲在投保案涉“畅行无忧两全保险”时，被告某保险公司河北分公司的业务员就投保记录向其询问，康甲对于个人业务投保书记录关于“被保险人是否有投保过或者正在申请中的其他公司人寿保险？如选是，请填写承保公司、险种名称、身故保额（元）、承保日期、保单现状态、申请理赔经理”及“您是否在我公司或者其他公司申请保险或复效被拒保、延期、加费或除外责任”的两项询问，均选择了否。但根据该案事实，康甲隐瞒了自己分别于2014年10月25日和2015年1月23日在某保险公司唐山中心支公司投保同类保险，保险金额高达4,000,000元的实际情况，作出了与实际明显不符的答复，显然违反了如实告知的法定义务。(2)关于康甲在投保案涉“畅行无忧两全保险”时没有履行如实告知义务，被告某保险公司河北分公司、某保险公司唐山中心支公司是否有权据此解除该保险合同并拒绝承担保险责任的问题。首先，鉴于被告某保险公司河北分公司是某保险公司的分支机构，而被告某保险公司唐山中心支公司是河北分公司的下属机构，不具有以自己的名义独立签发保险合同及承担相应法律责任的资格，故涉案保险合同应认定为由被告某保险公司河北分公司与康甲签订，由此导致的法律后果应由被告某保险公司河北分公司承担。其次，如前所述，投保人康甲向某保险公司河北分公司投保"畅行无忧两全保险"时，在是否向保险公司投保同类保险的问题上具有故意违反如实告知义务的行为。因这类保险均属低保费、高赔付的险种，故使投保人在客观上具有巨大的潜在道德风险，投保人不如实告知保险人上述情况，直接影响保险人对投保人人身风险的评估，以及保险人对是否承保、如何确定承保条件和费率等问题作出正确决策。因此，被告某保险公司河北分公司在法定期限内有权解除康甲与其签订的涉案保险合同，同时拒绝对该保险事故承担赔偿或者给付保险金的责任。最后，保险人虽然可以以投保人不履行如实告知义务为由解除保险合同并拒绝承担赔偿责任，但该项解除权利的行使严格受到两个法定期限的约束。《保险法》第十六条共七款规定，第一，订立保险合同，保险人就保险标的或者被保险人的有关情况提出询问的，投保人应当如实告知。第二，投保人故意或者因重大过失未履行前款规定的如实告知义务，足以影响保险人决定是否同意承保或者提高保险费率的，保险人有权解除合同。第三，前款规定的合同解除权，自保险人知道有解除事由之日起，超过30日内不行使而消灭。自合同成立之日起超过两年的，保险人不得解除合同；发生保险事故的，保险人应当承担赔偿或者给付保险金的责任。第四，投保人故意不履行如实告知义务的，保险人对于合同解除前发生的保险事故，不承担赔偿或者给付保险金的责任，并不退还保险费。第五，投保人因重大过失未履行如实告知义务，对保险事故的发生有严重影响的，保险人对于合同解除前发生的保险事故，不承担赔偿或者给付保险金的责任，但应当退还保险费。第六，保险人在合同订立时已经知道投保人未如实告知情况的，保险人不得解除合同；发生保险事故的，保险人应当承担赔偿或者给付保险金的责任。第七，保险事故是指保险合同中规定的保险责任范围内的事故。另外最高人民法院《关于适用〈中华人民共和国保险法〉若干问题的解释（二）》第八条规定："保险人未行使合同解除权，直接以存在保险法第十六条第四款、第五款规定的情形为由拒绝赔偿的，人民法院不予支持。但当事人就拒绝赔偿事宜及保险合同存续另行达成一致的情况除外。"据上述规定可知，保险人在知道投保人没有履行如实告知义务的情况下，自知道有解除事由之日起30日内可履行合同解除权，但最长时间不得超过自合同成立之日起两年。该案中，投保人康甲与保险人某保险公司河北分公司签订的“畅行无忧两全保险”合同成立的时间是2015年1月29日，故被告某保险公司河北分公司以康甲未履行如实告知义务为由要求行使合同解除权的最迟时间应为2017年1月29日，被告保险人某保险公司河北分公司在2017年1月10日康甲发生案涉保险事故时就已收到原告方的通知和理赔要求，但被告某保险公司河北分公司直至2019年1月25日才以康甲“故意不履行如实告知义务”为由向原告出具《理赔决定通知书》，拒绝赔偿保险金，已经丧失了法定解除权的有效行使期间，故该院对被告保险人的抗辩不予采纳。因此，被告某保险公司河北分公司应当按照涉案保险合同的约定向投保人康甲指定的身故保险受益人康乙支付保险金2,000,000元（基本保险金额200,000元×10倍）。故判决：（1）被告某保险公司河北分公司于本判决生效后10日内向原告康乙支付保险金2,000,000元；（2）驳回原告康乙的其他诉讼请求。如果未按该判决指定的期间履行给付金钱义务，应当按照《民事诉讼法》第二百五十三条规定，加倍支付迟延履行期间的债务利息。案件受理费11,400元，由被告某保险公司河北分公司负担，在判决书生效后5日内交纳。

二审法院经审理查明的事实与一审查明的事实一致。

二审法院认为，唐山市公安交通警察支队第四交通警察大队出具的《道路交通事故认定书》中并未认定涉案机动车的车辆行驶证无效，且涉案保险合同中也未约定驾驶作废牌照机动车属于保险免赔的情形，故对上诉人某保险公司河北分公司主张康甲驾驶无有效行驶证机动车丧失获得保险赔偿的权利，本院不予支持。根据《保险法》第十六条第一款规定：“订立保险合同，保险人就保险标的或者被保险人的有关情况提出询问的，投保人应当如实告知。”投保人履行如实告知义务的前提是保险人就相关问题进行询问，该案上诉人并未举证证明其在订立涉案保险合同时对投保人康甲是否在其他保险公司投保高额意外伤害保险的事实进行过询问，故二审法院对其主张投保人未履行如实告知义务不承担保险责任不予支持。综上所诉，上诉人某保险公司河北分公司的上诉请求不能成立，一审判决认定事实清楚，适用法律正确。二审法院依照《民事诉讼法》第一百七十条第一款第一项规定，判决如下：

驳回上诉,维持原判。

二审案件受理费22,800元,由上诉人某保险公司河北分公司负担。

该审判为终审判决。

评·析

本案的争议焦点是投保人是否存在故意未如实告知的情况,以及保险人能否据此作出拒付保险金的理赔决定。

对于投保人的如实告知义务,《保险法》第十六条规定:“订立保险合同,保险人就保险标的或者被保险人的有关情况提出询问的,投保人应当如实告知。投保人故意或者因重大过失未履行前款规定的如实告知义务,足以影响保险人决定是否同意承保或者提高保险费率的,保险人有权解除合同。前款规定的合同解除权,自保险人知道有解除事由之日起,超过三十日不行使而消灭。自合同成立之日起超过二年的,保险人不得解除合同;发生保险事故的,保险人应当承担赔偿或者给付保险金的责任。投保人故意不履行如实告知义务的,保险人对于合同解除前发生的保险事故,不承担赔偿或者给付保险金的责任,并不退还保险费。投保人因重大过失未履行如实告知义务,对保险事故的发生有严重影响的,保险人对于合同解除前发生的保险事故,不承担赔偿或者给付保险金的责任,但应当退还保险费。保险人在合同订立时已经知道投保人未如实告知的情况的,保险人不得解除合同;发生保险事故的,保险人应当承担赔偿或者给付保险金的责任。保险事故是指保险合同约定的保险责任范围内的事故。”

(一)如实告知义务的含义

保险关系是一种风险的转移,风险的转移者(投保人或被保险人)与风险的接受者(保险人)之间存在保险标的信息的不对称。保险人对于保险标的的了解,对所承保的风险的评估都有赖于投保人提供的资料,因此,为了保证双方的意思表示真实投保人需要将有关保险标的的各种事实情况披露和告知保险人,这就是保险法上的投保人如实告知义务。

那么,是否所有关于保险标的的信息都需要告知保险人?我国《保险法》

规定，只有“足以影响保险人决定是否同意承保或者提高保险费率的”重要事实才是如实告知的范围。在本案中，法院认为涉案保险属低保费、高赔付的险种，故使投保人在客观上具有巨大的潜在道德风险，投保人不如实告知保险人曾在其他公司投保的情况直接影响保险人对投保人人身风险的评估，以及保险人对是否承保、如何确定承保条件和费率等问题作出正确决策。

《保险法》第十六条将询问告知规定为如实告知义务的前提。如果订立保险合同时，保险人就保险标的或被保险人情况提出询问的，投保人应当如实告知。保险人未询问情况的，投保人没有说明或告知，不构成违反告知义务。本案中投保人对投保书载明的“被保险人是否有投保过或者正在申请中的其他公司人寿保险？如选是，请填写承保公司、险种名称、身故保额（元）、承保日期、保单现状态、申请理赔经理”以及“您是否在我公司或者其他公司申请保险或复效被拒保、延期、加费或除外责任”两项询问均钩选否，隐瞒了其曾于2014年10月25日和2015年1月23日分别在另两家保险公司投保同类保险，保险金额高达4，000，000元的情况。

综上所述，投保人没有如实回答保险人通过投保告知书询问的有关是否曾投保的问题，违反了如实告知的法定义务。

（二）违反如实告知义务的后果

《保险法》规定，投保人、被保险人未如实告知的保险人有权解除合同，又区分主观过错不同情况对免于承担保险责任的后果作了规定：投保人故意不履行如实告知义务的，保险人对于合同解除前发生的保险事故，不承担赔偿或者给付保险金的责任，并不退还保险费；投保人因重大过失未履行如实告知义务，对保险事故的发生有严重影响的，保险人对于合同解除前发生的保险事故，不承担赔偿或者给付保险金的责任，但应当退还保险费。

对于上述的保险人解除权，《保险法》还作了限制性的规定：一是权利行使的期限，规定了除斥期间与最长除斥期间。合同的解除权自保险人知道有解除事由之日起，超过30日不行使而消灭；自合同成立之日起超过两年的，保险人不得解除合同。二是禁止反言的规定，保险人在合同订立时已经知道投保人未如实告知的情况的，保险人不得解除合同。

本案中虽然投保人存在故意违反如实告知义务的事实，但是保险人以投保人“故意不履行如实告知义务”为由向出具《理赔决定通知书》拒绝赔偿保险金的时间已经超过了合同订立之日起2年，已经丧失了法定解除权的有效行使期间，故应当对该保险事故承担保险责任。

两全保险中投保人故意未履行如实告知义务时保险人的合同解除权

辽宁省大连市中级人民法院

（2019）辽02民终10374号民事判决书

（2019年2月18日）

案情

2017年6月8日，投保人贾甲以自己为被保险人，投保某保险公司大连分公司（以下简称某保险公司）两全保险，保单于6月9日生效。首个保单年度自驾车出险保额500,000元。2017年6月11日贾甲自行驾驶机动车发生交通事故，经医院抢救无效于2017年6月14日死亡。2017年7月5日保单受益人向保险公司提出理赔申请，保险公司经调查后发现投保人贾甲2017年5月至6月，在其他保险公司集中投保高额意外身故保险及重大疾病保险，并且贾某有吸毒史。2017年8月2日，保险公司以投保人未如实告知以上两点，严重影响承保决定为由，作出解除保险合同、退还保费的理赔决定。保单受益人于2017年9月10日提起诉讼，请求法院判令保险公司支付保险理赔款500,000元，并承担案件诉讼费用。

法院判决

上诉人（原审被告）：某保险公司，住辽宁省大连市中山区。

被上诉人（原审原告）：贾乙，女，1998年5月3日生，汉族，住黑龙江省伊春市。

上诉人某保险公司因与被上诉人贾乙人寿保险合同纠纷一案，不服大连市旅顺口区人民法院(2018)辽0212民初1151号民事判决，向二审法院提出上诉。二审法院于2018年12月12日立案后，依法组成合议庭进行了审理，上诉人某保险公司的委托诉讼代理人，被上诉人贾乙的委托诉讼代理人到庭参加诉讼。该案现已审理终结。

某保险公司上诉请求：撤销一审判决并改判驳回贾乙的全部诉讼请求；一审、二审诉讼费用由贾乙承担。事实和理由：贾甲投保前曾有吸毒史和在多家保险公司投保的情况故意未如实告知，一审法院对此事实未予认定。“双录”录像中显示贾甲明确答复未购买其他保险公司产品，且其公司保险代表已经多次尽到询问和提示义务，在大连保险行业协会统一协调下，调查出贾甲在短期内分别在8家寿险公司投保高额意外身故保险及重大疾病保险、意外身故保险保额合计7,595,000元，且投保时均未告知在其他公司已投保。

贾乙辩称，不同意某保险公司的上诉请求。由某保险公司提交的“双录”录像可以看到，某保险公司并没有按照其行业规范的要求，对贾甲进行如实告知及充分提示等。某保险公司以不存在的理由拒绝贾乙的理赔要求，恰恰说明了是某保险公司没有依照合同履行诚实信用原则。关于某保险公司主张的贾甲曾经多家投保一节，贾甲投保的险种绝大部分为财产险和万能险，是储蓄理财性质的保险，不是单纯的类似于赌博射幸的保险。贾甲足额缴纳了保费，与其在之前陈述的个人职业收入并无关联，某保险公司并无证据证明贾甲投保的资金来源非法，况且贾甲在投保时，正在进行收购山野菜的商业贸易活动，根据当时的经济环境，该行业是朝阳行业，利润巨大。贾甲本人对未来所能得到的收入和期待，是符合事实和逻辑的。从某保险公司调取的材料，包括与上级单位保监会以及公安机关的相互联系可以得出，某保险公司的能力是十分强大的，某保险公司现否认其专业能力不符合客观事实。某保险公司以贾甲曾经吸毒为由，认为贾甲没有履行如实告知的义务，按照双方签订的保险合同条款来看，该要求是超出合同约定的。保单的条款这样陈述：是否曾有下列症状，曾被告知患有下列疾病或因下列症状或疾病接受治疗，下面的分项包括是否曾经吸食过毒品麻醉品等项，但是该条款从普通的文义解释来看，是受最后的是否接受过治疗条款制约，贾甲本人曾经吸毒，该信息被某保险公司一方调取，但贾甲并没有因偶然的吸毒接受过治疗或戒毒的事实，根本达不到触发该条款的程度。贾甲据此回答“否”是没有问题的。关于某保险公司认为其解除的时间没有超过《保险法》规定的期限，贾乙一方不予认同。某保险公司所举的证据的打印时间为2018年6月29日，没有其他证据可以证明某保险公司是在该时间之前或之后得到了该份证据，根据法律规定，某保险公司应从知道之日起30日内作出解除合同的决定，该处置期是不能延误不能更改的。贾乙向一审法院起诉请求：某保险公司支付保险理赔款500,000元；诉讼费用由某保险公司负担。

一审法院认定事实：2017年6月8日，投保人贾甲向某保险公司申请投保，被保险人贾甲，身故受益人贾乙，受益百分比100%。险种分别为某款两全保险，基本保额100,000元；某附加意外医疗保险B款，基本保额10,000元。保单号781193775281,保险单生效日为2017年6月9日，保险期限为10年。某款两全保险合同第1.2条中约定，订立本合同，某保险公司应当向投保人说明本合同的内容。对本合同中免除某保险公司责任的条款，在订立合同时某保险公司应当在投保单、保险单或者其他保险凭证上作出足以引起投保人注意的提示，并对该条款的内容以书面或者口头形式向投保人作出明确说明。未作提示或者明确说明的，该条款不产生效力。订立本合同，某保险公司可以就投保人和被保险人的有关情况提出书面询问，投保人应当如实告知。如果投保人故意隐瞒事实，不履行如实告知义务，或者因重大过失未履行如实告知义务，足以影响某保险公司决定是否同意承保或者提高保险费率的，某保险公司有权解除本合同。但若被保险人自本合同成立日（若本合同中止后复效，则以最后复效日为准）及持续有效两年后才发生保险事故的，某保险公司将不再依据本条规定行使对本合同的解除权，如果某保险公司在合同订立时已经知道投保人未如实告知的或自某保险公司知道有解除事由之日起超过30日没有解除本合同，则某保险公司不再依据前款约定行使解除权。如果投保人故意不履行如实告知义务，某保险公司对于本合同解除前发生的保险事故，不承担给付保险金的责任，并不退还保险费。如果投保人因重大过失未履行如实告知义务，对保险事故的发生有严重影响的，某保险公司对于本合同解除前发生的保险事故，不承担给付保险金的责任，但退还保险费。

第2.2.1条中约定：若被保险人驾驶自驾车发生意外伤害事故，自意外伤害事故发生之日起180日内因该事故导致身故，合同效力终止。若该事故发生在首个保单年度内且被保险人年龄未满70周岁，某保险公司应按照合同的基本保险金额的五倍给付该项保险金。第2.3条为责任免除约定。其中第1款规定若被保险人的身故或全残由下列原因之一所致，合同效力终止，保险公司不承担给付保险金的责任：(1)投保人对被保险人的故意杀害、故意伤害；(2)被保险人故意自致的伤害、参与打斗、犯罪或者抗拒依法采取的刑事强制措施；(3)被保险人主动吸食、服用、注射毒品；(4)被保险人自合同成立(或复效)之日起两年内自杀，但被保险人自杀时为无民事行为能力人的除外；(5)被保险人酒后驾驶，无合法有效驾驶证驾驶，或驾驶无有效行驶证的机动车；(6)战争、军事行为、暴乱、武装叛乱或恐怖活动；(7)核爆炸、核辐射、核污染、原子或生化武器。合同因上述第(1)项情形而终止，保险公司按合同约定向其他权利人退还本合同当时的现金价值。合同因上述第(1)项情形外的其他情形而终止，保险公司向投保人退还合同当时的现金价值。除第2.3条第1款规定之外，若被保险人的身故或全残由下列原因之一所致，保险公司将不承担给付自驾车、网约车意外身故及全残保险金，公共交通意外身故、全残保险金和一般意外身故、全残保险金的责任：(1)被保险人猝死；(2)被保险人因未遵医嘱，私自服用、涂用或注射药物所致；(3)被保险人因疾病、流产或分娩所致；(4)被保险人因整容手术或其他内、外科治疗导致医疗事故者；(5)被保险人因进行潜水、跳伞、攀岩活动、探险活动、武术比赛、摔跤比赛、特技表演、赛马、赛车等高风险活动所致；(6)被保险人因遭受意外伤害以外的原因失踪而被法院宣告死亡。贾甲对保险合同中的“本人已阅读保险条款、产品说明书和投保提示书，了解本产品的特点和保单利益的不确定性”黑体字加粗部分的声明条款进行签字确认，并在《人身保险投保提示及投保人声明书》中进行了签字确认。该声明书第十条规定，我国《保险法》对投保人的如实告知行为进行了明确的规定。投保时，投保人填写的投保单应当属实，对于销售人员询问的有关被保险人的问题的，也应当如实回答，否则可能影响投保人和被保险人的权益，并且投保人确认无误的话在投保提示书、投保单等相关文件亲笔签名。

投保人声明黑体加粗部分内容为：本人已详细阅读并完全了解上述投保提示内容；保险代理人对于投保提示、投保产品文件、保险条款、保险责任及免除保险公司责任的条款作了详细解释和明确说明，对于本次投保的所有产品条款本人已认真阅读并完全了解；本人已知悉并完全同意本次投保的所有产品的保险责任及免除保险公司责任的条款事项；所有投保文件签名均为本人及被保险人或其法定监护人亲笔签名；对签署内容，本人均无异议。贾甲于该声明书落款的投保人处签名。根据某保险公司提供的“双录”影像显示，某保险公司代理人询问其是否曾经服用毒品、麻醉剂及其他违禁药物，是否有药物依赖或接受过毒治疗时，贾甲均答复“无”；某保险公司代理人询问贾甲之前是否已购买或准备购买其他保险公司的人寿保险、意外险或健康保险时，贾甲仍答复“无”。并且保单签署过程中，保险代理人向贾甲就合同内免责条款进行过提示。2017年6月11日21时许，贾甲驾驶冀J1G号捷达轿车沿新青区龙建路由南向北行驶，行至新青区抗美河桥南侧东桥头，撞在抗美河桥南侧东桥墩子上，造成车辆撞损，贾甲受伤严重送医抢救无效，于2017年6月14日死亡。2017年6月28日，伊春市公安局刑事技术支队作出（伊）公（刑技）鉴（法病）字〔2017〕61号法医学尸体检验鉴定书。鉴定意见为贾甲符合胸腹闭合损伤致失血性休克死亡。

某保险公司提供的2017年6月29日《吸毒人员动态管控详细信息表》显示贾甲因吸毒曾于2012年6月26日被行政拘留，当前管控现状为戒毒三年未复吸。2017年5月24日至6月8日，投保人和被保险人贾甲除涉案保险合同外分别在其他保险公司投保的人身险，具体情况包括：某甲保险公司，投保人贾乙，被保险人贾甲，身故保险金受益人贾乙，险种名称为某生命康健无忧A款重大疾病保险，基本保险金额或养老年金领取金额为115,000元，投保日期为2017年5月24日。某乙保险公司、投保人贾甲、被保险人贾甲、身故保险金受益人贾乙、险种名称：主险平安福17（1204），基本保险金额为300,000元；附加险平安福重疾17（1205），基本保险金额为280,000元、长期意外13（1120），基本保险金额为300,000元、豁免C16（1185）、“健享人生B（522）基本＋可选”，2份、住院Ⅱ额07（516），10份、意外医疗B（528），基本保险金额为50,000元，投保生效日期分别为2017年5月26日、5月27日、6月1日。某丙保险公司、投保人贾甲、被保险人贾甲、身故保险金受益人贾乙，险种名称：主险太平百万行无忧两全保险，基本保额为300,000元；附加险太平附加百万行无忧意外伤害保险，基本保额为300,000元、太平附加意外伤害医疗保险2009元，基本保额为20,000元，投保日期2017年6月1日。某丁保险公司、投保人贾甲、被保险人贾甲、身故保险金受益人贾乙（受益份额100%）、险种名称：国寿百万如意行两全保险，保险金额为100,000元、国寿附加百万如意行意外伤害住院定额给付医疗保险，保险金额为100,000元、投保日期2017年6月1日。某戊保险公司、投保单号280081705923538、投保人贾甲、被保险人贾甲、险种名称：主险个人意外伤害保险，份数或档次10；附加险附加意外伤害医疗费用医疗保险，份数或档次10,投保日期2017年6月1日；某戊保险公司、投保单号280491709030041、投保人贾甲、被保险人贾甲、身故受益人贾乙、险种名称：安全宝两全保险（2.0增强版）、基本保险金额为200,000元、投保日期2017年6月1日。某戊保险公司、投保单号280081705932493、投保人贾甲、被保险人贾甲、身故受益人贾乙、险种名称：主险金佑人生终身寿险（分红型）人款（2017版）、基本保险金额为45,000元；附加险金佑人生提前给付重大疾病保险A款（2017版）、投保日期2017年6月2日。某己保险公司、投保人贾甲、被保险人贾甲、身故受益人贾乙、险种名称：全能保，保险金额为100,000元、投保日期2017年6月2日。某庚保险公司、投保人贾甲、被保险人贾甲、身故保险金受益人为被保险人的法定继承人、险种名称畅行无忧人款，保险金额为100,000元，投保日期2017年6月8日。2017年7月5日，贾乙以身故保险金受益人身份向某保险公司递交理赔申请书。2017年8月2日，某保险公司出具《理赔通知书》。内载明：因被保险人既往吸毒史及向多家保险公司投保时未如实告知，严重影响保险公司承保决定，故该次恕难赔付，解除保单号为781193775281的保险合同，退还保费，请知悉。

一审法院认为，投保人贾甲和某保险公司订立的人身保险合同，为双方真实意思表示，未违反法律、行政法规的效力性强制性规定，合法有效。当事人应当按照合同约定全面履行各自义务，不得擅自变更或者解除，保险事故发生后，某保险公司理应按照保险合同约定，向身故受益人贾乙支付保险赔偿金。关于某保险公司抗辩主张投保人贾甲隐瞒短期内集中投保及既往吸毒史，不履行如实告知义务，足以影响某保险公司决定是否同意承保或者提高保险费率，享有保险合同解除权，不应支付保险理赔金一节，根据《保险法》第十六条中规定，“投保人故意或者因重大过失未履行前款规定的如实告知义务，足以影响保险人决定是否同意承保或者提高保险费率的，保险人有权解除合同。前款规定的合同解除权，自保险人知道有解除事由之日起，超过三十日不行使而消灭。自合同成立之日起超过二年的，保险人不得解除合同；发生保险事故的，保险人应当承担赔偿或者给付保险金的责任。保险人在合同订立时已经知道投保人未如实告知的情况的，保险人不得解除合同；发生保险事故的，保险人应当承担赔偿或者给付保险金的责任”。最高人民法院《关于适用〈中华人民共和国保险法〉若干问题的解释（二）》第七条规定，“保险人在保险合同成立后知道或者应当知道投保人未履行如实告知义务，仍然收取保险费，又依照保险法第十六条第二款的规定主张解除合同的，人民法院不予支持”。据此，投保人虽未如实告知但并不存在故意或重大过失，或者不具备《保险法》第十六条第二款规定的足以影响保险人决定是否同意承保或者提高保险费率的条件，或者合同解除权超出《保险法》第十六条第三款规定的行使期间，或者存在《保险法》第十六条第六款规定的禁止反言情形，保险人均不得解除保险合同，也不得拒绝赔偿。况且双方保险合同中亦对上述条款进行了明确的约定。法院认为，首先，贾乙短期内集中多家投保法律上并无禁止性规定。其次，投保人告知义务的范围，以保险人作出询问且保险人不知道为要件，而且告知事项设立的主要目的也是便于保险人核保。通过庭审质证可看出，某保险公司已向法庭提供了可证实多家保险公司先于某保险公司承保贾甲人身险的相关证据，此足以证实作为具有专业化知识的保险公司，有义务、有能力，对特定危险作出正确的估价和判断，即签发保单前应对贾甲是否参加过其他人身保险尽到审慎审查义务。最后，从贾甲与某保险公司间合同的履行情况来看，某保险公司已于诉前退还了保费，可认定某保险公司系确定贾甲因重大过失未履行如实告知义务才拒绝予以理赔。根据双方合同约定，贾甲存在重大过失未履行如实告知义务，某保险公司对此情形享有合同解除权。但是根据法律规定，该合同解除权行使期间为除斥期间，自保险人知道有解除事由之日起，超过30日不行使而消灭。诉讼期间某保险公司提供证据《吸毒人员动态管控详细信息表》的打印时间为2017年6月29日。某保险公司却于2017年8月2日才向贾乙出具《理赔通知书》拒绝理赔，并通知其解除保险合同、退还保费。该解除权行使的时间超出解除合同的30日内法定除斥期间，解除权已消灭，故某保险公司2017年8月2日出具的《理赔通知书》无效，关于案涉保险合同中的免责条款是否有效一节，《合同法》第三十九条规定："采用格式条款订立合同的，提供格式条款的一方应当遵循公平原则确定当事人之间的权利和义务，并采取合理的方式提请对方注意免除或者限制其责任的条款，按照对方的要求，对该条款予以说明。"

上述条文均规定了保险人对其免责条款的证明义务，即保险人应当采用适当、充分的方式明确提示投保人，尽量使其明确合同中责任免除条款的内容，确保投保人的利益不受损害。贾甲虽未对保险合同中的"本人已阅读保险条款、产品说明书和投保提示书，了解本产品的特点和保单利益的不确定性"黑体字加粗部分的声明条款进行签字确认，但是从"双录"视听资料上看，某保险公司业务员对免责条款进行了提示，而且贾甲本人也在《人身保险投保提示及投保人声明书》上签字确认。因此，可证实贾甲已知悉免责条款事项，某保险公司也已采用了适当、充分的书面方式明确提示了投保人贾甲。故案涉保险合同中的免责条款为有效条款，对当事人具有约束力。本案保险事故为贾甲因意外交通事故死亡，某保险公司却未向法庭提供证据证实，贾甲存在责任免除条款的情形，故应承担举证不能的法律后果。某保险公司应当向贾乙支付保险赔偿金。故判决某保险公司于判决生效之日起30日内支付贾乙保险赔偿金人民币500,000元。如果未按判决指定的期间履行给付金钱义务，应当按照《民事诉讼法》第二百五十三条之规定，加倍支付迟延履行期间的债务利息。案件受理费8800元，由某保险公司负担。二审中，当事人围绕诉讼请求提交了新证据，法院依法组织双方当事人的进行了证据交换和质证。一审法院经审查，对一审判决认定的事实予以确认。

二审法院认为，该案争议的焦点问题为贾甲在投保时是否履行了如实告知义务；如未履行，是否足以构成上诉人某保险公司行使解除权的事由；上诉人某保险公司解除案涉保险合同时是否已超过法定的行使解除权的期间。

根据《保险法》第十六条第一款、第二款、第四款的规定，订立保险合同，保险人就保险标的或者被保险人的有关情况提出询问的，投保人应当如实告知。投保人故意或者因重大过失未履行前款规定的如实告知义务，足以影响保险人决定是否同意承保或者提高保险费率的，保险人有权解除合同。投保人故意不履行如实告知义务，保险人对于合同解除前发生的保险事故，不承担赔偿或者给付保险金的责任。根据已查明的事实，贾甲在半个月时间内向多家保险公司投保，却在上诉人某保险公司保险业务员询问其之前是否已购买或准备购买其他保险公司的人寿保险、意外险或健康保险时，明确答复“无”。除此之外，贾甲曾于2012年6月25日因吸食毒品被行政拘留，却在上诉人保险业务员询问是否曾经服用毒品、麻醉剂及其他违禁药物，是否有药物依赖或接受过毒品治疗时，明确答复“无”。上述投保人贾甲未告知事项均属于最高人民法院《关于适用〈中华人民共和国保险法〉若干问题的解释（二）》第五条规定的保险合同订立时投保人明知的与保险标的或者被保险人有关的情况，属于《保险法》第十六条第一款规定的投保人应当如实告知的内容，涉及被上诉人对投保人投保动机、财务状况及健康状况的判断，是足以影响保险人决定是否同意承保或者提高保险费率的因素。贾甲在《人身保险投保提示及投保人声明书》签字确认。该声明书第十条明确告知其我国《保险法》对投保人的如实告知行为进行了明确的规定。投保时，您填写的投保单应当属实，对于销售人员询问的有关被保险人的问题的，也应当如实回答，否则可能影响投保人和被保险人的权益；而该声明书黑体加粗部分内容为：本人已详细阅读并完全了解上述投保提示内容；保险代理人对于投保提示、投保产品文件、保险条款、保险责任及免除保险公司责任的条款作了详细解释和明确说明，对于本次投保的所有产品条款本人已认真阅读并完全了解；本人已知悉并完全同意本次投保的所有产品的保险责任、责任免除及免除保险公司责任的条款事项；所有投保文件签名均为本人及被保险人或其法定监护人亲笔签名；对签署内容，本人均无异议。特此声明。贾甲在某保险公司投保系属其一系列投保行为中的最后一次，其未如实告知投保事实的行为确属违反了《保险法》第十六条规定的“故意或者因重大过失未履行前款规定的如实告知义务”。某款两全保险合同条款第1.2条中的约定与《保险法》第十六条关于保险公司解除权条件及行使时间的规定相一致。故上诉人据此行使解除权并无不当，一审法院认定被上诉人有权解除保险合同并不承担保险赔偿责任于法有据。

关于上诉人是否在法定期限内行使解除权一节，上诉人提供的吸毒人员动态管控详细信息显示的打印时间为2017年6月29日，但上诉人在二审中提供了其公司理赔员与贾甲投保的其他保险公司理赔人员微信沟通记录，该记录显示上诉人系于2017年7月13日方才获得贾甲的吸毒的详细信息，而非于打印当日取得。被上诉人虽对此证据不予认可，但未提供反驳性证据。上诉人向被上诉人出具的《理赔通知书》中载明的解除保险合同的原因为被保险人投保时未如实告知既往吸毒史及向多家保险公司投保，被上诉人现无据证明上诉人在2017年8月2日出具保险合同解除函时，知道前述两项解除事由均已超过30日，故本院对被上诉人的该主张不予采纳。

综上所述，某保险公司上诉请求成立，应予支持；一审判决认定事实清楚，但适用法律有误、处理不当。依照《保险法》第十六条、最高人民法院《关于适用〈中华人民共和国保险法〉若干问题的解释（二）》第五条、《民事诉讼法》第一百七十条第一款第二项之规定，判决如下：

（1）撤销大连市旅顺口区人民法院（2018）辽0212民初1151号民事判决；

（2）驳回被上诉人贾乙的诉讼请求。一审案件受理费8800元（被上诉人贾乙预交），由被上诉人贾乙负担；二审案件受理费8800元（上诉人某保险公司），由上诉人某保险公司负担。

该判决为终审判决。

评·析

在本案中，贾某为自己投保两全保险，保险金额较大，并且在投保后3日内即发生交通事故，经抢救无效死亡。当受益人向保险公司提出理赔申请时，理赔人员就对该短期出险的案件高度重视。而且经调查发现贾某在其他保险公司集中投保高额意外身故保险及重大疾病保险，保额累计达7，000，000余元，怀疑贾某存在骗保嫌疑，同时还调查出被保险人有吸毒史。保险公司基于投保人未履行如实告知义务，严重影响承保决定，作出了解除保险合同、退还保费的理赔决定。

本案争议的焦点有两个：一是保险公司就保险合同中免责条款是否尽到了提示说明义务；二是投保人贾某是否履行了如实告知义务，保险公司解除保险合同的行为是否有效。

一、保险公司就保险合同中免责条款是否尽到了提示说明义务

针对焦点一提示说明义务，《保险法》第十七条第二款规定："对保险合同中免除保险人责任的条款，保险人在订立合同时应当在投保单、保险单或者其他保险凭证上作出足以引起投保人注意的提示，并对该条款的内容以书面或者口头形式向投保人作出明确说明；未作提示或者明确说明的，该条款不产生效力。"并且最高人民法院《关于适用〈中华人民共和国保险法〉若干问题的解释（二）》第十一条对如何完成提示和说明义务作出了明确规定。该条规定："保险合同订立时，保险人在投保单或者保险单等其他保险凭证上，对保险合同中免除保险人责任的条款，以足以引起投保人注意的文字、字体、符号或者其他明显标志作出提示的，人民法院应当认定其履行了保险法第十七条第二款规定的提示义务。保险人对保险合同中有关免除保险人责任条款的概念、内容及其法律后果以书面或者口头形式向投保人作出常人能够理解的解释说明的，人民法院应当认定保险人履行了保险法第十七条第二款规定的明确说明义务。"本案中，保险公司在诉讼中提供保险合同、投保单、投保"双录"影像等证据，从保险合同、投保单对免责条款加黑加粗作出提示，到《人身保险投保提示及投保人声明书》中投保人本人签字确认，再到"双录"影像中保险公司销售人员对保险条款的提示说明，能够形成证据链证明保险公司已就未如实告知的后果履行了提示说明义务。

二、投保人履行如实告知义务，保险公司解除保险合同的行为效力的认定

针对第二个焦点，实际上是一连串问题，即投保人是否履行如实告知义务，其未履行如实告知义务是否足以满足保险公司行使解除权的条件，保险

公司行使解除权是否在有效期内。保险公司在调查取证中，向其他同业公司取证证明投保人曾多家投保，并向同业公司调取了《吸毒人员动态管控详细信息表》从而证明被保险人有吸毒史的事实。其还同时提供“双录”影像及投保单，证明保险公司对投保人投保情况及吸毒史进行了详细询问，投保人均回答为“否”，从而证明了投保人确实未履行如实告知义务。《保险法》第十六条第二款规定：“投保人故意或者因重大过失未履行前款规定的如实告知义务，足以影响保险人决定是否同意承保或者提高保险费率的，保险人有权解除合同。”其中对投保人的投保动机、财务状况及健康状况的判断，是足以影响保险公司决定是否同意承保或者提高保险费率的重要因素。贾某未如实告知的多家投保及吸毒史均属于上述范围，因而保险公司有权解除合同。关于解除权有效期的问题，根据《保险法》规定自保险人知道有解除事由之日起，超过30日不行使而消灭。本案中保险公司提供的《吸毒人员动态管控详细信息表》的打印时间为2017年6月29日，2017年8月2日保险公司向受益人出具《理赔通知书》拒绝理赔，虽然从打印时间起算到出具《理赔通知书》超过30日，但保险公司随后补充提供理赔员与贾某投保的其他保险公司理赔人员微信沟通记录，该记录显示保险公司系于2017年7月13日方才获得贾某的吸毒的详细信息，而非打印当日取得。从该日期起算保险公司解除权行使未超过30日。

近几年，随着互联网的发展，微信、QQ等聊天软件也成为日常工作交流的工具，从而给诉讼实践中举证提出新的要求，扩展了诉讼当事人收集证据的途径，根据最高人民法院《关于民事诉讼证据的若干规定》第十五条“当事人以电子数据作为证据的，应当提供原件。电子数据的制作者制作的与原件一致的副本，或者直接来源于电子数据的打印件或其他可以显示、识别的输出介质，视为电子数据的原件”的规定，该案中，保险公司提供了理赔人员调取证据的微信截图，并提供了存储该条微信记录的手机，即提供了未编辑的电子数据原件，最终得到了法院认可。最高人民法院于2019年12月25日公布了修改《关于民事诉讼证据的若干规定》的决定，明确了电子数据范围和审查认定规则。其中规定对于电子数据的真实性，应结合电子数据的生成、存储、传输所依赖的计算机系统的硬件、软件环境是否完整、可靠等七类因素综合判断。同时，电子数据的内容经公证机关公证的，人民法院应当确认其真实性，但有相反证据足以推翻的除外。该民事证据规定为今后诉讼实践中电子证据的提取、收集、保存、提供指明了方向，有利于民事诉讼程序操作的规范化，保障当事人诉讼权利。

意外伤害保险中对猝死的认定以及保险人对免责条款的告知义务

湖北省黄石市中级人民法院
（2019）鄂 02 民终 686 号民事判决书

（2019 年 4 月 19 日）

案·情

2016年11月18日，本案原告王甲的父亲王乙参加由黄石某国际旅行社有限责任公司组织的“凤凰古城、夯吾苗寨、张家界溪布街汽车三日游”，2016年11月20日6时30分左右，王乙在旅游车上死亡。王乙曾在旅游前投保了某保险公司的某旅游意外伤害保险，保额为250,000元。在王乙身故后，其女王甲向某保险公司提出理赔申请，某保险公司经审查后作出了拒付保险金的理赔决定，拒赔理由为：被保险人王乙是因疾病突然死亡，而某保险公司提供的某旅游意外伤害保险承保的保险事故必须是非因疾病引起的事故，王乙的死亡不属于某保险公司承保的保险事故范围，故某保险公司不应承担保险金给付责任。王甲对此理赔决定不服，遂向黄石市下陆区人民法院起诉，要求某保险公司支付其保险金250,000元。黄石市下陆区人民法院经审理认为，某保险公司未能证明王乙猝死不属于非本意的、非疾病的客观事件，即某保险公司未能证明王乙之死不是意外，所以推定王乙之死属于意外，判决某保险公司承担250,000元的保险金给付责任。某保险公司不服，向黄石市中级人民法院提起上诉，二审法院认为，猝死免赔在法律上属免责条款，在未向投保人提示和明确说明的情况下不生效，故维持了一审判决。

法院判决

上诉人(一审被告):某保险公司,住所地武汉市江岸区。

被上诉人(一审原告):王甲,女,1968年1月24日出生,土家族,住黄石市下陆区。

上诉人某保险公司因与被上诉人王甲人身保险合同纠纷一案,不服黄石市下陆区人民法院(2018)鄂0204民初1254号民事判决,向二审法院提起上诉。二审法院于2019年3月22日立案后,依法组成合议庭公开进行了审理。该案现已审理终结。

某保险公司上诉请求:撤销一审判决,改判驳回王甲的诉讼请求;一审、二审诉讼费由王甲负担。事实与理由:(1)根据《某旅游意外伤害保险条款》《中华人民共和国公共安全行业标准猝死尸体的检验GA/T170-1997》,其仅对非疾病性的事故承保,因王甲未举证证明王乙的猝死是"非本意的、非疾病的客观事件",故王乙由于疾病而死亡的猝死不属于其承保的意外伤害事件;(2)王乙已在《团队境内旅游合同》的末页落款处签名,说明保险公司已就保险条款尽到充分说明的义务,且该案非保险事故,其拒赔符合法律规定。

王甲辩称:(1)其与其父亲王乙均未收到对案涉保险条款的任何说明,某保险公司对所有的保险合同条款均未尽到说明义务;(2)某保险公司以王乙系疾病死亡为由,拒绝承担保险赔偿责任缺乏事实和法律依据;(3)黄石市黄石港区人民法院作出的(2017)鄂0202民初533号民事判决中认定王乙系意外死亡,符合保险公司的理赔规定。一审判决认定事实清楚,适用法律正确,请求维持原判。

王甲向一审法院起诉请求:(1)判令某保险公司赔偿其保险赔偿金250,000元;(2)诉讼费由某保险公司承担。

一审法院认定事实:2016年11月14日,王甲的父亲王乙报名参加黄石某国际旅行社有限责任公司组织的湖南张家界三日游活动,双方签订《团队境内旅游合同》,并委托旅行社购买旅游人身意外伤害险。后黄石某国际旅行社有限责任公司为包括王甲父亲王乙在内的364人购买某旅游意外伤害保险,保险额度为250,000元,保险期间为2016年11月18日0时至11月20日23时59分

59秒，并约定受益人法定。2016年11月20日6时左右，王乙在旅游客车上突然胸闷气短昏厥死亡。后经当地相关医院出具《死亡医学证明（推断）书》，其死亡原因为猝死。2016年11月24日，黄石市殡仪馆出具遗体火化证明书，王乙于2016年11月24日在该殡仪馆火化。后双方因保险赔偿问题协商未果，诉至法院。另认定，(1)王乙（2016年11月20日去世）与杨某（2007年5月11日去世）婚生王甲、王丙；(2)王丙已书面放弃对王乙遗产的继承。

一审法院认为：该案系人身保险合同纠纷。王乙委托黄石某国际旅行社有限责任公司购买的某保险公司的某旅游意外伤害保险，该保险合同是双方在自愿协商的基础上达成的，系双方真实意思表示，内容亦未违反有关法律、法规的效力性强制性规定，合法有效。又因王乙约定的保险受益人系法定，其第一顺序继承人只有其女儿王甲和王丙，因王丙已经书面放弃对王乙遗产的继承，故该案的王甲作为保险受益人符合法律规定。王甲要求某保险公司承担保险责任，是因被保险人王乙投保了限额为250，000元的某旅游意外伤害保险，其在保险期间内因猝死而死亡，是意外事件，而某保险公司未能提供证据证明其已向王乙尽到充分解释说明保险条款的义务，亦未能提供证据证明王乙猝死不属于“非本意的、非疾病的客观事件”，某保险公司应对此承担举证不能的后果，故对王甲要求某保险公司承担保险责任的请求，依法予以支持。故此，依照《合同法》第六十条，《保险法》第十三条、第十四条、第三十一条、第四十二条的规定，判决某保险公司于判决生效之日起5日内给付王甲保险赔偿金250,000元。

该案二审期间，当事人未提交新的证据。

二审法院经审理查明，一审判决认定的事实属实，予以确认。

二审法院认为：根据《保险法》第十七条的规定：“订立保险合同，采用保险人提供的格式条款的，保险人向投保人提供的投保单应当附格式条款，保险人应当向投保人说明合同的内容。对保险合同中免除保险人责任的条款，保险人在订立合同时应当在投保单、保险单或者其他保险凭证上作出足以引起投保人注意的提示，并对该条款的内容以书面或者口头形式向投保人作出明确说明；未作提示或者明确说明的，该条款不产生效力。”该案中，尽管某保险公司提交的《某旅游意外伤害保险条款》中规定其对于被保险人猝死的情形，不承担给付保险金的责任，但是该合同系格式合同，该公司既未提交充分证据证实其已向王乙提供有免除责任条款的保险合同，亦无证据证明其就上述免除其责任的条款履行了提示或明确说明的义务，故该保险条款中规定其对被保险人猝死情形不予赔付的规定不产生效力。因此，某保险公司拒绝赔付保险金的上诉理由不能成立，二审法院不予支持。

综上所述，某保险公司的上诉理由不能成立，二审法院不予支持；一审判决认定事实清楚，适用法律正确，应予维持。依照《民事诉讼法》第一百七十条第一款第一项规定，判决如下：

驳回上诉，维持原判。

二审案件受理费5050元，由某保险公司负担。

该判决为终审判决。

评·析

一、“意外”和“猝死”的辩证关系

本案本质上是“意外”和“猝死”的辩证关系问题。一审法院认为，保险公司未能证明被保险人的死亡不是意外，所以认定被保险人的死亡是意外，判决了保险公司败诉。实际上该判决存在一定的问题，保险公司已经在法庭上说明由于被保险人死亡原因是猝死，而猝死本身就不属于意外，所以被保险人猝死死亡当然不属于意外伤害事故。在二审中，法院提出了另外一个理由，即“猝死不赔”属于免责条款，而保险公司未能证明向投保人尽到提示和明确说明义务，所以该条款不生效，该裁判理由也存在一定的问题，猝死本身就不属于意外，所以这不是免责的问题，而是责任本身的认定问题，也就是说，只有“如果猝死属于意外的一种”，将猝死排除在赔付责任之外，才可算作免责。猝死本身就不属于意外，自然不能算免责。

猝死之所以不属于意外，是因为公安部门对猝死有权威的定义，公安部在《中华人民共和国公共安全行业标准猝死尸体的检验GA/T170-1997》中，对“猝死”作出的定义是：“一个貌似健康的人，由于患有潜在的疾病或机能障碍，发生突然的、出人意外的非暴力死亡（自然死亡）。猝死的时间限度，目

前一般指从开始发病（或病情突变）到死亡在24小时以内者。”根据该定义，“猝死”本质上是因为疾病而死亡，也就是说，一个人如果没有患疾病，是不可能因猝死而死亡的。而意外险中“意外伤害事故”的定义是“外来的、非本意的、突然的、非疾病的使被保险人身体受到伤害的客观事件”，由此定义可见，“非疾病性”是“意外伤害事故”的重要特征之一，所以因疾病而死亡就不属于意外伤害事故，即猝死不属于意外伤害事故。因此，虽然两审法院作出了保险公司败诉的判决，但判决理由确实有待商榷。

二、“责任条款”和“免责条款”的区分

本案还涉及“责任条款”和“免责条款”的区分问题。责任条款主要是阐述何种情形下保险公司应承担保险责任，而免责条款则是指“本来保险公司需要承担保险责任，但保险公司以条款约定的形式予以了排除”，两者有一定的关联性但也有一定的不同之处。在本案中，猝死不应当被认定为免责条款，而应当属于责任条款，因为根据公安部门对于猝死的定义以及保险实践中对于意外的定义，猝死和意外就属于互不隶属的两个概念，即猝死根本就不属于意外险保障的范围（除非在意外险中将猝死责任作为特约增加的责任），简单地说，就是在意外伤害保险中，“如果被保险人是猝死，那么根本就没有出险”，既然没有出险（发生意外伤害事故），保险公司自然就无须承担保险金给付责任。所以在意外险中，猝死不赔并不是免责条款，而是基本的保险责任认定和界定条款，因为猝死并不是“本来保险公司需要承担保险责任，但保险公司以条款约定的形式予以了排除”的情形。

在当前的司法实践中，有些法院对“猝死”和“意外”的辩证关系并没有做到正确理解，导致在审判时错误地将猝死也认定为意外伤害事故的一种，如此一来，保险公司在诉讼中自然就处于了极为不利的地位。因此，这是亟须解决的问题。

人身保险合同中被保险人自杀的举证责任和证据的证明力认定

河南省南阳市中级人民法院
（2019）豫13民终222号民事判决书

（2019年3月20日）

案·情

2017年8月8日，史甲前往某保险公司广东分公司（以下简称保险公司）为自己投保了某两全保险及内含的附加某长期意外伤害保险（保险金额12万元），并缴纳了当期保险费用。8月20日，史甲在深圳家中一氧化碳中毒身亡，史甲家人遂要求保险公司支付意外身故保险金。在一审中，保险公司主张史甲系烧炭自杀身亡，属于保险责任免除情形，保险公司不应承担赔偿责任；史甲家人则主张，公安机关出示的死亡证明并不能证明史甲系自杀身亡，保险公司提供的调查报告及与法医的录音不具有合法性，而认定死亡人员是否自杀，属于公安的法定专属权力，因此保险公司应承担赔付责任。一审法院认定该案是一起因意外身故引起的保险合同纠纷，并最终判定保险公司赔付保险金。保险公司不服提起上诉，其认为，一审法院拒绝保险公司合理的调查申请，系程序违法。保险公司因举证能力有限，无法至相关机构取得证明史甲系自杀的证据。最终，二审法院以保险公司无法举证史甲系自杀，维持一审判决。

法院判决

上诉人（原审被告）：某保险公司，住所地：广东省广州市越秀区。

被上诉人（原审原告）：史乙，男，生于1965年11月15日，汉族，住邓州市龙堰乡。

被上诉人（原审原告）：何某，女，生于1963年10月26日，汉族，住邓州市龙堰乡。

上诉人某保险公司与被上诉人史乙、何某的人身保险合同纠纷一案，不服邓州市人民法院（2018）豫1381民初201号民事判决，向二审法院提起上诉。二审法院于2019年1月4日立案后，依法组成合议庭进行了审理。该案现已审理终结。

保险公司上诉请求：（1）撤销一审法院（2018）豫1381民初201号民事判决，发回重审或改判驳回史乙、何某的全部诉讼请求。（2）一审、二审案件受理费由史乙、何某承担。事实和理由：（1）保险公司因客观原因仅能按照《保险法》第一百二十九条等法律规定，委托调查单位走访深圳市公安局龙华区公安分局司法鉴定中心，核实史甲死亡证明及尸检报告，并取得《某保险调查报告》和《附件1与张法医访谈录音》，这些证据均可证实史甲死亡原因为烧炭自杀。而其他可印证史甲系烧炭自杀身故的文件材料，均保管在广东省深圳市公安局龙华分局和广东省深圳市公安局龙华分局司法鉴定中心法医张某处，保险公司根本无法自行收集，为此，保险公司已多次书面申请一审法院向广东省深圳市公安局龙华分局、广东省深圳市公安局龙华分局司法鉴定中心法医张某调查收集史甲身故现场的勘查情况，以核实史甲死亡原因系烧炭自杀身故，但一审法院违反《民事诉讼法》第六十四条第二款等法律规定，拒绝进行调查收集。一审法院不予准许调查取证申请的行为，不仅实质上违反法定程序，也导致该案基本事实认定错误，请二审法院予以纠正。（2）一审判决直接认定“本案是一起因意外事故引起的保险合同纠纷”完全没有依据且对该案事实认定错误；一审判决认定“因保险公司对史甲烧炭自杀身亡没有提供证据予以证明该事实，对该辩解本院无法支持”也完全不能成立。（3）史乙、何某提交的死亡推定书，不能证实史甲死亡动机，一审法院认定事实不清、程序违法，适用法律错误。(4)一审法院违反法律程序，不通知保险公司缴纳上诉费，保险公司为了交上诉费分别向邓州检察院、纪委、纪检部门反映但均未得到处理，在此过程中，一审法官发了一份生效证明书给史乙、何某，一审经办法官违反法定程序。

史乙、何某辩称，首先，保险公司在上诉期内仅提交了上诉状，在人民法院判决指定的上诉期满后7日内仍未交纳上诉费用，保险公司早已丧失上诉权，应裁定驳回其上诉。其次，保险公估机构受资产评估法调整，业务范围限于资产价值及其风险的评估，人身死亡原因显然不是其业务范围。对人员是否自杀、何因致亡，是公安机关刑事科学技术部门的法定专属权力，而不是保险公估机构的业务范围。保险公估人开展法定公估业务，应当指定至少两名相应专业类别的公估师承办。而《某调查报告》仅有李某一人承办不合法，且专业类别不明，无评估专业人员资格证明和评估机构资质文件及业务范围证明文件，报告没有评估人员签名和评估机构印章，调查录音是否得到对方同意不明，被调查人张某到底是什么身份没有有效文件证实，张某个人对当事人是否自杀的判定或臆测不具有法定效力，该报告的调查人或张某个人都没有出庭接受质证，报告的形式和内容完全不符合法律规定。再次，保险公司上诉称“被上诉人也必须提供证据证实史甲为一氧化碳中毒意外身故的事实，否则任一方均应承担举证不能的法律后果”，保险公司此说法违反逻辑，与保险人承担被保险人自杀的举证责任的法律规定互相矛盾，二者不可能同时存在。公安机关的死亡证明没有认定被保险人系自杀死亡，保险公司亦没有提出确凿和有法律效力的证据证明被保险人系自杀身亡，应承担举证不能的责任。其申请法院调取公安机关的笔录没有任何实质意义，法院没有调取公安机关的笔录符合法律规定。又次，保险公司没有提出证据证实对格式合同的免责条款尽到提示和明确说明义务，该自杀免责条款依法不生效。最后，史乙、何某在一审中提交的三份同类案件的生效判决具有参照意义，三个案例保险人的自杀抗辩均未得到法院支持，法院均以保险人未尽到举证责任为由支持保险受益人的诉讼请求。综上所述，一审判决程序合法，认定事实清楚，适用法律正确，请求依法驳回保险公司的上诉请求。

史乙、何某向一审法院起诉请求：判令被告保险公司向史乙、何某理赔保险金120,000元，并承担诉讼费用。

一审法院认定事实：2017年8月8日，史乙、何某儿子史甲在保险公司投保“某两全保险”及内含的“附加某长期意外伤害保险”一份，按约定交纳了保险费用，保险金额为120,000元。2017年8月20日史甲在深圳家中一氧化碳中毒身亡。2017年8月29日深圳市龙华新区公安司法鉴定中心出具的居民死亡医学证明（推断）书作出死亡原因系一氧化碳中毒的结论。后史乙、何某要求保险公司按照保险合同约定支付保险金被拒，于2018年1月23日诉至一审法院，请求保险公司支付保险金120,000元并承担诉讼费用。诉讼中，因双方调解意见分歧大，致使法庭调解不成立。

一审法院认为，该案是一起因意外身故引起的保险合同纠纷。史甲与保险公司之间签订的保险合同，系双方的真实意思表示，一审法院予以确认。保险公司辩称，史甲系烧炭自杀身亡，公司不承担赔偿责任，根据民事诉讼“谁主张，谁举证”原则，因其没有提供证据予以证明该事实，对该辩解一审法院无法支持。故史乙、何某诉请保险公司支付保险金的请求，理由正当，于法有据，予以支持。为了维护合同当事人的合法权益，彰显保险法律制度的性质和立法目的，判决：保险公司于判决生效后10日内支付史乙、何某保险金120,000元。如果未按判决指定的期间履行给付金钱义务，按照《民事诉讼法》第二百五十三条之规定，加倍支付迟延履行期间的债务利息。案件受理费2700元，由保险公司承担。

二审中，当事人没有提交新证据。

二审法院经审理对一审查明的事实予以确认。

二审法院认为，史甲与保险公司之间签订的人身保险合同成立并生效，本院依法予以确认。保险公司上诉称史甲身故系烧炭自杀，属于保险责任免除情形，不应承担赔付责任，根据最高人民法院《关于适用〈中华人民共和国保险法〉若干问题的解释（三）》第二十一条第一款规定，“保险人以被保险人自杀为由拒绝给付保险金的，由保险人承担举证责任”。保险公司提交的《某保险调查报告》和《附件1与张法医访谈录音》均不能直接证明史甲系烧炭自杀，且与深圳市龙华新区公安局司法鉴定中心出具的居民死亡医学证明（推断）书作出史甲死亡原因系一氧化碳中毒的结论相矛盾。虽然保险公司多次书面申请一审法院向深圳市公安局龙华分局、深圳市公安局龙华分局司法鉴定中心法医张某调查收集史甲身故现场的勘察情况，但深圳市龙华新区公安局司法鉴定中心已经出具居民死亡医学证明(推断)书，证明史甲死亡原因系一氧化碳中毒，并未认定史甲系烧炭自杀身故，故保险公司书面申请法院向深圳市公安局龙华分局调查收集史甲身故的证据已无实质意义。至于保险公司书面申请法院向深圳市公安局龙华分局司法鉴定中心法医张某个人调查收集史甲身故的证据，根据“谁主张，谁举证”原则，保险公司应对其主张的史甲系烧炭自杀身故承担举证责任，举证不能的法律后果亦应由其承担。综上所述，保险公司的上诉请求不能成立，应予驳回；一审判决认定事实清楚，适用法律正确，应予维持。依照《民事诉讼法》第一百七十条第一款第一项规定，判决如下：

驳回上诉，维持原判。

二审案件受理费2700元，由保险公司负担。

该判决为终审判决。

评·析

本案的争议焦点之一是史甲的死亡是否属于自杀。

根据《保险法》第四十四条第一款的规定，以被保险人死亡为给付保险金条件的合同，自合同成立或者合同效力恢复之日起两年内，被保险人自杀的，保险人不承担给付保险金的责任，但被保险人自杀时为无民事行为能力人的除外。在保险合同中，一般依照该法条就自杀的责任免除进行阐述。

一、本案中自杀的举证责任

根据最高人民法院《关于适用〈中华人民共和国保险法〉若干问题的解释(三)》第二十一条第一款的规定，保险人以被保险人自杀为由拒绝给付保险金的，由保险人承担举证责任。因此，在实践中，若保险人以被保险人自杀为由拒绝支付保险金，保险人需要承担相应的举证责任。

本案中，为证明史甲属于自杀，保险公司向法院提供如下证据：(1)史甲死亡时间在8月20日前后，正值炎热的夏季，其在厕所烧炭；(2)史甲在厕所实施烧炭行为的同时，还用毛巾塞着门缝以隔绝空气；(3)史甲尸体边上放置着本人的手机。

根据上述证据，史甲用毛巾隔绝空气，显然有将环境封闭的自杀意图，若其并无自杀意愿，也可以使用手机对外求助。上述的反常情况均指向史甲系通过烧炭的方式主动追求死亡。其死亡时间（2017年8月20日）距离其投保时间（2017年8月8日）仅过去12天，其投保动机可以印证调查后得出的烧炭自杀的结论。

在本案中，保险公司还聘请了调查公司出具了调查报告并且委托调查人员与解剖法医进行沟通，该法医从常理判断，认为史甲的死亡是自杀导致的。此外，保险公司在庭审过程中多次向法院提出书面申请，要求法院开具调查令，使保险公司有权至公安局、司法鉴定中心的法医处调取相关的文件材料以证实史甲的死亡系自杀。然而，一审、二审法院均认为保险公司提供的调查报告及调查录音无法直接证明被保险人的自杀事实，且“烧炭自杀”的结论与鉴定中心出具的死亡医学证明书中“一氧化碳中毒死亡”的结论相矛盾，因此向公安局调查收集史甲身故的证据已无实质意义。最终，法院以“保险公司证据不足”为由支持了史甲家人的诉请。

从判决看，保险公司最终承担了因举证不能而导致的败诉结果，因为对于证明自杀的大部分证据，保险公司都无法通过合理合法的渠道获得。

二、关于自杀举证的证明标准

我国民事诉讼中采用的是优势证据规则，即高度盖然性标准。高度盖然性证明标准是要求法官在审判时依据经验法则，本着公平、正义的理念，合理地审视证据，尽可能还原事件全貌从而对事实作出认定。

在本案中，虽然保险公司的证据对待证事实的证明力无法达到确实充分，但是，综合本案的实际情况，保险公司的证据已经证明该事实发生具有高度的可能性，人民法院理应允许保险公司通过调查令收集更多的证据，从而尽可能还原事实的原貌。

在备受保险行业关注的“甘肃老板驾车坠入水库案”中，甘肃省高级人民法院即根据双方的证据综合判断，认为保险公司所举证据能够达到高度盖然性证明标准，证明被保险人自杀的可能性极大，对保险公司抗辩被保险人是自杀的主张予以支持。

三、实务中证明自杀的难点

其一，自杀是一个主观行为。自杀的想法源于行为人的主观意识，且自杀行为大多较为隐蔽，行为人一般会选择在私密空间中主动结束自己生命，该行为并不会在第一时间被外界所知晓。即使实践中，行为人通过“遗书”或“临终遗言”等方式来表达自己的自杀意向，保险公司也不可能在第一时间至现场勘察并获取上述证据。然而，在与本案类似的案件中，既然行为人已经希望以“自杀”作为手段获得理赔款，那么显然行为人不会留下上述书面证据。

其二，死亡证明中的死亡原因，系医学原因，而非死亡的客观性质。死亡原因，一般是指当事人因何种医学原因死亡。在本案中，死亡的医学原因是“一氧化碳中毒”。医学上的死亡原因并不能推断当事人的死亡是意外事故还是自杀，即并不能判定当事人死亡的客观性质。例如，当事人自杀跳楼身亡或当事人因失足坠楼身亡，这两者在医学上的死亡原因大概率是一致的，但是在保险法中的死亡性质是明显不同的。法院不应当依据死亡证明中的死亡原因认定该当事人的死亡不属于自杀。

其三，相关的证据材料均留存于公权力机构，保险公司无权调取。在本案中，无论是事故现场情况，还是调查公司与法医的谈话录音，均可以证明，基于现场勘察及理性人的常识，史甲的死亡属于自杀。然而，因保险公司的取证能力有限，法院又不批准保险公司去相关部门调查证据，保险公司很难通过合法渠道获取能够支持自身观点的证据。类似于本案的案例并不在少数，保险公司主张被保险人自杀，一直存在举证难的困境。

从立法原理的角度，“自杀不赔”凸显了保险分担风险的功能，目的是更好地维护保险费率的平衡。然而，从实务角度，保险公司以自杀作为抗辩很难得到法院的支持，保险公司既无法自行取证，也无法要求法院取证，该条文很难在实践中被有效运用。若保险产品因此被有心人利用，势必会影响保险公司对于相关产品的费率计算，从而影响其他被保险人的合法权利，这是牺牲大部分人利益而满足小部分人私欲的不良趋势。

综上所述，我们期待在实际的操作中，相关机构可以对“自杀”的举证出具指导性意见，为保险公司争取更多的调查权限，或给予保险公司更多的调查资源，这样才有利于尽可能还原事实的真相，并且促进保险行业良性发展。

意外伤害保险中“意外”致死的举证

安徽省黄山市中级人民法院
（2019）皖10民终689号民事判决书

（2019年12月23日）

案·情

2004年至2012年，江甲向某保险有限公司上海分公司（以下简称某保险公司）分别投保了三份意外伤害保险。

2018年10月26日7时49分，江乙拨打“110”报警电话，称被保险人摔跤导致死亡，现被保险人本人在车库里面。随即派出所派警员前往现场。经现场查看，派出所作出《接处警情况等级表》，载明“出警现场，经法医现场勘查，排除他杀”。同时，公安局刑侦大队刑事科学技术室进行现场勘验，形成了勘验笔录。公安司法鉴定中心根据屯溪公安局的委托作出《法医学尸体检验记录》。

2018年10月26日，公安局向殡仪馆出具公函，载明：“死者（江甲）系意外坠亡，排除他杀。”死者家属对死因无异议，要求对被保险人的遗体进行火化。

2018年12月3日，江丁向某保险公司提出理赔申请，其填写保险金给付申请，载明事故发生时间为2018年10月26日，诊断结果为“摔倒死亡”。某保险公司经审核，最终拒赔三份意外伤害保险。相关保险受益人于2019年3月7日向人民法院提起诉讼，2019年8月12日，一审人民法院判决驳回原告的诉讼请求。2019年8月26日，江丙、江丁、杨某（一审原告）向中级人民法院提起上诉。中级人民法院于2019年12月23日作出终审判决，驳回上诉，维持原判。

法院判决

上诉人(原审原告):江丙、江丁、杨某,住安徽省黄山市。

被上诉人(原审被告):某保险公司。

上诉人因与被上诉人江某等意外伤害保险合同纠纷一案,不服安徽省黄山市屯溪区人民法院于2019年8月12日作出的(2019)皖1002民初910号民事判决,向二审法院提起上诉。二审法院依法组成合议庭公开开庭进行了审理。上诉人委托的诉讼代理人,被上诉人委托的诉讼代理人到庭参加诉讼。该案现已审理终结。

上诉人上诉请求:撤销一审判决,依法改判某保险公司立即给付保险金5,200,000元,并由某保险公司负担一审、二审诉讼费用。事实及理由:(1)被保险人的死亡属于保险事故,某保险公司应当承担保险责任,一审法院认定事实错误;(2)应由某保险公司承担举证责任,并承担举证不能的后果,一审法院举证责任分配不当;(3)一审法院不经核实直接否定公安机关2018年10月26日公函的证明效力,未核实相关规定,要求上诉人出具非正常死亡证明明显错误,且一审法院观点涉嫌对死者及家属名誉的侵犯;(4)不及时通知某保险公司并不影响该案保险事故性质及原因的认定,一审法院对此认定错误;(5)一审法院错误适用优势证据原则,导致定案的证据认定错误,应当予以纠正。

某保险公司辩称:一审法院认定事实清楚,适用法律准确,请求二审法院驳回上诉人的上诉请求,维持一审判决。

江丙、江丁、杨某(同原审原告、上诉人)向一审法院起诉请求:(1)某保险公司支付原告保险金5,200,000元;(2)由某保险公司负担案件诉讼费用。

一审法院查明事实:2004年12月2日,江甲向某保险公司投保重大疾病保险,约定主保险金额为150,000元,附加意外伤害保险金额为100,000元,附加意外医药补偿医疗保险等;被保险人为江甲,合同生效日为2004年12月3日,合同满期日为2045年12月3日,合计12个月保险费为10,196元;身故保险金受益人为法定。之后某保险公司向被保险人签发保险单。意外伤害保险条款约定,意外事故的保险范围为被保险人于该附加合同有效期内,因遭遇外来的、突发的、非疾病所导致的意外事故，并以此意外事故为直接且单独原因导致其身体伤害、残疾或身故。被保险人于该附加合同有效期内，遭遇意外事故且自发生之日起180日内身故者，保险公司按投保单上所载的该附加合同基本保险金额给付身故保险金予健在的身故保险金受益人。任何在下列期间发生的或由下列原因造成的被保险人的伤害以致身故、残疾或烧伤，保险公司不负任何赔偿责任:(1)投保人、受益人故意造成被保险人的伤害或被保险人自致伤害;(2)被保险人因疾病导致的伤害;(3)被保险人发生意外事故后，索赔申请人应尽速通知本公司。若因索赔申请人自身延误通知保险公司，而导致无法证明意外事故的发生，保险公司将不负赔偿责任。若被保险人身故，申请人应提供医院、公安部门或本公司认可的死亡证明或验尸证明书。2004年12月31日，被保险人签署客户回执，确认其收到保险合同正本，已阅读并理解其内容所述事项，理解保险责任和自身承担的风险，知晓其权利和义务。

2010年1月14日，江甲向某保险公司投保其他意外伤害保险，约定主合同保险金额为5,000,000元，附加重大自然灾害意外伤害保险金额为1,000,000元;江甲为被保险人，合计12个月保险费为13,500元，合同生效日为2010年1月29日;身故保险金受益人为法定。之后某保险公司向被保险人签发保险单。意外伤害保险条款约定，在该合同有效期内，若被保险人因遭受意外事故，且自该事故发生之日起180日内身故的(不包括猝死)，则保险公司给付意外身故保险金予健在的身故保险金受益人，该意外身故保险金等于该事故发生时保险合同的保险金额。意外事故是指因外来的、突发的、非疾病的原因而直接且单独地导致被保险人发生事故。因下列情形之一导致的被保险人身故、残疾或烧伤的，保险公司不承担保险责任:(1)被保险人故意自伤。(2)被保险人因疾病……导致的伤害。(3)投保人、被保险人或受益人在知道保险事故后应当在十日内通知保险公司。如果投保人、被保险人或受益人故意或者因重大过失未及时通知，致使保险事故的性质、原因、损失程度等难以确定的，保险公司对无法确定的部分，不承担给付保险金的责任，但保险公司通过其他途径已经及时知道或者应当及时知道保险事故发生或者虽未及时通知但不影响本公司确定保险事故的性质、原因、损失程度的除外。(4)在申请意外事故保险金时，应提供国家卫生行政部门认定医疗机构、公安机关或其他机构出具的被保险人的死亡证明。2010年2月3日，被保险人签署客户回执，确认其收到保险合同正本，已阅读并理解其内容所述事项，理解保险责任和自身承担的风险，知晓其权利和义务。

2012年3月15日，江甲向某保险公司投保疾病保险，约定主保险金额为100,000元，附加意外伤害保险金额为100,000元；被保险人为江甲，合同生效日为2012年3月19日，合计12个月，保险费为7240元。投保单的身故保险金受益人为法定。疾病保险条款约定，合同有效期内，若被保险人身故，则保险公司将给付意外身故保险金予健在的身故保险金受益人，其金额等于被保险人身故时本合同的基本保险金额。因下列情形之一导致被保险人身故的，保险公司不承担给付身故保险金的责任：(1)被保险人自本合同成立或者合同效力恢复之日起两年内自杀……(2)投保人、被保险人或受益人在知道保险事故后应当在十日内通知本公司。如果投保人、被保险人或受益人故意或者因重大过失未及时通知，致使保险事故的性质、原因、损失程度等难以确定的，保险公司对无法确定的部分，不承担给付保险金的责任，但保险公司通过其他途径已经及时知道或者应当及时知道保险事故发生或者虽未及时通知但不影响保险公司确定保险事故的性质、原因、损失程度的除外。(3)附加意外伤害保险条款约定，主合同的条款也适用于附加合同。若附加合同的条款与主合同的条款互有冲突，则以附加合同条款为准。(4)在附加合同有效期内，若被保险人因遭受意外事故，且自该事故发生之日起180日内身故的(不包括猝死)，则保险公司给付意外身故保险金予健在的身故保险金受益人，其金额等于该事故发生时附加合同的基本保险金额。意外事故是指因外来的、突发的、非疾病的原因而直接且单独地导致被保险人发生事故。因下列情形之一导致被保险人身故、残疾或烧伤的，保险公司不承担保险责任：(1)被保险人故意自伤；(2)被保险人因疾病导致的伤害；(3)申请意外事故保险金，申请人应提供国家卫生行政部门认定的医疗机构、公安部门或其他相关机构出具的被保险人的死亡证明。2012年3月28日，被保险人签署客户回执，确认其收到保险合同正本，已阅读并理解其内容所述事项，理解保险责任和自身承担的风险，并特别阅读和了解了有关保险合同的责任免除及解除合同条款等，知晓其权利和义务。上述各保险合同订立后，被保险人均依约支付了保险费。

2018年10月26日7时49分，江乙拨打“110”报警电话，称被保险人摔跤导致死亡，现被保险人的尸体在车库里面。随即黄口派出所派警员前往现场。经现场查看，派出所作出《接处警情况登记表》，载明“出警现场，经法医现场勘查，排除他杀”。同时，公安局刑侦大队刑事科学技术室受“110”指挥中心的指派，派员到事发地车库对被保险人的尸体进行现场勘验，形成了勘验笔录。公安司法鉴定中心根据屯溪公安局的委托作出《法医学尸体检验记录》，记载“检验时间2018年10月26日8时5分至9时19分；案情摘要为2018年10月26日7时48分，江乙报案称其外甥被保险人死亡，现在事发地车库内。现场尸体与血迹概况：移动尸体”。此外，该记录还详细载明了尸表检验情况及尸体衣着、饰物、随身物品情况。2018年10月29日，公安局刑侦大队刑事科学技术室作出《现场勘验检查工作记录》，记载“现场地点：事发地车库。现场情况：变动现场。变动原因：报案人进入”。此外，该记录还详细载明了现场勘验情况，并附现场勘验制图2张及照片23张。

2018年10月26日，公安局向殡仪馆出具公函，载明2018年10月26日7时54分，派出所接“110”指令，称有人摔跤导致死亡，民警出警现场，经刑大和法医现场勘查，死者系意外坠亡，排除他杀，死者家属对死因无异议，要求对被保险人的遗体进行火化。

2018年12月3日，江丙向某保险公司提出理赔申请，其填写保险金给付申请，载明事故发生时间为2018年10月26日，诊断结果为“摔倒死亡”。某保险公司经审查后，就被保险人保险中的主险寿险部分向受益人支付了保险金。同时，某保险公司于2018年12月5日委托公估中心对被保险人死亡事件进行了调查。公估中心自2018年12月6日至14日通过向医院、公安局、派出所、小区、急救指挥中心等走访和调查，向某保险公司出具了调查报告，结论为：公安局表示被保险人是在小区5层的观景台上坠落，到场时已死亡，排除他杀；小区周边商户及住家走访，有人述跳楼自杀，有人述突发疾病摔倒死亡；疾控中心及居委会表示根据家属所述被保险人是疾病身故。某保险公司于2019年1月3日就案涉险种向被保险人的家属发出拒赔通知，对被保险人系在小区观景平台五层坠亡身故排除他杀的事实予以认可，但因该平台护栏高达1—3米，正常人在非主动翻越的情况下是不会发生意外坠落之情况的。被保险人出险意外依据不足，不符合本公司意外伤害条款中“意外事故”的定义。经保险公司理赔审核，无法赔付意外伤害保险。

另查明：派出所于2018年10月26日13时15分向杨某进行了询问，杨某称，昨天夜里其丈夫和其一起在他妈妈家吃晚饭，其吃过饭一起散步回了家，回家之后其一起看了会儿电视，看电视的时候其还聊到其母亲身体不好，其丈夫就说过两天带她去医院检查。后来到了晚上10时左右的时候，其说其有点困了，其丈夫就和其一起到房间里上床睡觉了，等其醒来的时候他已经出门了。其起床后也沿着丈夫晨练的路线散步，走了一会其看到丈夫躺在花圃旁边的路上，头上还有血迹，其当时就吓坏了，过去叫了丈夫两声没答应，后来其就叫了丈夫的弟弟和妹妹一起过来把他抬到了车库里。

2018年10月29日，居委会出具《村（居）民死亡通知书》，载明死者为江甲，死亡原因为“病故”，死亡日期为2018年10月26日，江丙在家属签名处签名。2018年10月29日，疾控中心出具《居民死亡医学证明（推断）书》，载明死者被保险人，死亡原因为“摔倒”，江丙在《居民死亡医学证明（推断）书》上签名。

2019年6月13日，居委会出具证明，称其于2018年10 月29日出具的《村（居）民死亡通知书》中江甲死亡原因系根据江甲家属口述办理，现依据公安局出具的函更正被保险人的死亡原因为“意外坠亡”。2019年6月14日，疾控中心出具证明，称2018年10月29日出具的《居民死亡医学证明（推断）书》中江甲死亡原因系根据江甲家属口述办理，现依据公安局出具的函，更正被江甲的死亡原因为“意外坠亡”。

再查明：原审原告2019年1月11日向公证处对江甲继承权申请公证，公证书载明江甲的父亲为李某，已于2008年1月29日死亡；江甲的母亲为江丁，江甲的配偶为杨某，江甲的女儿为江丙；原审原告称被保险人生前无遗嘱，也未与他人签订遗赠扶养协议；经公证部门查询未发现江甲有公证遗嘱；江丁放弃某保险公司赔偿金额200,000元的继承。

一审法院认为，江甲向某保险公司投保并支付了保费，某保险公司签发了保险单，双方之间的保险合同不违反法律法规规定，系双方当事人真实意思表示，应为有效合同。双方均应按合同约定全面履行各自的义务。因江甲死亡后其法定受益人依照保险合同请求某保险公司给付保险金遭拒，遂成本诉。受益人以被保险人意外身故为由申请保险金时，对意外身故有一般的证明责任，若保险人提供的反证足以认定被保险人身故不属于意外死亡，则属于保险免责范围，保险人不承担保险责任。

争议焦点为江甲的死亡是否属于保险合同约定的意外事故。依据《民事诉讼法》第六十四条第一款规定，当事人对自己提出的主张，有责任提供证据。该条确立了民事诉讼上“谁主张，谁举证”的举证责任分配原则，即凡主张权利或法律关系存在的当事人应当就产生该权利的法律事实负举证责任。意外伤害保险所承保的是“意外事故所导致的死亡”，受益人作为保险金请求权人向保险人主张给付意外伤害保险金，必须就权利产生的要件事实，包括意外事故的存在或死亡等损害后果及意外事故与损害后果之间的因果关系承担举证责任；保险人则要就诸如事故属于除外责任等存在妨碍该权利的法律事实负举证责任。

根据《保险法》第二十二条第一款规定：“保险事故发生后，按照保险合同请求保险人赔偿或者给付保险金时，投保人、被保险人或者受益人应当向保险人提供其所能提供的与确认保险事故的性质、原因、损失程度等有关的证明和资料。”被保险人在某保险公司投保险种中涉及意外伤害的分别为安益意外伤害保险、附加加惠意外伤害保险和附加全佑一生意外伤害保险，以上三个意外伤害保险条款均约定被保险人因遭受意外身故，且自该事故发生之日起180日内身故的（不包括猝死），则某保险公司给付意外身故保险金予健在的身故保险金受益人。同时，条款对意外事故进行了释义，意外事故是指因外来的、突发的、非疾病的原因而直接且单独地导致被保险人发生事故。原审原告以被保险人“摔倒死亡”为由要求某保险公司给付保险金，并提供公安函、《居民死亡医学证明（推断）书》和《居民死亡殡葬证》为证，证明被保险人于2018年10月26日在家中坠亡，经公安机构确认被保险人排除他杀，系意外坠亡，某保险公司依约应将被保险人意外身故保险金给付法定受益人。原审原告完成了请求某保险公司给付保险金的一般证明责任。

根据《保险法》第二十三条中规定，“保险人收到被保险人或者受益人的赔偿或者给付保险金的请求后，应当及时作出核定”。某保险公司接到受益人给付保险金请求后，委托保险公估中心对被保险人死亡原因进行了调查，某保险公司在调查后以被保险人出险意外依据不足，不符合某保险公司意外伤害条款中“意外事故”的定义为由作出拒赔的通知。某保险公司提交了一系列的证据，抗辩公安机关没有确认被保险人死亡的确切原因，请求驳回受益人的诉讼请求。从某保险公司提交的证据反映，被保险人家属在其死亡后拨打“110”报警，随后派出所及公安局出警，派出所出警记录仅为“经法医现场勘查，排除他杀”，公安局经过现场勘验后形成笔录，并委托司法鉴定中心出具了《法医学尸体检验记录》。原告方虽在第一时间报警，但公安机关的勘验笔录及《法医学尸体检验记录》显示仅对江甲尸表进行检验，既未最终确定江甲的死因，也未明确江甲系意外坠亡。尸检是判断江甲死因的有效手段，而原告方向某保险公司报告之前将尸体火化导致无法进行尸检，造成被保险人的死因难以确定。

依据《保险法》第二十一条的规定，“投保人、被保险人或者受益人知道保险事故发生后，应当及时通知保险人。故意或者因重大过失未及时通知，致使保险事故的性质、原因、损失程度等难以确定的，保险人对无法确定的部分，不承担赔偿或者给付保险金的责任，但保险人通过其他途径已经及时知道或者应当及时知道保险事故发生的除外”。由此可见，及时通知保险人保险事故的发生是投保人、被保险人或者受益人的法定义务。在被保险人死亡后，投保人、受益人应当及时通知保险人，以便保险人及时调查确定被保险人死亡的原因等情况。被保险人于2018年10月26日身故，于2018年10月29日被火化，其家属直至2018年12月3日才通知某保险公司。意外伤害保险疾病保险条款约定投保人、被保险人或受益人在知道保险事故后应当在10日内通知保险公司；附加加惠意外伤害保险条款约定被保险人发生意外事故后，索赔申请人应尽速通知保险公司。然而原告在保险事故发生至通知某保险公司期间均超过保险条款约定的通知时间，且某保险公司不存有《保险法》第二十一条规定的“但书”情形。

依据《殡葬管理条例》第十三条第二项、公安部《关于改进和规范公安派出所出具证明工作的意见》、安徽省民政厅、安徽省卫生和计划生育委员会、安徽省公安厅《关于进一步规范人口死亡证明和信息登记管理工作的通知》

规定，火化遗体必须凭公安机关或者国务院卫生行政部门规定的医疗机构出具的死亡证明；公安派出所应当依据相关公安部门调查和检验鉴定结果出具非正常死亡证明；由公安机关签发的居民非正常死亡证明，统一录入安徽省公安机关非正常死亡人员死亡证签发系统并打印签章。被保险人系非正常死亡，其死亡证明应由公安机关依据其调查和检验鉴定结果在公安机关非正常死亡人员死亡证签发系统打印签章。公安局于2018年10月26日向殡仪馆出具被保险人系“意外坠亡”的函，称民警出警现场，经刑警和法医现场勘查，死者（被保险人）系意外坠亡，排除他杀。实际上黄山市公安局屯溪分局出具被保险人“意外坠亡”函时公安机关的勘验笔录既未形成，也未就被保险人的死亡原因出具鉴定结果，显然公安局的函不能作为被保险人“意外死亡”的证据。非正常死亡包括自然灾难致死、工伤、医疗事故、交通事故、自杀、他杀、受伤害等人为致死。现双方仅排除被保险人他杀，若被保险人系自杀，而自杀并不属于“意外”，案涉意外伤害保险合同将被保险人自杀死亡明确列为除外责任，无论被保险人何时自杀，保险人均不赔付。原审原告在某保险公司提交证据后对居委会、疾控中心原出具的死亡证明中被保险人的死因进行了更正，认为其系根据被保险人家属口述办理，不具有真实性，被保险人死因依法应由公安机关认定。从公安函、杨某的询问笔录可知，原告应当知晓被保险人的死因，即使不清楚，也可以通过公安机关调查和检验确定被保险人的死因，而其未要求对被保险人进行尸检，并在公安函中表示对被保险人的死因无异议。在此情形下江丙却向公安机关、疾控中心、居委会、某保险公司称被保险人死因为“意外坠亡”“病故”“摔倒”，有违常理。

当事人对于自己提出的诉讼请求所依据的事实有责任提供证据加以证明。没有证据或者证据不足以证明当事人的事实主张的，由负有举证责任的当事人承担不利后果。某保险公司提交了一系列反证，其中有公安机关的《接处警情况登记表》《法医学尸体检验记录》《现场勘验检查工作记录》等证据，原告虽在某保险公司提交证据后补充部分证据，但其提供的证据仍不能证明江甲的死亡符合本案所涉意外伤害保险约定的保险责任范围。综合全案证据，根据最高人民法院《关于适用〈中华人民共和国民事诉讼法〉的解释》第一百零八条的规定，以优势证据原则确认某保险公司提交的一系列反证具有证据的证明力。鉴于原告未履行及时通知义务，致使某保险公司对保险事故的性质、原因难以确定，结合某保险公司提供的反证足以认定江甲身故不属于保险合同约定的意外事故，属于保险免责范围，因此某保险公司的抗辩意见应予以支持。原告应当承担举证不能的法律后果。

综上所述，对原告的诉讼请求，不予支持。依照《保险法》第二十一条、第二十二条第一款、第二十三条第一款，《民事诉讼法》第六十四条第一款、第一百四十二条，最高人民法院《关于适用〈中华人民共和国民事诉讼法〉的解释》第一百零八条规定，判决驳回原告的诉讼请求。

二审期间，上诉人(原审原告)向二审法院提交了如下证据。证据一为李某与某保险公司业务经理王某的微信记录，证明2018年10月26日李某联系某保险公司业务经理王某，告知被保险人死亡事实，并咨询理赔事宜，王某予以解答。被保险人方已经及时履行通知义务，同时也应当认定保险人通过其他途径已经及时知道或者应当及时知道保险事故的发生。证据二为派出所情况说明一份，证明派出所系江甲死亡报案的出警单位及处理机关，由于安徽省居民非正常死亡信息管理系统至今尚未启用，公安机关的非正常死亡证明签发系统也无法使用，从而进一步确认2018年10月26日公函的合法性。

某保险公司发表如下质证意见：证据一不属于二审新证据，内容中关于被保险人事故没有任何描述，只是对被保险人投保情况的咨询，不能证明受益人已经将被保险人身故信息反馈给保险公司。证据二也不属于二审新证据，派出所出具的情况说明只有公章没有出具人的签名，且被保险人户籍所在地是属于其他派出所。该情况说明不能达到其证明目的，且对被保险人的死因上述情况说明并没有描述，派出所出具不了打印格式的非正常死亡证明不代表不能出具非打印格式的非正常死亡证明。

二审法院对上诉人二审提交的证据认证如下：证据一不足以证明李某已经履行了告知责任，法院对其证明目的不予采信。证据二仅能反映出安徽省公安机关非正常死亡证签发系统无法使用，并不能反映出被保险人的死因，法院对其证明目的亦不予认可。

二审期间，法院向公安局调查了解了公函的相关情况，公安局向法院出具情况说明一份，内容为："关于我局发给殡仪馆的函，效力仅限于殡仪馆，不能代表我局对被保险人死因的认定。”

上诉人对上述情况说明发表如下质证意见：对该情况说明的真实性无异议，但公安局在其所出具的函件中已经明确被保险人的死因为意外坠亡，故该情况说明不能推翻公函对被保险人死因的认定。

某保险公司对上述情况说明发表如下质证意见：对该情况说明的真实性、合法性和关联性均无异议。该情况说明可以反映出公安局所作公函只是发给殡仪馆用于办理火化手续，不能代表该局对被保险人死因的认定，该局从未认定被保险人“意外坠亡”。

二审法院对该情况说明认证如下：该情况说明系二审法院依法调取，二审法院对其真实性、合法性和关联性均予以认定。

二审期间，保险公司未向二审法院提交新的证据。

上诉人及保险公司所举其他证据同一审，对相对方所举证据的质证意见亦与一审相同。

二审查明的事实与一审法院一致，二审法院予以确认。

二审法院认为，该案的争议焦点为：被保险人的死亡是否符合涉案保险合同约定的理赔条件；若符合，保险公司应当承担怎样的保险责任。涉案保险合同均系意外保险合同，上述合同均对意外事故的保险范围及理赔需要提供的材料进行了明确约定。被保险人死亡后，受益人以被保险人“摔倒死亡”为由要求某保险公司给付保险金，并提供公安局公函、《居民死亡医学证明（推断）书》和居民死亡殡葬证等证据，证明被保险人于2018年10月26日经公安机关确认排除他杀，系“意外坠亡”。保险公司举证抗辩公安机关并未就被保险人的死因进行确认，被保险人的死亡不符合案涉保险合同约定的理赔条件，故而拒赔。二审期间经法院向公安局核实，其所出具的公函并不能证明公安机关就被保险人的死因进行了确认，且案发后派出所出警记录仅为“经法医现场勘查，排除他杀”。除此之外，公安机关的勘验笔录及《法医学尸体检验记录》仅对被保险人尸表进行检验，既未最终确定被保险人的死因，也未明确被保险人系意外坠亡。故公安局出具的上述函件不能作为被保险人“意外死亡”的证据。一审法院认定并无不当。鉴于上诉人没有其他补强证据证明被保险人的死亡符合本案所涉意外伤害保险约定的保险责任范围，结合某保险公司提供的反证，上诉人应当承担举证不能的法律后果。一审法院对此认定正确，二审法院依法予以维持。

综上所述，上诉请求均不能成立，根据《民事诉讼法》第一百七十条第一款第一项、第 一百七十五条之规定，判决如下：

驳回上诉，维持原判。

该判决为终审判决。

评·析

一、立法实践和司法解释

1.关于举证责任分配

依据《民事诉讼法》第六十四条第一款的规定："当事人对自己提出的主张，有责任提供证据。"该条确立了民事诉讼中"谁主张，谁举证"的举证责任分配原则，即凡主张权利或法律关系存在的当事人应当就产生该权利的法律事实负举证责任。意外伤害保险所承保的是"意外事故所导致的死亡"，受益人作为保险金请求权人向保险人主张给付意外伤害保险金，必须就权利产生的要件事实，包括意外事故的存在或死亡等损害后果及意外事故与损害后果之间的因果关系承担举证责任；保险人则要就诸如事故属于除外责任等存在妨碍该权利的法律事实负举证责任。

最高人民法院《关于适用〈中华人民共和国民事诉讼法〉的解释》第九十条规定："当事人对自己提出的诉讼请求所依据的事实或者反驳对方诉讼请求所依据的事实，应当提供证据加以证明，但法律另有规定的除外。在作出判决前，当事人未能提供证据或者证据不足以证明其事实主张的，由负有举证证明责任的当事人承担不利的后果。"

2.关于举证证明程度的问题

依据《保险法》第二十二条第一款的规定，"保险事故发生后，按照保险合同请求保险人赔偿或者给付保险金时，投保人、被保险人或者受益人应当向保险人提供其所能提供的与确认保险事故的性质、原因、损失程度等有关的证明和资料"。江甲在某保险公司投保险种中涉及意外伤害的产品保险条款均有约定被保险人即江甲因遭受意外身故，且自该事故发生之日起180日内身故的（不包括猝死），则某保险公司给付意外身故保险金予健在的保险金受益人。同时，条款对意外事故进行了释义，意外事故是指因外来的、突发的、非疾病的原因而直接且单独地导致被保险人发生事故。原告通过提供公安函、《居民死亡医学证明（推断）书》和居民死亡殡葬证完成了请求某保险公司给付保险金的一般证明责任。

因此某保险公司针对以上证据，根据所收集的资料进行审核是否赔付。

二、争议焦点

1.被保险人江甲的死亡是否属于合同约定的意外事故

对于“意外事故”，本案所涉保险合同中保险条款的定义为“因外来的、突发的、非疾病的原因而直接且单独地导致被保险人发生事故，并以此意外事故为直接且单独原因导致其身体伤害、残疾或身故”。本案中对于引起江甲死亡的原因有诸多疑点。主要分析如下：

（1）原告方曾告知屯溪区昱中街道前园社区居委会和黄山市屯溪区疾病预防控制中心的工作人员，江甲系死于心脏病突发。

（2）原告方告知保险公司，江甲系“摔倒死亡”。

从原告填写和提交的《保险金给付申请书》的内容来看，原告在2018年12月3日提出保险金给付申请时陈述的死因是“摔倒死亡”，并未提及“意外坠亡”。

（3）投保人、被保险人或受益人在知道保险事故后应当在10日内通知保险公司。如果投保人、被保险人或受益人故意或者因重大过失未及时通知，致使保险事故的性质、原因、损失程度等难以确定的，保险公司对无法确定的部分，不承担给付保险金的责任，但保险公司通过其他途径已经及时知道或者应当及时知道保险事故发生或者虽未及时通知但不影响保险公司确定保险事故的性质、原因、损失程度的除外。

原告未在合同约定的期限内通知保险公司被保险人死亡的事实，但即使原告在合同约定的期限内通知了保险公司，保险公司也无法查明事故的性质和原因。

询问笔录、接处警情况登记表、法医学尸体检验记录和现场勘验检查工作记录的记载显示，原告在公安部门到达现场前擅自将江甲抬至自家车库，导致江甲和事故现场的位置关系、结构状态和表面形态均被变动，严重干扰了公安部门的调查工作。在此情况下，即使原告在合同约定的期限内通知了保险公司，保险公司也无法查明死亡原因、死亡时间和死亡性质。质言之，江甲的死因系由于原告的故意或重大过失行为无法查明，因此原告应承担相应的法律责任和后果，保险公司不应承担给付保险金的责任。

2.屯溪公安局出具的“函”是否可作为认定“意外事故”的依据

原告提交的函中有指出：“死者（江甲）系意外坠亡，排除他杀”。然而，我们认为：（1）原告提交的“黄山市公安局屯溪分局屯公函字（2018）第30号函”既非公安部门出具的《非正常死亡证明》，亦非公安部门调查和检验鉴定结论性文件，因此不能用作确定江甲死因的依据。（2）二审法院审理过程中因保险公司坚持上述意见故而向公安局进行调查核实屯溪公安函出具的依据和对此函的最终意见。

黄山市屯溪区公安局出具的最终意见表示法院在办理此案件中关于其发给屯溪区殡仪馆的函，效力仅限于屯溪区殡仪馆，不能代表公安局对死者死因的认定。

三、实务启示

通过保险公司的坚持，法院最终同意向公安局查询相关信息，并在最后争取到对公司有利的信息，表明在案件真相尚不明朗，但是确有疑点时当事人需要加强沟通、调查的深度并坚持立场。

人身保险合同中对等待期内检查出异样是否属于合同约定的“发病”的认定

上海市闵行区人民法院
(2019)沪0112民初9864号民事判决书

(2019年6月13日)

案·情

2018年2月,投保人张某为本人投保了某保险有限公司(以下简称某保险公司)某款疾病保险合同,保险期间为终身。该合同第2.4.1条“癌症关爱保险金”中约定“若被保险人于本合同生效(或最后一次复效,以较迟者为准)日起180日内首次发病,并经我们指定或认可的医院的专科医生确诊首次罹患本合同约定的恶性肿瘤,则我们按累计已交纳保险费的105%给付‘癌症关爱保险金’予被保险人,本合同效力终止”。2018年9月18日,张某到医院呼吸内科就诊,并接受胸部CT检查,检查结论为:“右肺上叶GGO,需警惕早期恶性可能。两肺慢性炎症。两侧胸膜局部增厚。以上所见较前相仿,请随访。”2018年10月8日至15日,张某在医院住院治疗,并于2018年10月10日接受手术,在2018年10月15日诊断为“肺恶性肿瘤”。随后,张某以其患恶性肿瘤为由向保险公司提出理赔申请,要求按照基本保险金额赔付保险金,保险公司则认为张某病情为在保险合同生效日起180日内首次发病,主张按张某已交保费的105%赔付张某“癌症关爱保险金”。张某不服,遂向法院提起诉讼。

法院判决

原告：张某，男，生于1977年6月25日，汉族，住上海市闵行区。

被告：某保险公司，住所地：深圳市福田区。

原告张某与被告某保险公司人身保险合同纠纷一案，法院于2019年3月15日立案后，依法适用简易程序，于2019年5月15日公开开庭进行了审理。该案现已审理终结。

原告张某向法院提出诉讼请求：被告向原告支付保险金人民币（以下币种相同）57,503.58元。事实和理由：原告于2018年2月8日在被告处投保了被告某款终身防癌疾病保险，合同编号为0018169879,保额为100,000元，每月保险费为545元，保险期间为被保险人终身，如被保险人被确诊恶性肿瘤，被告应按照保险金额给付"癌症关爱保险金"予被保险人。2018年9月，原告因胸部有阴影拍片检查，于2018年10月8日入院后被确诊肺恶性肿瘤，并进行手术，现已治愈，期间原告花费医疗费共计63,580.33元。原告向被告理赔，但被告于2018年12月17日仅赔付原告6076.75元，并拒绝赔付剩余款项。故原告诉至法院，请求判如所请。

被告某保险公司辩称，根据双方签订的保险合同第2.4.1条第二款的约定，若原告于合同生效日起180日内首次发病，并经相应医院的专科医生确诊首次罹患本合同约定的恶性肿瘤，则被告按原告累计已交纳保险费的105%给付保险金予原告，该合同效力终止。双方签订的保险合同于2018年2月8日生效。原告于2018年5月5日进行CT检查，检查结果为"右肺上叶GGO，需警惕早期恶性可能"，即原告系于2018年5月5日首次发病。因发病在保险合同生效后180天内，被告应支付的保险金为原告累计已交付的保险金额的105%。故被告向原告支付了2018年2月8日至5月5日原告已交3个月保费的105%计1716.75元，并退还了原告已交的2018年5月5日之后的保费4360元，合计6076.75元。被告已履行保险合同约定的义务，合同效力已经终止，原告无权再向被告提出支付保险金的请求，故不同意原告的诉讼请求。

法院经审理认定事实如下：原告与被告某保险公司于2018年2月签订人身保险合同（保险合同编号：0018169879），保险项目为某款终身防癌疾病保险，被保险人为原告，保险合同生效日为2018年2月8日，基本保额为100,000元，每期保险费为545元，交费方式为月交付，交费期限为5年，保险期间为终身。合同第2.4条保险责任项下第2.4.1条“癌症关爱保险金”约定：若被保险人于本合同生效（或最后一次复效，以较迟者为准）日起180日后首次发病，并经保险公司指定或认可的医院的专科医生确诊首次罹患该合同约定的恶性肿瘤，则保险公司按基本保险金额给付“癌症关爱保险金”予被保险人，该合同效力终止。若被保险人于本合同生效（或最后一次复效，以较迟者为准）日起180日内首次发病，并经保险公司指定或认可的医院的专科医生确诊首次罹患该合同约定的恶性肿瘤，则保险公司按累计已交纳保险费的105%给付“癌症关爱保险金”予被保险人，保险公司合同效力终止。合同第10.7条对“发病”释义为“指出现疾病的前兆或异常的身体状况，或已经显现足以促使一般普通谨慎人士引起注意、寻求诊断、治疗或护理的病症”。诉讼中，原告认可保险合同第2.4.1条约定的效力。2018年9月18日，原告至上海市某医院呼吸内科就诊，并接受胸部CT检查。上海市某医院于2018年9月21日出具放射诊断报告，诊断结论为：右肺上叶GGO，需警惕早期恶性可能。两肺慢性炎症。两侧胸膜局部增厚。以上所见较前相仿，请随访。2018年10月8日至15日，原告在上海市某医院住院治疗，并于2018年10月10日接受全身麻醉行胸腔镜下肺叶段切除手术，因此支付医疗费63,580.33元。2018年10月15日，上海市某医院针对原告出具疾病诊断证明书，诊断为“肺恶性肿瘤”。随后，原告以其患恶性肿瘤为由，向被告提出理赔申请。被告审核后向原告支付了保险金1716.75元，并退还保费4360元。

另查明，原告曾于2018年5月5日至上海市某医院呼吸内科就诊，并接受胸部CT检查，检查结论为：“右肺上叶GGO，需警惕早期恶性可能。两肺慢性炎症。两侧胸膜局部增厚。请随访。”

以上事实，有保险合同、人身保险投保单、诊断报告、疾病诊断证明书、出院小结、住院病人费用单及双方当事人庭审陈述为证，法院予以确认。

法院认为，原告与被告签订的保险合同成立并生效，双方系人身保险合同法律关系。保险合同第2.4条约定了保险责任，其中第2.4.1条约定，原告于合同生效日起180日内首次发病，并经被告指定或认可的医院的专科医生确诊首次罹患该合同约定的恶性肿瘤，则被告按累计已交纳保险费的105%给付“癌症关爱保险金”予原告，合同效力终止。该合同于2018年2月8日生效，而原告于2018 年5月5日的CT检查结论为“右肺上叶GGO，需警惕早期恶性可能”，系出现疾病的前兆，属于保险合同约定的发病情形。因原告该次发病系在合同生效日起180日内，其可获取的保险金应按累计已交纳保险费的105%计算。原告关于首次发病时间应为2018年10月15日确诊时间的意见，与保险合同的约定不符，且原告于2018年5月5日检查发现疾病前兆后，不及时寻求治疗和确诊，直至2018年9月18日才再次检查，后于2018年10月8日至15日治疗并确诊的行为并非普通谨慎人士的合理行为，造成本可于合同生效后180日内确诊拖延至合同生效后180日后才确诊，原告要求按2018年10月15日认定发病时间，不符合保险合同的最大诚信原则。故法院对原告的意见不予采纳。

被告向原告支付保险金并退还剩余保险费共计6076.75元，符合保险合同第2.4.1条的约定。原告要求被告再支付57,503.58元保险金，与合同约定不符，法院不予支持。

据此，依照《保险法》第二十三条规定，判决如下：

驳回原告张某的诉讼请求。

案件受理费减半收取计618.79元，由原告张某负担。

如不服该判决，可以在判决书送达之日起15日内，向法院递交上诉状，并按照对方当事人或者代表人的人数提出副本，上诉于上海金融法院。

评·析

本案的争议焦点为被保险人在等待期内进行CT检查这一事实是否符合保险合同条款中“发病”的定义。

按照涉案保险合同条款中的定义，“发病”是“指出现疾病的前兆或异常的身体状况，或已经显现足以促使一般普通谨慎人士引起注意、寻求诊断、治疗或护理的病症”。根据这一条款的文义理解，被保险人的发病并非以医院明确诊断患有某种疾病即确诊为判断标准，而是将疾病发病的征兆、症状等作为判断发病的依据。从疾病诊疗的现实来看，病人罹患某种疾病，从出现早期症状到病人寻求治疗到该疾病最终被确诊存在时间上的过程，这一过程视疾病的复杂程度、患者获得的医疗条件、医生医术水平等客观因素的不同而耗费的时间不等，重大疾病保险涉及的疾病往往重大、疑难、复杂，确诊较为困难，从发病到确诊时间通常较长。这种“发病”与“确诊”之间客观存在的先后时间上的差异，造成了实践中会出现疾病发病时间在保险等待期内而确诊时间在等待期后的现象。此种情况下，被保险人要求按照确诊时间来认定发病时间以获得保险金，而保险人则主张按被保险人出现明显症状或寻求治疗的时间作为发病时间，双方由此产生纠纷。

在本案中，被保险人在等待期内已经明确诊断为“右肺上叶GGO，需警惕早期恶性可能”，其中“右肺上叶GGO”中的“GGO”为“磨玻璃影ground glass opacity”，胸部CT表现为密度轻度增高的云雾状淡薄影/圆形结节，样子像磨砂玻璃一样，所以称为磨玻璃影。肺GGO不一定是癌症，有时候肺部炎症、出血、纤维化（炎症后遗留的瘢痕）都可以造成GGO，但同时，肺癌的早期表现一般也就是GGO。鉴于GGO可能是良性的，也可能是恶性的，一般建议患者进行进一步的排查或穿刺活检来明确GGO的性质。本案中，医院也给出了“需警惕早期恶性可能”的诊断意见，提示被保险人存在可能患有恶性疾病的风险。因此，本案中被保险人疾病的征兆、症状等均具有客观的判定依据，符合保险条款中“发病”的定义。同时，被保险人在医院已经给出“需警惕早期恶性可能”的明确意见的情况下，不及时寻求治疗和确诊，而是没有任何合理理由地拖延了5个月直至等待期后才进行进一步检查，完全不符合普通人的生活经验，有违常理。被保险人此举客观上使完全可以在等待期内确诊的疾病被人为拖延到等待期后确诊，有违诚实信用原则，也不符合保险合同条款中设置等待期以防范投保人道德风险的目的。因此，本案法院的审理，以客观依据为基础，结合条款设置的目的以及保险合同的最大诚信原则综合进行判决说理，判决结果公平合理，为行业内此类案件的处理提供了借鉴。

重大疾病保险中对承保疾病定义条款的理解

广东省潮州市中级人民法院
（2019）粤51民终218号民事判决书

（2019年6月18日）

案·情

客户林某于2017年4月通过某网商平台投保某保险公司某重大疾病险产品，保险期间为2017年4月22日至2018年4月21日。其中，重疾保额80,000元，轻症保额20,000元。2017年11月27日，林某因身体不适前往医院检查，后被确诊为系统性红斑狼疮症，后林某向某保险公司提出理赔申请。某保险公司理赔部门在收到林某理赔申请后，立刻展开调查工作，并及时审核了林某的病历，最终认定林某所患疾病属于轻症，不构成重症疾病，因此作出了不予按照重症疾病进行理赔的决定，林某不服，遂向潮州市潮安区人民法院提起诉讼。潮州市潮安区人民法院在一审审理时认为，对保险合同的格式条款理解发生争议的，应按照不利于提供格式条款的一方进行解释，因此认定林某病情无论是否达到Ⅲ型或Ⅲ型以上狼疮性肾炎的程度，均符合保险合同约定的累及肾脏的系统性红斑狼疮疾病，故判决某保险公司承担重症疾病保险金赔付责任。后某保险公司提起上诉，在二审阶段某保险公司仍坚持认为林某所患疾病不属于重症疾病，并且认为在格式条款的解释方面应先适用通常解释，不应直接适用对格式条款制定方不利的解释。二审法院经审理后对某保险公司提出的观点予以了认可，最终撤销了一审判决，驳回了林某一审的全部诉讼请求，某保险公司终审获得胜诉。

法院判决

上诉人(原审被告):某保险公司,住所地湖北省武汉市江岸区。

被上诉人(原审原告):林某,女,1994年6月5日出生,汉族,住广东省潮州市潮安区。

上诉人某保险公司因与被上诉人林某健康保险合同纠纷一案,不服广东省潮州市潮安区人民法院(2018)粤5103民初1078号民事判决,向二审法院提起上诉。二审法院于2019年4月1日立案后,依法组成合议庭,开庭进行了审理。该案现已审理终结。

某保险公司上诉请求:(1)依法撤销一审判决,驳回林某的诉讼请求;(2)一审、二审诉讼费用由林某承担。主要事实与理由:(1)一审法院认定事实错误,林某并未构成保险条款约定的重大疾病。根据“谁主张,谁举证”的证据原则,林某主张其构成保险条款约定的重大疾病,应提交相关材料加以证明,但是从林某的检查结果来看,其反应肾功能的关键指标“血肌酐”并无异常,其病情并不属于重大疾病,一审法院在林某未提供证据证明其构成保险条款约定的重大疾病的情况下,错误地认定林某构成重大疾病,其认定事实错误。(2)一审法院适用法律错误,导致判决结果错误。根据《保险法》第三十条的规定:“采用保险人提供的格式条款订立的保险合同,保险人与投保人、被保险人或者受益人对合同条款有争议的,应当按照通常理解予以解释。对合同条款有两种以上解释的,人民法院或者仲裁机构应当作出有利于被保险人和受益人的解释。”根据上述法律规定,可知采用保险人提供的格式条款订立的合同,双方对条款的理解有争议时,不是当然适用有利于被保险人、受益人解释的原则,而是首先按照通常的理解予以解释。只是在有两种以上通常理解的,才适用有利于被保险人、受益人的解释。这样才更加公平,有利于保险双方的利益。在某保险公司与林某签订的某重大疾病保险合同第7.4条(三十)中约定:“……本保单所指的系统性红斑狼疮仅限累计肾脏(经肾脏活检确认的,符合WHO诊断标准定义Ⅲ型或Ⅲ型以上的狼疮性肾炎)”,一审法院在对该条款进行解释时未首先按照通常理解予以解释,而是直接适用了对林某有利的解释,其行为不仅违反了法律规定,而且有违公平原则。

林某辩称，某保险公司的上诉请求于法无据，请二审法院依法查明，驳回上诉，维持原判。

林某向一审法院起诉请求：(1)某保险公司依约支付林某重大疾病保险金80,000元及延期理赔造成的利息损失（以应付保险金为本金，从某保险公司拒赔之日即2018年2月9日起至判决确定还款之日止，按银行同期同类贷款利率计）；(2)某保险公司承担本案诉讼费。

一审法院认定，2017年4月，林某通过某网商平台与某保险公司签订了某重大疾病险保险合同，被保险人为林某，保险期间为2017年4月22日起至2018年4月21日止。保险项目为：(1)某轻症疾病保险，基本保险金额为20,000元；(2)某重大疾病保险，保险金额为80,000元。该合同签订后，林某依约交纳了保险费79.8元。某重大疾病保险条款第2.4条中规定："在本合同有效期内，我们承担下列保险责任：被保险人初次发生并被医院的专科医生确诊为本合同约定的重大疾病，我们按本合同基本保险金额给付重大疾病保险金，本合同终止。"第7.4条中规定的（三十）系统性红斑狼疮属于重大疾病。2017年11月27日，林某到汕头大学医学院第一附属医院住院治疗，至2017年12月21日出院，经诊断为：系统性红斑狼疮，累及器官或系统；狼疮性肾炎；双眼视网膜脉络膜病变；双眼缺血性视神经病变等，病例分型为危重。经林某向某保险公司申请理赔，2018年2月9日，某保险公司向林某赔付了轻症疾病保险金20,000元，重大疾病保险金不予赔付。林某认为得不到与自身疾病相对应的保险赔偿金，某保险公司拒绝理赔的理由没有事实、法律依据，遂向一审法院起诉，提出上述的诉讼请求。

一审法院认为：林某通过网络某网商平台向某保险公司投保某重大疾病险，系双方当事人的真实意思表示，不违反法律法规的强制性规定，应确认合法有效，受法律保护。林某按照保险合同的约定交纳了保险费，在保险期间林某患有符合保险合同约定的重大疾病，某保险公司应当按照保险合同的约定给付保险金。林某与某保险公司订立的某重大疾病保险合同第7.4条（三十）中约定："本案保险合同所指的系统性红斑狼疮仅限于累及肾脏（经肾脏活检确认的，符合WHO诊断标准定义Ⅲ型或Ⅲ型以上狼疮性肾炎）的系统性红斑狼疮。其他类型的红斑性狼疮，如盘状狼疮、仅累及血液及关节的狼疮不在本保单保障范围内。”现林某主张其病症已符合保险合同约定的累及肾脏的系统性红斑狼疮，某保险公司则主张需经肾脏活检确认的，符合WHO诊断标准定义Ⅲ型或Ⅲ型以上狼疮性肾炎的标准。根据《保险法》第三十条关于“采用保险人提供的格式条款订立的保险合同，保险人与投保人、被保险人或者受益人对合同条款有争议的，应当按照通常理解予以解释。对合同条款有两种以上解释的，人民法院或者仲裁机构应当作出有利于被保险人和受益人的解释”的规定，该案林某所患的系统性红斑狼疮已累及肾脏，排除盘状狼疮和仅累及血液和关节的狼疮，某保险公司在保险条款中并没有把Ⅲ型以下狼疮性肾炎排除在保险责任以外，一审法院对保险条款作出有利于林某的解释，认定林某的病情不论是否达到Ⅲ型或Ⅲ型以上狼疮性肾炎，均符合保险合同约定的累及肾脏的系统性红斑狼疮这一情形，某保险公司应当按照保险合同的约定给付保险金。某保险公司已赔付的轻症疾病保险金20,000元可予以抵除。某保险公司辩称林某的病情不符合合同约定的重大疾病情形，请求驳回林某的诉讼请求，一审法院不予采纳。据此，一审法院依照《合同法》第三十九条、第四十一条、第一百零七条，《保险法》第十四条、第十七条、第三十条的规定，判决：某保险公司应于该判决发生法律效力之日起5日内赔付林某保险金60,000元。如果未按该判决指定的期间履行给付金钱义务，应当依照《民事诉讼法》第二百五十三条之规定，加倍支付迟延履行期间的债务利息。案件受理费人民币1800元，由林某负担450元，某保险公司负担1350元。该款已由林某预交，一审法院退还林某1350元，某保险公司负担的受理费1350元应于该判决发生法律效力之日起5日内向一审法院交纳。

二审期间，某保险公司、林某均没有向法院提交证据。

一审查明的基本事实属实，二审法院予以确认。

另查明：自2017年4月9日起至2017年8月20日止，林某先后在某甲保险公司潮州中心支公司、某乙保险公司潮州分公司、某丙保险公司潮州中心支公司、某丁保险公司潮州分公司、某戊保险公司潮州中心支公司、某己保险公司潮州中心支公司、某保险公司、某庚保险公司深圳营销服务部等多家公司投保，投保内容均包含重大疾病保险。

再查明：林某通过某网商平台向某辛保险公司浙江分公司分别于2017年

4月30日购买“女性特定疾病保险”和2017年8月20日购买“呵护一生女性特定疾病保险”，保额合计200,000元。

二审法院认为，该案系健康保险合同纠纷。根据《民事诉讼法》第一百六十八条、最高人民法院《关于适用〈中华人民共和国民事诉讼法〉的解释》第三百二十三条的规定，该案二审围绕当事人的上诉请求进行审理。根据双方当事人在二审的诉辩意见，主要的争议焦点是：某保险公司应否赔付林某重大疾病保险金。

某保险公司认为林某所患疾病不符合双方订立的《国华2号重大疾病保险C条款》第7.4条（三十）关于系统性红斑狼疮—Ⅲ型或Ⅲ型以上狼疮性肾炎的规定并以此拒绝理赔。林某辩称，某保险公司没有就该条款履行明确说明义务，在双方当事人对合同条款有争议时，依法应当作出不利于提供格式条款一方的解释，且其入院期间是有特殊情况才没有通过肾脏活检确诊达到Ⅲ型或Ⅲ型以上狼疮性肾炎。经查，上述条款关于“系统性红斑狼疮—Ⅲ型或Ⅲ型以上狼疮性肾炎”约定：“……本保单所指的系统性红斑狼疮仅限累及肾脏（经肾脏活检确认的，符合WHO诊断标准定义Ⅲ型或Ⅲ型以上的狼疮性肾炎）的系统性红斑狼疮。其他类型的红斑狼疮，如盘状狼疮、仅累及血液及关节的狼疮不在本保单保障范围内……”条款最后部分还对世界卫生组织（Worid Health Organization，WHO）狼疮性肾炎六类分型予以罗列。该条款规定的疾病是案涉保险合同第7.4条重大疾病中定义的25种重大疾病之一，并且该条款是保险责任条款而非免责条款，故某保险公司无须证明其已就该条款履行了《保险法》第十七条第二款规定的明确说明义务。《保险法》第三十条规定：“采用保险人提供的格式条款订立的保险合同，保险人与投保人、被保险人或者受益人对合同条款有争议的，应当按照通常理解予以解释。对合同条款有两种以上解释的，人民法院或者仲裁机构应当作出有利于被保险人和受益人的解释。”本案中，关于系统性红斑狼疮—Ⅲ型或Ⅲ型以上狼疮性肾炎的规定，表述清晰，不管是该条款的标题还是具体内容都明确标注是Ⅲ型或Ⅲ型以上狼疮性肾炎的系统性红斑狼疮，并不会让人产生两种以上的理解，因此，对该条款应当依法按照通常理解予以解释，即所患的系统性红斑狼疮须已累及肾脏，达到Ⅲ型或Ⅲ型以上的狼疮性肾炎的，才属于涉案保险合同规定的重大疾病。林某称自己当时有特殊情况不适合做肾脏活检并已通过其他方式确诊，根据“谁主张，谁举证”的证据原则，林某对此需提供相应证据予以证明，否则应承担举证不能的后果。而从林某提供的病历资料中，其住院病案首页出院诊断部分写明的主要诊断是“系统性红斑狼疮，累及器官或系统”，对应的入院病情一栏是“有”；其他诊断是“狼疮性肾炎”，对应的入院病情一栏是“临床未确定”；其超声检查报告单中，检查结论第四点为“双肾、双输尿管、膀胱未见明显异常”。由于林某提供的证据材料均无法证明其所患的系统性红斑狼疮已累及肾脏，更无法证明其已确诊为Ⅲ型或Ⅲ型以上的狼疮性肾炎，对林某的抗辩，二审法院不予采信。据此，某保险公司可免于赔付林某重大疾病保险金。

综上所述，某保险公司的上诉请求成立，予以支持。依照《保险法》第三十条、《民事诉讼法》第一百七十条第一款第二项的规定，判决如下：

（1）撤销广东省潮州市潮安区人民法院（2018）粤5103民初1078号民事判决；

（2）驳回林某的诉讼请求。

一审、二审案件受理费各1800元，均由林某负担。二审案件受理费1800元已由某保险公司预交，其表示同意垫付。林某应于该判决生效之日起10日内付还某保险公司为其垫付的二审案件受理费1800元，法院不另作收退。

该判决为终审判决。

评·析

保险合同的条款解释顺序问题在司法实践中一直未能得到非常准确的适用。而条款解释顺序问题对于保险公司又极为重要，条款如不能按照通常理解进行解释而直接按照不利于保险公司的标准进行解释，那么将会造成“轻症（伤）重赔”的不利后果，保险公司的合法权益也就无法得到保障，因此应当引起重视。

本案属于一审败诉二审“翻盘”的案件，这样的案件在保险理赔诉讼中是比较罕见和难得的。本案之所以能够取得二审逆转的结果，主要是某保险公司工作人员正确理解了法律，使二审法院意识到一审法院在适用法律时存在错误和理解的片面性，遂在二审时正确援引了法律，判决了某保险公司胜诉。

本案的争议焦点是对《保险法》第三十条的理解问题。《保险法》第三十条规定："采用保险人提供的格式条款订立的保险合同，保险人与投保人、被保险人或者受益人对合同条款有争议的，应当按照通常理解予以解释。对合同条款有两种以上解释的，人民法院或者仲裁机构应当作出有利于被保险人和受益人的解释。"根据该条规定，保险公司和客户对保险合同的格式条款在理解上存在不一致时，应优先进行通常解释，只有在条款有两种以上解释时，才应作出对客户方有利的解释，可见该条文实际上对于争议的格式条款的解释顺序问题作出了非常明确的规定。但在实践中，该条文适用的正确性并不乐观，部分法院仍有先入为主的思维，认为有格式条款就应直接作出对保险公司不利的解释，不考虑是否存在通常解释，而这也导致了保险公司在诉讼中因此问题败诉的情况屡屡发生，所以本案对保险公司来说必然算是一个好消息。

本案之所以能够在二审逆转胜诉除了某保险公司工作人员在二审时作出的努力之外，还有一个重要的原因是保险合同条款制定的严谨性。二审法院在判决书中指出"关于系统性红斑狼疮—Ⅲ型或Ⅲ型以上狼疮性肾炎的规定，表述清晰，不管是该条款的标题还是具体内容都明确标注是Ⅲ型或Ⅲ型以上狼疮性肾炎的系统性红斑狼疮，并不会让人产生两种以上的解释，对该条款依法应当按照通常理解予以解释，即所患的系统性红斑狼疮须已累及肾脏，达到Ⅲ型或Ⅲ型以上的狼疮性肾炎的，才属于涉案保险合同规定的重大疾病"，法院之所以最终接受了某保险公司提出的按照通常理解进行解释的意见，主要是因为保险合同条款的约定非常清晰和明确，让法院无法找出第二种解释，如果有两种以上解释，法院就可以作出对某保险公司不利的解释了，那么结果也就是某保险公司无法在二审取得胜诉。所以某保险公司的保险条款中对于保险责任尤其是疾病的描述方面约定得非常详尽和具体是本案二审胜诉的关键之一。

人身保险合同中对按伤残等级所对应的比例进行给付的约定是否属于免责条款的认定

河南省南阳市中级人民法院
（2019）豫13民终3791号民事判决书

（2019年8月27日）

河南省高级人民法院
（2019）豫民申8063号民事裁定书

（2019年12月19日）

案·情

2018年4月26日9时30分许，崔某驾驶速派奇两轮电动车，沿南阳市张衡路自东向西行驶至恒安社区门口处时，与驾驶豫R号小型轿车在道路上等人时的白某发生碰撞，造成崔某受伤、两车受损的道路交通事故。经南阳市公安局交通事故处理部门认定，白某负该起交通事故的次要责任，崔某负主要责任。事故发生后，崔某受伤在医院住院治疗20天，共花费医疗费4719.32元。2018年7月18日经鉴定，崔某腰1椎体压缩性骨折构成伤残十级。保险公司按照保险条款约定对伤残进行比例赔付，崔某认为比例赔付属于免责条款且保险公司并未尽到告知义务，进而诉至法院。

法院判决

（一）裁定

再审申请人（一审原告、二审被上诉人）：崔某，女，1962年11月20日出生，汉族，住南阳市卧龙区。

被申请人（一审被告、二审上诉人）：某保险公司南阳中心支公司（以下简称某保险公司南阳支公司）。住所地：南阳市。

再审申请人崔某因与被申请人某保险公司南阳支公司人身保险合同纠纷一案，不服河南省南阳市中级人民法院（2019）豫13民终3791号民事判决，向法院申请再审。法院依法组成合议庭进行了审查，该案现已审查终结。

崔某申请再审称：（1）二审判决说理错误，无任何法律依据，定额给付原则不符合法律法规；（2）某保险公司南阳支公司未向崔某提供合同条款，未对条款作任何提示说明，格式条款不对投保人产生效力；（3）保险合同约定的按伤残等级进行比例赔付的条款系格式条款，未对投保人进行提示说明，应作对投保人有利的解释。请求依法撤销二审判决并维持一审判决或发回重审，原审诉讼费用由被申请人承担。

某保险公司南阳支公司提交意见称：二审认定事实清楚，适用法律正确，争议的条款系保险合同的基本条款而非免责条款，已将合同内容予以说明，请求维持二审判决。

再审法院审查期间，崔某明确表示其未填写过投保单，仅将身份证复印件和保险费80元交给保险公司一位姓张的经理，并未填写过投保信息，也未签过字，涉案保险单是其事故发生后向某保险公司南阳支公司索要取得的，同时，崔某认可其系某保险公司南阳支公司业务员。

再审法院经审查认为：争议焦点为关于按伤残等级进行赔付是否属于减轻责任条款的问题。商业保险合同的订立体现了意思自治、缔约自由原则，涉案保险合同对被保险人遭受意外伤害后残疾评定标准及意外伤害残疾保险金的计算方式均作出了约定，双方当事人均应按照合同的约定履行权利义务。该条款按照伤残程度等级相对应的给付比例支付保险金并未限制或损害被保险人利益，符合保险损失赔偿原则，并未在保险人承担保险责任的范围内减轻或排除其应承担的风险与损失，不属于“比例赔付或给付”，不应当认定为免除或减轻保险人责任的条款，原审对该条款的认定并无不当，再审法院对此予以认可。关于某保险公司南阳支公司是否履行合同条款的提示说明义务问题，《保险法》第十七条规定：“订立保险合同，采用保险人提供的格式条款的，保险人向投保人提供的投保单应当附格式条款，保险人应当向投保人说明合同的内容。对保险合同中免除保险人责任的条款，保险人在订立合同时应当在投保单、保险单或者其他保险凭证上作出足以引起投保人注意的提示，并对该条款的内容以书面或者口头形式向投保人作出明确说明；未作提示或者明确说明的，该条款不产生效力。”第一，该案争议的“按伤残等级赔付”的保险条款并非免除责任条款；第二，崔某系某保险公司南阳支公司的业务员，其应当知晓投保流程、保险条款及注意事项；第三，尽管某保险公司南阳支公司未能提供其履行提示说明义务的证据，但是，崔某认可其投保时没有填写投保单，未办理任何投保相关的手续，某保险公司南阳支公司和崔某双方均存在明显过错，在此情况下，原审未支持崔某对全部保险金的请求并无不当。崔某的再审申请理由不能成立，法院不予支持。

依照《民事诉讼法》第二百零四条第一款、最高人民法院《关于适用〈中华人民共和国民事诉讼法〉的解释》第三百九十五条第二款之规定，裁定如下：

驳回崔某的再审申请。

（二）判决

上诉人（原审被告）：某保险公司南阳支公司，住所地：南阳市。

被上诉人（原审原告）：崔某，女，1962年11月20日出生，汉族，住南阳市卧龙区。

上诉人某保险公司南阳支公司因与被上诉人崔某人身保险合同纠纷一案，不服南阳市宛城区人民法院（2018）豫1302民初8143号民事判决，提起上诉。二审法院立案后，依法组成合议庭进行了审理。该案现已审理终结。

某保险公司南阳支公司上诉请求：撤销原判，改判上诉人赔偿10,000元；诉讼费用由被上诉人承担。事实和理由：就保险条款的适用而言，只要求保险公司尽到提示义务，并不要求必须尽到明确说明义务。结合到该案，保单上已明确各项赔偿金额，也明确保险条款详细内容可在注册投保时或通过登录保险公司网站查阅，也可致电保险公司客服热线询问，来确保被上诉人对说明完全没有异议，如未询问，视同对合同内容完全理解。因此，该案应按保险合同约定的保险条款进行赔偿，即被上诉人构成十级伤残，上诉人仅应按照最高赔偿额的10%赔偿伤残保险金10,000元，医疗费则不予赔偿。

崔某辩称：被上诉人向上诉人出具的保险凭证中，免责条款并没有以明显标志作出提示，上诉人也未向被上诉人说明过合同的任何内容，上诉人主张的按伤残等级相应比例赔偿及医疗费不予赔偿均没有任何依据。原判正确，请求二审维持。

崔某向一审法院起诉请求：(1)判令被告在个人综合险范围内赔偿原告损失89,204.91元；(2)诉讼费、鉴定费由被告承担。

一审法院认定事实：2018年4月26日9时30分许，崔某驾驶速派奇两轮电动车，沿南阳市张衡路自东向西行驶至恒安社区门口处时，与驾驶的豫R号小型轿车在道路上等人时的白某发生碰撞，造成崔某受伤、两车受损的道路交通事故。经南阳市公安局交通事故处理部门认定，白某负该起交通事故的次要责任，崔某负主要责任。事故发生后，崔某受伤在医院住院治疗20天，共花费医疗费4719.32元。后经鉴定，崔某腰1椎体压缩性骨折构成伤残十级。某保险公司南阳支公司对崔某的伤残等级提出异议，但在规定的时间内未提出重新鉴定申请。

崔某在某保险公司南阳支公司投保有综合险A，该保险项目含意外身故残疾和烧伤100,000元、意外医疗费用保险10,000元、意外住院津贴保险(30/天)5400元等，事故发生在保险期间内。

一审法院认为：(1)崔某在某保险公司南阳支公司为自己投保了综合险A，缴纳了保险费，保险人向其送达了保险凭证，保险合同成立并生效，发生保险事故时，保险人应当承担保险责任。由于某保险公司南阳支公司在开庭时提供的保险条款并未提供给投保人，投保人(被保险人)对保险条款和保险金给付比例也并不知情，故对被保险人没有约束力，不能作为保险赔偿的依据。某保险公司南阳支公司给崔某提供的保险凭证证明了双方权利义务，应当作为约束双方当事人的依据。依据保险凭证，崔某要求某保险公司南阳支公司赔付意外医疗费及其他赔偿的请求，应予以支持。(2)崔某请求的赔偿项目：第一，合同约定意外伤害医疗保险金为10,000元，另特别约定，其意外医疗费用扣除100元免赔后按照90％比例赔付，崔某的医疗费用共计4719.32元即4157.39元予以赔偿。第二，意外伤害住院津贴保险金为5400元，崔某住院治疗20天，按每天住院津贴补助30元计算共计600元。第三，保险凭证约定有意外残疾赔偿金，但对残疾程度给予补偿的标准约定未予明确，双方解释不一致。根据《保险法》第十七条规定“订立保险合同，采用保险人提供的格式条款的，保险人向投保人提供的投保单应当附格式条款，保险人应当向投保人说明合同的内容。对保险合同中免除保险人责任的条款，保险人在订立合同时应当在投保单、保险单或者其他保险凭证上作出足以引起投保人注意的提示，并对该条款的内容以书面或口头形式向投保人作出明确说明；未作提示或者明确说明的，该条款不产生效力”，第三十条规定“采用保险人提供的格式条款订立的保险合同，保险人与投保人、被保险人或者受益人对合同条款有争议的，应当按照通常理解予以解释。对合同条款有两种以上解释的，人民法院或者仲裁机构应当作出有利于被保险人和受益人的解释”。根据以上条款，因此应作出对崔某及投保人有利的解释。结合崔某为十级伤残，且其居住在城镇生活，并在城镇工作的事实，按照2018年度河南省上年度城镇居民人均可支配收入为29,557.86元的标准，对其残疾赔偿金为59,115.72元的请求，予以支持。综上所述，崔某的各项赔偿共计63,873.11元，应由某保险公司南阳支公司在保险范围内予以赔偿。(3)对于崔某的其他请求，不予支持。某保险公司南阳支公司辩述的医疗费用问题及伤残赔偿金应按比例赔偿的理由不足，不予采信。根据《合同法》第四十一条，《保险法》第十七条、第三十条，最高人民法院《关于审理人身损害赔偿案件适用法律若干问题的解释》第二十五条之规定，一审法院判决：(1)被告某保险公司南阳中心支公司于该判决生效后10日内赔偿原告崔某保险金63,873.11元。(2)驳回原告崔某的其他诉讼请求。案件受理费2030元，由原告崔某承担430元，被告某保险公司南阳中心支公司承担1600元。

二审中，当事人没有提交新证据。

二审法院经审理，对一审法院认定事实予以确认。

二审法院认为：该案所涉保险合同属于人身保险合同。而对人身保险合同的理赔，不适用“损失补偿原则”，而是采用“定额给付原则”，即只要达到保险赔付条件，保险人即按照合同约定的保险金数额给付保险金，而无须考虑被保险人的实际损失。因此，原判计算被上诉人的残疾赔偿金并以此确定赔偿数额，适用法律不当，应予纠正。

关于赔付数额。上诉人主张根据保险条款，应按被上诉人十级伤残对应的10%比例乘以保险金额给付残疾保险金10,000元。而被上诉人主张在投保时上诉人对上述条款未进行说明，该条款没有约束力。对此，法院认为，《保险法》第十三条第二款规定："保险单或者其他保险凭证应当载明当事人双方约定的合同内容……"该案涉案保险单中，已明确载明了该保险方案适用条款为《个人人身意外伤害保险（2016版）》、《附加个人人身意外伤害医疗保险（2016版）》和《附加个人人身意外伤害住院津贴保险（2016版）》，故该部分应视为双方约定的合同内容。同时，保险条款中关于按被保险人伤残所对应的比例进行给付的内容，属于约定保险金给付条件的基本条款，不应认定为格式合同中的免责条款，被上诉人对此亦无须承担明确说明义务。据此，上诉人应在人身意外伤害保险金额内向被上诉人给付残疾保险金10,000元。上诉人另称医疗费不予赔偿的意见，明显与保险合同约定不符，法院不予采纳。重新计算后，上诉人应向被上诉人给付保险金共计14,757.39元。

综上所述，上诉人部分上诉理由成立。依照《合同法》第六十条，《保险法》第十三条、第十四条，《民事诉讼法》第一百七十条第一款第二项的规定，判决如下：

（1）维持南阳市宛城区人民法院（2018）豫1302民初8143号民事判决第二项；

（2）变更南阳市宛城区人民法院（2018）豫1302民初8143号民事判决第一项为某保险公司南阳支公司于判决生效后10日内给付崔某保险金14,757.39元。

如果未按该判决指定的期间履行给付金钱义务，应当依照《民事诉讼法》第二百五十三条之规定，加倍支付迟延履行期间的债务利息。

一审案件受理费2030元，由上诉人某保险公司南阳支公司负担300元，被上诉人崔某负担1730元；二审案件受理费1147元，由上诉人某保险公司南阳支公司负担300元，被上诉人崔某负担847元。

该判决为终审判决。

评·析

本案争议焦点为保险条款关于伤残赔偿金比例赔付的规定是否属责任免除条款。该案经过二审审理，中级人民法院认为保险条款中关于比例赔付的规定是对保险金给付方式的约定，不属于免除保险人责任条款。

笔者认为，根据合同约定及法律规定，保险金给付方式的规定不属“免除保险责任的条款”。

一、保险金给付方式的条款约定不同于责任免除

免责条款，是指当事人双方在合同中事先约定的、旨在限制或免除其未来责任的条款。具体到该案，就保险合同约定的十级伤残给予保险金额的10%赔付的条款是否属于免责条款存在比较大的争议。保险合同中往往会对事故发生后赔偿的给付方式、赔偿限额作出约定。而给付的方式在民事活动中不可能做出单一限制。因此，将给付方式与免责条款混淆一谈是不妥当的。

二、治疗方式的规定不属“免除保险责任的条款”

从法律规定的角度来看，具体的赔偿给付方式不应界定为免责条款范围。《保险法》第十七条第二款规定：“对保险合同中免除保险人责任的条款，保险人在订立合同时应当在投保单、保险单或者其他保险凭证上作出足以引起投保人注意的提示，并对该条款的内容以书面或者口头形式向投保人作出明确说明；未作提示或者明确说明的，该条款不产生效力。”为明确“免除保险责任的条款”的范围，避免争议，最高人民法院《关于适用〈中华人民共和国保险法〉若干问题的解释（二）》第九条第一款规定，“保险人提供的格式合同文本中的责任免除条款、免赔额、免赔率、比例赔付或者给付等免除或者减轻保险人责任的条款，可以认定为保险法第十七条第二款规定的‘免除保险责任的条款’”。虽然，该文当中提到比例赔付可以认定为免责条款，但考虑保险合同订立双方的权利义务的对等、双方真实意思表示，作为以伤残给付为内容的人身保险合同，对不同的损害结果给予不同的赔偿金是最基本的一种意思表示。因此，武断地将该条款界定为免责条款是不妥当的。

最终，二审法院认定“保险条款中关于按××伤残所对应的比例进行给付的内容，属约定保险金给付条件的基本条款，不应认定为格式合同中的免责条款，被上诉人对此亦无须承担明确说明义务”，就本案的法律和事实认定来说，是正确的。

人身保险合同中对按伤残等级所对应的比例进行给付的约定是否属于免责条款的认定

四川省自贡市中级人民法院
（2019）川03民终1138号民事判决书

（2019年7月9日）

案·情

客户廖某于2012年12月28日以自己为被保险人通过某保险公司四川分公司官方网站投保某两全保险产品，基本保额为300,000元，保险责任为：对于非烧烫伤导致的意外伤害按照被保险人的伤残等级给付10%—100%不等的保险金；对于烧烫伤导致的意外伤害按照烧烫伤等级给付50%—100%不等的保险金。2018年3月22日，廖某因烧伤到医院住院治疗，出院后经鉴定，评定为十级伤残。后廖某向四川省自贡市自流井区人民法院起诉，要求某保险公司四川分公司支付其保险金300,000元。四川省自贡市自流井区人民法院经审理认为，涉案的保险合同中的残疾程度与给付比例表及三度烧烫伤给付比例表（以下简称两项比例表）为免责条款，某保险公司四川分公司未能尽到提示和明确说明义务，该条款对廖某不产生效力，故判决某保险公司四川分公司向廖某支付保险金300,000元（基本保额）。某保险公司四川分公司不服该判决，遂提起上诉，四川省自贡市中级人民法院经审理认为，保险合同中的两项比例表属于免责条款，廖某虽签收了书面的保险合同、投保确认单和保险合同回执，但此属于让投保人自行阅读，而非某保险公司四川分公司主动履行了提示说明义务，因此某保险公司四川分公司不能证明已尽到《保险法》要求的对免责条款的提示和明确说明义务，故作出了驳回上诉、维持原判的终审判决。

法院判决

上诉人（原审被告）：某保险公司四川分公司，住所四川省成都市青羊区。

被上诉人（原审原告）：廖某，女，汉族，1984年2月2日出生，住四川省自贡市自流井区。

上诉人某保险公司四川分公司因与被上诉人廖某人身保险合同纠纷一案，不服四川省自贡市自流井区人民法院（2019）川0302民初171号民事判决，向二审法院提起上诉。二审法院于2019年5月27日立案后，依法组成合议庭，于2019年6月26日召开庭前会议。该案现已审理终结。

某保险公司四川分公司上诉请求：撤销四川省自贡市自流井区人民法院（2019）川0302民初171号民事判决，该案全部诉讼费由被上诉人承担。事实与理由：（1）上诉人按照两项比例表给付保险金不属于《保险法》第十七条第二款规定的格式免责条款，也不属于最高人民法院《关于适用〈中华人民共和国保险法〉若干问题的解释（二）》第九条规定的比例赔付及给付。按照前述两项给付比例表支付保险金的约定属于保险公司对被保险人承担的保险责任范围和赔付标准的约定，并未在保险公司承担保险责任的范围内减轻或排除其应承担的风险与损失，明显不属于最高人民法院《关于适用〈中华人民共和国保险法〉若干问题的解释（二）》第九条规定的比例赔付或者给付，不应当认定为免除保险人责任的条款，一审法院对该两项比例给付表系无效条款的认定明显错误。（2）上诉人向被上诉人送达的书面保险合同包括了此两项比例表、保险单、保险条款等内容，经被上诉人签收确认，足以证明上诉人已履行了告知义务。（3）一审法院对该案保险赔付金额的认定存在错误。人身保险合同中无论按伤残等级标准还是按两项给付比例表赔付，均系以基本保额乘以给付比例计算。一审法院判令上诉人直接按300,000元基本保额赔付，加重了上诉人的保险责任，违背了基本的公平原则。该案中，保险事故发生后，被上诉人自行按人身伤残标准进行鉴定，而未按照合同约定的给付比例表进行鉴定，其伤残等级及烧烫伤程度均不符合两项给付比例表相应标准，上诉人依法不应支付保险金。

廖某辩称，上诉人的请求无事实和法律依据，缺乏证据证明。案涉给付比例条款系保险责任条款无法律依据。依据最高人民法院《关于适用〈中华人民共和国保险法〉若干问题的解释（二）》第十九条，减轻或免除保险人责任的条款是免除责任条款。最高人民法院《关于适用〈中华人民共和国保险法〉若干问题的解释（二）》第九条规定比例给付条款属于免责条款。上诉人辩称送达了案涉保险合同，经投保人签收确认证明其履行了明确说明义务，没有事实和法律依据，缺乏证据证明。上诉人出示的证据不能证明订立合同时履行了交付条款和说明义务，不能证明其履行了在保险单、投保单上作出足以引起投保人注意的标志作出说明提示的义务。上诉人对案涉比例条款没有以公平原则确立，没有对案涉比例条款进行说明，也没有音频等证据证明其对比例给付条款进行了提示说明。上诉人无证据证明伤残等级标准或其两项给付比例表系双方当事人的约定，投保时保险人既没有提示给付比例表，也没有提请注意给付比例表。上诉人在销售环节和激活流程设置中均无证据证明其履行了对给付比例条款的提示和说明义务，因此给付比例条款不能作为保险合同约定的内容。

廖某向一审法院起诉请求：(1)判令被告支付原告保险金300,000元及自2018年10月16日起至付清止按同期人民银行贷款利息计算的利息；(2)该案诉讼费用由被告承担。

一审法院查明事实：2012年12月28日原告通过被告官方网站自助投保某两全保险，后被告于2013年1月5日向原告提供保险合同，保险合同载明，险种名称某两全保险，基本保险金额为300,000元，被保险人因遭受意外伤害事故，并自该事故发生之日起180日内(含180日当日)以该事故为直接且单独的原因导致该合同所附残疾程度与给付比例表中所列的残疾程度之一者，保险公司按该表所列的给付比例乘以该合同基本保险金额给付意外伤害残疾保险金；如在第180日被保险人的治疗期仍未结束的，保险公司按第180日对被保险人身体情况进行残疾鉴定的结果给付意外伤害残疾保险金，同时保险合同中责任免除条款系黑体显示，两项比例表系一般印刷体，与保险合同中的其他普通条款字体一致,《残疾程度与给付比例表》约定根据各种伤情,给付比例分别从10%至100%不等,《三度烧烫伤给付比例表》根据烧烫伤占全身皮肤面积百分比确定不同的给付比例。后原告交纳保费至2018年12月,累计交费21,300元。2013年1月5日原告签字的保险合同回执联载明,其本人已收到保险合同正本,合同内容包括保险单、条款、保险费等收据,经查收无误。业务人员已向原告明确说明了保险合同的各项内容,原告已知晓其本人的权利及相关之规定。2018年3月22日原告因烧伤到医疗机构住院治疗,出院后经原告委托,四川联立司法鉴定中心于2018年9月3日出具司法鉴定意见书,内容为原告之伤评定为十级伤残。另查明,被告庭审时提交的某两全保险网络投保流程中了解保障详情、保险条款、投保提示书系以链接的方式提供,在意外伤害烧烫伤、残疾保障中注明请参考烧烫伤、残疾程度与给付比例表。

一审法院认为,原、被告之间订立的保险合同中两项比例表虽在前述保险合同责任免除条款之外,但据前述条款约定的内容来看,应属于最高人民法院《关于适用〈中华人民共和国保险法〉若干问题的解释(二)》第九条第一款"保险人提供的格式合同文本中的责任免除条款、免赔额、免赔率、比例赔付或者给付等免除或者减轻保险人责任的条款,可以认定为保险法第十七条第二款规定的'免除保险人责任的条款'"所规定的免除保险人责任的条款,据《保险法》第十七条第二款"对保险合同中免除保险人责任的条款,保险人在订立合同时应当在投保单、保险单或者其他保险凭证上作出足以引起投保人注意的提示,并对该条款的内容以书面或者口头形式向投保人作出明确说明;未作提示或者明确说明的,该条款不产生效力"之规定,被告作为保险人应向原告履行提示或者明确说明义务,否则该条款不产生效力。且据最高人民法院《关于适用〈中华人民共和国保险法〉若干问题的解释(二)》第十三条第一款"保险人对其履行了明确说明义务负举证责任"之规定,由被告承担明确说明义务的举证责任。

被告庭审中举示的某两全保险网络投保流程中的保险条款等内容系以链接方式提供,也就是说,被告在互联网保险产品的投保流程中未设置主动弹出网页展示保险条款全文,未将浏览保险条款全文尤其是免责条款内容设置为必经流程,即被告未主动履行提示说明的义务与《保险法》第十七条第二款所规定的保险人应主动履行提示说明义务相悖，亦与中国保监会《互联网保险业务监管暂行办法》第八条第三款“其中，互联网保险产品的销售页面上应包含下列内容：……(二)保险条款、费率(或保险条款、费率的链接)，其中应突出提示和说明免除保险公司责任的条款，并以适当的方式突出提示理赔要求、保险合同中的犹豫期、费用扣除、退保损失、保险单现金价值等重点内容；……”之规定不符。且被告庭审中出示的系现阶段的投保流程的证据，不足以证明与原告2012年投保时的险种系同一网络投保流程。同时被告出示投保后的保险合同回执内容的证据亦不能证明其将保险合同的责任免除条款在原告投保时据《保险法》第十七条第二款之规定向原告作了提示和明确说明。

综上所述，被告出示的证据不能证明其履行了《保险法》第十七条第二款和最高人民法院《关于适用〈中华人民共和国保险法〉若干问题的解释(二)》第十二条“通过网络、电话等方式订立的保险合同，保险人以网页、音频、视频等形式对免除保险人责任条款予以提示和明确说明的，人民法院可以认定其履行了提示和明确说明义务”所规定的提示和明确说明义务，故案涉保险合同中的两项比例表对原告不产生效力，被告应按保险合同一般条款的约定给付原告意外伤害残疾保险金300,000元。原告诉请的利息，由于其提交的证据不足以证明该证据符合《保险法》第二十三条第一款和第二款“保险人收到被保险人或者受益人的赔偿或者给付保险金的请求后，应当及时作出核定；情形复杂的，应当在三十日内作出核定，但合同另有约定的除外。保险人应当将核定结果通知被保险人或者受益人；对属于保险责任的，在与被保险人或者受益人达成赔偿或者给付保险金的协议后十日内，履行赔偿或者给付保险金义务。保险合同对赔偿或者给付保险金的期限有约定的，保险人应当按照约定履行赔偿或者给付保险金义务。保险人未及时履行前款规定义务的，除支付保险金外，应当赔偿被保险人或者受益人因此受到的损失”之规定，应自行承担举证不能的不利后果，故一审法院不予支持。

据此，依照《保险法》第十四条、第十七条、第二十三条第一款和第二款，最高人民法院《关于适用〈中华人民共和国保险法〉若干问题的解释(二)》第九条第一款、第十二条、第十三条第一款，《民事诉讼法》第六十四条第一款，最高人民法院《关于适用〈中华人民共和国民事诉讼法〉的解释》第九十条之规定，判决：(1)被告某保险公司四川分公司于该判决生效之日起10日内支付原告廖某意外伤害残疾保险金300,000元；(2)驳回原告廖某的其他诉讼请求。该案受理费收取2900元，由被告某保险公司四川分公司负担并直接向一审法院缴纳。

二审期间，双方当事人未提交新证据。

二审查明事实与一审查明案件事实一致。

二审法院认为，该案二审争议焦点为：上诉人是否应就本案被保险人烧伤致残事故承担理赔责任，如应承担，其金额如何确定。被上诉人廖某于2012年12月28日通过网络投保方式投保上诉人某两全保险，系双方当事人真实意思表示，不违反法律、行政法规效力性强制性规定，合法有效，对双方当事人均具有约束力。根据最高人民法院《关于适用〈中华人民共和国保险法〉若干问题的解释(二)》第九条第一款“保险人提供的格式合同文本中的责任免除条款、免赔额、免赔率、比例赔付或者给付等免除或者减轻保险人责任的条款，可以认定为保险法第十七条第二款规定的‘免除保险人责任的条款’”的规定及《保险法》第十七条“订立保险合同，采用保险人提供的格式条款的，保险人向投保人提供的投保单应当附格式条款，保险人应当向投保人说明合同的内容。对保险合同中免除保险人责任的条款，保险人在订立合同时应当在投保单、保险单或者其他保险凭证上作出足以引起投保人注意的提示，并对该条款的内容以书面或者口头形式向投保人作出明确说明；未作提示或者明确说明的，该条款不产生效力”的规定。上诉人虽以廖某签收了书面合同、投保确认单及保险合同回执，来证明其已履行了告知义务，但上诉人混淆了投保人自行阅读与保险公司主动解释及一般条款与免责条款特别提醒的界限，上诉人一审提交的证据不足以证明其已将案涉两项比例表在订立合同时在投保单、保险单或者其他保险凭证上以足以引起投保人注意的文字、字体、符号或者其他明显标志进行提示，也没有证据证明上诉人以书面或者口头形式对两项比例表的内容向被上诉人作出明确说明，故案涉两项给付比例条款对被上诉人廖某不产生效力。上诉人主张合同约定的比例赔付标准是保险责任条款非限制或免除保险人责任的条款的理由不能成立，应予驳回。一审判决上诉人应按保险单载明的基本保险金额300,000元给付廖某意外伤害残疾保险金并无不当。

综上所述，上诉人某保险公司四川分公司的上诉请求不能成立，应予驳回。一审判决认定事实清楚，适用法律正确，应予维持。依照《民事诉讼法》第一百七十条第一款第一项之规定，判决如下：

驳回上诉，维持原判。

二审案件受理费5800元，由上诉人某保险公司四川分公司负担。

该判决为终审判决。

评·析

本案的争议焦点为按照伤残等级进行比例赔付是否属于免责条款。

针对该争议焦点，发表以下观点：无论各个保险公司采用的是自行制定的比例表还是保险监管部门统一要求的比例表，均涉及作为保险金给付标准的比例表是否属于免责条款的问题，对这一基本问题的判断直接决定是否适用免责条款明确说明义务的规定。

一、划定意外伤害保险承保范围的两个层次

意外伤害保险承保意外事件造成的被保险人损害，一般而言，只要被保险人身体的伤残是由意外事件造成的，保险公司就应当承担赔偿责任。判断意外伤害保险的承保范围以及除外责任分为几个层次：第一，需要考量风险是否为意外。对于属于意外风险的，保险条款中以承保责任和除外责任进行承保与否的范围划定；第二，属于意外，且属于特定意外伤害保险承保范围意外造成的损害结果是否被承保。对于属于特定意外伤害保险承保范围的意外造成的损害结果，保险条款中以承保范围和除外责任进行承保与否的范围划定。第一个层次的划定我们可以总结为“不是所有的意外均由意外伤害保险承保”；第二个层次的划定我们可以总结为“不是所有的意外造成的损害均由意外伤害保险承保”。免责条款及承保范围在前述两个层次的范围划定过程中实质上起到工具的作用：将属于特定意外伤害保险承保的意外，以及属于特定意外伤害保险的意外造成的特定损失，裁取为“承保风险”。使抽象的、

看不见摸不着的风险，成为以文字表述为形式的、具体的、可被知悉的意外伤害保险产品。

本案中，比例表起到划定第二个层次风险是否属于承保范围的作用，既然“不是所有的意外造成的损害均由意外伤害保险承保”，因此，那些在比例表范围内的意外造成的伤害由保险公司承保，那些在比例表范围以外的意外造成的伤害不由保险公司承保。这样，比例表似乎成为承保范围和免责条款的中间地带，并非纯粹的承保范围，也并非典型的免责条款。对其属性的判断需要回归到意外伤害保险的本质中，对其本质探查进而判断比例表是否属于免责条款。

二、意外伤害保险的本质属性

意外伤害保险具有三个本质特征（或称构成要件）：偶然性、外来性和急剧性。被保险人因意外导致伤残，是意外产生的结果，并非典型的承保范围。对这一结果加以限定的比例表，更不属于典型的对承保范围的约定。故此，我们认为，比例表应当属于意外伤害保险条款的免责条款，保险公司应当向投保人进行提示和明确说明。这一判断结果也符合最高人民法院《关于适用〈中华人民共和国保险法〉若干问题的解释（二）》第九条第一款的规定，保险人提供的格式合同文本中的责任免除条款、免赔额、免赔率、比例赔付或者给付等免除或者减轻保险人责任的条款，可以认定为《保险法》第十七条第二款规定的“免除保险人责任的条款”。

人身保险合同中涉嫌骗保时保险人的调查取证

辽宁省岫岩满族自治县人民法院
（2019）辽0323民初3392号民事裁定书

（2019年12月13日）

案·情

2016年3月，原告王某为自己投保了某甲保险公司岫岩满族自治县支公司（以下简称某甲保险公司）“某某惠民两全保险”“附加某某惠民意外伤害保险”，基本保险金额均为100,000元。2016年4月，投保人王某因驾驶不当，撞向路边树木，称其眼部被眼镜片划伤。2016年12月，某司法鉴定中心出具鉴定结论：王某目前双眼视力障碍程度符合全残规定。原告主张按照保险条款“自驾车意外身故或全残保险金”中的约定，即基本保险金额的10倍，赔付其共计2,000,000元。但经勘查，某甲保险公司认为，该案存在疑点，造作伤可能性大；且原告在多家保险公司购买产品，并提起诉讼。因此某甲保险公司于2017年2月以“本次出险属故意行为”为理由，作出拒赔决定。原告不予认可，于2018年10月诉至当地法院，要求保险公司支付保险赔偿金2,000,000元，鉴定费3740元，并退还保费2100元以及自拒赔之日起利息12,000元，合计2,010,784元。

该案经一审法院开庭审理，判决某甲保险公司赔付原告保险金2,000,000元。某甲保险公司对判决结果不服，遂上诉至当地中院。中级人民法院认为，公安机关正式受理王某涉嫌保险诈骗一案，其处理结果，将直接影响法院对该案的处理，故依法作出裁定，撤销一审判决，发回重审，并要求一审法院根据查明的事实，作出中止审理或裁定驳回起诉移送公安机关处理的判定。

该案发回重审后，一审法院另行组成合议庭进行审理。法院认为，本案中交通事故的真实性及原告眼伤的成因，存在诸多疑点，且几份鉴定结论，亦不能证明伤情与事故有关；加之原告同时在多家保险公司购买大额保险的行为，使其有诈骗之嫌疑，遂参照关于法院受案范围的相关法律规定，依法裁定驳回原告起诉，并将案件有关材料移送公安机关。

法院判决

原告：王某，男，1962年11月12日出生，满族，住岫岩满族自治县。

被告：某甲保险公司，营业场所：岫岩满族自治县。

原告王某诉被告某甲保险公司人身保险合同纠纷案，法院于2018年10月19日立案后，依法适用普通程序，两次公开开庭进行了审理，于2019年4月19日作出（2018）辽0323民初3443号民事判决书。被告某甲保险公司不服该判决，上诉于鞍山市中级人民法院。鞍山市中级法院于2019年9月9日裁定撤销一审法院（2018）辽0323民初3443号民事判决，该案发回一审法院重审。一审法院于2019年10月12日立案受理后，另行组成合议庭，由审判员刘某任审判长，人民陪审员王某某1、王某某2参加评议，于2019年12月9日公开开庭进行了审理。原告王某及其委托代理人李某、被告某甲保险公司的委托代理人刘某某到庭参加了诉讼。该案现已审理终结。

原告诉称，2016年3月31日，原、被告签订“某某惠民两全保险”和附加险“某某惠民意外伤害保险”各一份。依据保险条款约定，自2016年3月31日零时零分生效。基本保额为100,000元，保费为2100元/年。上述两份保险条款均约定，自意外伤害发生之日起180日内因该意外导致身故或全残，保险公司按基本保险金额的10倍给付自驾车意外身故或全残保险金，该合同终止。

2016年4月13日22时35分许，原告驾驶辽C号微型汽车由西向东行驶至岫岩县龙潭镇梨酒村路段时，因驾驶不当，与公路右侧一颗树木发生相撞，造成车辆受损、原告受伤的交通事故。岫岩满族自治县公安交通警察大队作出的

《道路交通事故认定书》认定：原告驾驶车辆未确保安全行驶，负此事故全部责任。事故发生后，岫岩县某医院认为其无法治疗必须转院至沈阳某眼科医院。沈阳某眼科医院出院时诊断：双眼角膜穿透伤，右眼外伤性白内障，右眼脉络膜脱离，右眼晶状体脱位。2016年10月21日，岫岩县交警大队委托岫岩某法医司法鉴定所鉴定，结论为原告双眼损伤构成Ⅱ级伤残。被告委托中国某法医司法鉴定（原告垫付鉴定费3740元）对原告双眼是否构成全残进行鉴定。2016年12月2日，该司法鉴定中心出具〔2016〕临鉴字第907号鉴定意见书，鉴定结论为：原告目前双眼视力障碍程度符合全残规定。

2017年2月10日，被告向原告出具《理赔拒付通知书》，拒赔理由是"您本次出险属故意行为"。原告认为与事实不符，缺少法律依据。一是原告当时没有想投保，是被告业务员通过熟人又十分热情劝说原告投保，而且是第一次见面原告没买。在此后一个月被告又联系原告，原告碍于面子无奈才买了一份保险，且原告并非蓄意购买保险。二是原告作为岫岩县某分局的副局长，没有必要以双目失明为代价骗取保费，使自己的下半生处于黑暗之中。三是如果想骗保，原告也应该投意外伤害险，即保费只需几百元就能达到相同的保额，而非该保险新产品。四是原告所投保额不是百万级的险种，其基本保额是100,000元，不是大额保险。现请求给付百万保险金只是在出现全残特殊情况，被告按约定给予的10倍的理赔金额。五是事故发生后，原告一直在北京治疗，已举债1,400,000余元，这还不包括后续治疗，说明原告不是为了骗取保险金，而是希望重见光明即原告不想全残。六是《道路交通事故认定书》确认原告"驾驶车辆未确保安全行驶"，这是一种过失行为导致的意外交通事故，而非故意行为导致出险，被告对其主张应依法举证证明。七是被告拒赔决定是在没有任何证据的情况下，主观认为是原告故意行为导致出险进而不予不理赔，给原告身心造成极度的创伤。被告未按保险合同履行赔付责任，原告为依法维护合法权益，故请求判令被告给付主险1,000,000元保险金以及附加险1,000,000元保险金，给付鉴定费3740元、退还保费2100元及从2017年2月10日拒赔起利息12,000元，以上合计2,017,840元。被告承担诉讼费。

被告辩称，该案原告作为被保险人，在发生事故后没有及时通知保险人，根据《保险法》第二十一条的规定，因其未及时通知致使事故的性质、原因、损失程度难以确定的，保险人对难以确定的部分不承担赔偿或者给付保险金的责任。故请求人民法院驳回原告的诉讼请求。

理由是：(1)原告无证据证明“王某眼伤是作为驾驶员驾驶自驾车时遭受意外伤害所致”，被告不承担保险金给付责任。(2)《道路交通事故认定书》不得作为认定事实的依据。第一，最高人民法院《关于适用〈中华人民共和国保险法〉若干问题的解释（二）》第十八条规定，“行政管理部门依据法律规定制作的交通事故认定书、火灾事故认定书等，人民法院应当依法审查并确认其相应的证明力，但有相反证据能够推翻的除外”。第二，最高人民法院民事审判第二庭编著的《最高人民法院关于保险法司法解释二理解与适用》第四百二十一页明确：“严重违反程序、明显违背常理的认定书，不得作为认定事实的依据。”第三，该案《交通事故认定书》违反程序、明显违背常理。车主自称当晚下着小雨，而事故认定书记载当天天气为晴；车主及原告称交通事故发生在21时，车主拨打“122”报警电话为22时10分，待原告离开现场后，23时50分左右交警部门赶到现场。既然交警出现场时原告已离开现场，却认定为王某开车，这一认定有何事实依据？《道路交通事故处理工作规范》第三十条中规定：“当事人不在现场的，应当立即查找。”而交警部门明知原告去向却在事隔多天后才找原告进行询问调查。《道路交通事故处理工作规范》第三十二条规定：“交通警察应当按照有关法律、法规和《交通事故痕迹物证勘验》等标准的规定，客观、全面勘查现场，提取痕迹物证，通过照相、摄像、绘图、制作现场勘查笔录等方式固定现场证据。因调查取证的需要，交通警察可以补充勘查道路交通事故现场或者进行模拟实验。进行模拟实验时，应当禁止一切足以造成危险的行为。”而交警部门并未采取上述勘查措施。(3)三份鉴定意见书未能证明因果关系的存在。第一，北京某司法鉴定中心已明确复函法院称王某双眼损伤与交通事故之间的因果关系属于交通事故认定、交通损伤的认定，不属于司法鉴定中心鉴定范畴。故不能依据该中心的鉴定结论认定因果关系。第二，中国某法医司法鉴定中心仅给出王某双眼伤残鉴定意见，并未对原告主张的因果关系发表鉴定意见。该中心建议对双眼损伤致伤方式与损伤机制的问题，另行委托专家分析鉴定。第三，岫岩某法医司法鉴定所未对因果关系发表鉴定意见。综上所述，三份鉴定意见书，均未能证明原告就因果关系的主张。(4)某乙保险公司的判决书对该案无影响。(5)原告未及时通知被告，被告不承担给付责任。原告第一时间通知车主及其弟，却未及时通知交警和被告。而在车主和家人赶到现场后，原告也未要求报警和通知被告。原告离开现场后，车主打电话通知财产保险公司及交警，报警的目的是定损、修车，而非及时查明因何原因导致原告双眼受伤。并且原告在事发后第8天才迟迟通知被告。此时受损车辆已经修复完毕，交警部门也出具了眼伤与交通事故没有关系的《事故认定书》，导致原告眼伤是否为“以乘客身份搭乘或作为驾驶员驾驶自驾车时遭受意外伤害所致”这一事实无法查清，无法确定事故性质、发生原因、损失程度。(6)该案存在诸多道德风险。第一，王某是某乙保险公司的销售代理人，身份特殊。第二，车辆正面直接与树木发生碰撞，前档风玻璃正面撞击点，驾驶员身体因惯性而应产生向前的冲击力，受伤部位应为头顶、额头、眉骨、鼻子。但是王某头顶、额头、眉骨、鼻子所有突出部位均未受伤，而是最凹陷的眼睛受伤，有悖自然法则。第三，原告眼部贯穿伤，贯穿角度为左眼6—9点钟方向、右眼7点钟方向，力量来自于王某的左下方；而交通事故形成的撞击力却是正前方12点钟方向，眼部贯穿伤的作用力与交通事故的作用力非同一作用力。第四，眼睑、眼皮无伤却直接刺穿眼珠，有悖紧急情况时人会下意识闭眼这一本能的生理反应，正常情况应为先刺穿眼皮再刺穿眼珠。第五，医院自治伤口时，伤口无镜片残留物。第六，作为一名公务员，并无高意外风险，却在三家保险公司多次投保1,000,000余元意外伤害险。第七，原告双眼可治愈。原告目前伤情为：视神经无损伤、眼球无损伤，仅为玻璃体损伤。原告只须植入人工玻璃体即可恢复视力，并非原告所讲一生要生活在黑暗之中。第八，涉嫌刑事犯罪，该案应移送公安机关立案侦查，法院应裁定驳回起诉或中止诉讼。原告称“在医院自诉眼伤是摔倒造成的，是因为交通肇事医保无法报销医疗费，故编了个摔倒的理由，已在医保报销12,000元”。原告上述行为系以非法占有为目的，采用虚构事实、隐瞒真相的手段骗取他人财物，数额较大，其行为已涉嫌诈骗罪，依据“先刑事后民事”这一审判原则，应先移送公安机关。该案“眼伤如何形成”直接影响原告的诉权，如果眼伤为摔倒形成，则原告无权请求保险金。故该案应以刑事案件的侦查、审判的结果作为定案依据。

经审理查明，2016年3月31日，原告、被告签订某某惠民两全保险合同和某某惠民意外伤害保险合同各一份。保险合同约定生效时间为2016年3月31日0时0分，保险期间为30年。基本保险金额为100,000元，首期保险费为2100元，交费方式为年交。被告为原告出具了保险单。上述两份保险合同在“自驾车意外身故或全残保险金”条款中均约定，被保险人于年满70周岁后的首个保单周年日零时之前，以乘客身份搭乘或者作为驾驶员驾驶自驾车时遭受意外伤害并且自意外伤害发生之日起180日内因该意外导致身故或全残，保险公司按基本保险金额的10倍给付自驾车意外身故或全残保险金，该合同（注：另一合同此处为该附加合同）终止。该合同所述“全残”是指下列情形之一：（1）双目永久完全失明……原告自认买这份保险是基于朋友的情面、其本人也想做保险业务、投资理财，该笔保费不是本人交纳的，是别人垫付的。

2016年4月13日22时35分许，辽C号微型汽车车主张某某报警称，原告王某驾驶辽C号型汽车由西向东行驶至辽宁省鞍山市岫岩县龙潭镇梨酒村路段时发生交通事故。该事故经岫岩县公安局交通警察大队认定：王某因驾驶不当，与公路右侧一颗树木发生相撞，造成车辆受损、王某受伤的交通事故。对事故形成原因分析为：王某驾驶车辆未确保安全行驶是构成此事故的原因、过错，因而认定王某负此事故全部责任。交通队勘察现场时原告并不在现场，对原告的伤情并不了解，而在事故发生5天后找到报警车主询问事故经过。在事故发生6天后找原告询问事故经过。原告陈述只有两只眼睛受伤。岫岩县公安局交通警察大队责任认定书记载事发当天天气状况为晴，与原告王某自述事发当时天气下小雨相矛盾。

2016年10月21日，岫岩某法医司法鉴定所对岫岩县交警大队事故科委托鉴定的“交通伤残鉴定”事项作出鉴定意见：被鉴定人王某之双眼损伤构成Ⅱ级伤残。2016年12月2日，中国某法医司法鉴定中心对某甲保险公司委托鉴定的“双眼是否构成全残”事项作出鉴定意见：王某目前双眼视力障碍程度符合某某惠民两全保险合同条款第7.1条（全残）之规定。2017年9月5日，北京某司法鉴定中心对岫岩满族自治县人民法院委托鉴定的“以2017年10月24日中国某法医司法鉴定中心（〔2016〕临鉴字第907号）评定的全残作为损害后果，进行人身损害与交通事故发生是否存在因果关系进行鉴定”事项作出鉴定意见：双眼角膜穿透伤，右眼外伤性白内障，右眼脉络膜脱离，左眼晶状体脱位，双眼眼球结构破坏，造成双眼视力仅存光感，该伤残结果与交通事故之间存在因果关系。但在另一起涉及王某投保的人身保险索赔案件，北京某司法鉴定中心给鞍山市中级人民法院的回复函载明："一、原告的眼伤是否与此次交通事故存在因果关系，不属于我中心本次鉴定的范畴；二、根据现有材料被鉴定人眼外伤情况属实，最终出现全残结果，现有材料未发现既往导致全盲的材料及其他明确疾病。关于因果关系进一步分析，我们只能根据送检材料展开分析，由于委托鉴定事项未涉及多因素分析的要求，现有材料也未发现导致被鉴定人全盲结果的其他内容等原因，所以鉴定意见表述为其与交通事故之间存在因果关系。"2017年2月10日，被告向原告出具《理赔拒付通知书》，理赔结论为：拒付且保险责任终止。拒赔理由为根据条款责任免除：被保险人或受益人的故意行为，保险公司不承担给付保险金的责任。原告为请求被告赔偿，诉至法院。审理中，被告单方委托吉林某司法鉴定中心就"交通事故是否为造成王某眼睛损伤的成伤机制"进行鉴定，该中心于2018年12月3日出具鉴定意见：被鉴定人王某双眼损伤，与车祸中造成的损伤成伤机制不符。该案所提供的病历、照片、笔录、交通责任认定书，均不支持"车祸造成双眼被镜片划伤"的损伤后果。上述事实，原告提交的证据有：保险合同（内含保险单、保险条款）、岫岩县公安局交通警察大队〔2016〕第00086号《道路交通事故认定书》、岫岩某法医司法鉴定所司法鉴定意见书、中国某法医司法鉴定中心司法鉴定意见书、北京某司法鉴定中心司法鉴定意见书、（2017）辽0323民初994号民事判决书、（2018）辽03民终935号民事判决书、收据两份、《理赔拒付通知书》、应被告要求原告提交的沈阳某眼科医院住院病案和北京某医院住院病案；被告提交的证据：某甲保险公司对车主张某某和王某本人做的调查笔录、理赔服务转办单、（2018）辽03民终935号民事纠纷一案中被告某甲保险公司的质询意见及北京鉴定机构的回复函、吉林某司法鉴定中心司法鉴定意见书、北京某医院住院志、2019年2月28日同一起交通事故的另案庭审中原告所出示的一份病例（该证据的图片）、被告申请法院调取的道路交通事故卷宗一册。以上证据已经庭审质证和法院审查，所证事实足资认定，法院予以确认。

法院认为，该案交通事故是否真实发生及原告眼伤的成因，存在很多疑点。交通队勘察现场时原告并不在现场，对原告的伤情并不了解，而在事故发生后5天找到报警车主询问事故经过，并没有询问原告当时的伤情。在事故发生6天后找原告询问事故经过，原告陈述只有两只眼睛受伤。从几个鉴定结论看，也不能证明原告伤情与交通事故有关。原告同时在三家保险公司投保大额意外伤害险，从交通事故现场情况及原告伤情，原告有诈骗嫌疑。参照最高人民法院《关于审理经济纠纷案件中涉及经济犯罪嫌疑若干问题的规定》第十一条“人民法院作为经济纠纷受理的案件，经审理认为不属于经济纠纷案件而有经济犯罪嫌疑的，应当裁定驳回起诉，将有关材料移送公安机关或检察机关”的规定，裁定驳回原告起诉。因涉嫌诈骗犯罪的侦查机关为公安机关，故应将案件有关材料移送该机关。依据最高人民法院《关于适用〈中华人民共和国民事诉讼法〉的解释》第二百零八条第一款第三项之规定，裁定如下：

驳回原告王某的起诉。

案件受理费22,943元，免收。

如不服该裁定，可自裁定书送达之日起10日内，向法院递交上诉状，并按对方当事人的人数或者代表人的人数提出副本，上诉于辽宁省鞍山市中级人民法院。

评·析

保险事故的不实申报，是否构成保险诈骗，一直以来都是保险合同纠纷案件的热点和难点，而保险诈骗的识别与防范也是保险行业的棘手问题。这类案件，于法院而言，焦点在于对诈骗行为的认定；就保险从业者而言，难点在于如何证明存在保险诈骗行为，关键在于证据的充分程度和法律条文的恰当运用。本案中最终保险公司能够胜诉，也是得益于对这两方面内容的把握。

一、证据方面对诈骗行为的认定

取证是骗保引起的理赔纠纷处理的最大难点。本案的争议焦点是案中的交通事故是意外发生还是人为导致，以及原告伤情的真实成因，这也正是保险诈骗案件最为典型和核心的问题，实际案例中经常遇到高度疑似认为制造交通事故骗保，但法院凭一纸交通事故认定书认为保险事故系交通事故导致且被保险人出现保险责任范围的身故或伤残而判定保险公司应当承担理赔责任。导致取证难的原因一方面是涉及诈骗之情形，当事人本就会隐匿和模糊种种疑点，给事实和真相的复原造成障碍；另一方面，案件时间跨度之大，以及被保险人采取的诉讼策略，也给保险公司一方举证带来极大难度。

案涉事故发生于2016年，原告先后对其投保的多家保险公司提起诉讼，跨度长达3年之久，最初原告只是选择了其中一家保险公司。该诉讼案件的审理，并未就成伤机制而是仅针对伤残等级、因果关系进行鉴定，但法院却基于此鉴定意见作出要求保险公司赔付的判决结果。当然前述案件的证据及庭审情况，以及因何未能就成伤机制进行鉴定，我们无从知晓，但从判决生效后原告进而继续对本案被告等其他同业公司提起诉讼的策略来看，其用意无非是利用生效判决所确认的事实和结果，在巩固“既得利益”的同时，影响包括本案在内的后续案件的审理方向。

事实上，也正因原告采用拖延、分段起诉的方式，本案被告在本案一审开庭时才得知原告曾经起诉同业公司，并获胜诉生效判决的情况，此时保险公司早已错失取证的最佳时机，综合当时情况，保险公司决定单方另行委托鉴定机构，对成伤机制进行鉴定，终得出原告“双眼损伤，与车祸中造成的损伤成伤机制不符”的鉴定意见，同时从多角度出发，直指证据瑕疵，并提出原告涉嫌诈骗罪，案件应中止审理并移送公安机关的主张。虽未获得一审法院支持，但之后保险公司凭借找到的诸多证据疑点，终使公安机关正式受理案件，自此打开局面，法院也裁定驳回原告的起诉，并移送公安机关。

这其中对于证据瑕疵的挖掘角度，可以作为保险诈骗案件证据方面共通的切入点予以借鉴：如事故认定书出具是否符合程序规则、记载内容是否与事实相悖、是否足以证明事故系意外导致；鉴定过程是否符合程序规则、意见得出是否有依据、证明目的是否准确；报案时间是否合乎常理或实际、被保险人报案前后表述有无矛盾；撞击受力方向、程度等是否与其主张的伤情位置、损伤程度相吻合；事故后第一时间就诊的自述内容是否与诉讼中各方面证据显示一致；客户短期内购买保险的金额、份数；等等。同时，也要通过不断积累诉讼经验，培养提高证据敏感度，将证据的保全、申请法院调取证据、借助第三方机构取证等权利的行使以及时机的把握，变成应诉时可以借力的工具。在同类案件中，我们发现交通事故认定书主要用于认定事故各方责任，对于事故成因的描述也是为了认定责任服务，而并非针对事故方身体损伤的具体成因服务的，因此一般表述较为笼统，如本案件中的“原告驾驶车辆未确保安全行驶”，但对于非安全行使是因疏于过失造成的还是故意造成的，并无法证明。本案正是从这个角度出发，利用认定书本身的瑕疵，进而结合科学鉴定以及事故发生前被保险人保险交易异常行为最终形成完整的证据链条，从而认定原告存在保险欺诈。

二、法律角度对诈骗行为的认定

沿着法官的审理思路，不难看出，证据层面的技巧对应诉固然重要，但法律条文作为法律依据的作用也是同样不可小觑。准确地适用法律条文，如同为法官书写判决提供了素材，而且很大程度上是对己方有利的关键点。

本案中所发生的保险事故为交通事故，其作为保险理赔和诈骗中最常见的事故，有着法律关系简单、事故“易操作”的特点，因此法官的审理思路也比较固化，普遍的逻辑是经审查，只要保险合同关系成立、当事人承认事故认定书上所记载的事故发生，即便是对事故的真实性和责任认定有异议，法官也会基于上述两点确定保险公司应予赔付的大前提，而保险公司很难推翻。

长久以来困扰保险公司的局面，终于在最高人民法院《关于适用〈中华人民共和国保险法〉若干问题的解释（二）》出台后，得以打破，给保险公司带来希望。这便是最高人民法院《关于适用〈中华人民共和国保险法〉若干问题的解释（二）》第十八条“行政管理部门依据法律规定制作的交通事故认定书、火灾事故认定书等，人民法院应当依法审查并确认其相应的证明力，但有相反证据能够推翻的除外”之规定。该法条对保险公司有着重大的意义和影响，可以说是应诉直接依靠的法律依据。

从立法目的来看，该条文明确了行政管理部门制作的认定书在保险合同纠纷案件中作为关键证据的规定，但同时也给予了保险公司提出异议的权利和依据，也即此类证据不再是绝对“铁证”，而是有条件地可以被否定和推翻。据此，保险公司一是要积极尽力保全或收集起着推翻作用的相反证据；二是要擅于准确适时运用此法律依据，凭此及时提出异议，让证据切实发挥作用；三是一旦对行政管理部门作出的认定书有异议，应视案件具体情况告知当事人或由公司在法定时限内提起行政复议或诉讼，争取纠正法院审理的事实依据。

本案中同样值得一提的另一法条是最高人民法院《关于适用〈中华人民共和国民事诉讼法〉的解释》第九十三条。该条中规定了除自认之外的其他免证事实的情形，其中包括“已为人民法院发生法律效力的裁判所确认的事实”，但也同时确定了这一情形只是相对免证，即“当事人有相反证据足以推翻的除外”。而本案一审判决中，法官对于保险公司提交的足以推翻生效判决中所采信鉴定意见的另一新鉴定意见，却简单地以“与生效判决采信的鉴定意见相悖”为由而不予采信。笔者认为，虽本案公司最终胜诉，但一审判决中的上述认定明显与现行有效的法律规定不符，属于“有法不依”之情形。对此，保险公司在应诉时，应格外注意判决认定的依据是否准确并且不存在避开法律规定的情况，以最大限度保障公司权益。

人身保险合同中意外死亡的认定

黑龙江省哈尔滨市中级人民法院
（2019）黑01民终8329号民事判决书

（2019年10月24日）

案·情

杨甲2010年12月12日投保某保险公司两全保险（分红型）保险，保额275,900元（交费期为5年，年交保费为50,000元）。根据保险条款约定，因意外伤害死亡的理赔金为保额的3倍。意外伤害定义：意外伤害是指外来的、突发的、非本意的、非疾病的使身体受到伤害的客观事实。

2016年4月19日，杨甲因心脏骤停导致死亡，其家属要求以意外死亡3倍保额进行保险理赔，保险公司经过调查核实杨甲属于心脏疾病导致心脏骤停死亡，不属于意外死亡，但可以按照疾病死亡一倍保额进行理赔。杨甲家属一直未回应，也未提交相关资料申请理赔。

2019年1月21日，杨甲家属向哈尔滨市香坊区人民法院起诉某保险公司黑龙江分公司（以下简称某保险公司），要求以意外死亡3倍保额进行理赔，原告当庭出具了通河县公安局刑事技术大队关于“摔倒可以引起心脏骤停死亡”的情况说明，并以此作为依据推定杨甲为意外死亡，一审法院判某保险公司败诉。

2019年10月23日，某保险公司提起上诉，哈尔滨市中级人民法院开庭审理了该案，驳回上诉，维持原判。

法院判决

上诉人(一审被告):某保险公司,住所地黑龙江省哈尔滨市香坊区。

被上诉人(一审原告):杨乙,男,住黑龙江省方正县。

被上诉人(一审原告):李某(系杨乙妻子),女,住黑龙江省方正县。

被上诉人(一审原告):单某(系杨乙、李某儿媳),女,住黑龙江省哈尔滨市南岗区。

被上诉人(一审原告):杨丙(系杨乙、李某孙女、单某女儿),女,住黑龙江省哈尔滨市南岗区。

上诉人某保险公司因与被上诉人杨乙、李某、单某、杨丙保险合同纠纷一案,不服哈尔滨市香坊区人民法院的民事判决,向二审法院提起上诉。

二审法院于2019年9月17日受理后,依法组成合议庭,公开开庭进行了审理。上诉人某保险公司委托诉讼代理人宋某,被上诉人杨乙、李某、单某、杨丙的委托诉讼代理人牟某到庭参加诉讼。该案现已审理终结。

某保险公司上诉请求:撤销一审判决,驳回杨乙、李某、单某、杨丙的诉讼请求。事实和理由:通河县公安局刑事技术大队关于杨甲系摔倒昏迷致死的确认,属单方工作意见,不是适格的鉴定主体。杨甲作为有意识且具有完全行为能力的自然人,在其办公室内没有合理理由被无意识的椅子绊住进而摔倒,该案情形不属于意外事故。派出所出具的死亡证明证实,杨甲系死于心脏脱落,属于疾病死亡。

杨乙、李某、单某、杨丙辩称:一审判决认定事实正确,应维持原判。

杨乙、李某、单某、杨丙向一审法院起诉请求:(1)某保险公司给付保险金827,700元;(2)某保险公司支付杨乙、李某、单某、杨丙利息(以827,700元为基数,按年利率6.525%计算,自2019年1月7日即起诉之日起至全款实际付清时止)。

一审法院认定事实:2010年12月12日,案外人杨甲向某保险公司投保某保险公司两全保险,保险金额为275,900元,保险期间为10年,交费期间为5年,保险费为50,000元。某保险公司两全保险产品说明书记载,被保险人(杨甲）于交费期满至该合同满期前因意外伤害导致身故，某保险公司按基本保险金额的3倍给付意外身故保险金，该合同效力终止。2011年12月5日，案外人杨甲与某保险公司签订保险合同变更申请书一份，约定，交费期间变更为3年。

经查，两全保险合同条款第9.9条载明，“意外事故：指外来的、非本意的、突然的、剧烈的、非疾病的使被保险人身体受到剧烈伤害的客观事件”。

审理中，双方当事人均确认，案外人杨甲自2010年12月12日起，每年向某保险公司支付保险费50,000元，共计交费3次，总计交费150,000元。

经查，通河县公安局刑事技术大队出具情况说明一份，基本内容为：2016年4月19日，杨甲在黑龙江省某热电集团通河有限公司摔倒昏迷，经抢救无效死亡。死亡证明为心脏骤停。2016年4月20日，在通河县殡仪馆对杨甲进行了验尸，未见明显打击痕迹及颈浦痕，未闻及特殊气味。得出摔倒可以引起心脏骤停死亡的结果。《居民死亡医学证明（推断）书》记载，杨甲死亡日期2016年4月19日，死亡原因为心脏骤停。通河县殡仪馆火化证记载，杨甲火化日期为2016年4月22日。

审理中，双方当事人均确认杨甲在办公室被办公椅绊倒摔倒，后经抢救无效死亡。

经查，杨甲法定继承人有其父亲杨乙、母亲李某、配偶单某、子女杨丙。

审理中，杨乙、李某、单某明确诉讼请求第二项为，以827,700元为基数，按年利率6.525%计算，自2019年1月7日即起诉之日起至全款实际付清时止。

一审法院认为：案外人杨甲向某保险公司投保某保险公司两全保险，该合同系双方真实意思表示，且内容不违反相关法律规定，依法应予以保护。现杨甲死亡，杨甲法定继承人为其父亲杨乙、母亲李某、配偶单某、子女杨丙，故杨乙、李某、单某、杨丙诉讼主体适格。

审理中，某保险公司称杨乙、李某、单某、杨丙涉嫌保险诈骗，该案应移交公安机关处理。经查，杨甲死亡原因为心脏骤停，非自杀、自残致死，现杨乙、李某、单某、杨丙请求某保险公司给付保险金，系依据杨甲与某保险公司签订保险合同主张的合法的民事权利，某保险公司为专业金融保险机构在未提供有效犯罪线索或有向公安机关报案情况下，武断判断杨乙、李某、单某、杨丙存在骗保行为，系对平等的合同相对人苛责的表现，故某保险公司该项主张，证据不足，不予支持。

该案争议焦点为，杨甲是否属于保险合同约定的意外死亡。经查，通河县公安局刑事技术大队确认杨甲摔倒昏迷，并经抢救无效死亡。并认为摔倒可以引起心脏骤停死亡。《居民死亡医学证明（推断）书》记载，杨甲死亡原因为心脏骤停。审理中，某保险公司抗辩杨甲死亡原因非意外事故，称杨甲应将办公椅推开，不应绕过椅子，其抗辩主张不符合常理，且椅子绊住进而摔倒，系其主观意识外的原因所致，应属意外事故，同时亦符合双方所签保险合同关于意外事故之定义。故法院认定杨甲死亡原因系保险合同约定的意外死亡，现杨乙、李某、单某、杨丙请求某保险公司按约定给付3倍保险金，符合双方约定，且不违反相关法律规定，法院予以支持。关于杨乙、李某、单某、杨丙请求某保险公司自起诉之日起支付保险金利息，由于某保险公司未按合同约定向杨乙、李某、单某、杨丙给付保险金，故其应承担杨乙、李某、单某、杨丙因此受到的损失，因而对杨乙、李某、单某、杨丙该项诉讼请求，法院予以支持。判决：

（1）某保险公司于判决生效之日起立即给付杨乙、李某、单某、杨丙保险金827,700元；（2）某保险公司于判决生效之日起立即支付杨乙、李某、单某、杨丙利息（计算方式为以本金827,700元为基数，按年利率6.525%计算，自2019年1月7日起至全款实际付清时止）。案件受理费12,277元，由某保险公司负担，与上述款项一并给付杨乙、李某、单某、杨丙。

二审审理期间，双方当事人未向本院提交证据。

二审法院对一审法院查明的案件事实予以确认。

二审法院认为：被保险人杨甲死亡原因系心脏骤停。审理中，双方当事人均确定杨甲系被其办公室椅子绊倒后，送至医院经检查心脏骤停死亡。通河县公安局刑事技术大队出具的情况说明亦载明：“分析摔倒可以引起心脏骤停死亡。”上述事实可以说明，杨甲系因被椅子绊倒导致心脏骤停而死亡。被椅子绊倒非杨甲本意，且属突然的、剧烈的外来因素，从而导致杨甲心脏骤停。同时，某保险公司未向法院举示证据证明杨甲生前患有心脏性疾病且系该心脏性疾病发作导致其死亡。根据《民事诉讼法》第六十五条的规定，某保险公司应对此承担举证不能的法律后果。涉案保险合同条款第9.9条载明，“意外事故：指外来的、非本意的、突然的、剧烈的、非疾病的使被保险人身体受伤的客观事件”。根据该案事实，杨甲的死亡应属意外事故。无论杨甲在其办公室被椅子绊倒还是在其他场所被椅子绊倒，均不影响对其死亡系意外事故的认定。某保险公司的上诉主张，于法无据，法院不予支持。一审判决结论正确，二审法院予以维持。

综上所述，一审判决认定事实清楚，适用法律正确。依照《民事诉讼法》第一百七十条第一款第一项规定，判决如下：

驳回上诉，维持原判。

二审案件受理费12,277元，由某保险公司负担。

该判决为终审判决。

评·析

本案争议的焦点是死亡原因是否符合保险条款意外伤害的条件。根据保险条款约定，意外伤害保险中的意外伤害是指外来的、突发的、非本意的、非疾病的使身体受到伤害的客观事实。因此，只有被保险人死亡原因符合保险条款约定的外来的、突发的、非本意的、非疾病的四要件才构成保险责任范围内事故，缺少任何一个要件均不构成意外伤害事故。意外伤害的构成包括“意外”和“伤害”两个必要条件，同时也要符合外来的、突发的、非本意的和非疾病的这四大要素。“外来性”强调某种危险或事故来源于人体外部，用以区别以内生疾病为保险对象的健康保险；“突发性”强调伤害是一瞬间发生剧烈变化的事故引起的；“非本意”强调这种伤害后果不是被保险人希望的或追求的；“非疾病”强调伤害不是疾病引起的。而且，上述四个要件必须同时具备，缺一不可。

最高人民法院《关于适用〈中华人民共和国保险法〉若干问题的解释（三）》第二十五条规定：“被保险人的损失系由承保事故或者非承保事故、免责事由造成难以确定，当事人请求保险人给付保险金的，人民法院可以按照相应比例予以支持。”根据上述规定，原告对杨甲是否遭受了意外伤害以及死亡结果与该意外伤害间的因果关系本应负举证责任，否则，原告应承担举证不能的法律后果。本案中，杨甲在保险期间内因心脏骤停死亡，其举证的导致心脏骤停的原因“摔倒”并非在通常人看来能够导致死亡的原因，其亲属即原告不能完全证实杨甲的死亡原因是遭受了意外伤害，也不能举证证明其死亡系因意外伤害而引起，应承担举证不能的法律后果，驳回原告的诉讼请求，至少不应判公司完全承担保险责任。

关于疾病与意外的关系，我们认为在实践中确实存在疾病与意外难以区分的情形。以猝死为例，猝死分为心源性猝死和非心源性猝死，但对此一般均认为属于疾病导致的死亡。所以，依据日常经验，对于猝死原则上均应认为是疾病导致，不属于意外（故通常保险条款免责）。但是，即使死亡诊断证明书上记载为猝死，而被保险人本身也存在心脑血管疾病，实际是因为意外造成的，也应认定为意外。也就是说，猝死一般属于疾病，例如在办公室里坐在椅子上猝死。但因为跌倒或碰撞造成的死亡即使被认定为猝死，也可被认定为意外，此时的猝死是意外造成。问题是，此时认定为意外的意外情形要求应当具有特殊性，应该符合来的、突发的、非本意的、非疾病的特殊性的要求，例如是否符合比如碰撞有外伤或外部痕迹、摔下的高度比较高等情形。而若被保险人只是摔倒，究竟是摔倒引发了疾病还是疾病发作导致了摔倒，就无法认定。但是，如果没有外伤，证明摔倒的可能性较小，再辅之以被保险人存在疾病的证明，则应当认定系疾病导致。我们认为法院在确定猝死是否属于意外时，应科学的分配举证责任。原则上，对于猝死应初步认定属于疾病，主张属于意外的一方应承担举证责任，此时的举证责任不在保险公司。但是保险公司需要举证证明被保险人生前患有心脑血管疾病，死亡时无外伤或其他痕迹，更应被认定为疾病。在本案中凭“摔倒可以引起心脏骤停死亡”的情况说明作为判决依据，显然过于武断。

另外，在意外事故发生时，如果疾病和意外共同造成了事故的发生，则可以认定意外事故存在意外和疾病两个原因，此时保险公司仍应赔偿，但可以确定赔偿比例。根据最高人民法院《关于适用〈中华人民共和国保险法〉若干问题的解释（三）》第二十五条的规定，对于保险事故的原因难以确定的，法院可以根据内心确信按照相应比例支持被保险人主张。在意外伤害保险中，依据该规定即使事故原因无法确定是意外还是疾病，但均具有一定可能性的，法院可自由裁量一定比例要求保险公司按照意外进行理赔。如果已经通过鉴定确定了相应的原因比例，则应视为事故原因确定，法院直接依据原因比例确定责任比例即可。

意外伤害保险是由国外的伤害保险传入我国，之后加上意外二字作为该种保险的名称。从保险的基本原理角度，意外伤害保险是转嫁意外造成伤害的风险的保险产品，通常不将被保险人健康状况、年龄纳入风险控制的范围，所以保险费一般较低。意外伤害保险和健康保险的根本区别在于是否承保被保险人健康风险。意外伤害保险的产品构造决定了其只对意外是主要、直接的原因造成的伤害给予赔付；健康保险才是赔付疾病损害的保险产品。

综上所述，笔者认为，认定意外应坚持以突发性、偶然性、外来性为要件，在具体认定时应以近因为标准。法院在认定时也应坚持客观性，利用近因原则可以有效地认定意外，但是，事故的具体细节只有仔细分析才能有助于近因的认定，因此希望法院能够进一步明确原则和相关规定，然后具体问题具体分析。

意外保险中被保险人死因不明时的赔偿

河南省永城市人民法院
（2019）豫1481民初9400号民事判决书

（2020年1月16日）

案·情

李某以自己为被保险人向某保险公司上海分公司投保意外险，保险期间为2019年1月5日至2020年1月4日，其中意外身故保险金为200,000元，受益人为“法定”。2019年3月1日，李某被发现在家中死亡，公安机关排除了李某系他杀或陷害情形，认定其属于意外或他因死亡。受益人左某认为李某死亡系意外事故，起诉要求被告支付意外身故保险金200,000元。被告认为根据调查及现场发现人员的描述，李某没有任何外伤及流血痕迹，原告无证据证明李某死于意外事故，保险责任不成立。一审法院认为，原告主张李某系意外身故，但因李某的尸体已殡葬较久，未进行尸检，李某死亡的客观原因不能确定，依法酌定由被告承担50%的保险赔付责任，故判决被告支付原告保险金100,000元。

法院判决

原告：左某，女，1935年4月18日出生，汉族，居民，住河南省永城市。

被告：某保险公司上海分公司，住所地：中国（上海）自由贸易试验区银城中路。

原告左某与被告某保险公司上海分公司人身保险合同纠纷一案，法院受理后，依法适用简易程序，公开开庭进行了审理，原告的委托诉讼代理人，被告某保险公司上海分公司的委托诉讼代理人到庭参加诉讼。法案现已审理终结。

原告左某向法院提出诉讼请求：（1）依法判令被告支付原告保险金200,000元；（2）诉讼费用由被告承担。

被告某保险公司上海分公司答辩要点为：（1）原告诉讼主体不适格，其不是保单受益人，无权请求保险金，被保险人李某是否有继承人存在疑问，原告应提交公安机关的有效证明；（2）原告无证据证明李某身故属于意外事故，该案的保险责任并不成立。

根据双方当事人的诉辩主张和举证质证情况，法院确认如下事实：

一、双方当事人无异议的事实

1.李某于2018年12月31日在被告处投保了意外保险计划二，保险期间为2019年1月5日至2020年1月4日，其中意外身故保险金为200,000元，李某系本案投保人及被保险人，受益人为“法定”。

2.2019年3月1日，永城市薛湖镇陈小庙村民发现李某在自己家中死亡，后通知薛湖镇陈小庙村村主任，村主任赶到现场查看情况并拨打“110”报警电话，后永城市公安局薛湖派出所出警赶到现场查看，并向永城市公安局指挥中心汇报，经刑警大队法医及技术人员对现场和尸体进行勘察，排除了李某系他杀或陷害情形，认定其属于意外或他因死亡，李某于2019年3月4日被土葬，其户口于2019年3月5日被注销。

二、双方当事人有争议的事实

1.关于原告左某的诉讼主体是否适格的问题。原告提交原告身份证一份、户口本一份、2018年8月29日永城市薛湖镇陈小庙村村民委员会及薛湖派出所共同出具的证明一份，并申请证人出庭作证，证明原告系李某之母，为李某法定第一顺序继承人，诉讼主体适格。被告认为证人的证言不可信，根据被告委托的调查人员于2019年3月9日对证人制作的询问笔录显示，证人明确陈述李某无其他家庭成员，2019年3月8日陈小庙村村委会曾出具证明一份，显示李某除堂兄外无其他亲属，村委会出具的两份证明存在明显矛盾，询问笔录显示李某的堂兄是村委会主任，所有的村委会证明都是由其出具，而李某的堂兄曾向被告申请索赔，与该案存在明显的利害关系。法院认为，通过原告自述及证人出庭作证的证言，可以证实原告因和李某关系不睦，二十多年来一直跟随其小儿子在武汉生活，原告的户口簿显示其系户主，而李某与原告户口登记的并不是同一住址，即李某系单独户口簿，且未娶妻生子，证人在被告委托的调查人员对其询问时称李某无其他家庭成员，与李某尚有母亲在世并不必然矛盾，证人作为原告和李某的邻居，对原告与李某的身份关系熟知，证言内容较为真实可信，且原告提交的村委会证明加盖了永城市公安局薛湖派出所的印章，并注明情况属实，综上所述，对原告左某与死者李某系母子关系的事实法院依法予以确认，故原告左某的诉讼主体适格。

2.被告是否应承担保险责任的问题。被告认为派出所的出警情况说明认定李某死亡原因是“意外或他因死亡”，根据被告调查及现场发现人员的陈述，李某没有任何外伤及流血痕迹，不存在任何意外伤害的客观因素，不能排除李某系自身原因导致死亡的可能性，被告在李某的堂兄索赔时已提示告知进行尸检，由于原告未进行尸检就对尸体进行了土葬，导致被告也无法查明李某的真实死因，原告对此存在明显过错，原告不能证明该案事故属于意外伤害死亡，无权请求保险赔偿金。原告认为，意外死亡应为普通人所理解的一般意义上的意外死亡，且李某生前并无病史，被告也未提供证据证明其为疾病死亡，李某的保险系李某的堂兄出资购买，作为普通人的理解，李某的堂兄认为自己有保险金的索赔权，并以自己名义申请理赔，被告对李某的堂兄的相关告知提示与原告不具有关联性，不能证明被告向原告告知了索赔需要提供的资料和要求。法院认为，李某的保险系李某的堂兄出资购买，在李某死亡时任陈小庙村村主任，由村委会出具了李某除堂兄外无其他亲属的证明后，于2019年3月11日以自己名义向被告提出索赔申请，可以印证原告在此之前对李某投有保险一事不知情，且公安机关排除了李某系他杀或陷害情形，故原告未对李某的尸体要求尸检符合常理，而并非故意或重大过失所为，因李某已殡葬，客观上不再有进行尸检的可能性，从而无法通过尸检确定李某的具体死因，公安机关对李某的死亡原因认定为“意外或他因死亡”。因而根据最高人民法院《关于适用〈中华人民共和国保险法〉若干问题的解释（三）》第二十五条规定，“被保险人的损失系由承保事故或者非承保事故、免责事由造成难以确定，当事人请求保险人给付保险金的，人民法院可以按照相应比例予以支持”，法院酌定由被告承担50%的保险赔付责任。

法院认为，被保险人李某在被告处投保了意外保险计划二，双方人身保险合同关系明确，法院予以确认。原告主张李某系意外身故，但因李某的尸体已殡葬较久，未进行尸检，李某死亡的客观原因不能确定，法院依法酌定由被告承担50%的保险赔付责任，该案意外身故保险金为200,000元，故被告应赔付原告保险金100,000元。依照最高人民法院《关于适用〈中华人民共和国保险法〉若干问题的解释（三）》第二十五条、《民事诉讼法》第六十四条之规定，判决如下：

（1）被告某保险公司上海分公司赔付原告左某保险金100,000元，于判决生效后10日内履行完毕；

（2）驳回原告左某的其他诉讼请求。

如未按该判决指定的期间履行给付金钱义务，应当依照《民事诉讼法》第二百五十三条之规定，加倍支付迟延履行期间的债务利息。

案件受理费2150元（已减半），由被告某保险公司上海分公司负担1150元，原告负担1000元。

如不服该判决，可在判决书送达之日起15日内，向一审法院递交上诉状，并按对方当事人的人数提出副本，上诉于河南省商丘市中级人民法院。

评·析

本案的争议焦点是被保险人死亡原因是否属于意外险的承保责任范围即是否由意外伤害造成。

人身保险合同纠纷中，被保险人死亡原因不明情况下的保险责任承担问题，各地法院判决不一。有的判决驳回原告的诉讼请求，有的判决保险公司全额承担保险赔偿责任，也有的酌定保险公司按比例赔付。本案中审理法院综合举证责任、承保风险所占事故原因的比例等因素，依法酌定保险公司按比例赔付，对意外险中死亡原因不明的争议案件具有一定指导意义。

一、司法实践中被保险人死亡原因的认定往往是人身保险合同纠纷的难点

目前，公安机关对于非正常死亡案件死亡原因的认定仅作排除他杀的认定，对于被保险人具体死亡原因不作定论，这也直接导致了在人身保险合同纠纷中，保险人和被保险人家属对被保险人死亡原因各持一词。在死亡原因不明的情况下，被保险人可能死于意外，也可能死于他因（如疾病、自杀），甚至可能死于意外和他因共同作用下。死亡原因往往需要借助法医鉴定，但很多案件遗体早已火化，且中国传统的入土为安的思想，使家属不愿意对死者尸体进行解剖，故要求家属尸检过于苛刻，甚至是不可能完成的任务，但保险人又必须确认被保险人具体死亡原因才能赔付，由此引发很多争议，也是法院审理人身保险合同纠纷的难点。

二、死亡原因举证责任分配

没有尸检，对于死亡原因的证明责任应当怎么分配？根据《保险法》第二十二条第一款“保险事故发生后，按照保险合同请求保险人赔偿或者给付保险金时，投保人、被保险人或者受益人应当向保险人提供其所能提供的与确认保险事故的性质、原因、损失程度等有关的证明和资料”之规定，若被保险人家属要求保险人承担保险责任，要先证明被保险人的死亡原因，完成初步的举证责任。只有被保险人家属完成了初步举证责任后，举证责任才转移到保险人。若保险人无证据或无充分证据反驳的，保险人则会面临败诉风险。

但新的问题又出来了，如何确定被保险人家属已完成了初步举证责任。司法实践中，被保险人家属证明被保险人死亡原因的证据类型相对固定，主要是医疗卫生单位出具的居民死亡医学证明（推断）、公安机关出具的死亡证明、村委会、居委会出具的证明。对于这些证据，能否采信作为认定被保险人死因的依据，各地法院采信标准混乱。如被保险人被发现死于家中，未经抢救或经医院抢救无效死亡，公安机关排除他杀，死因定性为“意外或他因死亡”，这种情况下，各地法院裁判尺度不一，有的法院认定被保险人家属完成了初步举证责任，保险人无证据或无充分证据反驳，判决保险人败诉；有些法院认为被保险人家属未完成初步举证责任，驳回被保险人家属全部诉讼请求；

有的法院综合考虑各种因素，判决保险人按比例赔付。

三、对死亡原因不明的案件采用比例赔付更能体现法律的公平、公正

本案中，公安机关对于被保险人的死亡原因定性为“意外或他因死亡”，在这种情况下，若根据《保险法》第二十二条第一款“保险事故发生后，按照保险合同请求保险人赔偿或者给付保险金时，投保人、被保险人或者受益人应当向保险人提供其所能提供的与确认保险事故的性质、原因、损失程度等有关的证明和资料”之规定，把举证责任分配给原告，因被保险人遗体早已火化，对原告而言明显过于苛刻，并且实际上是不可能完成的任务。但若从保护交易中的弱者的公平理念出发，采“全有全无原则”作出全部有利于被保险人的判断，显然对保险人也不太公平。鉴于以上弊端，采用“比例赔偿原则”更为公平、公正。本案法院采用“比例赔付原则”恰当地诠释了最高人民法院《关于适用〈中华人民共和国保险法〉若干问题的解释（三）》第二十五条“被保险人的损失系由承保事故或者非承保事故、免责事由造成难以确定，当事人请求保险人给付保险金的，人民法院可以按照相应比例予以支持”的规定，体现了法律的公平、公正。

意外伤害保险中对驾驶三轮电动车发生事故的认定

浙江省龙游县人民法院
（2019）浙0825民初848号民事判决书

（2019年4月15日）

案·情

2018年1月1日和7月1日，被保险人陈某所在村委为其向某保险公司分别投保了为期1年的某小额意外伤害保险和某团体意外伤害保险各一份，意外伤害保险金额共计60,000元。2018年10月10日，被保险人驾驶无号牌三轮电动车发生交通事故死亡。其家属（法定受益人）向某保险公司衢州中心支公司申请保险理赔，理赔人员根据当地交警大队出具的《道路交通事故认定书》认定的事实和《司法鉴定意见书》中将事故车辆属性认定为正三轮摩托车，属于机动车范畴的结论，又依据合同“被保险人酒后驾驶、无合法有效驾驶证驾驶，或驾驶无有效行驶证的机动车”属于免责事项的约定，作出拒绝理赔的决定。家属对该理赔结论难以接受，于2019年2月24日向法院起诉。

案件于2019年4月9日在龙游县人民法院开庭审理。法院审理认为：交警部门委托鉴定的行为，是从行政管理角度对该车属性的认定，只作为事故责任认定及确定赔偿比例的依据，不能直接作为认定该车符合保险合同约定机动车的判定。同时，结合我国现行的交通管理规定和现实情况，认定此类车辆不属于普遍认知意义上的机动车。某保险公司衢州中心支公司在被保险人客观上无法取得该类车辆驾驶证与行驶证的情况下拒赔，无事实和法律依据。

依照国家法律对格式条款解释的特别规定，判决某保险公司衢州中心支公司支付理赔款60,000元。

法院判决

原告：李甲，男，1952年7月6日出生，汉族，住衢州市龙游县。

原告：李乙，男，1980年4月14日出生，汉族，住衢州市龙游县。

原告：李丙，男，1982年11月4日出生，汉族，住衢州市龙游县。

被告：某保险公司衢州中心支公司，住所地衢州市柯城区。

原告李甲、李乙、李丙与被告某保险公司衢州中心支公司人身保险合同纠纷一案，法院于2019年2月28日立案受理后，依法由审判员吴某独任审判，于2019年4月9日公开开庭进行审理。原告李乙、李丙及三原告的委托诉讼代理人胡某、被告的委托诉讼代理人张某到庭参加诉讼。该案现已审理终结。

原告的诉讼请求：(1)要求被告赔偿原告意外身故保险金63,500元，庭审中原告变更诉讼请求为要求被告赔偿原告意外身故保险金60,000元；(2)本案诉讼费用由被告承担。事实与理由：原告李甲与陈某系夫妻关系，李乙、李丙系陈某的子女。2018年1月1日、2018年7月1日，龙游县某村村民委员会为投保人，陈某作为被保险人，受益人为法定，向被告投了一份某小额意外伤害保险和某团体意外伤害保险并附加投了意外伤害医疗保险。某小额意外伤害保险的保险期限为2018年1月1日0时起至12月31日24时止，保险限额为30,000元并附加意外伤害团体医疗费3000元。某团体意外伤害保险，保险期限为2018年7月1日0时起至2019年6月30日24时止，保险限额为30,000元。2018年10月10日，陈某在下班途中发生交通事故，经龙游县人民医院抢救无效死亡，花去医药费15,000元。事后，原告要求被告赔偿意外伤害身故保险金和意外伤害医疗费63,500元均被被告拒绝。原告认为，陈某在保险期间发生意外伤害，原告作为法定受益人，被告应按保险合同的约定赔偿原告意外伤害身故保险金和医疗保险费。

被告某保险公司衢州中心支公司答辩称：对原告陈述的投保情况及投保期限均无异议，对龙游县公安局交通警察大队的道路交通事故认定书的事实部分及责任认定均无异议。该案被保险人陈某在事故发生时，未依法取得机动车驾驶证，驾驶未依法注册登记及机件不符合技术标准的机动车，并且转弯时未让直行车辆优先通行，违反了《交通安全法》的相关规定。依据某小额意外伤害保险条款第2.5条责任免除条款第（4）条、附加（2008）意外伤害团体医疗保险条款第2.5条责任免除条款第（1）条、某团体意外伤害保险B款保险条款2.4责任免除条款第（5）条约定“被保险人酒后驾驶、无合法有效驾驶证驾驶，或驾驶无有效行驶证的机动车”都属于保险合同的责任免除条款，即被保险人在此种违法违规的情况下发生的事故，保险公司不承担赔付责任。另外，关于某团体意外伤害保险的医疗费用，根据保单特约第3点约定，该案被保险人未进行远程会诊，故不能赔付。综上所述，请求法院驳回原告对被告的诉讼请求。

原告为证明其主张，向法院举证：（1）证明2份、家庭成员登记表1份，证明三原告与被保险人的关系，三原告具有诉讼主体资格。（2）团体人身保险被保险人凭证2份，证明2018年1月1日、2018年7月1日龙游县某村村民委员会为陈某分别投保了某小额意外伤害保险并附加（2008）意外伤害团体医疗保险、某团体意外伤害保险B款。（3）道路交通事故认定书1份，证明事故发生及责任认定的事实。（4）死亡记录、死亡证明、火化证明书各1份，证明陈某因该次交通事故死亡的事实。（5）司法鉴定意见书、合格证各1份，证明事故发生时陈某驾驶的是某品牌三轮电动车，驾驶的车辆属于超标三轮车，购买三轮车时车辆具有相应的合格证原件。原告所提供的证据，经被告质证，被告对原告提交证据的三性均无异议，法院均予以认定。

依据原告所提供的证据及双方当事人的陈述，法院认定事实如下：2018年1月1日，龙游县某村村民委员会（投保人）为陈某（被保险人）投保了某小额意外伤害保险并附加（2008）意外伤害团体医疗保险，某小额意外伤害保险的保额为30,000元，保险期间为2018年1月1日0时起至12月31日24时或该合同列明的中止性保险事故发生时止，保费为30元；2018年7月1日，龙游县某村村民委员会继续为陈某（被保险人）投保了某团体意外伤害保险B款，身故保险金额的保额为30,000元，保险期间为2018年7月1日0时起至2019年6月30日24时或该合同列明的中止性保险事故发生时止，保费为20元。两份保单的受益人及分配方式均为法定。某小额意外伤害保险条款的第2.5条责任免除第4款约定："被保险人酒后驾驶、无合法有效驾驶证驾驶，或驾驶无有效行驶证的机动车"；某团体意外伤害保险B款条款第2.4条责任免除第5款约定："被保险人酒后驾驶，无合法有效驾驶证驾驶，或者驾驶无有效行驶证等机动车。"即出现上述情形导致被保险人身故或残疾的，被告不承担给付保险金的责任。2018年10月10日，陈某（被保险人）驾驶无号牌三轮电动车从浙江省龙游县龙三中前往龙游县家中，17时51分许，途径龙游县某村路口，转弯时未让直行的车辆优先通行，与案外人徐某驾驶的小型轿车发生碰撞，造成陈某（被保险人）死亡、车辆受损的交通事故。2018年11月13日，经龙游县公安局交通警察大队认定：陈某（被保险人）、徐某负事故的同等责任。其间，龙游县公安局交通警察大队于2018年10月11日委托江西某司法鉴定中心对陈某（被保险人）驾驶的三轮电动车的车辆属性进行检验鉴定。江西某司法鉴定中心于2018年11月2日作出〔2018〕车鉴字第某号司法鉴定意见书，鉴定意见为：车辆属性为正三轮摩托车，属于机动车范畴。

另查明，陈某的法定第一顺序继承人为原告李甲、李乙、李丙。

法院认为，该案的争议焦点为：交警部门认定陈某无证驾驶无行驶证的三轮电动车（经司法鉴定为机动车范畴），是否构成保险免责条款中约定的免赔事由。交通事故发生后，交警部门委托鉴定机构对案涉电动车进行司法鉴定，依据国家标准的有关规定案涉电动车鉴定为机动车，但是该认定系交警部门从行政管理角度对该车属性的认定，其只是作为事故责任认定及确定赔偿比例的依据，不能直接作为认定该车符合保险合同约定的机动车的判定。根据《机动车驾驶证申领和使用规定》第九条规定："机动车驾驶人准予驾驶的车型顺序依次分为：大型客车、牵引车、城市公交车、中型客车、大型货车、小型汽车、小型自动挡汽车、低速载货汽车、三轮汽车、残疾人专用小型自动挡载客汽车、普通三轮摩托车、普通二轮摩托车、轻便摩托车、轮式自行机械车、无轨电车和有轨电车。"该条款并不把三轮电动车（含"超标电动车"）纳入需要持有驾驶证的机动车范围内，被保险人陈某未持驾驶证驾驶三轮"超标电动车"未违反该条规定。虽然超标电动车危险性接近于机动车，但目前我国对电动车在车辆登记、管理以及交强险的承保等方面还处于滞后状态，现行的一系列交通管理规定也未将超标电动车纳入机动车管理。在实践中，超标电动车不能像机动车一样上牌照，领取驾驶证，投保交强险。因此，此类车辆不属于普遍认知意义上的机动车，如涉案车辆属于公众所熟知的应持有有效驾驶证的机动车范畴，交警部门也无须通过鉴定程序来判断该车辆的属性，其无法在办理机动车手续上与真正意义上的机动车取得同等地位。故陈某客观上不能取得该类车辆的驾驶证以及行驶证，被告以无有效驾驶证、无有效行驶证为保险免责条款的理由拒绝理赔，无事实和法律依据，法院不予支持。

被告作为经营保险业务的专业机构，亦为保险合同格式条款的提供者，对于其有利的免责条款的完善负有义务，因此应当对保险合同的条款负有更谨慎的态度与更严格的责任，在其未对条款作出全面规定时，应当承担不利后果。因此，在三轮电动车(含三轮“超标电动车”)是否属于正三轮摩托车尚不明确的情况下，依照我国法律对格式条款解释的特别规定，应该作出对被保险人有利的解释或理赔决定。由于案发时电动车不属于需要持有机动车驾驶证的范围且缺乏办理机动车驾驶证照的正当渠道，如果让根本无法申领驾驶证的电动车骑行人，仅基于交警部门的鉴定结果承担无合法有效驾驶证驾驶机动车的同等风险，从而承担保险合同的免责结果，不符合实事求是的立法精神，同时也增加了被保险人的保险风险，对无过错的被保险人显然是不公平的。保险公司可通过与投保人在合同文本中对免责事由进行更明确的约定，实现双方利益平衡，而不能突破法律规定和合同约定的框架，加重对方负担，不利于保护保险合同相对弱势的被保险人和受益人一方利益。因此，原告李甲、李乙、李丙的诉讼请求符合法律规定，应予以准许。

综上所述，法院根据《保险法》第十四条、第十七条、第三十条之规定，判决如下：

被告某保险公司衢州中心支公司于该判决生效之日起10日内支付原告李甲、李乙、李丙保险理赔款60,000元。

如果未按该判决指定的期间履行给付金钱义务，应当依照《民事诉讼法》第二百五十三条之规定，加倍支付迟延履行期间的债务利息。

该案受理费1388元，减半收取694元，由被告某保险公司衢州中心支公司负担，于该判决书生效之日起7日内交纳。

如不服该判决，可在判决书送达之日起15日内，向法院递交上诉状，并按对方当事人的人数提出上诉状副本，上诉于浙江省衢州市中级人民法院。

评·析

本案案情简单、明确，适用的法律条文与涉及的法理也不复杂，案件的争议焦点是保险公司针对被保险人无证驾驶无行驶证的三轮电动车（经司法鉴定为机动车范畴）的情况，能否适用保险合同免责条款直接进行拒赔处理。

显然，法院的判决已经表达了其并不认可该做法的观点。之所以法院在审理案件时会持有这样的观点，主要是因为现阶段国家对三轮电动车的行政管理现状与公司为防范机动车驾驶员因违法违规增大意外事故发生概率而制定免责条款的初衷并不十分契合。

法院在日常审判工作中处于居中裁判的地位，往往格外重视在案件审理中体现公平原则和实事求是的立法精神。本案中，由于在案发当地三轮电动车无需持有机动车驾驶证并且当地缺乏办理机动车驾驶证照的正当途径，若让根本无法申领驾驶证的电动车骑行人，仅仅基于交警部门的委托鉴定结果来承担保险合同免责条款中“无合法有效驾驶证驾驶机动车”的同等风险，法院认为不符合实事求是的立法精神，也变相加重了被保险人的责任，对无过错的被保险人显然有失公允。

那么，应当如何妥当处理类似诉讼案件，让作为格式合同提供者的保险人不再因国家法律对格式条款解释的特别规定承担不利后果，作出对被保险人有利的解释或裁判，就值得讨论。

首先，应当对保险合同免责条款中约定的免责事由进行完善和明确，将“无合法有效驾驶证，或驾驶无有效行驶证的机动车”的范围进行扩展表述，使其涵盖需要持证上牌的超标电动车和已纳入机动车管理的三轮电动车。其次，保险公司理赔人员在进行赔案作业时，应加强调查，更全面地收集支持结论的信息和证明材料，以便进行综合分析判断，并且对于适用免责条款拒赔的案件需更为严谨，因为任何不履行赔偿责任的行为，都有可能会损害被保险人或受益人对保险金的期待权，进而引起诉讼或投诉。最后，保险公司是否可就与日俱增的电动车交通事故，考虑对电动车骑行者设置一些有别于普通意外伤害责任的保险条款，可借鉴类似部分重疾险中的设置轻症责任的做法，毕竟电动自行车已成为当前我国民众个人出行代步最重要的交通工具之一，风险不言自明。

第二部分

财产保险诉讼案例

货物运输预约保险中货物起运日的认定

上海金融法院
（2019）沪 74 民终 531 号民事判决书

（2019 年 8 月 14 日）

案·情

2017年5月15日，经某保险经纪公司介绍，桓仁某物流有限公司作为投保人，在某保险公司上海分公司投保了商品车运输预约保险。为此，双方签署了《货物运输保险预约保险合同》，某保险公司上海分公司向该物流公司签发了《货物运输预约保险单》。

2017年8月3日4时1分左右，驾驶员马某驾驶半挂车运输涉案货物行至京藏高速公路某处时车辆起火燃烧，造成半挂车、车上所载货物及高速公路路产受损。上午9时，某保险公司上海分公司收到某保险经纪公司代表投保人发出的投保申报邮件（申报的货物中包括涉案事故所涉10辆商品车）。同日上午12时，某保险经纪公司代表投保人向保险公司报案，称有10辆商品车在当天凌晨4时于运输途中遭遇火灾被烧毁。

因保险公司与被保险人就涉案事故的定损、定责等问题未达成一致，2018年10月，被保险人将某保险公司上海分公司诉至上海浦东新区法院，请求赔偿其保险金3,790,000元并向其支付运费损失55,400元。被保险人一审败诉后，在上海金融法院提起上诉。

法院判决

上诉人(原审原告):桓仁某物流有限公司,住所地辽宁省桓仁满族自治县。

被上诉人(原审被告):某保险公司上海分公司,住所地中国(上海)自由贸易试验区。

原审第三人:某保险经纪有限公司,住所地中国(上海)自由贸易试验区。

上诉人桓仁某物流有限公司,为与被上诉人某保险公司上海分公司、原审第三人某保险经纪有限公司财产保险合同纠纷一案,不服上海市浦东新区人民法院(2018)沪0115民初73209号民事判决,向二审法院提起上诉。二审法院于2019年6月20日立案受理后,于2019年7月11日公开开庭进行了审理。上诉人的委托诉讼代理人、被上诉人的委托诉讼代理人、原审第三人的委托诉讼代理人到庭参加了诉讼。该案现已审理终结。

上诉人桓仁某物流有限公司上诉请求:撤销原审判决,改判支持其原审诉请。事实与理由:依据商品车物流行业的惯例,均实行"北京集合、满板出发"运往西藏的运输方式,上诉人仅仅在北京至西藏段为实际承运人,之前从全国各地至北京的运输均由上诉人委托其他物流公司承运,根据保险利益原则,上诉人也仅仅对北京至西藏段的运输途中的风险具有保险利益,涉案车辆的起运地应认定为北京,起运日为2017年8月2日,原审认定涉案车辆的起运日、起运地有误并由此导致认定上诉人未按时投保申报有误。此外,根据上诉人于二审中提供的证据,原审第三人的员工李某承认是其私自用图片处理软件复制了上诉人持有的预约保险单上某保险公司上海分公司的公章,因此相应的鉴定费用应当由原审第三人承担。

被上诉人某保险公司上海分公司辩称:上诉人桓仁某物流有限公司是涉案货物全程运输的唯一承运人,原审认定的起运日、起运地并无错误。涉案预约保险单已明确约定了承保条件,上诉人的投保申报不符合申报条件,保险公司不予承保。而且,上诉人并非涉案车辆的所有权人,对涉案车辆的损失也没有保险利益。一审法院认定事实清楚,适用法律正确,要求二审法院维持原判。

原审第三人辩称，即便原告所提供的录音证据的真实性可予确认，该司员工李某强调的是PS章，众所周知PS是电子印章，而原审中鉴定的是印泥红章，因此鉴定费不应由原审第三人承担。此外，涉案预约保险单载明了错误和遗漏条款。

上诉人向一审法院提出诉讼请求：(1)判令某保险公司支付保险赔偿金人民币3,790,000元；(2)判令某保险公司支付运费损失55,400元。

一审法院认定事实如下：2017年5月15日，经某保险经纪公司介绍，桓仁某物流有限公司作为投保人，在某保险公司上海分公司投保了货物运输预约保险。为此，保险公司向投保人签发了预约保险单。依据该保险单记载，投保人为桓仁某物流有限公司；被保险人为桓仁某物流有限公司和/或其分支机构和/或其下属企业和/或其合资企业和/或其协作单位和/或被保险标的（货物）之所有权人和/或其相关利益方；保险标的及其类别为商品车（该保单商品车是指运载工具上所载车辆，包括新车及二手车，返修车，试验用车，展览展示用车，不指运载车辆本身）；赔偿限额即单次/单一运输工具责任限额为5,000,000元；保险期限为从2017年5月15日至2018年5月14日；投保手续，日申报方式为投保人/被保险人每个工作日（若遇到节假日则节假日的第一个工作日）将截止当日的运输清单申报给保险人邮箱。清单包括但不限于所运货物的名称，型号，数量，价值，起运时间，出发地，目的地，运输工具牌号等相关信息。保险人同意投保人在货物起运后3天内补申报运输清单，超过3天不予承保；保险公司接收申报邮箱等内容。预约保险单附件条款《国内水路、陆路货物运输保险条款》第三条约定“保险责任的起讫期，是自签发保险凭证和保险货物离起运地发货人的最后一个仓库或储运处所时起……”

根据上诉人出具的运单记载：一辆北京某汽车销售有限公司委托的“标志5008”，运输日期为2017年7月27日，起运地为天津；两辆西藏某汽车销售服务有限公司委托的“陆地巡洋舰”，运输日期为2017年7月28日，起运地为天津；一辆西藏某汽车销售服务有限公司委托的“标志4008”，运输日期为2017年7月28日，起运地为北京；一辆日喀则地区某汽贸有限公司委托的“URV”，运输日期为2017年7月27日，起运地为南阳；一辆西藏某汽车销售服务有限公司委托的“探险者”，运输日期为2017年7月27日，起运地为郑州；一辆西藏某汽车销售服务有限公司委托的“霸道”，运输时间为2017年7月26日，起运地为青岛；一辆西藏某汽车销售服务有限公司委托的“霸道”，运输日期为2017年7月28日，起运地为青岛；一辆西藏某汽车销售服务有限公司委托的“凯迪拉克”，运输日期为2017年7月28日，起运地为威海；一辆西藏某汽车销售服务有限公司委托的“URV”，运输时间为2017年7月28日，起运地为邢台。上述运单的目的地均为拉萨，上诉人亦收取了上述运单上载明的起运地至拉萨的全部运费。前述10辆车辆分别从运单上载明的起运地先运到北京，再从北京统一装至冀FD4××/冀F7A××号福田牌重型半挂车运到西藏拉萨。

2017年8月3日4时1分左右，上诉人公司驾驶员马某驾驶冀FD4××/冀F7A××号福田牌重型半挂车行进在G6京藏高速公路由东向西行驶至503KM处时，因车辆起火燃烧，造成冀FD4××/冀F7A××号福田牌重型半挂车受损、车上所载货物受损及高速公路路产受损。2017年8月3日上午，被上诉人收到经纪公司代表上诉人就涉案事故所涉10辆车辆的投保申报邮件。上诉人通过经纪公司向被上诉人申报的邮件中，涉案车辆的起运地、起运日期均与运单上记载的起运地、起运日期相同。

一审法院认为：某保险公司上海分公司向桓仁某物流有限公司出具的预约保险单构成保险合同关系，涉案保险合同系双方当事人的真实意思表示，依法成立并生效，双方当事人理应恪守。该案的争议焦点在于，物流公司作为被保险人是否有权要求保险公司在保险金额范围内承担保险理赔责任。对此，原审法院认为，涉案保险合同明确约定“投保手续，日申报方式：投保人/被保险人每个工作日（若遇到节假日则节假日的第一个工作日）将截止当日的运输清单申报给保险人邮箱……保险人同意投保人在货物起运后3天内补申报运输清单，超过3天不予承保”“保险责任的起讫期，是自签发保险凭证和保险货物离起运地发货人的最后一个仓库或储运处所时起……”本案中，根据物流公司与相关车主签订的运输单证记载，涉案10辆车辆的起运日期在2017年7月26日至28日。涉案事故发生于2017年8月3日凌晨4时左右，桓仁某物流有限公司于事故发生当日委托经纪公司向保险公司进行投保申报。涉案10辆车辆的起运日期，距离2017年8月3日投保申报的期间已达6—8天，远远超过了该预约保险单所规定的3天宽限期，因此保险公司有权不予承保，故保险公司亦没有给予保险赔偿金的义务。关于桓仁某物流有限公司认为其投保的运输区段是从北京开始的主张，根据桓仁某物流有限公司与相关车主签订的运输单证上明确列明涉案10辆车辆分别是从天津、郑州、南阳、青岛、威海、邢台、北京等地起运，桓仁某物流有限公司亦收取了上述起运地至目的地的全部运费，且桓仁某物流有限公司向保险公司投保申报时的起运地、起运日期均与运单上记载的起运地、起运日期相同，故桓仁某物流有限公司该主张缺乏事实依据，法院不予支持。

综上所述，桓仁某物流有限公司的诉讼请求缺乏事实和法律依据，依照《合同法》第六十条第一款、《保险法》第二条、最高人民法院《关于适用〈中华人民共和国民事诉讼法〉的解释》第九十条的规定，一审法院判决如下：驳回桓仁某物流有限公司的全部诉讼请求。案件受理费37,563元，由桓仁某物流有限公司负担。鉴定费24,200元，由桓仁某物流有限公司负担。

二审中，上诉人桓仁某物流有限公司提供如下证据：(1)公司与案外人签署的运输服务协议八份，欲证明在北京起运之前系委托其他物流公司将涉案车辆运至北京；(2)公司与司机马某签订的商品车运输合同一份，欲证明桓仁某物流有限公司2017年8月1日才和马某签订委托运输合同，委托其将涉案车辆从北京运至拉萨；(3)桓仁某物流有限公司总经理与经纪公司业务员李某的通讯录音一份，欲证明李某认可自己PS了保险公司的公章。

被上诉人某保险公司上海分公司、原审第三人某保险经纪公司二审中均未提交新的证据。对于桓仁某物流有限公司提供的上述证据，保险公司对证据1的真实性予以认可，但对其关联性不予确认，对证据2认为和一审中提供的证据并不一致，可能系事后补签，证据3与己方无关。经纪公司认为证据1、证据2与己方无关，对证据3的真实性不予确认，而且认为即便真实，通话中李某所强调的是PS电子印章，而原审中鉴定的是印泥红章。

对于上诉人二审提供的上述证据，二审法院认为，即便上述证据的真实性可以确认，与该案也并无关联，具体将结合判决理由论述。

二审法院经审理查明，一审法院认定的事实清楚，二审法院依法予以确认。二审法院另查明，涉案预约保险单“第九条、保险条件”“第(二)附加险条款”“2.错误和遗漏条款”载明，兹经双方同意，该保险合同项下的赔偿责任不因被保险人非故意地迟延、错误或遗漏向保险公司申报有关信息而被拒负，一旦被保险人明白其疏忽或遗漏应在合理的时间内尽快向保险公司申报，并根据保险公司要求支付自风险增加之日起的附加保险费。

二审法院认为，该案中保险公司向桓仁某物流有限公司出具的预约保险单载明了保险合同的主要实质性权利义务条款，双方当事人意思表达一致，双方间的保险合同关系成立并且有效。涉案保险单明确载明，桓仁某物流有限公司于每个工作日将截止当日的运输清单向保险公司进行申报，保险公司同意桓仁某物流有限公司在货物起运后3日内补申报运输清单，但超过3日的不予承保。根据上述约定，桓仁某物流有限公司最迟应当于货物起运后3日内进行申报，否则该货物将不纳入涉案保险合同的保险范围。该案二审争议的焦点在于，涉案车辆的起运日应当如何认定以及桓仁某物流有限公司是否依约进行了申报。桓仁某物流有限公司主张，涉案车辆于北京段之前的运输均委托案外公司承运，仅在北京至西藏段桓仁某物流有限公司为实际承运人，因此桓仁某物流有限公司也仅对北京至西藏段的运输途中的风险具有保险利益并投保，并据此得出涉案车辆的起运日为从北京起运之日，即2017年8月2日。对此，二审法院认为，即便桓仁某物流有限公司主张的北京段之前的运输系委托案外公司实际承运的事实成立，桓仁某物流有限公司作为名义承运人在运输合同下对托运人仍应当承担相应的责任，桓仁某物流有限公司以其并非实际承运人即得出对北京段之前不可能投保、涉案车辆的起运日应当认定为北京起运之日，缺乏相应的法律依据。因此，桓仁某物流有限公司于二审中提供的与案外人签署的运输服务协议、与涉案车辆车主马某签订的商品车运输合同，与该案争议也并无关联。根据一审查明的事实，桓仁某物流有限公司与涉案车辆车主签订的运输单证载明起运日为2017年7月26日至28日，涉案事故发生于2017年8月3日凌晨，桓仁某物流有限公司于2017年8月3日上午方通过经纪公司向保险公司进行申报。据此，原审认定桓仁某物流有限公司的申报已经超过预约保险单约定的3天宽限期，并无不当。根据约定，涉案车辆不属于预约保险单的保险范围。至于附加险条款中的错误和遗漏条款，根据约定，限于被保险人非故意迟延、错误或遗漏申报有关信息的情形，而该案中桓仁某物流有限公司系于保险事故发生后方进行申报且系整单货物未予申报，亦不符合该附加险条款的约定。关于一审鉴定费的负担，即便桓仁某物流有限公司二审中提供的录音证据的真实性可予确认，根据桓仁某物流有限公司的陈述，该录音证据形成于2018年11月1日，而被上诉人保险公司申请鉴定及一审法院启动鉴定程序均发生于该日期之后。桓仁某物流有限公司庭审中称系由于其公司未找到该录音所以未能及时提交一审法院，即便如桓仁某物流有限公司所言，对于因自身原因导致的鉴定程序的启动并由此产生的费用，亦应当由上诉人桓仁某物流有限公司承担。

综上所述，桓仁某物流有限公司要求保险公司承担保险责任及经纪公司承担鉴定费的上诉理由均不能成立，对其上诉请求不予支持。依照《民事诉讼法》第一百七十条第一款第一项之规定，判决如下：

驳回上诉，维持原判。

二审案件受理费人民币37,563元，由上诉人负担。

该判决为终审判决。

评·析

本案的争议焦点是：货物运输预约保险中货物起运日的认定以及本案原告是否依约进行了申报。

货物运输预约保险中，货物起运地一经确认，即可确定涉案货物的起运日期及保险公司保险责任的起始日期。涉案保险单明确载明，原告于每个工作日将截止当日的运输清单向保险公司进行申报，保险公司同意原告在货物起运后3日内补申报运输清单，但超过3日的不予承保。根据上述约定，原告最迟应当于货物起运后3日内进行申报，否则该批货物将不纳入涉案保险合同的保险范围，保险公司不承担保险金赔偿责任。

本案中，审理法院根据涉案运输单证书面记载的起运日期认定货物起运日，对货物运输预约保险中货物起运日的认定具有一定指导意义。

本案原告称，根据行业习惯，其承运的货物系先由其委托其他物流公司先从相关车主的住所地运至北京集合地点，再由原告负责从北京统一运往拉萨。根据原告与相关车主签订的运输单证记载，涉案的10辆车辆于2017年7

月26日至28日分别从天津、郑州、南阳、青岛、威海、邢台、北京等地运往北京集合后，于2017年8月2日由原告作为实际承运人运往目的地拉萨。原告据此认为货物实际起运日为8月2日，因此，其8月3日向保险公司申报涉案运次的行为不属于延期申报，保险公司应当根据保险合同的约定承担赔偿责任。

本案审理法院认为，原告与相关车主签订的运输单证上明确列明涉案10辆车辆分别是从天津、郑州、南阳、青岛、威海、邢台、北京等地起运，原告亦收取了上述起运地至目的地的全部运费，且原告在向保险公司进行投保申报时的起运地、起运日期亦与运单上记载的起运地和起运日期相同，原告主张起运日为8月2日缺乏事实依据，法院不予支持。涉案货物的起运日期，应当按照运输单证的记载，认定为在2017年7月26日至28日，距离原告于8月3日向保险公司投保申报已达6—8天，远远超过了涉案保险合同约定的3天宽限期，因此保险公司对上述申报运次有权不予承保、不承担保险赔偿金支付责任。

本案原告亦根据预约保险单附加险条款中的“错误和遗漏条款”，主张其延迟申报的情况属于条款所述的“被保险人非故意地迟延、错误或遗漏向保险公司申报有关信息”。审理法院认为，本案原告的经纪公司系于保险事故发生之后才向保险公司进行了申报且整单货物均为补报，结合保险公司提供的申报清单，原告及其经纪公司涉嫌“有选择性地”向保险公司申报运次且存在多次在保险事故发生后补报的行为，此种在出险后才向保险公司申报运次的行为，因具有一定程度的道德风险，不应当被认为是“非故意地延迟或遗漏”，原告无权根据该条款主张保险公司负有赔偿责任。

预约保险的申报时间及申报内容是判断保险公司是否承担保险责任的重要依据。保险公司在承保和理赔过程中，应当注意保存记载运次信息的书面文件，在发生纠纷时为事实情况的认定提供有效的书面证据；在保险合同中应书面明确约定申报路径、申报方式及申报期限，严格约束投保人、被保险人以及保险公司的投保申报行为。

应当注意的是，参考其他法院判决，投保人延期申报的后果会因是否是偶发事件、是否存在恶意或欺诈以及申报是否发生在保险事故发生前而有所不同。对于偶发的、在保险事故发生前申报的情况，法院可能会认定保险公司承担保险金赔偿责任。

财产综合险中续保情形下保险合同成立及生效的认定

湖北省高级人民法院
（2019）鄂民再 71 号民事判决书

（2019 年 7 月 15 日）

案·情

湖北某木业公司（以下简称木业公司）自2014年起在某保险公司孝感中支（以下简称某保险孝感中支）投保财产综合险。2016年6月底，某保险孝感中支员工陆某告知木业公司合同将到期，邀请其续保，木业公司的厂区在将投保单交给保险公司之前遭遇水淹。事故发生后，木业公司向湖北省孝感市孝南区人民法院提起诉讼，要求某保险孝感中支赔偿其财产损失并承担诉讼相关费用。

法院判决

再审申请人（一审被告、二审上诉人）：某保险孝感中支，住所地：湖北省孝感市玉泉南路。

被申请人（一审原告、二审被上诉人）：木业公司，住所地：湖北省孝感市孝南区。

再审申请人某保险孝感中支因与被申请人木业公司财产损失保险合同纠纷一案，不服湖北省孝感市中级人民法院（2018）鄂09民终1688号民事判决，向法院申请再审。法院于2019年1月16日作出（2019）鄂民申177号民事裁定，提审该案。法院依法组成合议庭，公开开庭审理了该案。再审申请人某保险孝感中支的委托诉讼代理人，被申请人木业公司的委托诉讼代理人到庭参加诉讼。该案现已审理终结。

某保险孝感中支申请再审请求：（1）撤销湖北省孝感市中级人民法院（2018）鄂09民终1688号民事判决及湖北省孝感市孝南区人民法院（2017）鄂0902民初3074号民事判决，改判驳回木业公司的全部诉讼请求；（2）该案一审、二审诉讼费用及鉴定费等诉讼程序中发生的全部费用由木业公司承担。事实和理由：（1）原审判决认定事实不清。某保险孝感中支与木业公司之间并未成立保险合同关系。陆某将空白投保单交给木业公司后，木业公司填写后从未将投保单交给某保险孝感中支或陆某，木业公司从未向某保险孝感中支提出过投保要求，某保险孝感中支不知晓投保险种、保险标的、保险费用等基本投保信息，不会亦不可能作出同意承保的意思表示。2014年和2015年木业公司向某保险孝感中支提交投保单后，某保险孝感中支均依据木业公司的投保要求现场勘查了保险标的并作出了承保的意思表示，二审法院忽略该节重要事实，套用“交易习惯和市场规律”作出了偏离事实和法律的错误认定。陆某将投保单交由木业公司填写系正常流程，木业公司填写投保单后交由某保险孝感中支，才是向保险人提出书面要约，原审法院混淆了“要约”“承诺”，认定错误。2014年、2015年保费均由陆某经木业公司负责人同意后垫付，后由肖甲替木业公司向陆某偿还垫付款。但2016年7月21日肖甲打款30,000元的行为系肖甲、木业公司的单方行为，某保险孝感中支或陆某未要求过木业公司付款，陆某亦没有垫付行为，某保险孝感中支、陆某对肖甲的打款行为不知情，且该金额与木业公司未提交的投保单上的所谓“保费”金额也不一致，故肖甲向陆某汇款30,000元的行为，不能认定为某保险孝感中支收取了木业公司所谓的“保费”。（2）原审判决适用法律错误。关于保险合同的成立与生效问题，《保险法》第十三条有专门的规定，一审法院适用《合同法》第十四条、第二十一条、第二十二条的规定违反了特别法优于普通法的原则。即使适用《合同法》，原审法院亦对要约和承诺进行了错误认定。最高人民法院《关于适用〈中华人民共和国保险法〉若干问题的解释（二）》第四条规定支持保险人承担赔偿责任的前提条件是“保险人接受了投保人提交的保单并收取了保险费”，而该案中，木业公司未向某保险孝感中支提交投保单，某保险孝感中支从未接受保单，更未收取保险费。

木业公司辩称，原判决认定事实清楚，适用法律正确，应当予以维持。

木业公司向一审法院起诉请求：判令某保险孝感中支赔偿木业公司财产损失6,257,400元，并由某保险孝感中支承担该案的诉讼费用。

一审法院认定，陆某系某保险孝感中支保险业务员，其职责主要为：推荐保险产品、磋商保险合同条款、通知续保事宜、提交保险凭证和保险费发票等与保险业务有关的工作。

2014年7月9日，陆某主动联系木业公司在某保险孝感中支处投保财产综合险，由陆某提交保单交由木业公司工作人员填写，随即由某保险孝感中支现场查勘并收取木业公司填写的投保单，之后，由某保险孝感中支业务员陆某为木业公司垫付保险费14,276.19元。7月9日，某保险孝感中支开具了湖北省保险业统一网络发票并出具了保单。7月10日，木业公司负责人肖乙的父亲肖甲通过个人账户向陆某提供的其个人在湖北孝感某银行东风垸支行账户转账汇款14,276.19元。保险标的为位于孝感市孝南区木业公司工厂所在地的11,896,824.80元的存贷，费率为1.2‰，保险费为14,276.19元，保险期间自2014年7月10日0时至2015年7月9日24时止，保险费支付时间为2014年7月10日。

2015年原保险合同到期后，木业公司继续按照2014年度的模式向某保险孝感中支投保财产综合险，即由陆某提交保单交由木业公司工作人员填写，随即由某保险孝感中支现场查勘并收取木业公司填写的投保单，之后，由某保险孝感中支业务员陆某为木业公司垫付保险费14,921元。7月17日，某保险孝感中支开具了湖北省保险业统一网络发票并出具了保单。7月23日，肖甲仍通过个人账户向陆某转账汇款14,921元。保险标的为位于孝感市孝南区木业公司工厂所在地的12,434,168.10元的存货，费率为1.2‰，保险费为14,921元，保险期间自2015年7月16日0时至2016年7月15日24时止，保险费支付时间为2015年7月23日。

2016年6月底，某保险孝感中支业务员陆某告知木业公司财产保险合同将到期，邀请其续保，并提供续保资料清单，同时交给木业公司一份在经办人处有自己签名的《财产综合险投保单》，让其填写（对于木业公司需要投保的保险标的、保险价值确定方式、保险金额、保险期间、保险费用等内容由木业公司自行确定后交由陆某处理）。该投保单载明“本投保单在本公司未签发保险单或投保人未按约定交付保险费之前，不发生任何法律效力”。木业公司工作人员根据投保单内容要求填写了投保单，其中保险标的为存货、机器设备、建筑物，保险金额分别为11,006,745元、5,654,000元、10,242,400元，合计26,903,145元，保险费分别为13,208.09元、6,784.80元、12,290.88元，合计32,283.77元，保险期间自2016年7月19日至2017年7月18日。木业公司在投保人处盖章，负责人肖乙签字确认投保，落款日期为2016年7月18日。当日，木业公司没有将该投保单交给陆某，也没有交给某保险孝感中支。

2016年7月21日8时58分48秒，木业公司负责人肖乙的父亲肖甲通过其个人账户向陆某转账汇款30,000元，陆某通过短信服务功能得知肖甲向其转账汇款。2016年7月21日凌晨1时50分，因孝感市孝南区办事处境内入梅以来遭遇六轮暴雨袭击，境内府、沦河水位暴涨，导致第一道防线三处子堤出现漫溢、溃口；第二道防线于同日14时溃口，造成办事处境内农村、企业大部分被洪水浸泡。2016年7月21日上午10时28分，孝感市孝南区办事处安排其干部刘某通知该办事处所辖工业园区木地板协会林某：“办事处第一道防线，由于洪水满溢，出现溃口，为安全起见，请及时通知第二道防线以西的木地板协会全体会员单位及其所有员工迅速转移。”2016年7月21日上午10时38分14秒，木地板协会工作人员通知木业公司转移员工。木业公司位于防汛指挥部防汛图所列第二道防线内，由于第二道防线溃口，因洪水浸泡造成木业公司木板、原材料及机器设备受损。损失造成后，木业公司当即向某保险孝感中支反映了受损情况，事后多次要求某保险孝感中支予以赔偿，但某保险孝感中支均以保险单未出、保险合同未成立为由拒绝核定并赔偿损失。2016年8月3日，陆某将木业公司负责人肖乙的父亲肖甲支付的30,000元保险费予以退回。

2017年6月20日，木业公司自行委托湖南某保险公估有限公司对其受灾损失作出评估报告，其损失经核实金额为5,635,305.81元。同年8月31日，木业公司以某保险孝感中支拒绝赔付保险金为由，向一审法院提起诉讼，请求判令某保险孝感中支赔偿木业公司财产损失6,257,400元（在原诉讼请求增加497,094.19元),并由某保险孝感中支承担本案的诉讼费用。一审诉讼中,2017年10月9日,某保险孝感中支对木业公司提交的评估报告结论不服,向一审法院申请重新鉴定,后经双方共同选定湖北某资产评估有限公司作为重新鉴定机构。据此,一审法院依法委托湖北某资产评估有限公司对木业公司于2016年7月21日因水灾导致的木板、原材料和设备维修价值进行估值。2018年3月7日至2018年3月9日,湖北某资产评估有限公司与双方相关工作人员对泡水木板和基材进行了现场盘点(见估值报告第2—4页),确认木板面积为93,717.15平方米、基材数量6953张;无法核实实物部分:原材料为耐磨纸12,539张、平衡纸10,620张、花色纸9614张、纸箱105,728张,设备维修费710,904元。该报告在估值分析项目中载明(见估值报告第7—9页):"木板的估值过程系估价人员通过在建材市场调查估值对象不同类别木板的市场价格,并结合中国建材网上木板价值,综合确定本次估值范围内的木板价值;原材料的估值过程系本次估值对象原材料为木板基材、耐磨纸、平衡纸花色和纸箱,由于缺乏市场价格信息,本次估值以孝感市孝南区人民法院提供的木业公司原材料进货单以及进货发票为依据,估价人员通过核对距本次估值基准日(2016年7月21日)较近的原材料进货单和发票,确定原材料的价值;设备维修的估值过程系由于本次估值现场查勘时间与估值日相距太久,无法核实设备具体受损状况,本次估值以孝感市孝南区人民法院提供的木业公司设备维修清单为依据,估价人员通过核对维修费用发票,以及核对维修项目对应的金额,最终确定估值对象设备维修费为245,700元。"该报告在特别风险提示载明(见估值报告第10页):"本次估值对象木板及原材料由于泡水程度不一,且无法核实受损程度,经估价人员现场查勘,泡水多为复合地板和基材,且均有不同程度的变形和发霉。经询问相关专家,复合地板多为胶合板,泡水后不易修复,残余价值无法预计,同时估价人员通过调查该片同类受损企业针对泡水木板的处理方式,均以泡水木板的残余价值抵扣收货方的劳力付出,故本次估值未考虑木板和原材料的残余价值,如实际处置受损地板形成收入应扣减本报告的损失价值,提醒报告使用者注意。"

2018年5月3日,湖北某资产评估有限公司作出某估值字〔2018〕第1029号估值报告,得出估值基准日(2016年7月21日)的损失价值为6,132,400

元，具体明细为：木板损失价值4,994,600元、原材料损失价值892,100元（基材396,300元、耐磨纸65,200元、平衡纸49,900元、花色纸105,800元、纸箱274,900元）、设备维修损失价值245,700元。2018年6月19日，某保险孝感中支向一审法院提交《补充鉴定申请书》，认为：一是鉴定程序违法，鉴定结论明显依据不足；二是对于原材料的鉴定依据不足；三是对于保险公司参与盘点的木板和基材的鉴定依据不足；四是没有考虑木板和原材料的残余价值，不客观不合理；五是关于机械设备损失鉴定依据不足，鉴定机构称无法核实设备具体受损状况。因此，请求法院补充鉴定，纠正不合理的鉴定结论。请求对湖北某资产评估有限公司作出某估值字〔2018〕第1029号估值报告进行补充鉴定。

一审法院认为，根据庭审及双方当事人提供的证据材料，归纳该案的争议焦点如下：(1)木业公司与某保险孝感中支之间财产保险合同关系是否成立并生效。(2)木业公司是不是在洪水灾害即将发生时，为减轻自身损失而违反诚实信用原则恶意投保。(3)某保险孝感中支对湖北某资产评估有限公司作出某估值字〔2018〕第1029号估值报告重新鉴定的申请是否予以准许。(4)木业公司因水灾造成的损失范围如何确定。

(1)关于木业公司与某保险孝感中支之间财产保险合同关系是否成立并生效的问题。一审法院认为，对于该案财产保险合同是否成立及生效的问题，主要从以下几个层面予以分析和认定：第一，对于陆某行为的认定。陆某系某保险孝感中支的保险业务员，故其在职责范围内实施的向木业公司推荐保险产品、磋商保险合同条款、通知续保事宜、提交保险凭证和保险费发票等与保险业务有关的行为均应视为其职务代理行为。2014年度和2015年度，陆某在没有证据证明其得到木业公司授权的情况下，为木业公司向某保险孝感中支垫付当年度保险费的行为应视为无权代理行为，木业公司向陆某支付其代为垫付的保险费的行为应认定为对陆某无权代理行为的追认。第二，对于财产保险合同要约和承诺的认定。由于木业公司于2014年度和2015年度均向某保险孝感中支投保财产综合险，且均由陆某经办（包括代为垫付保险费），故陆某于2016年6月底通知木业公司续保，并将有自己签名的空白保险单交给木业公司的行为应认定为陆某代表某保险孝感中支向木业公司发出续保要约。虽然《保险法》第十三条第一款规定:“投保人提出保险要求,经保险人同意承保,保险合同成立。保险人应当及时向投保人签发保险单或者其他保险凭证。”但该规定强调的是投保人和保险人就参保事宜达成合意保险合同即告成立,该条款并不禁止保险人在一定情况下主动要约投保人参保。从我国保险行业的现状来看,保险业长期处于买方市场,保险从业者为获得业绩提成而主动要约投保人参保已成公众所共知的常态。因此,在该案中,保险人基于对投保人前期投保行为的期待和评估,主动要约投保人续保并不违反我国现行法律法规的禁止性规定,且符合交易习惯和市场规律。根据《合同法》第十四条“要约是希望和他人订立合同的意思表示,该意思表示应当符合下列规定:(一)内容具体确定;(二)表明经受要约人承诺,要约人即受该意思表示约束”的规定,陆某通知木业公司续保,并将有自己签名的空白保险单交给木业公司的行为是希望与木业公司续订保险合同的意思表示;该空白保险单系格式条款,明确注明是《财产综合险投保单》,故陆某提出要约的内容具体确定,至于陆某未填写保险单的其他内容,系陆某默示此部分由木业公司填写(对于木业公司需要投保的保险标的、保险价值确定方式、保险金额、保险期间、保险费用等内容由木业公司自行确定后交由陆某处理)。综上所述,陆某作为保险业务员代表某保险孝感中支向木业公司发出的续保要约符合法律规定和市场规律,也符合双方前期的交易习惯,为有效要约行为。根据《合同法》第二十一条(《民法典》第四百七十九条)规定:“承诺是受要约人同意要约的意思表示。”该法第二十二条(《民法典》第四百八十条)规定,承诺应当以通知的方式作出,但根据交易习惯或者要约表明可以通过行为作出承诺的除外。该案中,陆某提供的有其签名的《财产综合险投保单》上明确注明“本投保单在本公司未签发保险单或投保人未按约定交付保险费之前,不发生任何法律效力”。故应认定要约表明木业公司可以通过按约交付保险费的行为作出承诺。该案中,木业公司的负责人肖乙的父亲肖甲在2014年度和2015年度代表木业公司向陆某个人账户上支付过保险费;肖甲按以往的交易方式和习惯于2016年7月21日8时58分向陆某汇款30,000元,表明了木业公司已明确承诺续保。因此,肖甲向陆某转账汇款的30,000元应当认定为保险费。虽然木业公司所交纳的该30,000元保险费与陆某提供的有其签名的《财产综合险投保单》上记载的32,283.77元保险费有出入，但木业公司已履行主要的保险费交纳义务，不影响判断木业公司已作出同意续保的承诺。根据《合同法》第二十三条第二项（《民法典》第四百八十条）规定：“承诺应当在要约确定的期限内到达要约人。要约没有确定承诺期限的，承诺应当依照下列规定到达：……（二）要约以非对话方式作出的，承诺应当在合理期限内到达。”该案中，木业公司的承诺系以交费行为的方式作出，且是在木业公司于2016年7月18日在陆某提供的有其签名的《财产综合险投保单》上签章后3日内到达陆某，故应当认定为木业公司的承诺是在合理期限内达到要约人。第三，对该案保险合同是否成立与生效的认定。木业公司的承诺符合法律规定和要约约定，属有效承诺。基于以上对陆某在与木业公司一系列交往中的行为认定，以及对某保险孝感中支要约行为和木业公司承诺行为的认定，木业公司与某保险孝感中支之间成立财产保险合同关系，依照《保险法》第十三条第三款中“依法成立的保险合同，自成立时生效”的规定，木业公司与某保险孝感中支之间的财产保险合同依法成立并生效。第四，对最高人民法院《关于适用〈中华人民共和国保险法〉若干问题的解释（二）》第四条的理解与适用。根据最高人民法院《关于适用〈中华人民共和国保险法〉若干问题的解释（二）》第四条第一款规定：“保险人接受了投保人提交的投保单并收取了保险费，尚未作出是否承保的意思表示，发生保险事故，被保险人或者受益人请求保险人按照保险合同承担赔偿或者给付保险金责任，符合承保条件的，人民法院应予支持；不符合承保条件的，保险人不承担保险责任，但应当退还已经收取的保险费。”该条款是关于保险人收取保险费但尚未作出是否承保的意思表示前发生保险事故的应如何处理的规定。该案中，陆某作为某保险孝感中支的业务员，自2014年、2015年均以陆某为木业公司垫付保险费，然后由木业公司向陆某支付保险费的方式进行保险费的收取。对于2016年度的保险费收取，木业公司负责人肖乙的父亲肖甲按以往的交易方式和习惯于2016年7月21日8时58分向陆某汇款30,000元，符合双方对保险费收取的交易习惯，因此，陆某收到的30,000元应当认定为木业公司支付的保险费。虽然木业公司未按照保险单约定的保费32,283.77元进行支付，但其已履行了主要的保险费支付义务，对于已经退回的保险费30,000元和未支付的保险费2283.77元应当予以补交。

另外，2016年6月底，某保险孝感中支业务员陆某告知木业公司财产保险合同将到期，邀请其续保，并提供续保资料清单，同时交给木业公司一份在经办人处有自己签名的《财产综合险投保单》让其填写。木业公司工作人员根据投保单内容要求填写了投保单，木业公司在投保人处盖章，负责人肖乙签字确认，落款日期为2016年7月18日。虽然木业公司没有将该投保单交给陆某，也没有交给某保险孝感中支，但是从木业公司填写投保单以及2014年和2015年投保情况看，木业公司基于对陆某以及某保险孝感中支的信赖，并向某保险孝感中支继续投保的合理期待，对于保险合同的认定，应当作出有利于投保人的解释。因此，对于投保人支付了保险费或保险人预收了投保人保险费，且符合承保条件的，应当认定为保险合同成立。如果保险人主张不符合承保条件的，应由保险人承担举证责任。该案中，某保险孝感中支没有主张木业公司不符合承保条件，也没有提供相应的证据予以证明，结合木业公司2014年和2015年投保情况，应当认定其符合承保条件。因此，木业公司向陆某支付保费30,000元，并填写了陆某提供的投保单，表示了其投保意愿，且符合承保条件，因此，双方的上述行为符合最高人民法院《关于适用〈中华人民共和国保险法〉若干问题的解释（二）》第四条规定的要件，应当认定双方的财产保险合同成立并生效，某保险孝感中支应当承担给付保险金的责任。综上，木业公司与某保险孝感中支之间财产保险合同关系成立并生效。依据《保险法》第十四条“保险合同成立后，投保人按照约定交付保险费，保险人按照约定的时间开始承担保险责任”的规定，木业公司负有继续向某保险孝感中支交纳下欠保险费的义务；某保险孝感中支负有按照约定的时间开始承担保险责任的义务。

（2）关于木业公司是不是在洪水灾害即将发生时，为减轻自身损失而违反诚实信用原则恶意投保的问题。一审法院认为，木业公司于2014年度和2015年度均向某保险孝感中支投保了财产综合险；孝感市孝南区办事处遭遇洪水危险系发生在2016年入梅以后（2016年5月中旬以后）；陆某于2016年6月底要约木业公司续保，木业公司于2016年7月18日签章同意续保，并在2016年7月21日上午10时38分14秒接到孝感市工业园木地板协会撤离通知前将保险费支付到陆某账上，其续保承诺到达陆某；木业公司位于孝感市孝南区××

办事处××道防洪防线以内；孝感市孝南区××办事处××道防洪防线于2016年7月21日14时溃口。以上系列事实说明，木业公司向某保险孝感中支投保财产综合险是连续的投保行为，并非是在险情到来之前突击或恶意投保；陆某在洪水危险已经出现后仍然要约木业公司续保，也是基于对木业公司连续投保行为的信赖、期待和评估而作出的。木业公司在陆某代表某保险孝感中支发出续保要约后，洪水灾害未形成以前作出续保承诺，不能被认定为违背诚实信用原则的恶意投保行为。故某保险孝感中支认为木业公司在该案中的投保是违背诚实信用原则的恶意投保行为，依法未予采信。

（3）关于某保险孝感中支对湖北某资产评估有限公司作出某估值字〔2018〕第1029号估值报告的补充鉴定申请是否予以准许的问题。一审法院认为，湖北某资产评估有限公司作出的某估值字〔2018〕第1029号估值报告，是基于木业公司向一审法院提供了湖南某保险公估有限公司出具的公估报告，某保险孝感中支不服，向一审法院申请重新鉴定，一审法院经过双方当事人协商，共同选定鉴定机构，最后由共同选定的鉴定机构即湖北某资产评估有限公司作出某估值字〔2018〕第1029号估值报告。根据最高人民法院《关于民事诉讼证据的若干问题规定》第二十六条、第二十七条、第二十八条的规定，对于当事人共同选定或人民法院指定的重新作出的鉴定，不适用补充鉴定，或者再次重新鉴定。综观本案的鉴定过程，首先，从鉴定程序上看，双方当事人共同选定具有鉴定资格的鉴定机构重新进行鉴定，鉴定程序符合法律规定。其次，从鉴定依据上看，某保险孝感中支主张原材料鉴定依据不足，参与盘点的木板和基材鉴定依据不足，由于鉴定机构是双方当事人共同选定的，在鉴定过程中，湖北某资产评估有限公司与双方相关工作人员对泡水木板和基材进行了现场盘点，确认木板面积为93,717.15平方米、基材数量6953张。无法核实实物部分：原材料为耐磨纸12,539张、平衡纸10,620张、花色纸9614张、纸箱105,728张，设备维修费710,904元，鉴定机构依据盘点及统计的数量作出的鉴定结论符合法律规定。对于是否应当认定木板、原材料的损失，属于案件事实认定问题，应当在裁判理由中予以认定，不属于补充鉴定的范畴。再次，从鉴定涉及的残余看，客观上，受损物应当会考虑残值，鉴于该案鉴定的物质为木板，淹水后可能导致木板没有使用价值，针对是否存在残值问题，该估值报告在特别风险提示载明："本次估值对象木板及原材料由于泡水程度不一，且无法核实受损程度，经估价人员现场查勘，泡水多为复合地板和基材，且均有不同程度的变形和发霉。经询问相关专家，复合地板多为胶合板，泡水后不易修复，残余价值无法预计，同时估价人员通过调查该片同类受损企业针对泡水木板的处理方式，均以泡水木板的残余价值抵扣收货方的劳力付出，故本次估值未考虑木板和原材料的残余价值，如实际处置受损地板形成收入应扣减本报告的损失价值，提醒报告使用者注意"。因此，鉴定意见没有考虑残值较为合理，并未违反相关法律规定。如果某保险孝感中支主张存在残值，可以依据《财产综合险条款》第三十条"保险标的遭受损失后，如果有残余价值，应由双方协商处理，如折归被保险人，由双方协商确定价值，并在保险赔款中扣除"的规定予以处理。最后，对于机械设备损失鉴定依据不足的问题，因为鉴定机构在估值报告中明确载明无法核实设备具体受损状况，对于是否认定机械设备损失，属于案件事实认定问题，应当在裁判理由中予以认定，不属于补充鉴定的范畴。因此，湖北某资产评估有限公司作出的某估值字〔2018〕第1029号估值报告鉴定程序合法，鉴定依据充分，对于鉴定结论中是否应当认定木板、原材料以及机械设备损失问题，该事项属于案件事实认定问题，应当在裁判理由中予以认定，不属于补充鉴定的范畴。因此，对于某保险孝感中支提出补充鉴定的申请，依法未予准许。

(4)关于木业公司因水灾造成的损失范围如何确定的问题。一审法院认为，某保险孝感中支对木业公司自行委托湖南某保险公估有限公司作出评估报告不服申请重新鉴定，湖北某资产评估有限公司系双方当事人共同选定的鉴定机构。一审法院依法委托湖北某资产评估有限公司对木业公司于2016年7月21日因水灾导致的木板、原材料和设备维修价值进行估值符合法律规定。2018年5月3日，湖北某资产评估有限公司作出某估值字〔2018〕第1029号估值报告，得出估值基准日（2016年7月21日）的损失价值为6,132,400元，具体明细为：木板损失价值4,994,600元、原材料损失价值892,100元（基材396,300元、耐磨纸65,200元、平衡纸49,900元、花色纸105,800元、纸箱274,900元）、设备维修损失价值245,700元。该估值报告载明："2018年3月7日至2018年3月9日，湖北某资产评估有限公司与双方相关工作人员对泡水木板和基材进行了现场盘点，确认木板面积为93,717.15平方米、基材数量6953张。无法核实实物部分：原材料为耐磨纸12,539张、平衡纸10,620张、花色纸9614张、纸箱105,728张，设备维修费710,904元。”该报告在估值分析项目中载明：“木板的估值过程系估价人员通过在建材市场调查估值对象不同类别木板的市场价格，并结合中国建材网上木板价值，综合确定本次估值范围内的木板价值；原材料的估值过程系本次估值对象原材料为木板基材、耐磨纸、平衡纸、花色纸和纸箱，由于缺乏市场价格信息，本次估值以孝感市孝南区人民法院提供的木业公司原材料进货单以及进货发票为依据，估价人员通过核对距本次估值基准日（2016年7月21日）较近的原材料进货单和发票，确定原材料的价值；设备维修的估值过程系由于本次估值现场查勘时间与估值日相距太久，无法核实设备具体受损状况，本次估值以孝感市孝南区人民法院提供的木业公司设备维修清单为依据，估价人员通过核对维修费用发票以及核对维修项目对应的金额，最终确定估值对象设备维修费为245,700元。”从上述载明的事项可以看出，双方当事人对泡水木板和基材进行了现场盘点确认，耐磨纸、平衡纸、花色纸、纸箱以及设备维修费均未得到某保险孝感中支的确认，其估值依据以木业公司提供的《关于损失情况说明》以及设备维修清单和发票。由于木业公司提供的《关于损失情况说明》以及设备维修清单和发票系其单方提供，某保险孝感中支未予确认，其真实性存疑，且湖北某资产评估有限公司在报告中明确载明上述属于无法核实实物部分。因此，对于木业公司于2016年7月21日因水灾导致的损失项目中，应当将耐磨纸、平衡纸、花色纸、纸箱以及设备维修费项目予以剔除，其损失应当以双方当事人确认的木板损失（4,994,600元）和基材损失（396,300元）为准。因此，木业公司于2016年7月21日因水灾导致的损失应当认定为5,390,900元。综上所述，某保险孝感中支认为木业公司在该案中的投保是违背诚实信用原则的恶意投保行为，一审法院依法未予支持。木业公司与某保险孝感中支之间的保险合同依法成立并生效，木业公司有继续交纳保险费用的义务，某保险孝感中支有按约承担保险责任的义务。木业公司于2016年7月21日因水灾导致的损失为5,390,900元，某保险孝感中支应当依据成立并生效的保险合同依法予以赔付。对于木业公司被退回的保险费30,000元以及未交清的部分2,283.77元，共计32,283.77元，应当由木业公司向某保险孝感中支予以交纳。因双方当事人对此均未予以主张，该案不作处理，双方当事人可以通过其他方式予以解决。该案在诉讼过程中，双方当事人均进行了估值鉴定，因此，双方各自支付的鉴定费用由各自承担。

一审法院判决：(1)某保险孝感中支于判决生效之日起30日内向木业公司支付财产保险赔偿金5,390,900元；(2)驳回木业公司的其他诉讼请求。如果未按判决指定的期间履行金钱给付义务，应当按照《民事诉讼法》第二百五十三条的规定，加倍支付迟延履行期间的债务利息。案件受理费55,600元，由某保险孝感中支负担49,500元，木业公司负担6100元。双方各自支付的鉴定费用由各自承担。

某保险孝感中支上诉请求：(1)撤销湖北省孝感市孝南区人民法院(2017)鄂0902民初3074号民事判决，依法改判驳回木业公司的全部诉讼请求。(2)判令木业公司承担该案一审、二审的诉讼费用及鉴定费等诉讼程序中发生的全部费用。

木业公司辩称，一审判决认定事实清楚，适用法律正确，请求二审法院驳回上诉，维持原判；诉讼费用由某保险孝感中支承担。

一审法院查明的事实属实，二审法院予以确认。

二审法院认为，二审争议的焦点问题是某保险孝感中支与木业公司之间是否成立生效、诚信的保险合同关系。关于焦点问题，某保险孝感中支从其未向木业公司发出续保要约、未作出续保承诺、未收取木业公司交纳的保险费、木业公司有骗取保险赔款的不诚信行为、一审判决适用法律错误等方面阐述了与木业公司之间未成立生效、诚信保险合同关系的主张。一审判决则将木业公司2014年、2015年连续向某保险孝感中支投保的情况与2016年该两公司之间往来的基本事实相结合，作出了该两公司之间成立生效、诚信保险合同关系的评判。对于上述两种观点，二审法院认为，鉴于木业公司2014年、2015年连续向某保险孝感中支投保，故在双方就2016年是否成立有效、诚信保险合同关系发生争议时，应当在结合前述事实的基础上作出评判。首先，从陆某2014年、2015年均是主动到木业公司推销保险产品；将空白投保单交由木业公司的工作人员自行填写，并随即进行现场勘查和收取投保单；主动垫付保险金以促成保险合同成立的事实来看，某保险孝感中支与投保人成立保险合同并不以投保人主动提出保险要求（要约）为前提条件。陆某的前述主动营销行为足以让木业公司相信2016年度只要在陆某提供的投保单上填写保险标的、保险费等相关信息，即可在陆某的系列操作下与某保险孝感中支成立保险合同，保险合同成立后，木业公司向陆某支付其垫付的保险费即可。陆某于2016年将其在“经办人签章处”署名的空白投保单交给木业公司的行为，进一步证明陆某对木业公司填写投保单的放任态度，即对木业公司填写的符合财产综合险承保范围的保险标的等事项均予以认可。其次，评判诉争2016年度保险合同是否成立生效存在两方面可能的诚信风险：一是保险人在保险风险即将到来之际，为逃避保险责任，不愿按交易习惯承认与投保人之间成立续保关系；二是投保人并无与保险人续保的意思表示，但在保险风险即将到来之际，为恶意转嫁财产损失风险，采取突击投保、强行汇款等方式促成保险合同成立生效。对于上述诚信风险问题，二审法院认为，规避财产损失风险是投保人参保财产保险的合同目的，也是该类型保险的现实价值所在，评判投保人在投保过程中是否有诚信风险，应当以投保人是否存在恶意为前提。该案中，从木业公司2014年、2015年的连续投保行为；木业公司在2015年度保险期间届满（2016年7月15日）后的合理期间内（2016年7月18日）填写署有陆某签名的空白投保单；木业公司在接到保险风险即将到来的通知（2016年7月21日上午10时38分14秒）之前，于2016年7月21日8时58分48秒按惯例向陆某的个人账户支付保险费等事实来看，难以得出木业公司的投保行为存在恶意的结论。综合以上两点评判，应当认定某保险孝感中支与木业公司之间成立生效、诚信的保险合同关系。另外，关于某保险孝感中支在代理词中提出的一审法院委托湖北某资产评估有限公司进行的重新鉴定，鉴定程序违法，鉴定依据不足的问题，一审判决就此问题作了详尽的阐述和客观的评判，不再赘述。

二审法院判决：驳回上诉，维持原判。二审案件受理费55,600元，由某保险公司孝感中支负担。

木业公司开庭前向法院书面申请证人汤某出庭作证。经合议庭评议，允许证人汤某出庭作证。证人汤某在庭审中作证的主要内容为在案涉保险事故发生前后，其系木业公司的员工。在案涉保险事故发生前，其与某保险孝感中支的业务员陆某就保险事宜进行过多次沟通，陆某亦到现场进行过实地查勘。某保险孝感中支对上述证人证言的真实性不予认可。法院认为，汤某曾系木业公司员工，与该案有一定利害关系，且其证人证言与其他证据无法形成证据链，再审法院不予采信。

再审法院再审查明，一审、二审法院查明的事实属实。

再审法院再审认为，该案的争议焦点为案涉保险合同是否成立。具体展开为三个方面：(1)陆某向木业公司交付空白投保单系要约还是要约邀请；(2)案涉投保活动是否符合双方当事人之间交易习惯；(3)最高人民法院《关于适用〈中华人民共和国保险法〉若干问题的解释(二)》第四条第一款能否适用本案。

(1)陆某向木业公司交付空白投保单系要约还是要约邀请的问题。依据《合同法》第十四条(《民法典》第四百七十二条)，要约是希望和他人订立合同的意思表示，该意思表示应当符合下列规定：①内容具体确定；②表明经受要约人承诺，要约人即受该意思表示约束。第十五条(《民法典》第四百七十三条)："要约邀请是希望他人向自己发出要约的意思表示。寄送的价目表、拍卖公告、招标公告、招股说明书、商业广告等为要约邀请。商业广告的内容符合要约规定的，视为要约"，以及《保险法》第十三条第一款："投保人提出保险要求，经保险人同意承保，保险合同成立。保险人应当及时向投保人签发保险单或者其他保险凭证"的规定，陆某向木业公司交付空白投保单的性质应当认定为要约邀请，主要理由为：第一，案涉投保单的内容并不明确、具体，没有包含保险合同的基本条款。依据《保险法》第十八条中规定，保险合同应当包括下列事项："(一)保险人的名称和住所；(二)投保人、被保险人的姓名或者名称、住所，以及人身保险的受益人的姓名或者名称、住所；(三)保险标的；(四)保险责任和责任免除；(五)保险期间和保险责任开始时间；(六)保险金额；(七)保险费以及支付办法；(八)保险金赔偿或者给付办法；(九)违约责任和争议处理；(十)订立合同的年、月、日"，而涉案投保单除载明了保险人的名称和住所外，其他各项均没有载明，尤其是对保险标的、保险期间、保险金额、保险费等保险合同的基本条款都未作载明或约定，不符合要约的基本条件。某保险孝感中支的业务员陆某将空白投保单交给木业公司填写，系因为投保人要按照自身需求填写拟投保的财产以及估算相应的价值，属于典型的要约邀请。第二，涉案投保单中没有一经投保人同意即对保险人发生约束力的内容。相反，该投保单明确载明“本投保单在本公司未签发保险单或投保人未按约定交付保险费之前，不发生法律效力”。该案中，某保险孝感中支并未签发保险单，木业公司虽然主张其通过向陆某私人转账的方式交纳了30,000元保险费，但其一投保单上并没有约定保险费的数额，其二转账30,000元也与木业公司自己计算的保险费数额相比少2000余元，其三木业公司主张其在向陆某转账前与陆某协商一致，但并没有提供相应证据证明。故并不能以此认定木业公司按约定交付了保险费。基于以上理由，陆某将空白投保单交给木业公司的行为应认定为要约邀请，木业公司填写投保单并交给某保险孝感中支后，才可认为木业公司向某保险孝感中支发出要约。原审判决将陆某将空白投保单交给木业公司认定为要约有所不当，应予以纠正。

(2)关于案涉投保活动是否符合双方当事人之间交易习惯的问题。木业公司主张，2014年至2015年，木业公司两次在某保险孝感中支购买保险，操作流程与该案基本一致，应当认定案涉投保活动符合双方当事人之间的交易习惯。但案涉投保活动与双方当事人之前的交易模式存在关键不同，即前两次木业公司填写投保单后均交给了保险公司业务员，由保险公司业务员现场进行了查勘，然后由某保险孝感中支出具保单，木业公司在保单出具后，才交纳保险费。出具保单证明某保险孝感中支对木业公司填写的投保单有关内容予以认可，对木业公司提出的要约予以承诺，保险合同成立。而该案中，木业公司填写保险单后一直未交给某保险孝感中支，也没有证据证明某保险孝感中支对木业公司填写的具体内容知情或同意，这与之前的交易模式明显不一致，也与《保险法》第十三条“投保人提出保险要求，经保险人同意承保，保险合同成立。保险人应当及时向投保人签发保险单或者其他保险凭证。保险单或者其他保险凭证应当载明当事人双方约定的合同内容。当事人也可以约定采用其他书面形式载明合同内容。依法成立的保险合同，自成立时生效。投保人和保险人可以对合同的效力约定附条件或者附期限”的规定相悖。

(3)关于该案能否适用最高人民法院《关于适用〈中华人民共和国保险法〉若干问题的解释(二)》第四条第一款的问题。最高人民法院《关于适用

〈中华人民共和国保险法〉若干问题的解释(二)》第四条第一款规定:"保险人接受了投保人提交的投保单并收取了保险费,尚未作出是否承保的意思表示,发生保险事故,被保险人或者受益人请求保险人按照保险合同承担赔偿或者给付保险金责任,符合承保条件的,人民法院应予支持;不符合承保条件的,保险人不承担保险责任,但应当退还已经收取的保险费。"该条款实际与《合同法》规定的要约、承诺缔约模式是一致的,只是规定在特殊情况下,即便保险公司没有出具保单,也视为保险公司对投保人提出的要约做出承诺。适用该条款必须符合以下条件:一是保险人接受了投保人提交的投保单,二是保险人收取了保费,三是符合承保条件。该案中,某保险孝感中支并没有收到木业公司提交的投保单,某保险孝感中支早在2016年6月底就将投保单交给了木业公司,木业公司自己填写的投保日期为7月18日,事故实际发生日期为7月21日,木业公司有充足的时间可以将投保单交给某保险孝感中支而未交付,且木业公司也没有按照其自己计算的保费数额足额交纳保费,故不能认定最高人民法院《关于适用〈中华人民共和国保险法〉若干问题的解释(二)》第四条规定的特殊要约、承诺模式适用于该案。

综上所述,某保险孝感中支与木业公司之间的保险合同并未成立,某保险孝感中支申请再审的请求成立。依照《民事诉讼法》第二百零七条第一款、第一百七十条第一款第二项规定,判决如下:

(1)撤销湖北省孝感市中级人民法院(2018)鄂09民终1688号民事判决及湖北省孝感市孝南区人民法院(2017)鄂0902民初3074号民事判决;

(2)驳回湖北某木业公司全部诉讼请求。

一审案件受理费55,600元,二审案件受理费55,600元,均由湖北某木业公司负担。双方当事人各自支付的鉴定费用由各自承担。

评·析

本案焦点问题在于保险合同是否成立及保险人是否因最高人民法院《关于适用〈中华人民共和国保险法〉若干问题的解释(二)》第四条规定而承担赔偿责任。

一、本案保险合同未成立

《保险法》第十三条第一款规定:“投保人提出保险要求,经保险人同意承保,保险合同成立。”因此,《保险法》对于保险合同成立的要求为投保人与保险人就保险合同达成合意,保险合同即可成立。根据《合同法》第十三条的规定,“当事人订立合同,采取要约、承诺方式”,故上述保险合同是否成立,取决于保险人及投保人的行为是否可认定为要约及承诺。

《合同法》第十四条规定:“要约是希望和他人订立合同的意思表示,该意思表示应当符合下列规定:(一)内容具体确定;(二)表明经受要约人承诺,要约人即受该意思表示约束。”

本案中,陆某告知投保人合同即将到期,将经由本人署名的空白投保单交付给湖北某公司邀请其续保,不宜直接认定为续保的要约。空白投保单未载明保险标的、保险期间、保险金额、保险费等保险合同基本内容,因而并不满足“内容具体确定”的条件,且投保单上并未载明经投保人认可,保险人即受投保单约束的内容。《合同法》第十五条规定:“要约邀请是希望他人向自己发出要约的意思表示。”陆某将投保单交由投保人填写,希望投保人进行续保申请,满足《合同法》第十五条所述条件,应当被认定为要约邀请。因此,投保人根据要约邀请进行投保的行为应当被认定为要约而非承诺。本案中,某木业公司并未将投保单交付至保险人。

投保人提出保险要求,构成成立保险合同所需的要约,保险人同意承保作出承诺则保险合同成立。根据《合同法》第二十一条、第二十五条(《民法典》第四百八十三条),“承诺是受要约人同意要约的意思表示”“承诺生效时合同成立”的规定,可以认为保险人同意承保构成保险合同成立所需的承诺。

本案投保单载明“本投保单在本公司未签发保险单或投保人未按约定交付保险费之前,不发生法律效力”,且保险人从未签发保险单,据此可以认定保险人并未作出承保的承诺。根据《合同法》及《保险法》相关内容,保险合同并未成立。

二、本案保险人未收到投保单，不符合最高人民法院《关于适用〈中华人民共和国保险法〉若干问题的解释（二）》第四条情形

最高人民法院《关于适用〈中华人民共和国保险法〉若干问题的解释（二）》第四条第一款规定："保险人接受了投保人提交的投保单并收取了保险费，尚未作出是否承保的意思表示，发生保险事故，被保险人或者受益人请求保险人按照保险合同承担赔偿或者给付保险金责任，符合承保条件的，人民法院应予以支持；不符合承保条件的，保险人不承担保险责任，但应当退还已经收取的保险费。"

具体到本案，某木业公司在接到保险人提供的投保单后，并未在出险前填写并交至保险人，故保险人并未接受投保人提交的投保单。虽然某木业公司通过私人转账的形式向陆某交付了30，000元保险费，但因保险人并未收到保险单，所以本案并不符合最高人民法院《关于适用〈中华人民共和国保险法〉若干问题的解释（二）》第四条之适用条件，故不能认定本案符合该条款所涉情形。

尽管本案再审判决认为保险合同并未成立，保险人无须承担赔偿保险金之责任，但一审及二审判决均认为保险人需承担赔偿责任。据此可认为，最高人民法院《关于适用〈中华人民共和国保险法〉若干问题的解释（二）》第四条在实务中可能被解释为如果保险人收取了保险费，只要符合承保条件，无论其是否作出承保的意思表示，即可认为其需要承担保险责任，从而忽略了需要保险人接受投保单的前提。从本案可以看出，投保人在进行投保行为时，需关注其行为是否已经切实构成投保的要约，及时提交投保单才可确保合同成立已存在前提条件。另外，保险人亦可通过本案总结该类案件的抗辩方向，从而保障自身合法利益。

诉责险中被保险人申请财产保全存在过错的认定

最高人民法院
（2019）最高法民申 1615 号民事裁定书

（2019 年 8 月 16 日）

重庆市高级人民法院
（2018）渝民终 437 号民事判决书

（2018 年 11 月 29 日）

案·情

吴某因工程欠款纠纷向重庆市第二中级人民法院（以下简称重庆二中院）提出诉前保全申请，申请对工程发包人某房地产开发公司、承包人某建设公司价值80,000,000元的财产进行诉前财产保全。吴某向某保险公司重庆分公司投保，某保险公司重庆分公司为此出具了诉讼财产保全责任保险保单。

重庆二中院先后作出两份执行裁定书，保全了某房地产开发公司名下银行账户和四套房产。后某房地产开发公司以房屋和担保公司保证担保置换原有保全，重庆二中院随即作出裁定对保全标的进行了置换。

财产保全后，吴某以某建设公司为被告、某房地产开发公司为第三人向重庆二中院提起诉讼，重庆二中院以案件涉及专属管辖裁定不予受理，吴某随即向重庆市高院提出上诉，重庆市高院作出裁定书，维持了一审裁定。随后，重庆二中院根据吴某的申请解除了上述财产的保全措施。

2017年5月，某房地产开发公司以吴某保全错误，向重庆二中院提起诉讼，请求判令两被告赔偿损失3,440,000元并承担诉讼费。该案一审法院判决吴某构成保全错误，判决吴某赔偿原告损失2,200,000元，某保险公司重庆分公司承担连带赔偿责任；二审改判吴某不构成保全错误，驳回了某房地产开发公司诉讼请求；再审裁定驳回某房地产开发公司再审申请。

法院判决

（一）裁定

再审申请人（一审原告、二审上诉人）：某房地产开发公司，住所地新疆维吾尔自治区五家渠市青湖生态经济开发区。

被申请人（一审被告、二审上诉人）：某保险公司重庆分公司，住所地重庆市渝中区。

被申请人（一审被告、二审被上诉人）：吴某，男，1983年6月1日出生，汉族，住重庆市江北区。

再审申请人某房地产开发公司因与被申请人某保险公司重庆分公司、吴某申请诉前财产保全损害责任纠纷一案，不服重庆市高级人民法院（2018）渝民终437号民事判决，向法院申请再审。法院依法组成合议庭进行了审查，该案现已审查终结。

某房地产开发公司申请再审称，吴某明知按照法律规定，实际施工人应以建设工程施工合同纠纷案由起诉承包人和发包人，却故意以不可能被受理的挂靠经营合同纠纷为案由申请诉前保全发包人某房地产开发公司的财产。吴某根本不是以起诉为目的，而是通过财产保全使某房地产开发公司陷于困境，迫使某房地产开发公司妥协以谋求通过正常诉讼途径不能得到的利益。即便作为实际施工人，吴某也只能请求判令发包人在未付工程款的范围内承担责任。未付工程款的数额在起诉时无法确定，吴某不能对发包人某房地产开发公司采取诉前保全措施。二审判决认定事实和适用法律明显错误，依据《民事诉讼法》第二百条第二项、第六项规定向法院申请再审。

某保险公司重庆分公司提交意见称：（1）吴某不存在保全错误。吴某作为实际施工人有诉权，申请保全的金额远低于工程造价。某房地产开发公司既未对吴某实际施工人的身份提出过异议，也未主张过吴某恶意超标的保全。吴某在法律规定的期限内起诉，在案件被不予立案后及时申请解除了保全，暂未另行提起诉讼属于诉权处分行为，主观上不存在“恶意”。某房地产开发公司以存在损失为由推导出吴某具有主观故意不能成立。(2)某房地产开发公司主张的损失存在极大虚构的可能，某房地产开发公司对其主张的利息无法自圆其说，两笔担保费的收取主体与某房地产开发公司存在高度关联性。综上，请求驳回某房地产开发公司的再审申请。

吴某在询问时发表意见称：(1)工程款由发包人某房地产开发公司付到承包人某建设公司账上，某建设公司对外支付。吴某未与某建设公司结算过。(2)按照2015年吴某单方委托第三方机构编制的结算表，工程款为170,000,000余元；参照与案涉工程情况类似的另一项目结算单价来计算，工程款为180,000,000余元。吴某起诉前，某房地产开发公司只付了90,000,000余元，确实还欠付工程款。综上，请求驳回某房地产开发公司的再审申请。

法院经审查认为，该案审查重点为二审判决认定吴某不构成保全申请错误是否有误。

某房地产开发公司主张，吴某故意以错误案由提起诉讼，目的不是起诉，而是通过保全迫使某房地产开发公司妥协以获取非法利益。法院认为，申请保全人的主观态度，应通过考察基础诉讼行为的合理性和诉讼财产保全的适当性来判断。该案中，某建设公司在已发生法律效力的(2015)乌中民二初字第230号民事调解书及该案再审审查询问中均确认吴某是案涉工程的实际施工人，吴某起诉时举示了单方编制的结算文件，拟证明某房地产开发公司、某建设公司欠付800,000,000元工程款。由于当时某房地产开发公司、某建设公司尚未就案涉工程进行结算，施工协议约定的工程款暂定价为100,000,000元，吴某申请诉前保全某建设公司、某房地产开发公司80,000,000元财产未明显超额，保全行为具有合理性。另外，民事案件案由是人民法院对诉争法律关系的提炼概括，当事人诉讼时选择何种案由是其对自身诉讼权利的处分，不应因吴某以挂靠经营合同纠纷而非建设工程施工合同纠纷提起诉讼，即认定其具有主观恶意。某房地产开发公司此项主张，法院不予支持。

某房地产开发公司还主张，吴某起诉时未付工程款数额无法确定，不能对发包人某房地产开发公司采取诉前保全措施。法院认为，既然最高人民法院《关于审理建设工程施工合同纠纷案件适用法律问题的解释》第二十六条第二款突破合同相对性，例外地赋予实际施工人可以直接起诉发包人的权利，相应地，就应当赋予实际施工人就发包人的财产进行诉讼与诉前保全的权利。在建设工程合同纠纷案件中，发包人欠付工程款的具体金额需通过诉讼确定，要求实际施工人在诉前准确判断财产保全的数额过于严苛。以起诉时发包人欠付工程款数额尚不确定为由否定实际施工人诉前保全发包人财产的权利，与上述司法解释目的不符。某房地产开发公司此项主张，法院亦不予支持。

综上所述，某房地产开发公司的再审申请不符合《民事诉讼法》第二百条第二项、第六项规定的再审情形。依照《民事诉讼法》第二百零四条第一款、最高人民法院《关于适用〈中华人民共和国民事诉讼法〉的解释》第三百九十五条第二款规定，裁定如下：

驳回某房地产开发公司的再审申请。

（二）判决书

上诉人（原审原告）：某房地产开发公司，住所地新疆五家渠市青湖生态经济开发区。

上诉人（原审被告）：某保险公司重庆分公司，住所地重庆市渝中区。

被上诉人（原审被告）：吴某，男，1983年6月1日出生，汉族，住重庆市江北区。

上诉人某房地产开发公司因与上诉人某保险公司重庆分公司、被上诉人吴某申请诉前财产保全损害责任纠纷一案，不服重庆二中院（2017）渝02民初118号民事判决，向二审法院提起上诉。二审法院于2018年9月11日立案后，依法组成合议庭，于2018年11月9日进行了询问审理。该案现已审理终结。

某房地产开发公司上诉请求：(1)撤销一审判决第三项，改判某保险公司重庆分公司、吴某向某房地产开发公司赔偿利息损失1,244,413.26元；(2)判令某保险公司重庆分公司、吴某承担该案诉讼费用。事实和理由：(1)因吴某的错误申请并由某保险公司重庆分公司担保，重庆二中院冻结了某房地产开发公司的案涉银行账号，查封了某房地产开发公司的案涉预售商品房。之后，涉案银行向某房地产开发公司发函并暂停了某房地产开发公司的按揭准入资格，某房地产开发公司无法正常向该银行办理按揭贷款，某房地产开发公司被迫对外借款而多支出利息1,244,413.26元。(2)吴某申请诉前财产保全导致某房地产开发公司银行账户上的4,692,998.26元被人民法院冻结4个月零12天，导致某房地产开发公司利息损失共计达126,992.53元，该损失应当由吴某承担，该利息损失也包含在某房地产开发公司一审提出的诉讼请求中。

某保险公司重庆分公司、吴某答辩称：(1)某房地产开发公司二审提出的126,992.53元利息损失不包含在其一审提出的诉讼请求中，属于增加的诉讼请求，不应在二审中审理。(2)某房地产开发公司关于1,244,413.26元利息的证据不充分，没有支付相应借款利息的证据。某房地产开发公司没有举证证明涉案银行取消其按揭准入资格对其流动资金带来的影响，也没有举证证明涉案银行在涉案财产保全发生之前拟向某房地产开发公司发放的贷款金额和利息标准。

某保险公司重庆分公司上诉请求：(1)撤销一审判决；(2)驳回某房地产开发公司的一审全部诉讼请求；(3)一审、二审诉讼费由某房地产开发公司承担。事实和理由：(1)一审判决认定事实不清。没有查清吴某借用某建设公司的资质与某房地产开发公司签订施工协议，并以某建设公司和某房地产开发公司为共同被申请人向重庆二中院申请诉前财产保全这一事实，亦没有查清吴某在该案中的实际施工人身份以及吴某对某房地产开发公司、某建设公司享有的工程款请求权及相应的金额。一审判决认定某房地产开发公司为解除案涉财产保全而支出的两笔共计2,200,000元担保费是某房地产开发公司的经济损失错误；认定吴某以挂靠经营合同纠纷为由提起诉讼属于案由错误缺乏证据支撑；认定吴某“有意提出较大金额的申请”缺乏事实依据。(2)一审判决适用法律错误。吴某申请诉前财产保全没有主观过错。吴某有权向被申请人之一即某建设公司住所地的重庆二中院申请诉前财产保全；吴某申请诉前财产保全之后及时提起了诉讼，及时申请解除了财产保全。之后，吴某未再诉请相关当事人支付工程款，不能说明吴某申请诉前财产保全有过错。

某房地产开发公司答辩称，一审判决认定吴某申请诉前财产保全错误是正确的。事实和理由：(1)涉案《建设工程施工合同》及《关于解除〈建设工程施工合同〉的协议》的相对方均是某房地产开发公司和某建设公司，与吴某没有任何关系，吴某对此明知。(2)吴某申请诉前财产保全后没有在法定时间内起诉，说明吴某明知起诉某房地产开发公司直接给付工程款不会得到法院支持，也说明其申请诉前财产保全是为了获得不当利益。(3)重庆二中院、重庆市高级人民法院均驳回了吴某关于挂靠经营合同纠纷的起诉，也说明吴某申请诉前财产保全是错误的。(4)吴某明知其在该案的"实际施工人"身份，也明知其起诉的案由只能是"建设工程施工合同纠纷"，应当到案涉工程所在地的有管辖权的法院起诉，只能要求某房地产开发公司在"未付工程款范围内"承担责任，并且由于请求数额不明，其不能向人民法院申请保全某房地产开发公司的案涉财产。(5)某保险公司重庆分公司作为吴某申请诉前财产保全的担保人，依法应对诉前财产保全错误给某房地产开发公司造成的损失承担连带赔偿责任。此外，某房地产开发公司是按照吴某和重庆二中院的要求提供置换保全财产的两份担保。

吴某陈述意见称，同意某保险公司重庆分公司的意见。

某房地产开发公司向一审法院起诉请求：(1)判令某保险公司重庆分公司、吴某赔偿某房地产开发公司担保服务费2,200,000元；(2)判令某保险公司重庆分公司、吴某赔偿某房地产开发公司利息损失1,244,413.26元；(3)诉讼费等费用由某保险公司重庆分公司、吴某承担。

一审法院认定，吴某以某房地产开发公司欠付其工程款80,000,000元为由向重庆二中院申请诉前财产保全，某保险公司重庆分公司为其申请保全提供了担保。重庆二中院于2016年11月10日作出(2016)渝02财保3号民事裁定书，裁定保全某房地产开发公司价值80,000,000元的相关财产：于2016年11月22日冻结了某房地产开发公司在某银行账户中的存款4,105,294.15元；于2016年11月23日，查封了某房地产开发公司四处预售商品房。因某房地产开发公司请求变更保全标的物，并提供了其他房产作为担保财产，同时提交甲融资担保有限公司和乙融资担保有限责任公司出具的担保书、担保函，担保其提供的财产价值为80,000,000元，重庆二中院于2016年12月19日作出(2016)渝02执保19号之二号执行裁定书，裁定查封某房地产开发公司另外22处房产，解除了某房地产开发公司四处预售商品房。某房地产开发公司为此向甲融资担保有限公司、乙融资担保有限责任公司分别支付担保服务费800,000元、1,400,000元。2016年12月20日，吴某以挂靠经营合同纠纷为由向重庆二中院起诉。重庆二中院经审查认为，吴某虽以挂靠经营合同纠纷为由起诉，但其起诉的具体诉讼请求和事由均以建设工程施工合同纠纷为基础，其所诉应属建设工程施工合同纠纷案件，应适用专属管辖的规定，由建设工程所在地的新疆维吾尔族自治区有关人民法院管辖。重庆二中院于2016年12月26日裁定对吴某的起诉不予受理，吴某不服该裁定，向重庆高院提起上诉。重庆高院于2017年2月17日裁定驳回了吴某的上诉。2017年3月29日，经吴某申请，重庆二中院作出（2016）渝02执保19号之三号执行裁定书，解除了对某房地产开发公司账户的冻结和房产的查封。此后，吴某未再以相同事由起诉某房地产开发公司。

另查明：某房地产开发公司系新疆某实业有限公司的独资子公司。

一审法院认为，该案的争议焦点为：(1)吴某是否构成保全申请错误及应否承担赔偿责任；(2)某房地产开发公司的损失如何认定；(3)某保险公司重庆分公司应承担何种责任。

关于吴某是否构成保全申请错误及应否承担赔偿责任的问题。保全申请错误，属于一般侵权，适用过错责任原则，应考虑申请人申请保全是否存在过错。吴某在聘请专业律师作为代理人的情况下，将明显应为建设工程施工合同纠纷的案件以挂靠经营合同纠纷为由起诉；在重庆二中院作出不予受理裁定后，吴某不是向有管辖权的法院另行起诉，而是继续上诉至重庆高院；在重庆高院驳回其上诉后，其至今未再以相同事由起诉某房地产开发公司。基于前述事实，即使不足以直接认定吴某申请保全存在恶意，也足以认定吴某在申请保全时不顾可能对某房地产开发公司造成较大损失的后果，简单甚至可能是有意地提出较大金额的财产保全申请，未尽到应尽的审慎注意义务，存在过错，应对某房地产开发公司的损失承担赔偿责任。

关于某房地产开发公司的损失如何认定的问题。某房地产开发公司主张的损失有两项，一项是为变更保全标的物而支出的担保服务费2,200,000元，另一项是因预售商品房被查封导致银行取消了某房地产开发公司的按揭准入资格，致使某房地产开发公司对外借款而多支出的利息1,244,413.26元。对于2,200,000元的担保服务费，确系因吴某申请保全而导致某房地产开发公司支出，且根据某房地产开发公司当时的实际情况，该支出具有合理性，数额上亦未见明显不当，一审法院予以支持。对于因按揭准入资格被取消而支出的借款利息，一审法院认为，某房地产开发公司所举证据尚不足以证明其按揭准入资格被取消与其具体借款行为之间的因果关系，应承担举证不能的后果，对该项损失主张不予支持。

关于某保险公司重庆分公司应承担何种责任的问题。财产保全担保是为了在诉讼保全错误时确保被申请人能够实际得到赔偿，由担保人向法院提供的担保，一定程度上可以视为是一种民事诉讼的参与行为。根据最高人民法院《关于人民法院办理财产保全案件若干问题的规定》第七条的规定，保险人以其与申请保全人签订财产保全责任险合同的方式为财产保全提供担保的，应当向人民法院出具担保书。担保书应当载明，因申请财产保全错误，由保险人赔偿被保全人因保全所遭受的损失等内容，并附相关证据材料。某保险公司重庆分公司自愿为吴某申请财产保全提供担保，依法应对某房地产开发公司因保全所遭受的损失承担连带责任。

综上所述，吴某应对某房地产开发公司因保全所遭受的损失承担赔偿责任，某保险公司重庆分公司对此承担连带责任。吴某经传票传唤，无正当理由拒不到庭，一审法院依法缺席判决。据此，依照《民事诉讼法》第十三条第二款、第一百零五条、第一百四十四条，最高人民法院《关于人民法院办理财产保全案件若干问题的规定》第七条之规定，遂判决：(1)吴某于该判决生效后10日内赔偿某房地产开发公司损失2,200,000元；(2)某保险公司重庆分公司对该判决第一项中吴某所负赔偿责任承担连带责任；(3)驳回某房地产开发公司的其他诉讼请求。一审案件受理费34,355.31元，由某房地产开发公司负担12,412.04元，由吴某负担21,943.27元。

二审法院二审询问审理中，某房地产开发公司举示了一份建设工程施工合同，拟证明该合同的相对方是某房地产开发公司和某建设公司，吴某不是案涉工程的实际施工人，不应当向某房地产开发公司主张案涉工程款，其向重庆二中院申请诉前财产保全是错误的。某保险公司重庆分公司发表意见称，该合同系为备案而签订的阳合同，与该案不具有关联性；该合同并未实际履行，案涉工程项目执行的是某保险公司重庆分公司一审提交的某房地产开发公司与某建设公司签订的施工协议。吴某对该合同的意见与某保险公司重庆分公司的意见一致。二审法院认为，该合同不能达到某房地产开发公司的证明目的，二审法院亦不再对该证据组织开庭质证。

二审中，某保险公司重庆分公司、吴某因对某房地产开发公司支付涉案1,400,000元担保费的真实性提出质疑，向二审法院提出申请，请求调取2016年12月1日至2017年5月30日某房地产开发公司、甲融资担保有限公司、某房地产开发公司母公司新疆某实业有限公司的基本账户流水。因某保险公司重庆分公司、吴某申请调取的前述证据与该案没有关联性，二审法院不予准许。

法院二审查明：(1)吴某于2016年7月26日向重庆二中院申请诉前财产保全的被申请人包括某建设公司和某房地产开发公司；(2)施工协议约定某房地产开发公司将其位于五家渠青湖生态开发区的新疆总部基地一期工程承包给某建设公司施工，工程款暂定价为100,000,000元，吴某以某建设公司代理人身份在该合同落款处签字；(3)新疆维吾尔自治区乌鲁木齐市中级人民法院(以下简称乌鲁木齐中院)(2015)乌中民二初字第230号民事调解书载明，在该案审理过程中，经该院主持调解，某建设公司、吴某等当事人自愿达成如下协议：某建设公司与吴某系挂靠关系，吴某作为该案案涉工程的实际施工人，对该案案涉项目进行管理，并全权负责一切事务。

二审法院二审查明的其他事实与一审查明的事实相同。

二审法院认为，该案的争议焦点是：某保险公司重庆分公司是否应对吴某申请诉前财产保全对某房地产开发公司造成的损失承担连带赔偿责任。

该案系因诉前财产保全引起的损害赔偿纠纷，应当适用过错责任归责原则，即《侵权责任法》第六条(《民法典》第一千一百六十五条)，关于行为人因过错侵害他人民事权益，应当承担侵权责任的规定。根据该案查明的事实，吴某申请诉前财产保全并无过错，不应当向某房地产开发公司承担损害赔偿责任。事实和理由：(1)综合全案证据，应当认定吴某系案涉工程的实际施工人。施工协议约定某房地产开发公司将其位于五家渠青湖生态开发区的新疆总部基地一期工程承包给某建设公司施工，吴某以某建设公司代理人身份在该合同落款处签字。乌鲁木齐中院(2015)乌中民二初字第230号案件中，某建设公司也承认吴某系该案案涉工程的实际施工人。该案二审中，某房地产开发公司也承认案涉工程发包给了某建设公司。综合上述证据，应当认定吴某系案涉工程的实际施工人，其为避免合法权益受到难以弥补的损害而申请诉前保全案涉工程承包人某建设公司和发包人某房地产开发公司的财产并无不当。(2)吴某申请诉前财产保全之后及时提起了诉讼,被重庆二中院裁定不予受理且其上诉被重庆高院驳回后,及时申请解除了案涉财产保全,充分说明吴某在行使自己的诉讼权利时,已经充分注意了某房地产开发公司的利益。(3)吴某尚未以建设工程施工合同纠纷为由另行提起结算工程款的诉讼,结合施工协议约定的工程款暂定价为100,000,000元的事实,可以进一步认定吴某申请诉前保全某房地产开发公司的案涉80,000,000元财产并无过错。

综上所述,吴某申请诉前财产保全没有过错,故不应对某房地产开发公司承担损害赔偿责任;相应地,某保险公司重庆分公司作为吴某申请诉前财产保全的担保人也无须承担连带责任。

综上所述,一审判决认定事实不清,适用法律错误,应当依法改判。根据《民事诉讼法》第一百七十条第一款第三项规定,判决如下:

(1)撤销重庆市第二中级人民法院(2017)渝02民初118号民事判决;

(2)驳回某房地产开发公司的全部诉讼请求。

一审案件受理费34,355.31元、二审审案件受理费40,399.72元,均由某房地产开发公司承担。

该判决为终审判决。

评·析

一、本案争议焦点

一般而言,保全错误赔偿的认定需要三方面的构成要件:一是确有保全错误行为(包括保全申请人主观存在过错和客观行为违法);二是被保全人有损失;三是保全错误行为与被保全人损失之间有因果关系。本案的核心争议焦点在于保全申请人吴某是否存在主观过错,客观上是否实施了保全错误行为,其保全行为是否构成保全错误。吴某虽然存在一些“不妥”的行为,但并不能认定吴某构成保全错误。

1.“案由错误”“管辖法院错误”不等于保全错误

吴某与某房地产开发公司建设工程施工合同纠纷案,按照法律规定,应由建设工程所在地（新疆）法院专属管辖，吴某在聘请专业律师的情况下，选择在重庆二中院起诉，管辖法院选择错误；本案系建设工程施工合同纠纷，吴某却以挂靠经营合同纠纷为案由起诉，案由错误。吴某案由、管辖法院选择错误，导致的结果只是有权管辖法院和吴某起诉的法院不一致而已，吴某后续只需到有管辖权法院再行起诉即可。本案吴某提起的是诉前财产保全，吴某诉前财产保全的被申请人是两个，吴某向被申请人之一某建设公司的住所地所在的一审法院提起诉前财产保全，完全符合《民事诉讼法》第一百零一条第一款规定，不构成保全错误。

2.选择上诉是当事人处分诉权的正当行为，不构成保全错误

在基础诉讼中，吴某不服一审法院不予受理的裁定，向重庆市高院提起了上诉，其提起上诉是行使自己的正当权利，不能武断地理解为是恶意拖延某房地产开发公司财产被保全的时间。

3.主体选择虽有不妥，但不构成保全错误

吴某在诉前保全时，申请保全了某房地产开发公司财产，但在起诉时未将某房地产开发公司列为被告，而只是列为第三人，即吴某申请保全了第三人的财产。根据最高人民法院《关于审理建设工程施工合同纠纷案件适用法律问题的解释》第二十六条第二款，该规定突破合同相对性，例外地赋予实际施工人可以直接起诉发包人的权利，相应地，就应当赋予实际施工人就发包人的财产进行诉讼与诉前保全的权利。

4.本案不存在恶意超额保全

吴某与某房地产开发公司合同约定暂定工程款为100，000，000元，吴某在已经自认收到了90，000，000余元的情况下，还申请了保全某房地产开发公司价值80，000，000的财产，是否属于超额保全。根据吴某自行计算，涉案工程造价为180，000，000元，吴某申请保全的标的并不存在明显超标的查封的问题。在建设工程合同纠纷案件中，发包人欠付工程款的具体金额需通过诉讼确定，如果要求实际施工人在诉前准确判断财产保全的数额，这对保全申请人过于严苛。

5.吴某按照法律规定及时进行了起诉，不构成保全错误

2016年11月22日，重庆二中院依吴某申请对某房地产开发公司采取了

保全措施，2016年12月20日吴某向重庆二中院提起诉讼，符合法律关于申请人应于人民法院采取保全措施后30日内起诉的期限规定。本案吴某的起诉被两级法院裁定驳回后，截至本案审理前未去新疆当地法院另行起诉，吴某作为实际施工人享有的工程款请求权的诉讼时效是3年（工程结算后才起算），吴某的诉讼时效并未过，其随时可再行起诉，不能以此认定其保全错误。

6.吴某尽到了保护某房地产开发公司权益的合理注意义务，不构成保全错误

吴某在基础诉讼案件不予立案后，及时申请解除保全，重庆市高院作出不予立案的终审裁定于2017年3月27日向吴某送达，重庆二中院根据吴某的申请于2017年3月29日作出裁定，解除了上述财产的保全措施。可见吴某在案件不予立案后，立即申请了解除保全，符合了最高人民法院《关于当事人申请财产保全错误造成案外人损失应否承担赔偿责任问题的解释》的规定，注意到了保护某房地产开发公司权益。

二、法院认定

一审重庆二中院着重强调了吴某管辖法院、案由选择错误、未另行起诉等问题，认定吴某存在过错。重庆二中院认为："吴某在聘请专业律师作为代理人的情况下，将明显应为建设工程施工合同纠纷的案件以挂靠经营合同纠纷为由起诉；在重庆二中院作出不予受理裁定后，吴某不是向有管辖权的法院另行起诉，而是继续上诉至重庆高院；在重庆高院驳回其上诉后，其至今未再以相同事由起诉某房地产开发公司。即使不足以直接认定吴某申请保全存在恶意，也足以认定吴某在申请保全时不顾可能对某房地产开发公司造成较大损失的后果，简单甚至可能是有意地提出较大金额的财产保全申请，未尽到应尽的审慎注意义务，存在过错。"

二审重庆市高级人民法院认为："本案系因诉前财产保全引起的损害赔偿纠纷，应当适用过错责任归责原则，根据本案查明的事实，吴某申请诉前财产保全并无过错，一是综合全案证据，应当认定吴某系案涉工程的实际施工人，其为避免合法权益受到难以弥补的损害而申请诉前保全案涉工程承包人

某建设公司和发包人某房地产开发公司的财产并无不当；二是吴某申请诉前财产保全之后及时提起了诉讼，被重庆二中院裁定不予受理且其上诉被重庆高院驳回后，及时申请解除了案涉财产保全，充分说明吴某在行使自己的诉讼权利时，已经充分注意了某房地产开发公司的利益；三是吴某尚未以建设工程施工合同纠纷为由另行提起结算工程款的诉讼，结合施工协议约定的工程款暂定价为100，000，000元的事实，可以进一步认定吴某申请诉前保全某房地产开发公司的案涉80，000，000元财产并无过错。”

再审最高人民法院重点关注了吴某是否具备诉权和是否存在超额查封的问题，最高人民法院认为：最高人民法院《关于审理建设工程施工合同纠纷案件适用法律问题的解释》第二十六条第二款突破合同相对性，例外地赋予实际施工人可以直接起诉发包人的权利，相应地，就应当赋予实际施工人就发包人的财产进行诉讼与诉前保全的权利。在建设工程合同纠纷案件中，发包人欠付工程款的具体金额需通过诉讼确定，要求实际施工人在诉前准确判断财产保全的数额过于严苛。以起诉时发包人欠付工程款数额尚不确定为由否定实际施工人诉前保全发包人财产的权利，与上述司法解释目的不符。

该案获评为重庆2019年度十大民商诉讼经典案例，为重庆地区法院后续相关案件的裁判提供了参考，有效的助推诉责险业务的健康有序发展。

该案吴某具有诉权，其选择案由、管辖法院或者被驳回后是否另行起诉均系其处分其诉权的行为，没有任何违法行为，一审判决以管辖法院、案由选择错误等问题，认定吴某保全错误，扩大了法律及司法实践关于保全错误的认定标准；案件后经重庆市高级人民法院二审、最高人民法院再审，使案件的认定回归到了侵权行为基础法律关系的讨论，明确了保全错误的认定须要求保全申请人在保全行为中存在主观过错和客观行为违法性。其中，对于主观过错认定问题，鉴于保全申请人的保全行为本身就是为了维护其合法权益，主观过错的认定对申请人应采取较为宽容的态度，若不存在明显的恶意或者重大过失，都不宜认定保全申请人存在过错，否则将不利于当事人主张自身合法权益。对于行为客观违法性，应当排除与保全无关的行为，而集中在保全行为是否存在违法性进行讨论认定。

该案的审理对诉讼保全错误的认定树立了较为明确严格的标准，增强了保险行业大力发展诉责险业务、以保险业务服务司法实践的信心，有效地助推了行业的诉讼保全保险业务的发展。同时，该案审理暴露出来的一些风险点，也推动保险行业进一步梳理自身承保流程，强化前端承保审核，优化风险防范措施，推动保险行业自身健康有序发展。

诉责险中被保险人申请财产保全存在过错的认定

最高人民法院
（2019）最高法民终282号民事判决书

（2019年5月21日）

案·情

2016年10月19日，太原市中级人民法院依据山西某环保能源发展集团有限公司（以下简称某环保能源公司）的申请，作出（2016）晋01财保93号民事裁定书，裁定冻结五寨县某实业有限责任公司（以下简称某实业公司）银行存款70,000,000元，如款项不足，查封、扣押某实业公司相应价值的其他财产。该保全由某保险公司在价值70,000,000元限额内为某环保能源公司提供担保，并承诺如保全申请有误，导致被申请人因保全遭受损失的，某保险公司愿在某环保能源公司应当承担的赔偿责任范围内，承担连带赔偿责任。2016年10月26日，太原市中级人民法院依据该裁定到五寨县工商局将某实业公司价值70,000,000元的股份予以冻结。

2016年11月15日，某环保能源公司将某实业公司、内蒙古某能源开发有限公司（以下简称某能源开发公司）诉至山西省高级人民法院，请求判令某实业公司返还其200,000,000元资产收购款。2016年11月16日，太原市中级人民法院将（2016）晋01财保93号保全案卷移送至山西省高级人民法院。案件受理后，某实业公司提出管辖异议申请，经过山西省高级人民法院和最高人民法院审理，最高人民法院于2018年3月26日作出（2018）最高法民辖终68号民事裁定书，裁定驳回某环保能源公司的起诉。理由为：某环保能源公司的起诉构成重复起诉，某环保能源公司依法享有其他权利救济途径。

2018年7月9日，某实业公司向山西省高级人民法院起诉某环保能源公司和某保险公司，要求赔偿因某环保能源公司错误申请保全所造成的损失21,560,612元。

法院判决

上诉人（原审原告）：某实业公司。住所地：山西省忻州市。

被上诉人（原审被告）：某环保能源公司。住所地：山西省小店区。

被上诉人（原审被告）：某保险公司。住所地：山西示范区。

上诉人某实业公司与被上诉人某环保能源公司、某保险公司因申请诉前财产保全损害责任纠纷一案，不服山西省高级人民法院（2018）晋民初441号民事判决，向法院提起上诉。二审法院于2019年2月22日立案后，依法组成合议庭，公开开庭进行了审理。该案现已审理终结。

某实业公司上诉请求：(1)撤销山西省高级人民法院（2018）晋民初441号民事判决书，依法改判支持上诉人的诉讼请求；(2)判决该案诉讼费用由被上诉人承担。事实与理由：(1)原审判决认定"被告的诉讼保全不存在过错，不构成对原告的侵权"事实错误。第一，某环保能源公司诉请事由已经另案处理，在该案中再行提起诉讼保全主观上存有过错。2016年7月在上诉人作为原告起诉某能源开发公司的案件中，某环保能源公司作为有独立请求权第三人已参加诉讼。2016年11月21日某环保能源公司又以某实业公司为被告以相同的诉讼请求提起合同纠纷，主观恶意明显。某环保能源公司将已经生效的民事调解书所确定的内容作为山西省高级人民法院（2016）晋民初73号案的诉讼请求再次要求法院予以判决，显然属于滥用诉权的行为。第二，原审判决认定另案判决中支持了某实业公司应当向某环保能源公司支付相应款项的请求，从而认定某环保能源公司在该案中所提的诉讼保全具有正当性错误。且另案并未发生法律效力，目前仍在上诉审理阶段。另案判决即使支持了某环保能源公司的诉求，也不能改变某环保能源公司在该案诉讼保全中的错误。

若某环保能源公司为了保证第三人案件的执行，应该在第三人案件中申请财产保全，而不是在该案中保全上诉人的财产。第三，某环保能源公司的保全行为限制了某实业公司对该股权的处分权，导致该股权在保全期间价值贬损，造成某实业公司21,560,612元损害后果发生，且该申请保全的行为与损害后果之间存在因果关系，某环保能源公司应当赔偿某实业公司因保全错误所遭受的损失。(2)原审法院在受理和审理该案中，存在严重的程序错误。第一，原审追加某保险公司作为被告后，未开庭审理，剥夺某实业公司辩论的权利。第二，原审受理某实业公司的财产保全申请后，某实业公司按照规定缴纳了保全费、提供了担保，并提供某环保能源公司的财产线索，原审法院既不作出保全裁定，也不采取保全措施，却仍然判决保全费由某实业公司承担，该判决显失公平。

被上诉人某环保能源公司辩称：(1)原审判决认定事实正确。第一，某环保能源公司主观上不存在过错，有合理且正当的诉求。某环保能源公司作为原告向某实业公司、某能源开发公司提起诉讼的(2016)晋民初73号案件，时间是2016年11月14日，期间某实业公司一直提出管辖权异议，导致案件无法正常开庭。而某环保能源公司作为第三人参加的(2016)晋民初52号案(以下简称52号案)，系某实业公司起诉某能源开发公司的诉讼，某环保能源公司是2017年6月27日经某能源开发公司申请以第三人身份参与到上述案件的诉讼中。后经最高人民法院裁定，上述两个案件构成重复起诉，是最高人民法院对这两个案件的综合评价，而非某环保能源公司自身提起了两次相同的诉讼，故某环保能源公司不存在任何的主观恶意。对于某实业公司提出的某环保能源公司将已经生效的民事调解书再行确认的说法，系某实业公司没有理清相应的法律关系所致。某环保能源公司之所以取得对某实业公司的200,000,000元债权，系通过某实业公司提到的民事调解书确认的债权基础，不存在所谓的再行确认之说。第二，原审法院虽表述另案判决支持某环保能源公司的相应权利，但认为不属于恶意、错误诉讼，而某实业公司只采用前半部分表述，属片面理解并误导二审法院。最高人民法院(2015)民申字第1178号对案件实体问题未评价，故不能认定申请人有错误。原审另案一审实际支持了某环保能源公司的诉请，不具有恶意诉讼的情形。第三，某实业公司至今无法理清损失金额以及证明其21,560,612元的损失后果发生的有效证据，即便该损失真实存在，也与某环保能源公司的保全措施无因果关系。该案某环保能源公司申请保全冻结的仅为25%的股权，某实业公司将全部股权损失归咎于某环保能源公司，是对其诉请损失金额混乱不清的表现。某实业公司主张的律师费、交通费、误工费3,000,000元，一审中没有提供任何证据据以支持。(2)原审审判程序合法。原审中某实业公司追加某保险公司作为被告后，未开庭审理，并不意味着剥夺某实业公司的辩论权利。追加被告不是必须要进行开庭审理。某实业公司追加某保险公司作为被告的申请系在一审庭审结束后提出。在某实业公司、某环保能源公司以及某保险公司没有任何证据且某保险公司未要求开庭的前提下，未再次开庭并不侵犯任何当事人的利益。

被上诉人某保险公司辩称，原审法院认定事实清楚，适用法律正确，请求驳回上诉，维持原判。(1)某环保能源公司采取诉前保全措施有事实和法律依据。2016年7月21日，某环保能源公司与案外人某能源开发公司等签订了债权、债务转让协议，该协议合法有效。故某环保能源公司依据该转让协议所取得的权利，向债务人提起诉讼，申请诉前保全有合法依据。(2)2016年10月17日某环保能源公司向太原市中级人民法院提起了诉前财产保全申请。2017年6月某环保能源公司才被通知以第三人的身份参加到某实业公司与某能源开发公司52号案中。当时某环保能源公司并非52号案的当事人，不能预见到其利益在52号案中得以裁判，故主观上不存在过错。(3)某实业公司现有证据并不能证明其存在客观损失，即便有损失也与某环保能源公司的诉前保全行为没有因果关系。某实业公司提供的公司财务报告仅能反映其公司资产价值变动情况，并不能证明其损失内容。公司资产价值减少与股权被冻结没有直接关系。某环保能源公司采取保全措施之前，某实业公司并未对外签订股权转让合同，在被保全之后也没有实质推进股权转让事项，保全行为并不是阻碍股转实现的关键因素，且某环保能源公司在申请财产保全时对股转事项亦不能预见。

某实业公司向原审法院起诉请求：(1)请求判令某环保能源公司赔偿某实业公司在(2016)晋01财保93号案件中由于错误申请保全所造成的损失21,560,612元，判令某保险公司对以上损失承担连带赔偿责任；(2)该案诉讼费由某环保能源公司及某保险公司负担。

原审法院查明：2016年10月19日，太原市中级人民法院依据某环保能源公司的申请，作出（2016）晋01财保93号民事裁定书，裁定冻结某实业公司银行存款70,000,000元，如款项不足，查封、扣押某实业公司相应价值的其他财产。2016年10月26日，太原市中级人民法院依据该裁定，到五寨县工商局将某实业公司价值70,000,000元的股份予以冻结。

2016年11月15日，某环保能源公司将某实业公司、某能源开发公司诉至一审法院，请求判令某实业公司返还其200,000,000元资产收购款。2016年11月16日，太原市中级人民法院将（2016）晋01财保93号保全案卷移送至一审法院。该院受理后，某实业公司提出管辖异议申请，经过一审法院和最高人民法院审理，最高人民法院于2018年3月26日作出（2018）最高法民辖终68号民事裁定书，裁定驳回某环保能源公司的起诉。理由为：某环保能源公司的起诉构成重复起诉，某环保能源公司依法享有其他权利救济途径。

2016年7月7日，某实业公司在一审法院另案起诉了某能源开发公司，某能源开发公司应诉之后又提出反诉，并追加某环保能源公司为第三人，2017年6月29日某环保能源公司以第三人身份参加到52号案中，之后最高人民法院作出了相应判决，判决某实业公司支付某环保能源公司115,000,000元。目前该案正在上诉审理阶段。

原审法院另查明，甲天然气有限公司为某能源公司的全资子公司，甲天然气有限公司持有乙天然气有限责任公司51%的股权，某实业公司持有乙天然气有限责任公司49%的股权。2016年6月15日，某实业公司向某能源公司、甲天然气有限公司发函，拟向甲天然气有限公司转让其所持乙天然气有限责任公司49%股权。未有证据显示两公司对其函件作了答复。2018年6月19日，乙天然气有限责任公司出具资产情况说明：“截至2016年6月底，我公司净资产为274,222,800元；截至2018年5月底，我公司净资产为236,344,000元，与2016年6月底相比，净资产减少37,878,800元，特此说明。”某实业公司持有乙天然气有限责任公司49%的股权，某实业公司以此为基础向某环保能源公司索要损失37,878,800元×49%=18,560,612元。再加上某实业公司索要的律师费、交通费、误工费3,000,000元，共计21,560,612元。

原审法院认为,《民事诉讼法》第一百零五条规定:“申请有错误的,申请人应当赔偿被申请人因保全所遭受的损失。”该立法本意系防止当事人滥用诉讼权利,不当损害他人合法权益。因此,该条规定不属于《侵权责任法》第七条规定的无过错责任,即不能以申请人败诉即认为构成申请错误并要求申请人承担申请财产保全错误的赔偿责任。“申请有错误”应当理解为不仅包括人民法院的裁判结果与申请人诉讼请求之间存在差异,申请人的诉讼请求未能全部得到人民法院支持的客观方面,亦应包括申请人主观上存在故意或重大过失等过错的主观方面。

该案的诉讼保全及案件的走向与一般案件相比具有特殊性。某环保能源公司提起诉讼过程:某环保能源公司先在太原市中级人民法院提起了对某实业公司的诉讼,太原市中级人民法院根据某环保能源公司的申请进行了诉讼保全,之后,该案又被全案移送山西省高级人民法院审理(以下简称被告本诉案件)。该案因为涉及管辖权的问题,某实业公司提起了管辖异议,山西省高级人民法院驳回,某实业公司上诉到最高人民法院,最高人民法院审查认为,某环保能源公司属于重复起诉,裁定驳回某环保能源公司的起诉。

某环保能源公司成为第三人的另案诉讼过程:某实业公司在山西省高级人民法院另案起诉了某能源开发公司,某能源开发公司应诉之后又提出反诉,并追加该案某环保能源公司为第三人,之后该案作出了相应判决,判决某实业公司应当支付某环保能源公司的金额大于70,000,000元(以下简称第三人案件)。目前该案正在上诉审理阶段。

鉴于第三人案件中判决某实业公司应当支付某环保能源公司相应款项,因此,某环保能源公司所提的诉讼保全具有正当性,不属于恶意、错误诉讼的范畴。但是,某环保能源公司在本诉案件已经驳回起诉之后,没有及时申请解除保全,是否具有过错并构成侵权?一方面,在本诉案件的诉讼过程中,《民事诉讼法》第一百零八条已经赋予了当事人复议的权利,对于错误保全的问题,某实业公司有权提起复议申请;同时,本诉案件被最高人民法院驳回起诉之后,当事人双方均可以申请解除保全,驳回起诉裁定书生效之后的保全解除申请权并不仅仅限于某环保能源公司,某实业公司亦可以行使。也即法律已经赋予了当事人相应的法律手段来保护自己的权利。另一方面,由于存在第三人案件当中被告权利被确认的结果，纵然该案的上诉结果如何尚无定论，但是这一诉讼保全的存在对于被告权利的实现仍然具有相应的价值，虽然事实上因为本诉案件、第三人案件不属于同一案件，案号不一致，而可能导致被告权利最终无法实现。因此，即便被告未及时申请解除保全，仍然不存在滥用诉权、不正当损害原告权利的情形。

综上所述，某环保能源公司根据其诉请，提供了相应的保全担保，保全额度也未超过其诉讼请求标的额，本诉案件虽然被驳回，但是第三人案件支持了相应的请求，所以，某环保能源公司的诉讼保全不存在过错，不构成对某实业公司的侵权。某实业公司要求某环保能源公司承担错误申请保全所造成的损失，无法律依据。该院依照《民事诉讼法》第一百零五条，《侵权责任法》第六条第一款，《民事诉讼法》第六十四条第一款、第一百五十二条之规定，判决：驳回某实业公司的诉讼请求。案件受理费149,603.06元、保全费5,000元，共计15,4603.06元由某实业公司负担。

二审中，当事人均未提交新证据，最高人民法院二审对原审查明的事实予以确认。

最高人民法院二审另查明：(1)在某环保能源公司本诉案件中，某保险公司在价值70,000,000元限额内，为财产保全申请人某环保能源公司提供担保，并承诺如保全申请有误，导致被申请人因保全遭受损失的，某保险公司愿在某环保能源公司应当承担的赔偿责任范围内，承担连带赔偿责任。为此，某实业公司于2018年9月3日向一审法院提交申请，追加某保险公司为该案一审被告。(2)该案二审期间，第三人案件已经最高人民法院裁定，发回山西省高级人民法院重新审理。(3)一审程序中，一审法院针对某实业公司在该案中提出的财产保全申请已作出裁定，但并未送达各方当事人，也未采取相应保全措施。

最高人民法院认为，根据当事人上诉及答辩意见，该案二审的争议焦点为：(1)某环保能源公司的诉前财产保全行为是否存在过错以及是否构成侵权；(2)原审程序是否严重违法。

关于某环保能源公司的诉前财产保全行为是否存在过错以及是否构成侵权的问题。最高人民法院认为，诉讼请求的合法性和合理性是正当的财产保全的前提与基础，申请人的诉讼请求能否得到支持是衡量申请人申请财产保全措施是否错误的条件之一，同时亦应从主观因素角度来考虑申请人在申请采取保全措施时，是否存在故意或重大过失，是否尽到了合理审慎的注意义务。该案中，首先，从时间上看，某环保能源公司申请诉前保全的本诉案件于2016年11月15日向法院起诉，而某环保能源公司作为第三人的案件是2017年6月27日经某能源开发公司的申请而参与。某环保能源公司在起诉时不可能预知本诉案件所涉纠纷能够在之后的第三人案件中予以解决，亦无证据证明某环保能源公司主观上存在故意或重大过失，或未尽到合理谨慎的注意义务。其次，涉案（2018）最高法民辖终68号民事裁定书，仅是从程序上纠正本诉案件与第三人案件所产生的重复起诉，并未从实体上否定某环保能源公司诉求的合法性及合理性。鉴于某环保能源公司在第三人案件中并未对某实业公司提出财产保全措施，为了保障将来生效判决得以顺利执行，该保全行为对某环保能源公司权利的实现仍具有相应的价值，且本诉案件被驳回后，某实业公司亦可以申请解除保全，并不仅仅限于某环保能源公司，故某环保能源公司在本诉案件被最高人民法院驳回起诉后未申请解除保全的情形不属于滥用诉权。最后，某实业公司主张因案涉保全行为限制其对所持股公司股权的处分，股权在保全期间价值贬值，导致其受到损失。但依据在案证据，某实业公司的股权转让仅是向案外公司发函，无论案外公司是否具有收购意向，双方并未签订股权转让合同，某实业公司亦未举证证明其所主张的损失已实际发生。综上所述，某环保能源公司对其诉前财产保全行为不存在过错，亦未构成对某实业公司的侵权。

关于原审程序是否严重违法的问题。经最高人民法院查阅原审卷宗可知，该案一审庭审前，某实业公司申请追加某保险公司为被告，庭审结束后，某保险公司经过阅卷、提交答辩意见和质证意见，并经一审法院释明后，明确表示不再要求开庭，某保险公司的行为是对自身诉讼权利的处分，并未损害其他当事人的合法权益，故一审未进行二次开庭，并不属于程序严重违法。另，原审法院对某实业公司在一审程序中提出的财产保全申请虽作出裁定，但并未送达各方当事人，亦未采取相应的保全措施，故原审法院收取的保全费应予退还。

综上所述，某实业公司的上诉请求因缺乏相应的证据支持和法律依据不能成立，最高人民法院予以驳回；原审判决认定事实清楚，适用法律正确，最高人民法院予以维持。最高人民法院依照《民事诉讼法》第一百七十条第一款第一项规定，判决如下：

驳回上诉，维持原判。

该案一审案件受理费按一审判决执行，一审保全费5000元予以退回某实业公司。二审案件受理费149,603.06元，由某实业公司负担。

该判决为终审判决。

评·析

该案件争议的焦点是“某环保能源公司的诉前财产保全行为是否存在过错以及是否构成侵权”。

最高人民法院认定“某环保能源公司申请诉讼保全的行为没有过错，亦不构成侵权”的理由是：诉讼请求的合法性和合理性是正当的财产保全的前提与基础，申请人的诉讼请求能否得到支持是衡量申请人申请财产保全措施是否错误的条件之一，同时，亦应从主观因素角度来考虑申请人在申请采取保全措施时，是否存在故意或重大过失，是否尽到了合理审慎的注意义务。本案中，首先，从时间上看，某环保能源公司申请诉前保全的本诉案件于2016年11月15日向法院起诉，而某环保能源公司作为第三人的案件是2017年6月27日经某能源开发公司的申请而参与。某环保能源公司在起诉时不可能预知本诉案件所涉纠纷能够在之后的第三人案件中予以解决，亦无证据证明某环保能源公司主观上存在故意或重大过失，或未尽到合理谨慎的注意义务。其次，涉案（2018）最高法民辖终68号民事裁定书，仅是从程序上纠正本诉案件与第三人案件所产生的重复起诉，并未从实体上否定某环保能源公司诉求的合法性及合理性。鉴于某环保能源公司在第三人案件中并未对某实业公司提出财产保全措施，为了保障将来生效判决得以顺利执行，该保全行为对某环保能源公司权利的实现仍具有相应的价值，且本诉案件被驳回后，某实业公司亦可以申请解除保全，并不仅仅限于某环保能源公司，故某环保能源公司在诉案件被最高人民法院驳回起诉后未申请解除保全的情形不属于滥用诉权。最后，某实业公司主张因案涉保全行为限制其对所持股公司股权的处分，股权在保全期间价值贬值，导致其受到损失。但依据在案证据，某实业公司的股权转让仅是向案外公司发函，无论案外公司是否具有收购意向，双方并未签订股权转让合同，某实业公司亦未举证证明其所主张的损失已实际发生。

从该判决来看，最高人民法院在认定申请诉讼保全是否错误时主要还是考虑申请人的主观意图，申请人是否存在故意或重大过失、是否尽到了合理审慎的注意义务，是法院在认定是否构成保全错误时考虑的重要因素。该案件争议焦点关键是如何认定诉讼保全错误，申请保全错误要求侵权人承担责任是何种归责原则？结合司法实践中的判例，法院认定构成保全错误主要有两种意见。

第一种意见：法院以保全申请人的诉讼请求最终没有得到支持作为认定保全错误的依据，也就是只要诉讼保全申请人最终败诉那么就认定其诉讼保全申请错误。

第二种意见：当事人申请保全错误所要承担的赔偿责任，法院认定为一般侵权的民事责任，以过错责任为归责原则，法院认定构成保全错误一般需要具备四个要件。

1.行为人主观上有过错

主观上过错的认定，应以申请人对出现保全错误存在故意或重大过失作为认定过错标准。认定主观过错，关键在于申请人是否尽到了合理注意义务。只要申请人基于现有事实和证据提出诉讼请求，并确实尽到了一个普通人的合理注意义务，即使法院判决最终没有支持或仅支持其部分诉讼请求，实践中也并不一定会认定财产保全申请有错误。只有申请人出于故意或者重大过失，致使诉讼请求与法院生效判决产生不合理的偏差，该差额诉讼请求范围内的财产保全申请才属于保全错误，由此给被申请人造成损害的，申请人才应当依法给予赔偿。

2.保全行为的违法性

起诉属于正常的诉讼行为，起诉前可以向法院申请财产保全，该申请财产保全的目的是保障其诉讼后的裁决能够顺利得到执行。每次财产保全申请按照法律规定提供担保，申请诉讼保全总额未超出其诉讼请求的标的额，并经法院依法审查后裁定予以准许，那么申请财产保全行为就不具有违法性。

3.损害结果的发生

基于“谁主张，谁举证”的举证规则，损害结果的举证责任由被申请人承担，否则将承担举证不能的不利后果。

4.保全行为与损害结果之间存在因果关系

保全行为与损害结果之间是否存在必要性和关联性，是考察因果关系是否存在的关键。所谓的必要性是指“条件判断”，即保全行为是产生损害结果的必要条件。所谓关联性是指在一般情况下此种保全行为是否会导致此种损害结果的发生。实践中法官大多会结合具体因素对因果关系进行综合考量。

财产保全制度的设立是为了保护当事人的合法权益和保障法院生效判决的执行。申请人的诉讼保全行为是否构成保全错误，如果法院完全以诉讼结果作为判定保全错误的参照标准，而忽略诉讼请求本身的合法性和合理性，势必会让申请人承担较大风险，从而减少诉讼保全申请，这就违背了财产保全制度设立的保障目的。该案件反映最高人民法院在认定申请诉讼保全是否错误时还是以过错责任为归责原则，申请人主观上是否存在过错、是否尽到相应的注意义务，是法院裁判是否构成保全错误的核心要素。

诉责险中保全行为过错及保险人因投保人隐瞒重大事实为由解除合同的认定

海南省高级人民法院
（2019）琼民终357号民事判决书

（2019年9月9日）

案·情

2015年5月，海南某科技有限公司（以下简称某科技公司）承包了海南某建筑工程有限公司（以下简称某建筑公司）发包的部分工程。2016年4月，因为某科技公司未按期施工，某建筑公司向某科技公司发出解除合同的通知书。2016年8月，因为工程款的问题，某科技公司向海南仲裁委员会申请仲裁，请求某建筑公司支付工程款6,500,000元及退还履约保证金500,000元等。仲裁程序中，某科技公司向海口海事法院申请诉讼财产保全冻结某建筑公司的5,000,000元银行存款，某保险公司金贸支公司承保了该起诉讼财产保全责任保险，向法院出具保函，担保该起诉讼财产保全。后海南仲裁委员会经审理驳回某科技公司要求支付工程款的仲裁请求。某建筑公司以某科技公司恶意提起诉讼，对其银行存款进行冻结导致其对外借款，产生高额利息损失为由，向海口海事法院提起诉讼要求某科技公司承担侵权赔偿责任，赔偿高额利息损失，某保险公司金贸支公司作为担保人，承担连带赔偿责任。海口海事法院经审理作出一审判决，判决某科技公司构成侵权，但因某建筑公司未举证证明其高额的借款利息与冻结存款之间的因果关系，仅支持冻结银行5,000,000元存款的贷款利息减去存款利息的差额部分，某保险公司金贸支公司作为担保人，构成共同侵权，承担连带责任。某建筑公司、某科技公司和某保险公司金贸支公司均不服该判决，向海南省高级人民法院提起上诉。海南省高级人民法院经开庭审理，判决驳回各方上诉，维持原判。

法院判决

上诉人（原审原告）：某建筑公司，住所地海南省海口市龙华区。

上诉人（原审被告）：某科技公司，住所地海南省海口市美兰区。

上诉人（原审被告）：某保险公司金贸支公司。

上诉人某建筑公司与某科技公司、某保险公司金贸支公司侵权责任纠纷一案，某建筑公司与某科技公司、某保险公司金贸支公司均不服海口海事法院作出的（2018）琼72民初191号民事判决，向二审法院提起上诉。二审法院于2019年5月30日立案后，依法组成合议庭，于2019年8月22日公开开庭进行了审理。该案现已审理终结。

某建筑公司上诉请求：（1）撤销一审判决第一项，改判某科技公司赔偿某建筑公司1,291,560元，某保险公司金贸支公司对上述债务承担连带责任；（2）撤销一审判决第三项；（3）该案一审、二审诉讼费由某科技公司、某保险公司金贸支公司承担。事实和理由：（1）一审法院对某科技公司申请财产保全错误给某建筑公司造成的损失数额认定错误。某建筑公司因保全所遭受的损失即对外融资所支付利息的损失。该案中，某科技公司申请财产保全错误，导致一审法院作出（2016）琼72财保73号民事裁定并于当日冻结某建筑公司银行存款5,000,000元。因5,000,000元存款被冻结，导致某建筑公司资金出现大额缺口，某建筑公司作为专业的建筑施工企业，资金的短缺必然会影响公司的在建项目。在此情形下，某建筑公司向案外人夏某借款，并按年利率18%支付利息，该利息损失为某建筑公司的实际损失。一审法院认定，某建筑公司“存款被冻结期间的损失，可参照中国人民银行同期同类贷款利息与活期存款利息的差额计算”，也认为某建筑公司因存款被冻结确实存在损失，但在认定具体损失数额时，参照同期贷款利息计算是错误的。众所周知，向金融机构贷款的条件要高于向社会个人融资，也并不是任何公司均符合金融机构低息贷款的条件，在这样的情形下，某建筑公司被迫向社会个人进行融资的行为，符合当今向金融机构借款难而向社会机构或个人高额融资的社会现状，且该借款利息远低于最高人民法院《关于审理民间借贷案件适用法律若干问题的规定》规定的年利率24%的上限，该利息合理合法。因此，应当依据某建筑公司对外融资时实际支付的利息即年息18%的标准计算某建筑公司的实际损失。(2)一审法院对某建筑公司资金被冻结与借款之间的因果关系认定错误。一审法院以某建筑公司未能举证证明其向案外人夏某借款的事实与该案财产保全相关联的证据，也无证据证明该借款是因资金被冻结而为补足资金缺口所举之债以及已实际用于"小街小巷"项目为由，错误认定该借款与财产保全无必然联系。某建筑公司起诉时提交的证据显示，"小街小巷"项目支付工程预付款当日，一审法院作出(2016)琼72财保73号民事裁定并冻结某建筑公司银行存款5,000,000元。某建筑公司提交该证据系叙述整个财产保全行为的事实，即某建筑公司的项目资金5,000,000元被冻结的事实。该事实直接导致某建筑公司出现5,000,000元资金的缺口，其为保证公司正常经营而需要进行社会融资弥补资金不足。也就是说，法院无论是查封"小街小巷"或其他项目的工程款都会导致某建筑公司资金缺口这一事实，使得某建筑公司有融资的需求。而项目资金的使用属于某建筑公司内部管理问题，对外不产生任何法律效力，且货币资金并非特定物不具有区别的属性，某建筑公司无法在公司内部将所有的资金进行区分，某建筑公司没有举证证明内部资金使用的义务。只要某建筑公司因某科技公司申请财产保全错误被冻结了资金，某建筑公司因资金缺口而向社会个人举债并支付利息的这一事实查清，就应当认定为实际的损失，应当由某科技公司承担赔偿责任。换言之，某建筑公司存款5,000,000元如未被冻结，是不需要向社会个人融资并支付该笔利息的。故某建筑公司的举证责任已经完成，一审法院对某建筑公司借款与财产保全无必然联系的认定错误。

某科技公司上诉请求:(1)撤销一审判决的第一、第二项;(2)驳回某建筑公司一审全部诉讼请求;(3)该案全部诉讼费用由某建筑公司承担。事实和理由:该案属于一般侵权责任纠纷案件，某建筑公司提出的主张缺乏依据，某科技公司依法申请财产保全的行为不存在错误，也未发生损害后果。一审判决没有事实依据和法律依据。(1)某科技公司申请财产保全的行为不存在错误。第一,某科技公司申请财产保全已尽合理注意义务。该案中,某科技公司仲裁请求的数额为7,260,000元,且提供了相应的证据予以支持,而其申请保全的数额仅为5,000,000元,已尽到合理注意的义务。第二,某建筑公司未就某科技公司的过错进行有效举证。某科技公司依法申请财产保全的行为是基于对自己权益的保护,某建筑公司认为某科技公司的行为存在过错,但并未对该过错进行有效举证。第三,某科技公司依法申请财产保全的行为经法院审查认可。首先,某科技公司是依法申请财产保全,并按照法院要求准备相应的材料,其行为是合法的;其次,某科技公司在申请财产保全时,是需要支付一定的费用并且提供担保的;最后,某科技公司申请财产保全是经法院审核通过的,期间某建筑公司提出了财产保全异议,但法院经审核予以驳回,仍然作出冻结的行为;所以某科技公司申请财产保全的行为合法。第四,一审法院以某科技公司具有相应资质及相当经验的施工单位为由,推定某科技公司对仲裁请求的数额可以作出预估,而认为某科技公司在主观上存在重大过失,缺乏事实和法律依据。某科技公司有权基于自己的举证向某建筑公司主张其认为应当由某建筑公司支付的工程款,虽仲裁未支持某科技公司大部分的请求事项,但对于裁决结果某科技公司是不可预见的。(2)某建筑公司未就损害后果进行有效举证。第一,一审法院未认可某建筑公司主张的借款损失。某建筑公司主张其被冻结的款项为"小街小巷"项目的工程付款,该款被冻结致使其不得不向案外人夏某借款以弥补资金缺口,提出由某科技公司承担损失。但一审法院认为某建筑公司提出的主张及证明不能证明借款事实与财产保全有必然联系,对某建筑公司的主张未予采纳。第二,某建筑公司未就损失提出其他有效证据。某建筑公司基于其主张的借款损失提交的证据法院不予认可,某建筑公司也未提出其他有效证据证明其主张的借款损失与某科技公司申请财产保全的行为存在关联性。(3)某建筑公司不存在损害事实。第一,某科技公司申请财产保全的行为未发生损害事实。某科技公司基于对自己权益的保护申请财产保全符合法律规定,未对某建筑公司造成损害。第二,某建筑公司未就侵权行为进行举证。依据《民事诉讼法》第六十四条第一款的规定,当事人对自己提出的主张,有责任提供证据,某建筑公司认为某科技公司对其存在侵权行为，但并没有对其进行举证。

某保险公司金贸支公司上诉请求：(1)撤销一审判决第二项；(2)改判驳回某建筑公司诉请某保险公司金贸支公司承担连带责任的诉讼请求；(3)该案的诉讼费由某建筑公司承担。事实和理由：一审判决认定某科技公司财产保全存在重大过失，适用法律错误。(1)一审判决认定某科技公司在财产保全中"主观上存在重大过失，致使该财产保全行为存在错误"，该认定错误。某科技公司申请财产保全的行为合法，保全措施不具备行为的违法性、因果关系和主观过错三要件，依法不构成侵权。首先，某科技公司申请财产保全的措施不具备行为的违法性。某科技公司作为正当的债权人申请保全，是为了保证裁决能够得到顺利、全面执行，其目的合法；某科技公司对其申请财产保全的行为提供了担保，程序合法；该保全申请经法院依法审查后裁定许可，仲裁裁决虽未对某科技公司的全部诉求予以支持，但也支持了部分诉求，某科技公司申请仲裁及财产保全的结果合法。其次，某科技公司申请保全与某建筑公司所述损失之间无因果关系。如某建筑公司急需使用冻结的资金，依据《民事诉讼法》的规定，某建筑公司可以提供其他同等价值的担保物变更保全标的物。而某建筑公司并没有申请变更保全标的物，故某科技公司申请保全与某建筑公司所述的损失之间没有因果关系。最后，某科技公司申请财产保全的行为尽到了合理注意的义务，某科技公司申请仲裁裁决某建筑公司应支付工程款将近7,260,000元(不含利息)，但某科技公司仅申请保全某建筑公司的资产5,000,000元，其申请并未超出标的额。某科技公司在仲裁过程中，无故意捏造事实或故意夸大诉求的行为，某科技公司基于现有的事实和证据提出的仲裁请求已经尽到了合理的注意义务，即使海南仲裁委员会没有全部支持其仲裁请求，也不能认定其申请财产保全的行为错误。故一审判决认定某科技公司"主观存在重大过失"系错误认定。(2)一审判决认定某保险公司金贸支公司与某科技公司构成共同侵权系适用法律错误。某保险公司金贸支公司与某科技公司是保险合同关系，应当首先适用《保险法》的规定。某保险公司金贸支公司系财产保险合同的一方，作为投保人的某科技公司具有如实告知其投保案件所有事实的义务。而某科技公司未履行告知义务，在投保时未告知其已收到某建筑公司发出的《解除合同通知书》这一事实，严重影响某保险公司金贸支公司作出是否承保的决定。某保险公司金贸支公司收到一审法院发出的应诉通知书及相关材料后才知道某建筑公司发出解除合同通知的事实，故某保险公司金贸支公司依据《保险法》第十六条的规定，于2018年9月28日向某科技公司发出解除保险合同的通知。某科技公司收到该通知书后至今未提出异议，该解除保险合同的通知书已生效，某保险公司金贸支公司无须再承担担保责任，即不再承担该案的保全担保错误的连带责任。

某建筑公司针对某科技公司的上诉请求、事实和理由答辩称，应驳回某科技公司的上诉请求。（1）某科技公司财产保全的行为存在过错。第一，某建筑公司与某科技公司建设工程施工合同纠纷一案中，某科技公司作为有经验的施工人，对其实际施工工程量及工程造价明确知晓的情况下，仍申请仲裁要求某建筑公司支付不切合实际的工程款6,500,000元，并恶意申请财产保全冻结了某建筑公司银行存款5,000,000元长达两年，海南仲裁委员会2018年1月26日作出（2016）海仲字第700号裁决书，裁决驳回某科技公司要求支付的全部工程款6,500,000元，且应退还某建筑公司多支付的工程款617,601元。某科技公司的仲裁请求及财产保全标的额与仲裁裁决最终确认数额差距巨大。第二，某科技公司在一审庭审中自认已完成的工程量为4,000,000余元（经工程造价鉴定事实上为1,588,963.89元），即使如某科技公司所述完成的工程量为4,000,000元，依据合同约定，某建筑公司也仅需向某科技公司支付2,100,000元，且某建筑公司已支付2,000,000元，某科技公司能主张的工程款仅为100,000余元而已。第三，某科技公司对于已完成工程量是明确知晓的，对于仲裁结果亦是可预见的，其未尽合理注意义务，主观上明显存在过错，客观上也给某建筑公司造成损失。根据《民事诉讼法》第一百零五条的规定，某科技公司申请财产保全错误应赔偿某建筑公司所遭受的损失。（2）某建筑公司因某科技公司恶意申请财产保全导致其向案外人借款并支付年息18%的利息，该民间借贷利息系某建筑公司的损失，且与某科技公司的恶意保全行为存在因果关系。某建筑公司作为一家专业且有资质的施工企业，流动资金需求较大，因某科技公司恶意冻结行为导致某建筑公司经营资金严重不足，不得不对外举债以弥补资金的短缺，使在建工程项目继续施工，否则将会导致违约等更严重的经济损失。因某科技公司恶意财产保全某建筑公司5,000,000

元资金，导致某建筑公司需要向案外人借款7,000,000元，并按年息18%支付利息，如某科技公司未恶意申请财产保全，某建筑公司仅需向案外人借款2,000,000元，无须多支付5,000,000元的借款利息，该利息即为某建筑公司遭受的损失。该损失是因某科技公司恶意申请财产保全导致的，二者之间存在因果关系。一审法院扩大了某建筑公司举证责任，某建筑公司因存款被冻结而向案外人借款并支付利息这一事实只要存在，就完成了举证责任。同时，金钱货币并非特定物，该借款是否实际用于“大街小巷”项目跟该案无关，只要是某建筑公司因某科技公司恶意冻结而导致公司经营资金短缺，向案外人借款所支出的利息损失就是实际损失。

某建筑公司针对某保险公司金贸支公司的上诉请求、事实和理由答辩称：(1)一审判决认定某科技公司在财产保全中存在错误，应当赔偿某建筑公司所遭受的损失这一事实，符合法律规定。具体答辩意见与针对某科技公司的答辩意见一致。(2)某保险公司金贸支公司应就某科技公司因申请财产保全错误造成的损失承担连带赔偿责任。某保险公司金贸支公司接受了某科技公司的诉讼财产保全责任保险的投保，双方之间为保险合同关系，对双方具有约束力。某保险公司金贸支公司在向法院出具的保函中承诺：“如申请人财产保全申请错误致使被申请人遭受损失，经法院判决由申请人承担的损害赔偿责任，保险人向被申请人在限额内进行赔偿。”某保险公司金贸支公司出具的诉讼财产保全责任保险投保单中特别约定第五条：如申请人财产保全申请错误致使被申请人遭受损失，经法院判决由申请人承担的损害赔偿责任，保险人负责赔偿；赔偿限额为5,000,000元。据此，因某科技公司错误保全造成某建筑公司的实际损失由某保险公司金贸支公司承担连带责任，并无不当。(3)某保险公司金贸支公司与某科技公司之间的共同侵权成立。第一，某保险公司金贸支公司作为保证人，为某科技公司出具保函担保，视为对某科技公司财产保全行为的认可，双方行为具有一致性。保全错误一旦成立，便构成共同侵权。第二，某保险公司金贸支公司称某科技公司未如实告知其案件事实，与某建筑公司无关，某保险公司金贸支公司未尽审慎义务，应承担其后果。某保险公司金贸支公司与某科技公司之间的保险合同约定对某建筑公司不具有约束力。

某科技公司针对某建筑公司的上诉请求、事实和理由答辩称，某建筑公司的上诉事实和理由不能成立，应当驳回其上诉请求。（1）一审判决认定某科技公司在财产保全中“主观上存在重大过失，致使该财产保全行为存在错误”，该认定错误。某科技公司申请财产保全的行为合法，保全措施不具备行为的违法性、因果关系和主观过错三要件，依法不构成侵权。（2）某建筑公司称一审法院对其公司资金冻结与借款之间的因果关系认定错误的上诉理由不能成立。第一，某建筑公司认为其没有举证证明内部资金使用义务的上诉理由是不能成立的。该案中，某科技公司申请冻结的是某建筑公司账户上“小街小巷”项目预付款，该款项应专款专用于“小街小巷”项目。某建筑公司据以上条款的规定对因保全所遭受的损失进行索赔，就必须提供证据证明“小街小巷”项目资金因某科技公司申请查封而遭受实际损失的事实。第二，某建筑公司上诉称其因某科技公司申请财产保全错误被冻结资金后因资金缺口而向社会举债产生的利息应当认定为实际损失，该上诉理由不能成立。首先，某建筑公司不是必然的需向社会个人举债而产生高利息；其次，某建筑公司没有提供证据证明“小街小巷”项目因某科技公司的财产保全行为遭受实际损失；最后，根据某建筑公司提供的证据显示，2016年8月12日“小街小巷”项目入账20,000,000元预付款中的5,000,000元被冻结后，该项目的流动资金仍有15,000,000元。而某建筑公司与夏某签订借款合同的时间为2016年9月29日，即“小街小巷”项目在一个多月内用完15,000,000元后还向个人高息借款的事实不符合客观常理。（3）一审法院认定利息损失计算参照中国人民银行同期同类贷款利率与活期存款利息的差额不存在错误，对某建筑公司请求以借款年息18%的标准计算利息损失不应支持。

某科技公司针对某保险公司金贸支公司的上诉请求、事实和理由答辩称，某科技公司不存在故意或者重大过失未履行如实告知义务，且某科技公司投保时提供的材料也足以让某保险公司金贸支公司作出是否承保的决定。某保险公司金贸支公司以某科技公司未告知合同被解除为由主张其无须承担担保责任，无事实和法律依据，应予驳回。（1）某科技公司申请财产保全的行为合法，保全措施不具备行为的违法性，因果关系和主观过错三要件，不构成侵权。（2）某保险公司金贸支公司认为一审判决认定其与某科技公司构成共同侵权系适用法律错误，该上诉事实和理由不能成立。第一，某保险公司金贸支公司上诉称某科技公司投保时未履行如实告知义务、未告知某科技公司已收到某建筑公司发出的解除合同通知这一事实、严重影响其决定是否承保的上诉理由不能成立。首先，某保险公司金贸支公司一审中提交了某科技公司的仲裁申请书作为证据，仲裁申请书载明了“被申请人（某建筑公司）不仅未按约定支付工程款，还于2016年4月将申请人（某科技公司）驱赶出施工现场，致使申请人无法施工”，说明了某保险公司金贸支公司在作出承保决定时明确知道了某科技公司无法继续施工的事实；其次，仲裁申请书的裁决请求的第一项内容为：请求确认某科技公司与某建筑公司签订的专业分包合同无效，因此某保险公司金贸支公司在决定是否承保时明确知道专业分包合同可能无法继续履行的事实；最后，某保险公司金贸支公司并未提供任何证据证明其就相关事实问题提出询问。第二，某保险公司金贸支公司上诉称其在收到一审法院的通知后才知道某建筑公司发出解除合同的事实，其依据《保险法》第十六条的规定向某科技公司发出解除合同通知后，无须再承担担保责任的上诉理由不能成立。首先，某保险公司金贸支公司提交的《解除合同通知书》没有被一审法院采纳。其次，即使该《解除合同通知书》确实存在，对某科技公司也不发生法律效力。根据《保险法》第十六条的规定，投保人如实告知的前提条件是保险人向投保人提出询问，该案中某保险公司金贸支公司并没有证据证明其曾就合同是否解除向某科技公司进行过询问；并且投保人在投保时提供的材料已经明确某科技公司请求裁决合同无效，合同有可能无法继续履行是某保险公司金贸支公司在承保时明确知道的。某科技公司不存在故意或者因重大过失未履行如实告知义务，所提供的材料也足以让某保险公司金贸支公司决定是否承保。最后，根据《保险法》第十六条的规定，保险人的合同解除权自知道有解除事由之日起超过30日不行使而消灭。该案中没有证据能够证明某保险公司金贸支公司有解除权和知道有解除权后30日内行使并送达某科技公司。

某保险公司金贸支公司针对某建筑公司的上诉请求、事实和理由答辩称，同意某科技公司的答辩意见。补充如下：某建筑公司没有证据证明其向案外人夏某的借款与某科技公司有关联，其也未能证明借款7,000,000元系因

5,000,000元被冻结。即使因为5,000,000元被冻结造成资金缺口,那么借款也应为5,000,000元而非7,000,000元。

某保险公司金贸支公司针对某科技公司的上诉请求、事实和理由答辩称,某保险公司金贸支公司一审收到应诉材料后,在一审中止审理又恢复审理后才提交了涉案保险合同解除通知作为证据,一审法院没有将此作为证据审查,但不影响合同解除的效力。此外,某科技公司对《合同解除通知书》有异议应及时提起诉讼,截至目前某科技公司并未对合同解除提出异议,因此《合同解除通知书》已发生法律效力。

某建筑公司向一审法院起诉请求:(1)判令某科技公司赔偿某建筑公司因申请财产保全错误造成的损失1,291,560元;(2)判令某保险公司金贸支公司对某科技公司因财产保全错误造成的损失1,291,560元向某建筑公司承担连带赔偿责任;(3)该案诉讼费由某科技公司和某保险公司金贸支公司承担。

一审法院认定,2015年7月17日,某建筑公司与某科技公司签订《专业分包合同》,约定某建筑公司将其总包的万宁市兴隆红十字医院医技楼及病房楼中的洁净手术室装修工程、ICU病房装修工程和医用气体工程、电子信息工程、污水处理站工程等工程分包给某科技公司施工,合同工期为120天,合同总价款为7,435,120.86元。2016年2月4日,某建筑公司向某科技公司支付2,000,000元工程预付款,某科技公司于当日向某建筑公司出具承诺书,承诺于2016年2月25日开工,保证于2016年4月20日对工程进行竣工验收合格后移交给某建筑公司,如有违约,按1.5%支付违约金。但截至工程应竣工验收移交之日,工地仍处于停工状态。2016年4月21日,某建筑公司向某科技公司发出《合同解除通知函》,通知解除双方签订的《专业分包合同》。2016年8月3日,某科技公司向海南仲裁委员会申请仲裁,请求裁决:(1)确认双方签订的《专业分包合同》无效;(2)某建筑公司向某科技公司支付工程款6,500,000元及利息;(3)某建筑公司退还某科技公司履约保证金500,000元;(4)某建筑公司向某科技公司支付律师代理费260,000元;(5)案件仲裁费、鉴定费、保全费、担保费由某建筑公司负担。仲裁过程中,某科技公司提出财产保全申请,并于2016年8月11日向某保险公司金贸支公司交纳15,000元保费,投保诉讼财产保全责任保险。为此,某保险公司金贸支公司向一审法院出具金额为

5,000,000元的保单保函作为财产保全担保，承诺“如申请人财产保全申请错误致使被申请人遭受损失，经法院判决由申请人承担的损害赔偿责任，保险人向被申请人在限额内进行赔偿”。2016年8月12日，一审法院作出（2016）琼72财保73号民事裁定书，并于当日实际冻结某建筑公司银行存款5,000,000元，某建筑公司对该裁定不服，于2016年8月18日提出复议申请，一审法院于2016年8月28日作出（2016）琼72财保73号之一民事裁定书，裁定驳回某建筑公司的复议申请。2016年8月29日，某建筑公司在仲裁案中提出反请求，请求裁决：（1）某科技公司向某建筑公司返还多付的工程款1,240,000元及利息；（2）某科技公司向某建筑公司支付违约金111,526.8元；（3）某科技公司向某建筑公司支付滞纳金130,000元；（4）某科技公司向某建筑公司提交分包工程项目施工资料；（5）某科技公司向某建筑公司支付律师费60,000元；（6）某科技公司承担仲裁费、鉴定费。海南仲裁委员会受理某建筑公司的反请求并与本请求合并审理。仲裁审理中，海南仲裁委员会委托鉴定机构对涉案工程项目的完成工程量及工程造价进行鉴定，经鉴定，确定某科技公司施工的工程造价为1,588,963.89元。2018年1月26日，海南仲裁委员会作出（2016）海仲字第700号裁决书，裁决：（1）某建筑公司向某科技公司退还履约保证金500,000元；（2）某建筑公司向某科技公司支付保全担保费1074元、工程造价鉴定费5000元；（3）某科技公司向某建筑公司返还多付的工程款617,601元及利息；（4）某科技公司向某建筑公司支付工期延误违约金111,526.8元；（5）某科技公司向某建筑公司支付律师费10,962元；（6）某科技公司向某建筑公司交付提供分包工程项目施工资料；（7）驳回某科技公司的其他仲裁请求；（8）驳回某建筑公司的其他仲裁反请求。2018年2月5日，一审法院作出（2018）琼72财保1号民事裁定书，裁定解除对某建筑公司的4,480,000元银行存款冻结，并于2018年2月6日实际解除冻结。2018年5月15日，海口市中级人民法院作出（2018）琼01执239号执行裁定书，解除对剩余的520,000元存款的冻结，于同年5月23日实际解冻。某建筑公司认为，某科技公司滥用诉权，恶意申请仲裁保全，由此造成其利息损失，应承担责任。某保险公司金贸支公司为该财产保全提供担保，依法应承担连带赔偿责任。遂提起诉讼。另查明，2018年7月16日，海口市中级人民法院对某科技公司申请撤销仲裁裁决［（2016）海仲字第700号裁决书]一案予以立案受理并进行审查。为此，一审法院于2018年10月15日作出(2018)琼72民初191号民事裁定书，中止该案诉讼。2019年1月30日，海口市中级人民法院作出(2018)琼01民特106号民事裁定书，驳回某科技公司撤销仲裁裁决的申请。一审法院决定于2019年2月27日恢复对该案的审理。

一审法院认为，该案是因申请仲裁过程中申请财产保全而引发的损害责任纠纷案件。该案的争议焦点为:(1)该案的财产保全申请是否存在错误，即财产保全申请人(某科技公司)是否存在故意或重大过失;(2)某建筑公司是否因财产保全遭受损失，该损失与财产保全行为是否存在因果关系及损失如何计算;(3)本案某保险公司金贸支公司应否承担连带赔偿责任。(1)关于该案的财产保全申请是否存在错误，即财产保全申请人是否存在故意或重大过失的问题。根据《民事诉讼法》第一百零五条，“申请有错误的，申请人应当赔偿被申请人因保全所遭受的损失”，申请人在申请财产保全时，应当权衡可能因申请错误所承担的法律责任，慎重地决定是否有必要申请。申请确有错误的，应当赔偿被申请人因保全所遭受的损失。如何判断申请人是否“申请错误”就成为该案的关键。财产保全损害赔偿请求权应归类为侵权损害赔偿请求权，要判断申请人是否“申请错误”，应依一般侵权损害赔偿的过错归责原则予以审查，即应从申请人主观上是否存在故意或重大过失来判断。该案中，某科技公司作为具有相应资质及相当经验的施工单位，对其实际施工的工程量及工程造价应当知晓，也应当能够知晓。但其在申请仲裁时，仍然提出不切合实际的7,260,000元仲裁请求并申请5,000,000元的财产保全，该仲裁请求及财产保全的标的额均与仲裁裁决最终确定的标的额差距巨大，不仅其请求的6,500,000元工程款被全部驳回，且还应退还多收某建筑公司的工程款617,601元。从仲裁案件的事实看，某科技公司应当注意并能够注意到某建筑公司并未欠其工程款或不至于欠其这么多的工程款，而其未尽到一般合理的注意义务，在主观上存在重大过失，致使该财产保全行为存在错误。(2)关于某建筑公司是否因财产保全遭受损失，该损失与申请财产保全行为是否存在因果关系及损失如何计算的问题。该案某建筑公司作为经营性的企业法人，其银行存款5,000,000元被保全冻结一年有余，必然会导致其在资金使用上的障碍，亦会产生一定的损失，该损失与某科技公司不当申请财产保全存在因果关系。某建筑公司主张其被冻结的款项为“小街小巷”项目的工程预付款，该款被冻结致使其不得不向案外人夏某借款以补足资金缺口，故其损失应以5,000,000元为基数，并以该款被冻结至解冻为期间，按与案外人夏某借款合同约定的年利率（18%）计算。但某建筑公司未能举证证明其向案外人夏某借款的事实与该案财产保全相关联的证据，也无证据证明该借款是因资金被冻结而为补足资金缺口所举之债以及已实际用于“小街小巷”项目，故上述借款事实与该案财产保全并无必然联系，对其主张以借款合同约定的年利率（18%）来计算损失的意见，一审法院不予采纳。该案中，某建筑公司的存款虽被冻结，但在冻结期间其活期存款的利息仍然继续保有。综合该案的案情，酌定某建筑公司5,000,000元存款被冻结期间的损失，可参照中国人民银行同期同类贷款利息与活期存款利息的差额计算。某建筑公司存款5,000,000元被冻结期间的贷款利息计算方法为：第一，从2016年8月12日（5,000,000元冻结之日）至2018年2月6日（4,480,000元解冻之日）止，以5,000,000元为基数，按银行1年至3年中长期贷款基准年利率（4.75%）计，利息为358,229元；第二，从2018年2月7日（4,480,000元解冻之次日）至2018年5月23日（520,000元解冻之日）止，以520,000元为基数，按银行6个月短期贷款基准利率（4.35%）计，利息为6660元。贷款利息共计364,889元。某建筑公司存款5,000,000元被冻结期间的活期存款利息计算方法为：第一，从2016年8月12日（5,000,000元冻结之日）至2018年2月6日（4,480,000元解冻之日）止，以5,000,000元为基数，按活期存款利率（0.35%）计，利息为26,396元；第二，从2018年2月7日（4,480,000元解冻之次日）至2018年5月23日（520,000元解冻之日）止，以520,000元为基数，按活期存款利率（0.35%）计，利息为536元。活期存款利息共计26,932元。综上所述，用贷款利息364,889元减去活期存款利息26,932元，即得出某建筑公司的损失为337,957元。（3）关于该案某保险公司金贸支公司应否承担连带赔偿责任的问题。该案某科技公司和某保险公司金贸支公司之间为保险合同关系，某科技公司、某保险公司金贸支公司与某建筑公司之间为侵权责任关系。某保险公司金贸支公司以其与某科技公司签订的保险合同为依据，以某科技公司未尽告知义务等合同约定的事由，主张免除其赔偿责任。一审法院认为，某科技公司、某保险公司金贸支公司之间订立的保险合同仅对某科技公司、某保险公司金贸支公司具有约束力，对某建筑公司不具有约束力，不能以此对抗某科技公司、某保险公司金贸支公司与某建筑公司间形成的财产损害责任关系，从而免除赔偿责任。某保险公司金贸支公司作为保证人，为某科技公司申请财产保全出具保函进行担保，保证人虽不是财产保全行为的发起者，但是其向申请人（某科技公司）提供担保，应视为对申请人的行为予以认可、支持，以促成财产保全的实现，其与申请人在财产保全行为过程中，目的具有一致性。保全错误一旦成立，即可认定保证人与申请人构成共同侵权。再则，某保险公司金贸支公司在其出具的保函中也承诺“如申请人财产保全申请错误致使被申请人遭受损失，经法院判决由申请人承担的损害赔偿责任，保险人向被申请人在限额内进行赔偿”。从其出具的保函内容看，其亦认可财产保全一旦错误，申请人与担保人即构成共同侵权并承担损害赔偿责任。某保险公司金贸支公司认为其不构成共同侵权不承担连带责任的主张没有事实和法律依据，不予支持。该案某科技公司、某保险公司金贸支公司因财产保全构成共同侵权，某保险公司金贸支公司应承担连带赔偿责任。综上所述，依照《侵权责任法》第六条第一款、第八条（《民法典》第一千一百六十八条）和《民事诉讼法》第一百零五条的规定，判决如下：（1）海南某科技公司应于本判决生效之日起10日内赔偿海南某建筑公司337,957元；（2）中国某保险公司金贸支公司对上述债务承担连带赔偿责任；（3）驳回海南某建筑公司的其他诉讼请求。该案案件受理费16,424.04元，由海南某建筑公司负担12,154.04元，海南某科技公司、中国某保险公司金贸支公司负担4270元。

二审中，某保险公司金贸支公司提交以下证据：（1）《关于提供贵司与海南某建筑公司仲裁相关材料的函》；（2）第一份材料的邮政快递单及签收信息单；（3）《解除合同通知书》；（4）《解除合同通知书》的邮政快递单及签收信息单。上述证据拟证明《解除合同通知书》已发生法律效力。某建筑公司发表质证意见称，不认可《解除合同通知书》的真实性、关联性，该通知书不能对抗某建筑公司。某科技公司发表质证意见称：第一，上述证据的提交已过举证期限；第二，证据均为复印件，对真实性不予认可；第三，证据1出具时投保人与保险人已达成投保协议，即使这份证据是真实的也不能作为保险公司解除合同的依据。证据2的快递单签收处无法证明是谁签收，不具有关联性，无法证实某科技公司已签收。证据3寄出的时间为2018年9月25日，该通知书发出的行为即使存在，对某科技公司也不发生法律效力。证据4的签收单无法证明与某科技公司有关联性，对该证据的真实性、合法性、关联性均不认可。

二审法院认为，某保险公司金贸支公司并未提供《解除合同通知书》及相关送达证据的原件，某建筑公司及某科技公司对证据的真实性及关联性均不予认可，某科技公司否认收到上述通知。对于某保险公司金贸支公司二审提交的证据，二审法院不予采纳。

二审法院二审查明的事实与一审查明的案件事实一致，二审法院予以确认。

二审法院认为，该案二审的争议焦点为：(1)某科技公司申请财产保全的行为是否存在错误，某建筑公司的损失如何认定，该行为与某建筑公司的损失之间是否存在因果关系；(2)某保险公司金贸支公司应否承担连带赔偿责任。

(1)关于某科技公司申请财产保全的行为是否存在错误，某建筑公司的损失如何认定，该行为与某建筑公司的损失之间是否存在因果关系的问题。

关于某科技公司申请财产保全的行为是否存在错误的问题。某科技公司作为具有相应施工资质及经验的公司，其与某建筑公司签订了专业分包合同后，对合同约定的万宁市兴隆红十字医院相关工程进行了实际施工，作为实际施工人对其施工量及工程造价应当知晓。在此前提下，某科技公司仍提出了7,000,000余元的仲裁请求及5,000,000元的财产保全，海南仲裁委员会最终裁决某建筑公司向某科技公司返还保证金500,000元、保全担保费1074元、工程造价鉴定费5000元；另裁决某科技公司向某建筑公司返还多付的工程款617,601元及利息。某科技公司的仲裁请求与仲裁裁决最终确定的工程款相差甚远。因此，某科技公司申请保全时并未尽到合理注意义务，一审法院认定某科技公司在申请财产保全时主观上存在重大过失、财产保全行为存在错误并无不当。

关于某建筑公司的损失如何认定，某科技公司保全行为与某建筑公司的损失之间是否存在因果关系的问题。某建筑公司主张被冻结的5,000,000元系

“小街小巷”项目的工程预付款，该款项被冻结后其被迫向案外人夏某以年利率18%的利息借款，应当按照年利率18%计算其实际损失。二审法院认为，某建筑公司既未能举证证明其向案外人夏某借款系因某科技公司申请财产保全所致，也未举证证明该借款实际用于“小街小巷”项目，某科技公司申请财产保全虽存在过错，但因某建筑公司无法举证其向案外人借款利息的损失与某科技公司的上述保全行为之间存在因果关系，故二审法院对其主张某科技公司赔偿其向案外人借款年利率18%利息损失的上诉请求不予支持。但某科技公司申请财产保全的行为存在过错，导致某建筑公司银行账户中的5,000,000元被冻结，资金被冻结期间某建筑公司无法使用，必然造成某建筑公司实际损失。一审法院酌定参照中国人民银行同期同类贷款利息与活期存款利息的差额计算某建筑公司的损失，并无不当，二审法院予以维持。

（2）关于某保险公司金贸支公司应否当承担连带赔偿责任的问题

某保险公司金贸支公司与某科技公司签订保险合同后，其据此向法院出具5,000,000元的保单保函，承诺“如申请人（某科技公司）财产保全申请错误致使被申请人（某建筑公司）遭受损失，经法院判决由申请人承担的损害赔偿责任，保险人向被申请人在限额内进行赔偿”。现某保险公司金贸支公司主张某科技公司投保时未如实告知其投保案件的所有事实，其根据《保险法》第十六条的规定，在获知某建筑公司发出解除合同通知的事实后于2018年9月28日向某科技公司发出解除保险合同的通知，其与某科技公司之间的保险合同已经解除，不应向某建筑公司承担赔偿责任。二审法院认为，首先，《保险法》第十六条有关保险人因投保人未履行如实告知义务、保险人可以解除合同之规定的前提条件是保险公司就保险标的或被保险人的有关情况提出询问，但某保险公司金贸支公司并未举证证明其曾就相关事实提出询问后某科技公司未履行如实告知义务，其解除保险合同没有法律依据；其次，某科技公司否认其收到上述通知，某保险公司金贸支公司并未提供其发出的《解除合同通知书》及相关送达的证据原件，故某保险公司金贸支公司主张双方的保险合同已经解除没有事实依据；再次，某保险公司金贸支公司发出《解除合同通知书》系该案一审期间，即便已被某科技公司签收，在某科技公司并未作出回应的情况下，该《解除合同通知书》并不当然产生解除保险合同的效力；最后，某保险公司金贸支公司未将其向某科技公司发出解除合同通知的行为告知法院，其单方向某科技公司发出解除合同通知的行为并不影响其出具的保单保函的效力。综上所述，根据某保险公司金贸支公司与某科技公司签订的保险合同约定及某保险公司金贸支公司向法院出具的保单保函，某保险公司金贸支公司应依约就某科技公司上述债务承担连带赔偿责任。

综上所述，某建筑公司、某科技公司、某保险公司金贸支公司的上诉事由均不能成立，其上诉请求，依法应予驳回；一审判决认定事实清楚，适用法律正确，应予维持。依照《民事诉讼法》第一百七十条第一款第一项的规定，判决如下：

驳回上诉，维持原判。

二审案件受理费49,272.12元，由上诉人海南某建筑公司、海南某科技公司、中国某保险公司金贸支公司分别负担16,424.04元。

该判决为终审判决。

评·析

本案是因诉讼财产保全担保而提起的诉讼财产保全损害赔偿的典型案例。各大保险公司分别于2015年下半年至2016年开始推出诉讼财产保全责任保险业务。由于诉讼程序经过的时间较长，诉讼的结果在诉讼财产保全责任保险业务的承保初期尚未发生，诉讼保全担保索赔纠纷在业务推广的前期也极少。该项保险业务发展至2018年，前期投保的诉讼保全案件逐步审理终结，各方当事人陆续因为裁决或判决的结果提起诉讼财产保全损害赔偿。该起案件正是投保人在2016年8月投保的诉讼财产保全保险，在保险业务承保两年后即2018年8月提起诉讼财产保全责任损害赔偿。本案可以作为指导性案例进行参考。在没有出台关于诉讼财产保全责任保险相关的司法解释前，今后类似的案件，法院参照本案的审判思路进行判决的可能性极大。

在某科技公司提起仲裁要求某建筑公司支付工程款的诉求未获仲裁裁决支持的情况下，某科技公司对某建筑公司的财产进行诉讼保全是否错误，是否应当承担赔偿责任是本案涉及的第一个焦点；保险公司作为担保人出具保函是否应当承担连带赔偿责任是本案涉及的第二个焦点；第三个焦点是，保险公司在收到法院的应诉材料后知道某科技公司隐瞒某建筑公司曾向其发出解除合同的通知这一事实，保险公司以投保人隐瞒重大事实为由发出解除保险合同的通知是否产生解除保险合同的法律效力。

一、第一个焦点是基于我国民事诉讼制度中的诉讼保全担保制度而产生的侵权损害赔偿责任

《民事诉讼法》第一百零五条规定："申请有错误的，申请人应当赔偿被申请人因保全所遭受的损失。"此条规定赔偿损失的前提条件是申请有错误，那么申请错误如何界定呢？司法实践中分为两种观点，一种观点认为，裁判结果未支持其诉讼请求，即是认定申请错误的依据；另一种观点是认为，裁判结果不是评判申请错误的依据。第二种观点的主要理由是，法律设立财产保全制度的目的是保证法院判决的顺利执行，但同时也规定不允许滥用该权利。审查财产保全申请人的申请是否错误，要按侵权责任的一般构成要件，即申请人主观上存在故意或重大过失、被申请人存在损失、该申请保全的行为与被申请人的损失之间存在因果关系。

本案中，法院采用了第二种观点，即按照侵权责任一般构成要求审查保全申请是否错误。法院认定某科技公司作为具有相应的施工经验和资质的施工单位，其对实际施工的工程量和工程造价是应当知晓，而其申请仲裁时提出不符合实际的7,260,000元和保全5,000,000元，仲裁裁决最终确定的标的额与其诉求金额差距巨大，某科技公司应当能够注意到某建筑公司未拖欠或者未拖欠那么多工程款，而未尽合理注意义务，主观上存在重大过失，故认定申请保全行为存在错误，判定承担赔偿责任。法院对此焦点的论述符合一般逻辑思维和常识认识。

二、第二个焦点是属于我国合同法和担保法规定的范畴内

本案中，保险公司出具保函即是保险公司同意承保而成立保险合同，双方均应按照保险合同的约定履行义务。同时，保险公司作为担保人出具的保函中承诺："如申请人财产保险申请错误致使被申请人遭受损失，经法院判决

由申请人承担的损害赔偿责任，保险人负责赔偿。”而且，在诉讼保全责任保险的《诉讼财产保全责任保险（B）条款》、《诉讼财产保全责任保险投保单》以及保险明细表的特别约定中均约定：“保险责任：……如申请人财产保全申请错误致使被申请人遭受损失，经法院判决由申请人承担的损害赔偿责任，保险人负责赔偿……”法院据此认定，保险公司认可申请保全错误，同意承担赔偿责任，依据该承诺即认定某科技公司与保险公司之间构成共同侵权并承担连带赔偿责任。

三、第三个焦点是基于《保险法》第十六条的规定作出分析和判定

《保险法》第十六条规定：“订立保险合同，保险人就保险标的或者被保险人的有关情况提出询问的，投保人应当如实告知。投保人故意或者因重大过失未履行前款规定的如实告知义务，足以影响保险人决定是否同意承保或者提高保险费率的，保险人有权解除合同。前款规定的合同解除权，自保险人知道有解除事由之日起，超过三十日不行使而消灭。自合同成立之日起超过二年的，保险人不得解除合同；发生保险事故的，保险人应当承担赔偿或者给付保险金的责任。投保人故意不履行如实告知义务的，保险人对于合同解除前发生的保险事故，不承担赔偿或者给付保险金的责任，并不退还保险费。投保人因重大过失未履行如实告知义务，对保险事故的发生有严重影响的，保险人对于合同解除前发生的保险事故，不承担赔偿或者给付保险金的责任，但应当退还保险费。保险人在合同订立时已经知道投保人未如实告知的情况的，保险人不得解除合同；发生保险事故的，保险人应当承担赔偿或者给付保险金的责任。保险事故是指保险合同约定的保险责任范围内的事故。”本案中，某科技公司在投保时，未向保险公司提供其已收到某建筑公司发送的解除合同通知书的事实。保险公司收到法院发送的应诉材料后，才知道某建筑公司已发出解除合同的通知，已经解除案涉的承包合同。

法院在认定保险合同是否解除这一事实时，严格依据《保险法》第十六条的规定，审查投保时保险公司是否询问相关事实。本案中，因为保险业务员非专业的法律人士，在投保询问的问题中没有列明此问题的情况下，对于承包合同是否解除不可能提出询问。法院以未举证证明保险公司提出询问为

由不支持保险公司提出的某科技公司未履行如实告知义务的主张。我国《保险法》规定的投保人如实告知义务是采取询问告知的有限告知规定，保险公司没有提出询问的，投保人无须履行如实告知义务，保险公司也不得因此而解除保险合同。法院的判决符合《保险法》的基本规定。

今后在诉讼保全保险业务的承保中，需加强对投保当事人有关事实的询问，尤其是在建筑工程款类的业务中，要注重对投保人诉求工程款依据的审查和相关事实的询问。

国内贸易信用险中免责条款提示与说明义务的履行及实物交货与关联关系的认定

厦门市中级人民法院
（2019）闽02民终3343号民事判决书

（2019年7月30日）

案·情

2013年6月13日，被保险人厦门某公司向某保险公司投保国内贸易信用保险。6月18日，厦门某公司与漳州某公司签订框架协议，约定向漳州某公司供货。2014年4月及5月，厦门某公司与福建某食品公司签订两份买卖合同，约定厦门某公司向福建某食品公司采购两批货物，并约定“货物运输均由福建某食品公司与漳州某公司自行承担，厦门某公司不作为收货人……”厦门某公司自述其与漳州某公司、福建某食品公司之间的交易模式为：货物直接由福建某食品公司向漳州某公司发货并安排运输，漳州某公司在收货后向厦门某公司出具收货证明，而后厦门某公司向福建某食品公司付款，漳州某公司在账期届满后再向厦门某公司付款。

2014年9月，厦门某公司以漳州某公司拖欠货款为由，向某保险公司提出索赔。经调查，某保险公司认为相关交易没有真实的货物交付，且福建某食品公司与漳州某公司存在关联关系，属于保单约定的除外责任，某保险公司无法承担赔偿责任。厦门某公司随后向法院起诉，经两级法院审理，均判决驳回厦门某公司诉讼请求。

法院判决

上诉人（原审原告）：厦门某公司，住所地中国（福建）自由贸易试验区厦门片区（保税港区）。

被上诉人（原审被告）：某保险公司，住所地福建省厦门市思明区。

上诉人厦门某公司因与被上诉人某保险公司保险合同纠纷一案，不服福建省厦门市湖里区人民法院（2016）闽0206民初2058号民事判决，向二审法院提起上诉。二审法院于2019年6月25日立案后，依法组成合议庭进行了审理。该案现已审理终结。

厦门某公司上诉请求：（1）依法撤销一审判决，改判支持上诉人全部诉讼请求。（2）该案一审、二审诉讼费用由被上诉人承担。事实与理由：（1）案涉的保险单明细表中的批注条款第二条、第三条属于格式条款，免除了某保险公司作为保险人的保险责任，而某保险公司未尽到提示和说明义务，该免责条款对厦门某公司不产生效力。第一，该案某保险公司拒赔的主要依据是系争保险单明细表批注第二条、第三条的约定，其中第二条约定“如果被保险人的上游供应商与被保险人的下游买方存在关联关系，对被保险人与上述下游买方的交易引起的损失，保险人不承担赔偿责任”，第三条约定，被保险人向保险人索赔时必须提供相关贸易及物流凭证，若被保险人无实体货物交付，则保险人不承担保险责任。根据中国裁判文书网查询的情况，某保险公司在与其他方的保险合同的保险单明细表内也重复且多次使用第二条、第三条的内容，且该内容和文字表述与案涉的保险单明细表内容均一致，该批注条款系由某保险公司预先拟定，且重复使用，并不是合同双方协商的结果，案涉保险单明细表中的批注第二条、三条应属于格式条款。第二，根据最高人民法院《关于适用〈中华人民共和国保险法〉若干问题的解释（二）》第九条规定，“保险人提供的格式合同文本中的责任免除条款、免赔额、免赔率、比例赔付或者给付等免除或者减轻保险人责任的条款，可以认定为保险法第十七条第二款规定的‘免除保险人责任的条款’”。鉴于此，案涉保险单明细表中批注第二条、第三条亦属于免责条款。第三，根据《保险法》第十七条第二款“对保险合同中免除保险人责任的条款，保险人在订立合同时应当在投保单、保险单或者其他保险凭证上作出足以引起投保人注意的提示，并对该条款的内容以书面或者口头形式向投保人作出明确说明；未作提示或者明确说明的，该条款不产生效力”的规定，某保险公司作为保险人应就免责条款对投保人厦门某公司作出提示与说明，从批注第二条、第三条的内容来看，该文字并未采用足以引起投保人注意的文字、字体、符号或者其他明显标志作出提示，某保险公司也未证明已就该批注内容向厦门某公司作出过明确说明。另外，可以作为对比的是，案涉《国内贸易信用保险条款》第三条约定的除外责任条款均以黑体字的形式作出提示，因此可认为某保险公司并未对批注第二条、第三条按照通常做法尽到法定的应有的提示义务。综上所述，此该批注的条款对厦门某公司不产生法律效力。(2)一审判决举证责任分配不当，以“待证事实真伪不明”来认定“不存在实体货物交付”的贸易关系，从而认为不存在真实贸易关系，没有事实与法律依据。第一，一审判决未根据最高人民法院《关于适用〈中华人民共和国民事诉讼法〉的解释》第一百零八条第二款“对一方当事人为反驳负有举证证明责任的当事人所主张的事实而提供的证明，人民法院经审查并结合相关事实，认为待证事实真伪不明的，应当认定该事实不存在”来作出。从举证责任来看，某保险公司作为保险人欲免除其保险人的责任，应承担“不存在实体货物交付的”证明责任，而非由厦门某公司证明存在“实体交付”，该举证责任在某保险公司。即使一审法院经审查认为待证事实真伪不明，也应认为“不存在实体货物交付的”事实不存在，而非认定不存在真实贸易。厦门某公司提交交易的相应的物流单据仅是作为业务履行的参考，并非为了反驳证明“不存在实体货物交付”，一审法院对此举证责任分配不当。第二，涉案业务中，厦门某公司与下游漳州某公司的签订国内货物买卖合同约定，厦门某公司应履行的货物交货地点为“漳州市某园区漳州某公司工厂内”，根据厦门某公司与上游福建某食品公司签订的买卖合同约定，福建某食品公司应履行的交货地点也为“漳州市某园区漳州某公司工厂内”，并特别约定，“厦门某公司作为承运人或厦门某公司指定承运人与福建某食品公司指定承运人在漳州码头交接货物不视为货物的交付”。可见，对于厦门某公司来说，在厦门某公司履行与漳州某公司的国内货物买卖合同货物交付义务时，合同项下的货物即应已在“漳州市某园区漳州某公司工厂内”，厦门某公司并不需要安排货物的运输。厦门某公司在“漳州市某园区漳州某公司工厂内”向漳州某公司交付货物，并由漳州某公司出具收货证明，确认收到货物符合国内货物买卖合同的约定，厦门某公司履行买卖合同交付货物时，并不需要货物发生物理性转移，厦门某公司原本不需要也不必提供货物运输的单据。另外，案涉保险单及保险条款并未对“实体货物交付”的概念进行明确说明，因此，何为“不存在实体货物交付”也无从定义。《合同法》第一百四十一条第二款第二项规定：“标的物不需要运输，出卖人与买受人订立合同时知道标的物在某一地点的，出卖人应当在该地点交付标的物；……”从上述法律规定来看货物交付的概念并不局限于货物在物理空间上发生移转。因此一审判决将货物未发生物理空间转移，进而认定为“无实体货物交付”，不存在真实贸易关系是错误的。同时，根据最高人民法院《关于适用〈中华人民共和国民事诉讼法〉的解释》第九十三条，已为人民法院发生法律效力的裁判所确认的事实，当事人无须举证证明。但是，当事人有相反证据足以推翻的除外。已生效判决(2015)厦民初字第880号民事判决书中认定“厦门某公司作为买方履行了买卖合同项下的全部义务，漳州某公司收到货物未按约定付款”。该案某保险公司并未提供相反证据足以推翻厦门某公司已交付货物的事实，且一审判决认为存在“真伪不明”的情况，因此不能推翻厦门某公司与漳州某公司的真实贸易关系，一审判决认定不存在真实贸易关系与法律规定和事实相违背。(3)保险单明细表中批注第二条扩大了《国内贸易信用保险条款》第三章“除外责任”第三条第七项的关联关系的范围，违反商业惯例，缺乏公平合理性。案涉保险单明细表中批注第二条将某保险公司的除外责任与厦门某公司存在关联关系的情形，扩大为厦门某公司上游和下游交易对象存在关联关系的情形。对于主业在仅为普通的买卖关系的商事活动中，苛求主营业务为从事货物贸易活动的厦门某公司将上下游股东的各种关系均弄清楚是不符合商业惯例，也是无法操作的，也与商业交往重视效率的原则相违背，因此该条款缺乏应有的公平合理性。综上所述，请求法院依法撤销一审判决，改判支持上诉人全部诉讼请求。

某保险公司辩称，(1)某保险公司对于包括《国内贸易信用保险条款》保险单明细表在内的相关的免责条款均已尽到了法定的提示及明确说明的义务，相关免责条款是合法有效的，应作为该案的定案依据。案涉《国内贸易信用保险条款》第一章“适保范围”明确约定：“本保险单适用于中华人民共和国境内注册的企业符合真实、合法、有效条件下的贸易。”第二章“保险责任”及第三章第七项“除外责任”进一步约定：“被保险人按贸易合同交付货物后的贸易损失……在被保险人履行了本保险单各项约定的条件下，保险人按本保险单的规定承担保险责任；被保险人与具有关联关系的主体之间贸易项下发生的损失，保险人不承担赔偿责任。”由此可见，被保险人存在真实、合法、有效的贸易且依约实际交付货物是案涉国内贸易信用保险的核心条款和前提条件。保险单明细表中批注二、批注三仅是对上述“适保范围”、“保险责任”及“除外责任”的进一步明确，对货物交付及关联关系作出了细化约定。事实上，“不存在实体货物交付”和“关联交易”作为贸易真实、合法、有效的反面情形，已被大量交易经验和司法案例认定为“名为贸易实为借贷”的融资性虚假贸易表现形式。因此，案涉保险单明细表中的批注与保险合同核心条款一脉相承，不能简单割裂。且某保险公司将需要被保险人特别关注的上述批注条款已单独列明，并由厦门某公司在该批注的条款下方盖章及授权代表签字确认，根据最高人民法院《关于适用〈中华人民共和国保险法〉若干问题的解释（二）》第十三条第二款中“投保人对保险人履行了明确说明义务在相关文书上签字、盖章或者以其他形式予以确认的，应当认定保险人履行了该项义务”的规定，一审法院认定证明某保险公司已尽到提示说明义务是正确的。况且，厦门某公司在一审中对包括保险单明细表批注在内的相关条款的合法有效性均予以确认，现又以相关条款无效提起上诉缺乏依据，明显有违“诉讼禁反言”及“诚实信用”的两大诉讼原则。(2)厦门某公司与下游买方漳州某公司之间不存在真实的贸易关系，货物也未真实地交付及流转，其主张某保险公司承担保险责任缺乏事实和法律依据，一审法院的相关认定是完全正确的。首先，厦门某公司与漳州某公司之间不存在真实的贸易关系，货物也未真实地交付及流转。第一，从合同的约定来看，厦门某公司与漳州某公司之间的贸易具有明显的虚假性。厦门某公司与下游买方漳州某公司于2013年6月18日签订的国内货物买卖合同第二条明确约定：“货物到达漳州码头前的运输由甲方（漳州某公司）自行负责，乙方（厦门某公司）不被作为船舶运输运单项下的“收货人”。该合同第五条进一步约定：漳州某公司应负责对选定的供粮商提供的粮源品种、质量及企业资信状况进行考察，并在每次具体交易前对拟由厦门某公司与供粮商签订的买卖合同盖章确认。而厦门某公司与上游供应商福建某食品公司分别于2014年4月15日、2014年5月12日签订了HTWL7GFMY/2014004号买卖合同及HTWL/GFMY/2014004号买卖合同，该两份合同第三条均约定：货物运输由乙方（福建某食品公司）与漳州某公司自行约定承担，甲方（厦门某公司）不被视为船舶运输运单项下的“收货人”，厦门某公司作为承运人或厦门某公司指定承运人与福建某食品公司指定承运人在漳州码头交接货物不视为货物的交付。从上述合同的约定中可以清楚地看出：厦门某公司的上游供应商福建某食品公司系由下游买方漳州某公司直接指定，案涉货物的运输由厦门某公司的上游供应商福建某食品公司与下游买方漳州某公司直接约定及控制，厦门某公司始终没有控制货权，甚至不得作为收货人，对上述事实，厦门某公司在庭审中均予以确认［详见一审判决P10，厦门某公司陈述其与漳州某公司、福建某食品公司交易模式为：其向福建某食品公司购货，然后（同一天）销售给漳州某公司，货物直接由福建某食品公司向漳州某公司发货，货物运输也是由福建某食品公司安排，漳州某公司在收货后向其出具收货证明，而后其向福建某食品公司付款］。因此，案涉贸易显然与正常的买卖关系有着重大的区别，厦门某公司某种程度仅仅是漳州某公司的代理方，双方贸易具有明显的虚假性。第二，从合同的实际履行过程来看，案涉贸易也具有明显的虚假性，且并不存在真实的货物运输及交付。从买卖合同的主体来看，厦门某公司的上游供应商福建某食品公司与其下游买方漳州某公司为关联公司（详见该答辩状第三点）。就常理而言，福建某食品公司与漳州某公司均为经营粮食收购及粮食加工的企业，且为亲姐弟实际经营及控制的公司，注册地址及经营地址又均在漳州地区。若福建某食品公司与漳州某公司真有买卖粮食的需求，具有如此密切关系的两家公司为何不直接买卖，何必要多此一举，通过“中间人”厦门某公司赚个差价才买卖，这显然不符合正常的商业规则，这也恰恰证明案涉贸易的特殊性及虚假性。从买卖合同履行的具体过程来看案涉贸易并不存在真实的货物运输及交付。厦门某公司一审提交了一系列证据试图证明其履行了交货义务，包括：

装船通知、水路货物运单、货物买卖成交确认书、收货证明以及粮食款对账单；但上述证据均无法证明案涉两批货物已实际运输及交付。具体理由如下：其一，厦门某公司提交的证据中的装船通知、水路货物运单均没有原件，不具有真实性。并且，某保险公司提交的《厦门某公司向漳州某公司追讨稻谷欠款一案交易货物物流过程调查报告》及其附件（以下简称《调查报告》）、“浙洞机169”号船舶及“全利5”号船舶在有关部门的登记情况以及该两艘船舶在涉案期间于漳州海事局的船舶签证列表（某保险公司一审提交的证据2—8）充分证明该两批货物对应的水路货物运单上显示的承运人均非该两艘船舶登记在案的合法所有人、承运人；该两批货物对应的装船通知、水路货物运单上显示的载重量均严重超过该两艘船舶的合法载重量，而超载运输的船舶依法不能获得进出港签证许可；案涉两艘船舶在案涉期间于漳州市海事局均没有任何进出港签证记录，也未实际运抵漳州海澄码头。因此，该两份证据显然不具有真实性、合法性及关联性，根本无法证明案涉货物已实际运输及交付。其二，就收货证明而言，该两批货物的收货证明上显示的交货日期、货物实收总数量与厦门某公司向某保险公司申请索赔时提交的过磅单（某保险公司证据2《调查报告》的附件，该过磅单厦门某公司当庭确认也没有原件）上显示的收货时间、收货吨数均无法印证，不具有真实性。第一批货物的收货证明出具的时间为2014年4月18日，而案涉货物的过磅单显示该批货物系2014年4月21日才完成收货（见某保险公司证据2《调查报告》及其附件）。可见，该收货证明是在未完成收货的情况下即出具，不具有真实性。且该收货证上显示的货物实收总数量为989吨，过磅单显示收货吨数共计为1095.36吨，无论是收货证明上显示的货物吨数还是过磅单显示的收货吨数都严重超过“浙洞机169”号船舶960吨的合法载重量，根本无法获得进出港签证许可。并且，第二批货物的过磅单显示漳州某公司自2014年5月14日即开始收货（见某保险公司证据2《调查报告》及其附件），而该批货物的装船通知书显示该批货物是2014年5月12日出运。某保险公司提交的证据2北京某保险公估有限公司出具的《调查报告》显示从南京到龙海市海澄振龙码头的航程大约760海里，而第二批货物的运输船舶“全利5”的运营航速不超过9.5海里/小时，即便“全利5”2014年5月12日从南京出发全速赶往龙海，在2014年5月15日之前也根本无法到达海澄振龙码头，即2014年5月14日根本无法收到货物，故该收货证明不具有真实性。因此，该两批货物对应的收货证明也均不具有真实性、合法性、关联性，根本无法证明该两批货物已实际交付。其三，就货物买卖成交确认书及粮食款对账单而言，如前所述，因厦门某公司与漳州某公司之间的贸易具有虚假性，且案涉货物并未实际运输及交付，故该两份证据不具有真实性，且缺乏原始的运输单据、交付单据予以印证，也无法证明货物已实际交付。因此，该案中，如此前证据所证明，厦门某公司与漳州某公司、福建某食品公司之间的贸易具有特殊性及虚假性。厦门某公司在案涉贸易中既不负责货物运输和交付也不控制货权，货权实际均由存在关联关系的上、下游企业福建某食品公司及漳州某公司掌控，货物并没有真实地流转。厦门某公司与福建某食品公司、漳州某公司之间的关系实际上并非真实的买卖关系，而是司法实践中典型的“借贸易之名行融资之实”的融资性贸易。厦门某公司在上诉状中所述相关货物因其与福建某食品公司、漳州某公司约定的交货地点均为“漳州市某园区”，故并不需要物理的转移，进一步印证案涉交易的虚假性及特殊性。根据上述保险合同的约定，在该案保险纠纷中，保险责任是以厦门某公司与买方之间存在真实、合法、有效的贸易为前提，以买卖合同关系为基础，即保险承保的法律关系为买卖关系而非借贷/融资关系。若被保险人为买方提供上述贸易融资，因其角色不同，被保险人对于货物的流转和货物所有权将不予关注、不采取货权保护和风险防范措施，仅仅注重买方的本息偿还能力，这必然会造成贸易风险的大幅度提高。对保险公司而言，被保险人明显有违诚实信用原则并且构成恶意骗保的违法行为，要求保险公司承担保险责任明显缺乏法律依据且有违公平和诚实信用原则。因此，在厦门某公司并未真实运输和交付货物的情况下，不属于案涉保险合同的适保范围，其主张的损失依法、依约均不应获得保险赔偿。其次，厦门某公司与漳州某公司等另案诉讼的判决［（2015）厦民初字第880号判决书］不应作为本案定案的依据。第一，另案判决书确认厦门某公司与案外人存在买卖合同关系是基于厦门某公司在另案中提交的片面证据，但某保险公司在该案一审提交的相反证据充分证明厦门某公司系在与上下游关联方串通的情形下签订买卖合同，伪造虚假的运输和交货资料，足以推翻厦门某公司与案外人串通情况下作出的错误认定。第二，该另案判决仅处理买卖合同纠纷，并未就该案保险纠纷争议的问题，包括漳州某公司与福建某食品公司是否存在关联关系，货物交付方式是否属于“实体货物交付”予以认定，因此不能以该另案判决作为认定该案讼争关联关系及“实体货物交付”的依据。因此，根据最高人民法院《关于适用〈中华人民共和国民事诉讼法〉的解释》第九十三条的规定，厦门某公司另案的判决书不应作为认定该案定案的依据，该案应当在重新查明贸易事实的基础上进行审理，依法作出符合案件事实的裁判。(3)该案厦门某公司的上游供应商福建某食品公司与下游买方漳州某公司存在保险合同约定的关联关系，进一步证明不存在真实的贸易，对厦门某公司因此产生的融资损失，某保险公司依约不承担保险赔偿责任。首先，保险条款第三条第七项“关联关系”的条款是为了确保贸易的真实、合法，符合目前的行业惯例，是合法且必要合理的。第一，保险条款第三条“除外责任”第七项约定：“被保险人与具有关联关系的主体之间的贸易项下发生的损失，保险人不承担赔偿责任。”保险单明细表批注二中约定：“如果被保险人的上游供应商与被保险人的下游买方存在关联关系，对被保险人与上述下游买方的交易引起的损失，保险人不承担赔偿责任。”从上述约定可见，保险单明细表批注二仅仅是对保险条款的除外责任中的与厦门某公司发生关联关系主体范围的进一步明确，厦门某公司主张该批注扩大了关联关系的范围是对该批注的曲解。第二，如前所述，国内贸易信用保险适保的范围是“真实、合法、有效”的贸易，若与关联主体发生交易，往往没有货物的真实运输及交付，是借贸易之名行融资之实。对于此类虚假的贸易，让保险人承担保险责任显然于法无据，与上述“贸易真实、合法、有效”的前提明显不符，且有失公允。因此，“关联关系”条款是我国国内贸易信用保险合同的核心条款之一，是具有长远考虑和必要合理性的，厦门某公司在上下游交易中完全不掌握货权，也不作为收货人，运输及交付均由上下游公司自行约定和控制等不合常理的情形，明显不符合商业惯例和效率原则。

其次，对厦门某公司与贸易关联方之间交易引起的损失，某保险公司依约不承担保险赔偿责任。本案中，某保险公司一审提交的证据9—12显示：案涉期间，漳州某公司股东、法定代表人、监事与福建某食品公司的股东、法定代表人之间存在关系密切的亲属关系，即漳州某公司的股东、执行董事林甲与福建某食品公司的股东刘某、林乙系姻亲关系；漳州某公司的法定代表人林丙与福建某食品公司的股东、法定代表人、执行董事林乙系姐弟关系，与福建某食品公司的股东、监事刘某系姻亲关系；漳州某公司的监事林丁与福建某食品公司的股东、法定代表人、执行董事系姐弟关系，与福建某食品公司的股东、监事刘某系姻亲关系。同时，漳州某公司与福建某食品公司还存在经营范围混同、经营地址混同、高管人员混同、联系方式混同的情形：福建某食品公司与漳州某公司的主要经营范围均为粮食收购及粮食加工；福建某食品公司的住所地“南靖县和溪镇××村”与漳州某公司原地址及现生产地址完全一致；福建某食品公司的原执行董事兼总经理林丁现担任漳州某公司的监事；福建某食品公司在工商局登记的法定代表人林乙的联系方式与漳州某公司法人代表林丙的联系方式完全一致。因此，从亲属关系上，漳州某公司股东、董事、监事及高管的家庭成员担任福建某食品公司的董事、高管，直接控制着福建某食品公司，完全符合相关法律规定列明的关联方情形；就存在诸多经营混同的实际情况而言，也完全符合最高人民法院关于关联关系的公报典型案例（详见附件）对关联关系的司法认定。即该案足以依法认定漳州某公司与福建某食品公司之间存在显著的关联关系。根据保险合同约定，某保险公司有权对厦门某公司主张的贸易损失不承担保险赔偿责任。

综上所述，厦门某公司主张的损失不属于案涉保险合同的适保范围，且其在与漳州某公司不存在真实的货物交易行为的情况下，以虚构的事实提起另案的诉讼及该案的诉讼，其上诉请求应予驳回，以维护某保险公司的合法权益。厦门某公司向一审法院起诉请求：判令某保险公司向厦门某公司支付保险赔款5,164,292.3元及利息（利息自起诉日起按银行同期贷款利率计算至实际付款日）。

一审法院认定事实：2013年6月13日，厦门某公司（被保险人）向某保险公司（保险人）投保国内贸易信用险，该国内贸易信用保险单包含投保单、保险单明细表、批单和《国内贸易信用保险条款》等。其中，保险单明细表载明：“承保范围为被保险人与买方进行的、付款期限在最长信用期限以内的所有贸易，但销售合同中约定的交付前付款不在承保范围内；年度保险金额为50,000,000元；承保风险为买方拖欠、破产或无力偿付；赔偿比例为90%；最长信用期限120天；最高赔偿限额7,500,000元；保单有效期为2013年6月13日至2014年6月12日。”保险单明细表批注部分载明：“一、被保险人已充分了解并同意本保单明细表中所列明的内容和条件，被保险人在本保单明细表上签字视为确认行为；二、如果被保险人的上游供应商与被保险人的下游买方存在关联关系，对被保险人与上述下游买方的交易引起的损失，保险人不承担赔偿责任；三、被保险人将货物交给买方必须是实体货物交付，且被保险人向保险人索赔时必须提供其与上游供应商交易的相关贸易和物流凭证以及与下游买方间的贸易和物流凭证，若被保险人的交付仅为所有权凭证交给买方，而无实体货物交付，保险人不承担保险责任。”《国内贸易信用保险条款》第一条约定的适保范围为，“中华人民共和国境内注册的企业进行的符合合同以书面形式订立且真实、合法、有效、信用期限不超过本保险单约定的最长信用期限的贸易”。第二条约定的保险责任为，“在保险单有限期内，被保险人按贸易合同交付货物或提供服务后，且在保险单明细表列明的发票开票期限内开具发票，因买方破产或无力偿付债务或买方拖欠而引起的直接损失”。第三条约定除外责任包括被保险人与具有关联关系的主体之间贸易项下发生的损失，保险人不承担赔偿责任。第三十七条名词解释中，“关联关系指公司控股股东、实际控制人、董事、监事、高级管理人员与其直接或间接控制的企业之间的关系，以及可能导致公司利益转移的其他关系。但是国家控股的企业之间不因为同受国家控股而具有关联关系”。厦门某公司在投保单中声明已经详读《国内贸易信用保险条款》，对上述保险条款，尤其是涉及免除或限制保险人责任的黑体字部分的条款内容，某保险公司已向其进行了明确的提示和说明，厦门某公司也已充分理解并无异议，并在此基础上填写该投保单，厦门某公司保证作为贸易的实际当事方上述投保范围内签订的销售合同真实、合法、有效。

厦门某公司投保后，于2013年6月18日与漳州某公司签订国内货物买卖合同及补充协议，就漳州某公司向厦门某公司采购货物事宜约定了框架性规则，合同首部载明该框架性规则与双方签订的货物买卖成交确认书共同构成每一次具体交易，合同约定了货物运输及交货、结算方式及漳州某公司未按约定支付或补足履约保证金、货款应付的相关违约责任。双方特别约定，漳州某公司应负责对选定的供粮商提供的粮源品种、质量及企业资信状况进行考察，并在每次具体交易前对拟由厦门某公司与供粮商签订的买卖合同予以确认。双方签订货物买卖成交确认书的，可视为漳州某公司已确认厦门某公司与供粮商签订的买卖合同内容。林丙及其配偶林甲向厦门某公司出具担保书，自愿为漳州某公司在该国内货物买卖合同及补充协议项下的全部义务提供连带责任保证。

2014年4月15日，厦门某公司与福建某食品公司签订买卖合同，约定厦门某公司向福建某食品公司购买稻谷989吨，总金额为2,986,780元，交货时间为2014年4月30日止，货物的运输由福建某食品公司与漳州某公司自行约定承担，但福建某食品公司应在货物装船后2日内向厦门某公司发出装船通知，厦门某公司不被作为船舶运输单项下的收货人，厦门某公司作为承运人或厦门某公司指定承运人与福建某食品公司指定承运人在漳州码头交接货物不视为货物的交付。同日，厦门某公司与漳州某公司签订货物买卖成交确认书，约定漳州某公司向厦门某公司购买供粮方为福建某食品公司的稻谷（丰丙优2013年产）989吨，总金额3,065,217.59元，交货时间为2014年4月30日前。

2014年5月12日，厦门某公司与福建某食品公司签订《买卖合同》，约定厦门某公司向福建某食品公司购买稻谷937吨，总金额为2,857,850元，交货时间为2014年5月31日止，货物的运输由福建某食品公司与漳州某公司自行约定承担，但福建某食品公司应在货物装船后2日内向厦门某公司发出装船通知。厦门某公司不被作为船舶运输单项下的收货人，厦门某公司作为承运人或厦门某公司指定承运人与福建某食品公司指定承运人在漳州码头交接货物不视为货物的交付。同日，厦门某公司与漳州某公司签订货物买卖成交确认书，约定漳州某公司向厦门某公司购买供粮方为福建某食品公司的稻谷（丰两优2013年产）937吨，总金额为2,932,884.96元，交货时间为2014年5月31日前。

2015年，厦门某公司以其已依约供货、漳州某公司尚欠货款为由向厦门市中级人民法院提起诉讼，要求漳州某公司支付尚欠货款5,738,102.55元及违约金，林丙、林甲对漳州某公司上述债务承担连带保证责任。漳州某公司、林丙、林甲到庭参加该案诉讼，抗辩漳州某公司已支付货款480,000元且厦门某公司主张的违约金标准过高。厦门市中级人民法院于2015年10月14日作出了（2015）厦民初字第880号民事判决，判决漳州某公司偿还厦门某公司货款5,738,102.55元并支付违约金（按人民银行同期贷款利率的4倍计算，漳州某公司已支付的480,000元应予扣除）；林丙、林甲对漳州某公司上述债务承担连带清偿责任；驳回厦门某公司其他诉讼请求。现该判决已生效，厦门某公司于2016年1月6日向厦门市中级人民法院申请执行。

2014年8月12日，厦门某公司就其与漳州某公司签订的国内货物买卖合同项下损失向某保险公司提交可能损失通知书，向某保险公司告知漳州某公司存在长期拖欠可能损失的情形。2014年9月26日，厦门某公司向某保险公司提出索赔申请，2014年10月8日，某保险公司受理该索赔申请。2015年2月6日，某保险公司向厦门某公司发出编号为I-rr-DCM201407s0-03的《通知函》，认为厦门某公司的上游供应商福建某食品公司与厦门某公司的下游买方漳州某公司存在保单约定的关联关系。2015年4月27日，厦门某公司向某保险公司回函提出异议。2015年5月8日，某保险公司向厦门某公司发出编号为HT-DCM20140750-04的通知函，认为厦门某公司的上游供应商与下游买方存在保单定义的关联关系，且涉案项下不存在真实的货物交付，该案项下的全部损失不属于某保险公司保险责任。双方就此成诉。

2015年3月5日，北京某保险公估有限公司接受某保险公司的委托，作出了《厦门某公司向漳州某公司追讨稻谷欠款一案交易货物物流过程调查报告》，报告结论认为编号为0000816的水路货物运单（“浙洞机169”船）项下的稻谷及编号为0000973的水路货物运单（“全利5”船）项下的稻谷，不存在实际货物运输。

该案一审审理过程中，某保险公司持一审法院调查令分别前往温州海事局、福州海事局、漳州海事局、温州市港航管理局、中国船级社福州分社、福建省龙海市海澄振龙码头、浙江省洞头县通达船务有限公司、福州某船务有限公司调查取证。调取的材料如下：（1）从温州海事局调取的“浙洞机169”船舶的船舶登记簿显示，2004年9月至2015年5月，“浙洞机169”船舶的所有人、经营人均为洞头县某船务有限公司;(2)从浙江省船舶检验局调取的“浙洞机169”船舶的海上船舶检验证书簿显示,“浙洞机169”船舶载货量960吨;(3)从漳州海事局调取的“浙洞机169”船舶的船舶签证列表显示,在船舶管理系统中,未见“浙洞机169”船舶于2014年4月至5月在漳州海事局办理进出港签证手续的记录;(4)从福州海事局调取的“全利5”船舶的船舶所有权登记证书及船舶国籍证书显示,2009年6月以来“全利5”船舶的所有人为郑某,2009年6月至2014年6月19日“全利5”船舶的经营人为福建某轮船公司,自2014年6月20日起变更为福州某船务有限公司;(5)从中国船级社调取的“全利5”船舶的检验证书显示,“全利5”船舶载货量960吨;(6)从漳州海事局调取的“全利5”船舶的船舶签证列表显示,在船舶管理系统中,未见“全利5”船舶于2014年4月至5月在漳州海事局办理进出港签证手续的记录。

一审法院另查明,根据从漳州市工商行政管理局调取的漳州某公司内资企业登记基本情况表显示,漳州某公司成立于2007年7月17日,住所地南靖县某产业园区,经营范围为粮食收购、大米加工等,法定代表人林丙,股东为林甲,林甲任执行董事、林丁任监事、林丙任经理。根据从南靖县工商行政管理局调取的福建某食品公司内资企业登记基本情况表显示,福建某食品公司成立于2010年8月20日,住所地南靖县和溪镇××村,经营范围为粮食收购,法定代表人林乙,公司股东为刘某、林乙,林乙任执行董事兼总经理、刘某任监事。根据从南靖县公安局调取的人口基本信息显示,林丙、林丁、林乙系同胞兄弟姐妹(其父亲林戊、母亲陈某),林甲系林丙的配偶,刘某系林乙的配偶。福建某律师事务所接受某保险公司的委托,根据如上调取的材料,出具了《关于漳州某公司、福建某食品公司关联关系的调查报告》,认为漳州某公司与福建某食品公司存在“可能导致公司利益转移的其他关系”,即存在法定的关联关系。该案审理过程中,厦门某公司陈述其与漳州某公司、福建某食品公司交易的模式为:其向福建某食品公司购货,然后销售给漳州某公司,货物直接由福建某食品公司向漳州某公司发货,货物运输也是由福建某食品公司安排,漳州某公司在收货后向其出具收货证明,而后其向福建某食品公司付款,漳州某公司在账期届满后向其付款。

一审法院认为,厦门某公司与某保险公司之间的保险单明细表、《国内贸易信用保险条款》、国内贸易信用保险投保单构成双方之间保险合同关系下权利义务内容的约定，该约定系双方当事人真实意思表示，不违反相关法律、法规的强制性规定，应认定合法有效，双方均应恪守。根据保险明细单批注部分第二条约定，“如果被保险人的上游供应商与被保险人的下游买方存在关联关系，对被保险人与上述下游买方的交易引起的损失，保险人不承担赔偿责任；被保险人将货物交给买方必须是实体货物交付，且被保险人向保险人索赔时必须提供其与上游供应商交易的相关贸易和物流凭证及与下游买方间的贸易和物流凭证，若被保险人的交付仅为所有权凭证交给买方，而无实体货物交付，保险人不承担保险责任”。该约定属于免除保险人责任的条款，厦门某公司在保险明细单中签字，确认已充分了解并同意该保单明细表中所列的内容和条件。此外，《国内贸易信用保险条款》第三条约定的除外责任包括被保险人与具有关联关系的主体之间贸易项下发生的损失，保险人不承担赔偿责任。对于该责任免除条款，某保险公司在保险条款中以黑体字的形式作出提示，厦门某公司在《国内贸易信用保险投保单》上加盖公章确认某保险公司已就涉及免除或限制保险人责任的黑体字部分的条款内容，向其进行了明确的提示和说明，其已充分理解并无异议。故某保险公司已履行了对厦门某公司作出明确说明的义务，保险明细单及《国内贸易信用保险条款》的责任免除条款对双方当事人均具有效力。该案争议的焦点在于：(1)厦门某公司与其下游买方漳州某公司在编号为HTWL/GFMY/2014004及HTWL/GFMY/2014005的货物买卖成交确认书项下是否存在“实体货物交付”的贸易关系？(2)厦门某公司的上游卖方福建某食品公司与其下游买方漳州某公司是否存在关联关系？

关于争议焦点一，厦门某公司与其下游买方漳州某公司在编号为HTWL7GFMY72014004及HTWL/GFMY72014005的货物买卖成交确认书项下是否存在“实体货物交付”的贸易关系？

首先，从厦门某公司与漳州某公司签订的国内货物买卖合同及厦门某公司与福建某食品公司签订的买卖合同约定的内容看，厦门某公司的上游卖方福建某食品公司系由其下游买方漳州某公司直接指定，货物的运输及交付均由福建某食品公司与漳州某公司之间自行约定和控制，厦门某公司不作为收货人，对货物的运输及交付均不具有掌控权。该约定的内容与厦门某公司当庭关于三方交易模式为“货物直接由福建某食品公司向漳州某公司发货，货物运输也是由福建某食品公司安排”的陈述互相吻合。

其次，从HTWL7GFMY72014004及HTWL/GFMY72014005的货物买卖成交确认书的实际履行看，厦门某公司就HTWL/GFMY/2014004号货物买卖成交确认书的实际履行提交了如下材料：第一，厦门某公司与福建某食品公司签订的HTWL/GFMY/2014004号买卖合同；第二，福建某食品公司于2014年4月8日向厦门某公司出具的装船通知，记载其以船运方式（浙洞机169号船舶）运送稻谷（丰两优2013年产）至漳州海澄振龙码头，装货数量为989吨，离港时间为2014年4月8日，预计到港时间为2014年4月18日；第三，编号为0000816的水路货物运单，记载稻谷989吨于2014年4月8日出发，船名浙洞机169,起运港南京大窝，到运港海澄振龙，托运人南通某货运公司，收运人福建某食品公司，承运人宁波某航运公司；第四，漳州某公司于2014年4月18日向厦门某公司出具的收货证明，记载漳州某公司于2014年4月18日收到HTWL/GFMY/2014004号货物买卖成交确认书项下货物，数量为989吨，总金额为3,065,217.59元，货物质量符合要求；第五，厦门某公司2014年4月粮食款对账单，记载漳州某公司于2014年4月30日在厦门某公司的对账单上盖章，确认于2014年6月17日前支付货款3,065,217.59元。就TWL7GFMY72014005号货物买卖成交确认书的实际履行情况提交了如下材料：第一，厦门某公司与福建某食品公司签订的HTWL/GFMY72014005号买卖合同；第二，福建某食品公司于2014年5月12日向厦门某公司出具的装船通知，记载其以船运方式（全利5）运送稻谷（丰两优2013年产）至漳州海澄振龙码头，装货数量为990.5吨，离港时间为2014年5月12日，预计到港时间为2014年5月19日；第三，编号为0000973的水路货物运单，记载稻谷990.5吨于2014年5月12日出发，船名全利5,起运港南京大窝，到运港海澄振龙，托运人南通某货运公司，收运人福建某食品公司，承运人宁波某航运公司；第四，漳州某公司于2014年5月19日向厦门某公司出具的收货证明，记载漳州某公司于2014年5月19日收到HTWL7GFMY72014005号货物买卖成交确认书项下货物，数量937吨，总金额为2,932,884.96元，货物质量符合要求；第五，《厦门某公司2014年5月粮食款对账单》，记载漳州某公司于2014年5月30日在厦门某公司的对账单上盖章，确认于2014年7月18日前支付货款2,932,884.96元。但根据从温州海事局调取的"浙洞机169"船舶的船舶登记簿显示，2004年9月至2015年5月，"浙洞机169"船舶的所有人、经营人均为洞头县某船务有限公司，并非编号为0000816的水路货物运单上记载的"承运人宁波某航运公司"；从浙江省船舶检验局调取的"浙洞机169"船舶的海上船舶检验证书簿显示，"浙洞机169"船舶载货量960吨，装船通知及永路货物运单上记载的装货数量989吨，已超过该船舶的合法载重量；从漳州海事局调取的"浙洞机169"船舶的船舶签证列表显示，2014年4月至5月，"浙洞机169"船舶并未在漳州海事局办理进出港签证手续；从福州海事局调取的"全利5"船舶的船舶所有权在登记证书及船舶国籍证书显示，2014年4月至5月，"全利5"船舶的所有人为郑某，经营人为福建某轮船公司，并非编号为0000973的水路货物运单上记载的"承运人宁波某航运公司"；从中国船级社调取的"全利5"船舶的检验证书显示，"全利5"船舶载货量960吨，装船通知及水路货物运单上记载的装货数量990.5吨，已超过该船舶的合法载重量；从漳州海事局调取的"全利5"船舶的船舶签证列表显示，2014年4月至5月，"全利5"船舶并未在漳州海事局办理进出港签证手续。某保险公司另提交了北京某保险公估有限公司作出的《厦门某公司向漳州某公司追讨稻谷欠款一案交易货物物流过程调查报告》反驳厦门某公司的主张。厦门某公司虽反驳称"浙洞机169"号及"全利5"号船舶可能存在违法超载行为、违规没有到海享局办理船舶进出港签证、该两批货物水路货物运单上显示的"宁波某航运公司"可能系无船承运人，但却未能提交证据予以证实；其提交的收货证明及粮食款对账单亦无法证明讼争货物系实体货物交付。

最后，厦门某公司提交的已生效的（2015）厦民初字第880号厦门某公司诉漳州某公司、林丙、林甲买卖合同纠纷一案的民事判决书，虽确认了厦门某公司与漳州某公司之间存在买卖合同关系的事实，但该判决并未就其交付方式是否符合"实体货物交付"及漳州某公司与福建某食品公司是否存在关联关系予以认定，故不能以该判决作为认定双方存在"实体货物交付"的贸易关系的依据。

因此，综合厦门某公司与某保险公司提交的证据，某保险公司提交的证据证明力优于厦门某公司提交的证据。根据最高人民法院《关于适用〈中华人民共和国民事诉讼法〉的解释》第一百零八条第二款的规定，对一方当事人为反驳负有举证证明责任的当事人所主张事实而提供的证据，人民法院经审查并结合相关事实，认为待证事实真伪不明的，应当认定该事实不存在。故一审法院认定厦门某公司与漳州某公司在编号为HTWL/GFMY/2014004及HTWL/GFMY72014005的货物买卖成交确认书项下不存在"实体货物交付"的贸易关系，某保险公司关于厦门某公司与漳州某公司之间不存在真实贸易关系的抗辩意见，一审法院予以采纳。

该案的争议焦点二：厦门某公司的上游卖方福建某食品公司与其下游买方漳州某公司是否存在关联关系？

《公司法》第二百一十六条第四款与该案《国内贸易信用保险条款》第三十七条均规定，关联关系指公司控股股东、实际控制人、董事、监事、高级管理人员与其直接或间接控制的企业之间的关系，以及可能导致公司利益转移的其他关系。可见，《公司法》及保险条款所称的关联公司，既包括公司股东的互相交叉，也包括公司共同由第三人直接或间接控制，或者股东之间、公司的实际控制人之间存在直系血亲、姻亲、共同投资等可能导致利益转移的其他关系。

该案中，漳州某公司法定代表人林丙，股东为林甲，林甲任执行董事、林丁任监事、林丙任经理。福建某食品公司法定代表人林乙，公司股东为刘某、林乙，林乙任执行董事兼总经理、刘某任监事。林丙、林丁、林乙系同胞兄弟姐妹，林甲系林丙的配偶，刘某系林乙的配偶。因此漳州某公司的股东林甲（林丙的配偶）与福建某食品公司的股东林乙（林丙的姐姐）、刘某（林丙的姐夫）系姻亲关系；漳州某公司的法定代表人林丙与福建某食品公司的法定代表人、股东、执行董事兼总经理林乙系姐弟关系，与福建某食品公司的股东、监事刘某系姻亲关系；漳州某公司的监事林丁与福建某食品公司的法定代表人、股东、执行董事兼总经理林乙系姐弟关系，与福建某食品公司的股东、监事刘某系姻亲关系。此外，漳州某公司与福建某食品公司的主要经营范围均为粮食收购，住所地均在福建省南靖县，漳州某公司的监事林丁曾系福建某食品公司的股东、执行董事兼总经理。

因此，漳州某公司与福建某食品公司的股东之间、实际控制人之间存在姻亲关系，系“可能导致利益转移的其他关系”，属于法定的关联关系，某保险公司关于厦门某公司的上游卖方福建某食品公司与下游买方漳州某公司之间存在保险合同约定的关联关系的抗辩意见，一审法院予以采纳。

综上所述，该案厦门某公司与漳州某公司之间的交易不存在实体货物交付，且厦门某公司的上游卖方福建某食品公司与其下游买方漳州某公司之间存在关联关系，该情形属于某保险公司责任免除的事由，根据合同约定，某保险公司对厦门某公司的损失不承担保险赔偿责任。厦门某公司要求某保险公司支付保险赔款5,164,292.3元及利息的诉求缺乏依据，一审法院不予支持。

依照《民事诉讼法》第六十四条第一款规定，判决如下：驳回厦门某公司的诉讼请求。案件受理费47,950元，由厦门某公司负担。

二审法院二审期间，当事人没有提交新证据。各方当事人对一审法院查明的事实没有异议，二审法院予以确认。

二审法院认为，该案上诉人厦门某公司的上诉主张主要有三：一是案涉的《保险单明细表》中的批注条款第二条、第三条属于格式条款，免除了某保险公司作为保险人的保险责任，而某保险公司未尽到提示和说明义务，该免责条款对厦门某公司不产生效力；二是一审判决举证责任分配不当，以“待证事实真伪不明”来认定“不存在实体货物交付”的贸易关系，从而认为不存在真实贸易关系，存在不当；三是保险单明细表中批注第二条扩大了《国内贸易信用保险条款》第三章“除外责任”第三条第七项的关联关系的范围，有违商业惯例和公平合理。

针对上诉人厦门某公司的上述主张，二审法院分析认定如下：(1)关于某保险公司是否已经对案涉保险单明细表中的批注条款第二条、第三条尽到提示和说明义务的问题。案涉保险单明细表中的批注条款第二条、第三条是被上诉人某保险公司拟定的用于多次交易的格式条款，且两条款均约定属于免除保险人责任的条款。就其内容，上述两批注条款分别是对《国内贸易信用保险条款》第一章“适保范围”第一项和第三条“除外责任”第七项的明确和说明，对于《国内贸易信用保险条款》中的责任免除条款，某保险公司已经以黑体字的形式作出提示，某保险公司将上述需要被保险人特别关注的上述批注条款再次单独列明，厦门某公司在保险明细单中签字盖章，确认其已充分了解并同意该保单明细表中所列明的内容和条件。根据最高人民法院《关于适用〈中华人民共和国保险法〉若干问题的解释（二）》第十三条第二款的规定，投保人对保险人履行了明确说明义务在相关文书上签字、盖章或者以其他形式予以确认的，应当认定保险人履行了该项义务，一审法院认定某保险公司已尽到提示说明义务并无不当，应予维持。

（2）关于一审法院认定案涉买卖合同不存在真实贸易关系是否存在举证责任分配和认定不当的问题。该案中，保险单明细表中的批注条款第三条已明确列明："被保险人将货物交付给买方必须是实体货物交付，且被保险人向保险人索赔时必须提交其与上游供应商的相关贸易和物流凭证，以及与下游买方间的贸易与物流凭证，若被保险人的交付仅为所有权凭证交给乙方，而无实体货物交付，保险人不承担保险责任。"双方就此产生的争议在于厦门某公司交付给买方漳州某公司的货物是否属于实体货物交付的问题，而非厦门某公司与漳州某公司之间是否存在买卖合同关系、买卖合同是否真实履行的问题。一审法院对此作出区分和认识，并在此基础上认为（2015）厦民初字第880号厦门某公司诉漳州某公司、林丙、林甲买卖合同纠纷一案的民事判决书仅确认了厦门某公司与漳州某公司之间存在买卖合同关系的事实，但并未就其交付方式是否符合"实体货物交付"予以认定，故不能直接作为认定双方存在"实体货物交付"事实的依据，是正确的。一审法院在根据双方就"货物是否发生实体交付"这一争议所提交、申请调取的证据进行充分分析的基础上，根据最高人民法院《关于适用〈中华人民共和国民事诉讼法〉的解释》第一百零八条第二款的规定作出认定，并无不当，应予维持。此外，厦门某公司还主张其提交交易的相应的物流单据仅是作为业务履行的参考，在厦门某公司履行与漳州某公司的国内货物买卖合同货物交付义务时，合同项下的货物即应已在"漳州市某园区漳州某公司工厂内"，厦门某公司在"漳州市某园区漳州某公司工厂内"向漳州某公司交付货物，并由漳州某公司出具收货证明，确认收到货物符合国内货物买卖合同的约定，并不需要货物发生物理性转移。但是，厦门某公司与漳州某公司于2013年6月18日签订的国内货物买卖合同约定，货物到达漳州港码头，甲方（漳州某公司）指令乙方（厦门某公司）提货前，双方确认已完成采购数量8096货物的交付，漳州某公司应向厦门某公司出具收货证明（一）（样式见附件2），双方在漳州某公司工厂内对全部货物进行过磅，漳州某公司按过磅重量向厦门某公司对剩余货物数量收货，向厦门某公司出具收货证明（二）（样式见附件3），双方完成档次交易的交货。双方此后签订了一份《补充协议》，将上述交货方式修改为：货物到达漳州港码头前的运输由甲方（漳州某公司）负责，乙方（厦门某公司）不被作为船舶运输运单项下的"收货人"。双方交付货物时，甲方应向乙方出具收货证明。可见，收货证明系双方据以确定交付货物的依据。实际履行中，漳州某公司先后出具的两份收货证明均明确列明船名、航次，厦门某公司主张其系对已经存放于漳州某公司工厂内的货物进行指示交付、货物并不需要货物发生物理性转移的主张，明显与这一事实相悖，这一主张，亦没有相应的事实依据，法院不予采纳。

（3）关于保险单明细表中批注第二条是否扩大了《国内贸易信用保险条款》第三章"除外责任"第三条第七项的关联关系的范围，是否存在有违商业惯例和公平合理的问题。《国内贸易信用保险条款》第三章"除外责任"第三条第七项的约定为：被保险人与具有关联关系的主体之间贸易项下发生的损失。依据其文义理解，至少包含两种情形：一是被保险人和与其具有关联关系的主体之间的贸易；二是被保险人和与存在关联关系的主体之间进行的贸易。批注条款第二条"如被保险人的上游供应商与被保险人的下游买方存在关联关系，对被保险人与上述下游买方交易引起的损失，保险人不承担赔偿责任"是对后一情形的再次明确。上诉人厦门某公司关于批注条款扩大了保险条款范围的主张，没有相应的依据，法院不予采纳。上诉人厦门某公司提出该约定有违商业惯例、显失公平合理的主张，但未能提供证据加以证明相关商业惯例的存在及显失公平的情形，故法院对其这一主张不予支持。

综上所述，厦门某公司的上诉理由不能成立，其上诉请求法院不予支持。一审判决认定事实清楚，适用法律正确，应予维持。依照《民事诉讼法》第一百七十条第一款第一项的规定，判决如下：

驳回上诉，维持原判。

该案二审案件受理费47,950元，由上诉人厦门某公司负担。

该判决为终审判决。

评·析

本案争议焦点主要有二:(1)厦门某公司向漳州某公司交货的事实情况是否符合保险合同关于“实体货物交付”的约定?(2)福建某食品公司与漳州某公司是否存在关联关系?

一、“实体货物交付”问题

《国内贸易信用保险条款》(以下简称《保险条款》)第一条“适保范围”约定:“本保险单适用于中华人民共和国境内注册的企业符合真实、合法、有效条件下的贸易”。保险单明细表中的批注条款第三条约定:“被保险人将货物交付给买方必须是实体货物交付,且被保险人向保险人索赔时必须提交其与上游供应商的相关贸易和物流凭证,以及与下游买方间的贸易与物流凭证,若被保险人的交付仅为所有权凭证交给买方,而无实体货物交付,保险人不承担保险责任。”

经某保险公司理赔勘察,厦门某公司与漳州某公司之间并不存在实体货物交付,这一观点得到了法院的支持。首先,从厦门某公司与福建某食品公司签订的两份买卖合同看,厦门某公司的上游供应商福建某食品公司系由厦门某公司的下游买方漳州某公司直接指定,且案涉货物运输和交付安排由福建某食品公司与漳州某公司直接约定和控制,厦门某公司对货物运输及交付没有控制权,也不作为收货人。其次,从合同实际履行情况看,为证明案涉货物系实体货物交付,厦门某公司在庭审中提交了漳州某公司出具的收货证明,但其中一批货物收货证明显示的收货时间与同由漳州某公司向厦门某公司出具的过磅单显示的收货时间明显自相矛盾;而对另一批货物而言,根据承运船舶的船速,该船根本不可能在甲方证据材料所体现的运输起止时间内完成从出发地到目的地的行程。因此,收货证明无法证明案涉货物已实际交付。最后,厦门某公司在庭审中反复强调另案判决已确认漳州某公司收货的事实,但本案两级法院均认为，该判决虽然确认了厦门某公司与漳州某公司之间存在买卖合同关系的事实，但未就交易是否符合“实体货物交付”作出认定，不能以该判决作为存在“实体货物交付”的依据。

基于厦门某公司证据无法证明货物真实运输、交付；在案涉期间，货物承运船舶的合法所有人、经营人并非厦门某公司提交的水路货运单上记载的承运人；承运船舶的合法载重量低于水路货运单记载的货物重量；承运船舶未在水路货运单显示的码头对应海事局办理过进出港手续等事实，两审法院进一步认定厦门某公司与漳州某公司之间不存在真实贸易关系。

二、被保险人上下游是否存在关联关系问题

保险单明细表批注约定：“如果被保险人的上游供应商与被保险人的下游买方存在关联关系，对被保险人与上述下游买方的交易引起的损失，保险人不承担赔偿责任。”

经某保险公司理赔勘察及法院审理查明，漳州某公司股东、法定代表人、监事与福建某食品公司的股东、法定代表人之间存在关系密切的近亲属、姻亲关系；同时，漳州某公司与福建某食品公司还存在经营范围混同、经营地址混同、高管人员混同、联系方式混同的情形。因此，法院认为，从《公司法》第二百一十六条第四款与本案《保险条款》第三十七条可以看出，关联关系既包括公司股东的互相交叉，也包括“公司共同由第三人直接或间接控制，或者股东之间、公司的实际控制人之间存在直系血亲、姻亲、共同投资等可能导致利益转移的其他关系”。漳州某公司与福建某食品公司的股东之间、实际控制人之间系“可能导致利益转移的其他关系”，属于法定的关联关系，某保险公司有权拒赔。

很长一段时间以来，以实现融资借贷为目的，缺乏真实贸易动机和贸易背景的融资性贸易在国内大行其道，该类交易为了实现融资目的而虚构贸易背景，所买卖的货物往往根本不存在，或者没有正常贸易应有的物流环节，亦即所谓“走单、走票、不走货”或“空转走单”，甚至还伴随着虚开增值税发票的刑事犯罪，国务院国资委明令禁止国有企业从事融资性贸易业务。该类业务也与国内贸易信用保险促进国内贸易发展的宗旨不符。因此，保险人在保

险合同中作出特殊约定排除对该类业务的承保。本案判决确认了相关保险条款的有效性，为保障国内贸易信用保险业务的健康开展，发挥其对真实国内贸易的风险保障功能提供了正面的案例参考。

机动车保险中驾驶人员从业资格证伪造情形下保险人的赔偿责任

——

河南省高级人民法院
（2019）豫民再742号民事判决书

（2019年11月29日）

案情

本案系某保险公司新乡中心支公司在漯河市召陵区人民法院涉诉案件，经召陵区法院一审、漯河市中级人民法院二审及河南省高院再审，终撤销二审判决、维持一审判决，驳回原告诉请。

2018年4月18日，姚某驾驶漯河某物流运输公司所有车辆豫L（某保险公司新乡中心支公司承保交强险与商业第三者责任险）在平顶山叶县某农场路段倒车时，因操作不当致车辆绞龙与高压线接触，造成姚某死亡、车辆受损的事故，交警队认定标的车辆豫L承担事故全部责任。

漯河某物流运输公司向某保险公司新乡中心支公司申请理赔，经查询发现其提供的驾驶员从业资格证系伪造，保险公司因此拒绝赔偿，漯河某物流运输公司遂起诉至法院，要求赔偿车辆损失、施救费、评估费等共计235,000元。

法院判决

再审申请人（一审被告、二审被上诉人）：某保险公司新乡中心支公司，住所地：河南省新乡市卫滨区。

被申请人（一审原告、二审上诉人）：漯河某物流运输公司，住所地：河南省漯河市召陵区。

再审申请人某保险公司新乡中心支公司因与被申请人漯河某物流运输公司财产保险合同纠纷一案，不服河南省漯河市中级人民法院（2019）豫11民终1228号民事判决，向法院申请再审。法院于2019年8月27日作出（2019）豫民申5133号民事裁定，提审该案。法院依法组成合议庭，公开开庭审理了该案。再审申请人某保险公司新乡中心支公司委托诉讼代理人吴某，被申请人漯河某物流运输公司委托诉讼代理人高某、李某到庭参加了诉讼。该案现已审理终结。

某保险公司新乡中心支公司申请再审称：（1）该公司与漯河某物流运输公司签订商业险合同约定了驾驶员驾驶出租机动车或营业性机动车无交通运输管理部门核发的许可证书或其他必备证书，保险人均不负赔偿责任的情形，原一审法院已经查明事故发生时漯河某物流运输公司的司机姚某没有合法从业资格证，漯河某物流运输公司在投保单和投保人声明上均加盖有印章，显示“保险人已明确说明免除保险人责任条款的内容及法律后果”，证明该公司已经在漯河某物流运输公司投保时将该免责条款向漯河某物流运输公司作出解释说明，该免责条款应当生效。（2）涉案车辆为重型罐式货车，根据《道路运输条例》第二十二条规定，“从事货运经营的驾驶人员，应当符合下列条件：……（三）经设区的市级道路运输管理机构对有关货运法律法规、机动车维修和货物装载保管基本知识考试合格”。《道路运输从业人员管理规定》第二条第一款规定，“本规定所称道路运输从业人员是指经营性道路客货运输驾驶员、道路危险货物运输从业人员和其他道路运输从业人员”。第二款规定，“经营性道路客货运输驾驶员包括经营性道路旅客运输驾驶员和经营性道路货物运输驾驶员”。第六条第三款明确规定，“经营性道路客货运输驾驶员和道路危险货物运输从业人员必须取得相应从业资格，方可从事相应的道路运输活动”。由上述法规可知经营性货车的驾驶人员必须在取得从业资格证后才能从事该行业。交通部门设立该考试培训制度是为了强化驾驶员的安全意识、安全驾驶技能和应急处置能力，如未参加培训并考试合格，将增加交通事故的发生率，加重该公司的赔偿责任。（3）保险人将法律行政法规中的禁止性规定情形作为保险合同免责条款的免责事由，保险人对该条款作出提示后，投保人、被保险人或者受益人以保险人未履行明确说明义务为由主张该条款不生效的，人民法院不予支持。在漯河某物流运输公司投保时该公司不但就免责条款进行了提示，而且做了详尽的解释说明，将免责条款的法律后果告知漯河某物流运输公司，因此，该免责条款应当生效。(4)商业险合同系原保监会公布的示范性条款，并非该公司单方制作，该公司和漯河某物流运输公司自愿签订该合同，双方都要遵守，漯河市中级人民法院的错误判决将降低社会的违约成本，不利于国家诚信体系的建设。漯河某物流运输公司作为多年从事运输行业的公司，应当熟知交通法或其他行政法规，以及关于货运从业人员应当具备从业资格证的规定。综上所述，请求：撤销二审判决，维持一审判决；一审、二审诉讼费由漯河某物流运输公司负担。

漯河某物流运输公司辩称：(1)机动车驾驶人的驾驶资格和驾驶行为是由公安部门进行规范和管理，而道路运输从业人员从业资格证系交通运输管理部门为加强道路运输从业人员管理而设置，车辆驾驶人是否具有道路运输从业人员从业资格证并不影响其资格驾驶。该公司驾驶员姚某于事故发生时持有与所驾车辆相符的驾驶证，姚某不具有从业资格证并不代表其失去了驾驶涉案车辆的资格，也并不必然导致其驾驶危险的增加。(2)某保险公司新乡中心支公司无证据证明姚某不具有从业资格证与该案事故的发生有直接的因果关系，某保险公司新乡中心支公司以驾驶员姚某不具备道路运输从业人员从业资格证为由主张免除保险赔偿责任，无事实根据。(3)作为保险单附件的保险合同系某保险公司新乡中心支公司为了重复使用而预先拟定，并在订立合同时未与对方协商的条款，属于格式条款，案涉保险条款中关于驾驶人无交通运输管理部门核发的许可证或者其他必备证书时保险人免责的格式条款属于免除己方责任、加重对方责任、排除对方主要权利的条款，违反了公平原则，应为无效，不能因此免除某保险公司新乡中心支公司的责任。(4)该公司为肇事车辆在某保险公司新乡中心支公司处投保有机动车损失险，发生交通事故给该公司造成车辆损失194,500元、施救费损失13,000元及评估费损失11,000元，事故发生在保险期间，故该公司主张某保险公司新乡中心支公司在机动车损失险保险限额内赔偿其上述损失计款218,500元，于法有据。(5)该公司向法庭出示司机姚某的道路运输从业人员从业资格证，该证据系驾驶员姚某在入职前办理，该公司在为姚某办理入职手续时姚某本人向该公司提交的，该证件上的二维码通过扫描可以查询到办证机关网页，该公司已经充分尽到了审查义务。该证据的真伪，即无论驾驶员有无从业资格证，与该次事故的发生并无关系，该过错不能归责于漯河某物流运输公司一方。综上所述，某保险公司新乡中心支公司的再审请求无事实及法律依据，依法应当被驳回。

漯河某物流运输公司向河南省漯河市召陵区人民法院起诉请求：(1)请求判令某保险公司新乡中心支公司支付漯河某物流运输公司车损费、评估费、施救费共计235,000元。(2)诉讼费由某保险公司新乡中心支公司负担。

一审法院认定事实：2018年4月18日9时45分，漯河某物流运输公司的司机姚某驾驶豫L号川牧牌重型罐式货车在叶县某农场路段倒车时，因操作不当，致车辆与高压电线接触，造成姚某触电死亡、车辆有损的交通事故。经交警部门认定姚某负此次事故的全部责任，漯河某物流运输公司所有的豫L号川牧牌重型罐式货车，在某保险公司新乡中心支公司投保有机动车损失险235,000元，保险期间自2017年11月5日至2018年11月4日，漯河某物流运输公司支出车辆施救费13,000元，漯河某物流运输公司的车辆，经一审法院委托河南省某评估公司鉴定损失为194,500元，支出评估费11,000元。漯河某物流运输公司提供的涉案车辆驾驶人姚某的驾驶证初次领证日期为2012年4月14日，从业资格证显示初次领证日期为2016年10月11日、有效起始日期为2016年10月11日、有效期6年；姚某住址河南省扶沟县，某保险公司新乡中心支公司申请一审法院核实从业资格证的真实性，一审法院当庭拨通从业资格证显示的颁发部门陕西省榆林市道路运输管理处的电话，该部门工作人员回复陕西省榆林市道路运输管理处从2014年7月1日后已经停止对外地人员发放从业资格证，并在官方网站发表了声明。一审法院在其网站也找到了该声明。漯河某物流运输公司在庭审后申请对姚某从业资格证的真实性进行司法鉴定。双方签订的商业险条款中机动车损失险保险条款约定责任免赔的情形包括“驾驶人有下列情形之一……驾驶出租机动车或营业性机动车无交通运输管理部门核发的许可证书或其他必备证书，保险人均不负责任赔偿”。漯河某物流运输公司在投保单上投保人声明栏内加盖印章，并向某保险公司新乡中心支公司提供投保人声明，显示“保险人已明确说明免除保险人责任条款的内容及法律后果”。

一审法院认为，双方对涉案交通事故交警部门认定的漯河某物流运输公司司机姚某负事故全部责任、商业险合同条款及声明无异议。该案争议的焦点是某保险公司新乡中心支公司应否在商业险机动车损失险限额内承担赔偿责任。(1)漯河某物流运输公司提供的姚某从业资格证，显示领取和生效时间是2016年10月11日，一审法院已当庭向从业资格证显示的办证部门陕西省榆林市道路运输管理处核实从2014年7月1日后该部门已经停止对外地人员发放从业资格证，一审法院在其官方网站也找到了其发布的此声明，姚某不是榆林市人属外地人员，从业资格证显示初始领证日期在2014年7月1日后的2016年10月11日，所以，该证可以认定是虚假的，漯河某物流运输公司申请鉴定，一审法院不予准许。(2)双方签订商业险合同，合同条款约定了驾驶员驾驶出租机动车或营业性机动车无交通运输管理部门核发的许可证书或其他必备证书，保险人均不负赔偿责任的情形，漯河某物流运输公司在投保单和投保人声明上均加盖有印章，显示“保险人已明确说明免除保险人责任条款的内容及法律后果”，证明某保险公司新乡中心支公司已对免责条款向漯河某物流运输公司作出了提示。综上所述，事故发生时漯河某物流运输公司司机姚某没有合法从业资格，所以，某保险公司新乡中心支公司依照保险合同约定应免除赔偿责任。综上所述，一审法院于2019年4月28日作出(2019)豫1104民初1672号民事判决：驳回漯河某物流运输公司的诉讼请求。该案诉讼费减半收取2410元，由漯河某物流运输公司负担。

漯河某物流运输公司不服，向河南省漯河市中级人民法院提起上诉。

二审法院认定的事实与一审一致。

二审法院认为，双方对漯河某物流运输公司的驾驶员姚某驾驶涉案肇事车辆发生交通事故造成车损194,500元和支出车辆施救费13,000元、评估费11,000元的事实，以及漯河某物流运输公司为其事故车辆在某保险公司新乡中心支公司投保有车辆损失险235,000元且事故发生在保险期间的事实均无异议，依法予以认定。关于漯河某物流运输公司的驾驶员姚某无从业资格证应否免除某保险公司新乡中心支公司对涉案车辆损失的赔偿责任问题。机动车驾驶人的驾驶资格和驾驶行为是由公安部门进行规范和管理，而道路运输从业人员从业资格证系交通运输管理部门为加强道路运输从业人员管理而设置，车辆驾驶人是否具有道路运输从业人员从业资格证并不影响其驾驶资格。该案中，漯河某物流运输公司的驾驶员姚某于事故发生时持有与所驾车辆相符的驾驶证，姚某不具有从业资格证并不代表其失去了驾驶涉案车辆的资格，也并不必然导致其驾驶危险的增加，并且某保险公司新乡中心支公司亦无证据证明姚某不具有从业资格证与该案事故的发生有直接的因果关系，故某保险公司新乡中心支公司以驾驶员姚某不具备道路运输从业人员从业资格证为由主张免除保险赔偿责任，依法不予支持。该案中，作为保险单附件的保险合同系某保险公司新乡中心支公司为了重复使用而预先拟定并在订立合同时未与对方协商的条款，属于格式条款，案涉保险条款中关于驾驶人无交通运输管理部门核发的许可证或者其他必备证书时保险人免责的格式条款，属于免除己方责任、加重对方责任、排除对方主要权利的条款，违反了公平原则，应为无效，不能因此免除某保险公司新乡中心支公司的责任。漯河某物流运输公司为其涉案肇事车辆在某保险公司新乡中心支公司投保有机动车损失险。漯河某物流运输公司的涉案车辆因发生交通事故给漯河某物流运输公司造成车辆损失194,500元、施救费损失13,000元及评估费损失11,000元，且事故发生在保险期间，故漯河某物流运输公司诉请主张某保险公司新乡中心支公司在机动车损失险保险限额内赔偿其上述损失计款218,500元，于法有据，依法予以支持。综上所述，一审判决认定事实清楚，但适用法律有误，判决结果失当，依法予以纠正。二审法院于2019年6月11日作出（2019）豫11民终1228号民事判决：（1）撤销漯河市召陵区人民法院（2019）豫1104民初1672号民事判决；（2）某保险公司新乡中心支公司于判决生效后10日内赔偿漯河某物流运输公司损失218,500元。一审案件受理费减半收取2410元，二审案件受理费4820元，均由某保险公司新乡中心支公司负担。

法院再审查明事实除与原审一致外，另查明，（1）《机动车综合商业保险条款》第八条第二款第六项规定驾驶出租机动车或营业性机动车无交通运输管理部门核发的许可证书或其他必备证书，无论任何原因造成被保险机动车的任何损失和费用，保险人不负责赔偿。（2）漯河某物流运输公司在投保人声明落款处加盖公司印章，该声明载明“本人确认收到条款及《机动车综合商业保险免责事项说明书》。保险人已明确说明免除保险人责任条款的内容及法律后果”，同时手写了“保险人已明确说明免除保险人责任的内容与法律后果”。(3)法院根据某保险公司新乡中心支公司的申请出具调查令一份，2019年11月20日，榆林市道路运输管理处根据调查令内容向法院出具回复函，内容为：经查询，该处道路运输从业资格证管理系统中没有姚某道路运输从业资格证信息，故该证件非该处所发证件，系伪造。

再审法院再审认为，关于某保险公司新乡中心支公司应否赔偿事故车辆的损失和费用的问题。国务院颁布的《道路运输条例》第二十二条规定：“从事货运经营的驾驶人员，应当符合下列条件：(一)取得相应的机动车驾驶证；(二)年龄不超过60周岁；(三)经设区的市级道路运输管理机构对有关货运法律法规、机动车维修和货物装载保管基本知识考试合格。”由此可见，对从事经营性道路客货运的驾驶人员，行政法规规定了比较严格的准入资格，其目的也是为了交通运输的安全。根据该规定，“未经设区的市级道路运输管理机构对有关货运法律法规、机动车维修和货物装载保管基本知识考试合格”的人员，不得驾驶营运车辆。该案中，《机动车综合商业保险条款》第八条第二款第六项约定的“驾驶出租机动车或者营业性机动车无交通运输管理部门核发的许可证书或其他必备证书”系免除保险公司责任的条款，该免责条款符合上述行政法规的规定，应为有效约定。

最高人民法院《关于适用〈中华人民共和国保险法〉若干问题的解释(二)》第十一条中规定：“保险合同订立时，保险人在投保单或者保险单等其他保险凭证上，对保险合同中免除保险人责任的条款，以足以引起投保人注意的文字、字体、符号或者其他明显标志作出提示的，人民法院应当认定其履行了保险法第十七条第二款规定的提示义务。保险人对保险合同中有关免除保险人责任条款的概念、内容及其法律后果以书面或者口头形式向投保人作出常人能够理解的解释说明的，人民法院应当认定保险人履行了保险法第十七条第二款规定的明确说明义务。”该案中，某保险公司新乡中心支公司提供的《机动车综合商业保险条款》中，该免责条款文字加黑、加粗显示，足以引起投保人的注意，投保人漯河某物流运输公司亦在投保人声明上手写了

“保险人已明确说明免除保险人责任的内容与法律后果”，并加盖公司印章。结合事故车辆驾驶员姚某向某保险公司新乡中心支公司提供虚假的从业资格证的事实，可以认定某保险公司新乡中心支公司对该免责条款尽到了提示和说明义务，案涉免责条款已经生效。根据再审查明事实，姚某的从业资格证系伪造，发生事故的车辆属于涉案保险合同约定的免责情形，应当免除某保险公司新乡中心支公司的赔偿责任，故某保险公司新乡中心支公司认为其不应当承担赔偿责任的再审请求成立，再审法院予以支持。二审判决适用法律错误，再审法院予以纠正。依照最高人民法院《关于适用〈中华人民共和国保险法〉若干问题的解释（二）》第十一条，《民事诉讼法》第二百零七条第一款、第一百七十条第一款第一、二项之规定，判决如下：

（1）撤销河南省漯河市中级人民法院（2019）豫11民终1228号民事判决；

（2）维持河南省漯河市召陵区人民法院（2019）豫1104民初1672号民事判决。

一审案件受理费减半收取2410元，二审案件受理费4820元，均由漯河某物流运输公司负担。

该判决为终审判决。

评·析

本案争议焦点在于驾驶员持伪造从业资格证，保险公司应否在商业险机动车损失险限额内承担赔偿责任。

首先，根据《道路运输条例》第二十二条中规定：“从事货运经营的驾驶人员，应当符合下列条件：（一）取得相应的机动车驾驶证；（二）年龄不超过60周岁；（三）经设区的市级道路运输管理机构对有关货运法律法规、机动车维修和货物装载保管基本知识考试合格（使用总质量4500千克及以下普通货运车辆的驾驶人员除外）。”同时，交通部颁发的《道路运输从业人员管理规定》规定，国家对道路运输从业人员实行从业资格考试制度；经营性道路客货运输驾驶员和道路危险货物运输从业人员必须取得相应从业资格，方可从事相应的道路运输活动。

本案中，漯河某物流运输公司系依法成立的道路货物运输公司，运输车辆均为大货车，鉴于运输高危险系数及法律法规针对驾驶资质的严苛规定，公司成立及在办理车辆营运证时应严格审查驾驶员从业资质，履行监管职责。但本案驾驶员并不具备货车驾驶资质，运输公司未履审查监管职责在先，伪造驾驶员从业资格证以获理赔目的在后，对事故造成车辆损失，应承担相应责任。

其次，根据《机动车综合商业保险条款》责任免除第八条第二款的规定，驾驶人有下列情形之一者："……驾驶出租机动车或者营业性机动车无交通运输管理部门核发的许可证书或其他必备证书。"由此可见，对于驾驶员未取得从业资格证的情形，保险人在与投保人订立合同时就已明确约定，因此对于事故造成的车辆损失，保险人不负责赔偿。

保险合同免责条款是否生效，取决于保险人是否履行提示及明确说明义务。《保险法》第十七条规定："订立保险合同，采用保险人提供的格式条款的，保险人向投保人提供的投保单应当附格式条款，保险人应当向投保人说明合同的内容。对保险合同中免除保险人责任的条款，保险人在订立合同时应当在投保单、保险单或其他保险凭证上作出足以引起投保人注意的提示，并对该条款的内容以书面或者口头形式向投保人作出明确说明；未作提示或者明确说明的，该条款不产生效力。"具体到本案，保险公司向法院提交投保单、保险单、保险条款等，漯河某物流运输公司在投保单和投保人声明栏均加盖公章，显示"保险人已明确说明免除保险人责任条款的内容及法律后果"，足以佐证保险公司于投保时就免责条款具体内容与法律后果已向漯河某物流运输公司作出解释说明，履行了提示及明确说明义务，免责条款生效。

同时，根据最高人民法院《关于适用〈中华人民共和国保险法〉若干问题的解释（二）》第十条，"保险人将法律、行政法规中的禁止性规定情形作为保险合同免责条款的免责事由，保险人对该条款作出提示后，投保人、被保险人或者受益人以保险人未履行明确说明义务为由主张该条款不成为合同内容的，人民法院不予支持"。由此，保险公司免责条款的约定合法有效。

再次，根据最高人民法院《关于民事诉讼证据的若干规定》第二条第二款规定："当事人因客观原因不能自行收集的证据，可申请人民法院调查收集。”对案件审理有重大意义，但因客观原因不能调取的证据，应积极向法院申请调取。具体到本案，一审中主审法官据当庭向榆林市道路运输管理处电话核实从业资格证系伪造事实，来认定保险公司免责条款效力，支持商业险抗辩，但继对方当事人上诉后，二审以电话核实效力不足及格式条款加重投保人与被保险人责任予以改判。保险公司履行判决义务后向河南省高级人民法院提起再审，为补强“伪造”证据效力，向河南省高级人民法院申请调查令并获准前往榆林市道路运输管理处取得肇事司机从业资格证系伪造的书面证据，高级人民法院据此支持保险公司商业险免责抗辩并予以改判。

以事实为依据、以法律为准绳，系法院审理案件标准。事实，是指事情的本来面目与真实情况，须通过合法证据予以佐证。因此，本案中保险公司提供的被保险人盖章的投保单及调取的虚假从业资格证证据，对佐证案件事实与审理具有重大意义。

最后，从实现社会价值导向与国家诚信体系建设方面出发，否定虚假从业资格的车辆商业保险赔付责任具有积极意义。司法体系涉审判监督程序，具有指导地方审判规则、纠正法律适用错误的权威示范作用，以确保司法体系健康稳固、有条不紊。本案再审改判结果，不仅有利于规范营运车辆的市场管理，同时也对肃清伪造从业资格证的骗保行为给予认可，有助于推动国家诚信体系建设。

财产综合险中以招标形式投保下保险合同免责条款的提示与明确说明义务

北京市第二中级人民法院
（2019）京02民终11040号民事判决书

（2019年9月20日）

案·情

2017年7月15日，投保人（本案同被保险人）就其所有的建筑物、机器设备、仓储物品向保险人投保了财产一切险，保险期限为一年。2018年1月4日凌晨，被保险人温室大棚发生意外垮塌，导致连体温室大棚14栋、棚内植物及相关设备等财产全部损毁，后被保险人申请理赔。保险人委托保险公估公司对事故进行了查勘和定损，确定事故造成经济损失14,000,000余元，其中受损温室大棚属于保单约定的“简易建筑”范畴，属于保单责任免除范围。2018年9月13日，保险人以事故属于免责条款为由，向被保险人出具了拒赔意见。

2019年1月，被保险人向人民法院提起诉讼，请求法院判令保险人赔偿其暴雪垮塌事故的财产损失。一审法院判决认为，保险人提交投保单显示投保人在投保单的投保人声明处加盖公章，确认保险人在投保时向其送达了保险条款并对免责条款等内容进行了说明，保险人以此证明其完成了保险条款的送达和解释说明义务的理由充分。且本案中的财产一切险条款并非保险人单方提供的格式条款，投保人对该条款的内容，包括条款中对简易建筑的定义以及对免责事项的约定都明知，故财产一切险保险条款在本案有效，驳回被保险人的全部诉讼请求。

被保险人不服一审判决，于同年提起上诉。二审法院驳回被保险人上诉，维持原判。

法院判决

上诉人（原审原告）：某生态有限公司，住所地湖北省钟祥市。

被上诉人（原审被告）：某保险公司北京分公司，住所地北京市东城区。

原审第三人：北京某食品有限公司，住所地北京市顺义区。

上诉人某生态有限公司因与被上诉人某保险公司北京分公司、原审第三人北京某食品有限公司财产保险合同纠纷一案，不服北京市东城区人民法院（2019）京0101民初2950号民事判决，向法院提起上诉。法院于2019年9月2日立案后，依法组成合议庭进行了审理。该案现已审理终结。

某生态有限公司上诉请求：（1）撤销一审判决，改判支持某生态有限公司一审全部诉讼请求，或将该案发回重审；（2）该案一审、二审诉讼费由某保险公司北京分公司承担。

事实与理由：

1.一审法院事实认定错误

（1）涉案保险事故损毁大棚不属于“简易建筑”

第一，涉案纠纷当事人在投保时就简易建筑范围达成合意，仅指简单搭建的车棚、煤棚等，不包含涉案保险事故损毁的连体温室大棚。

第二，通过涉案证据《公估报告》载明的关于涉案损毁大棚之建设合同（《土建及钢结构工程施工合同》）可以证明大棚建设周期长、费用高，亦可以证明涉案保险标的不属于所谓的“简易建筑”。

第三，涉案损毁保险标的温室大棚是否属于“简易建筑”是一个事实问题，在涉案纠纷当事人产生歧义时，需要由专业人员鉴定；某生态有限公司在本案一审中向一审法院提交了专家证人出庭申请书，要求由相关领域专家来证明涉案损毁保险标的是否属于“简易建筑”，但是一审法院未予以准许。

（2）某保险公司北京分公司未对其免责条款尽到解释说明义务

第一，某保险公司北京分公司作为专业的保险公司未能够证明涉案纠纷当事人在投保时对于该案损毁标的大棚是否属于“简易建筑”进行了解释和说明。

第二，某保险公司北京分公司在该案保险事故发生后的协商理赔过程中，直到作出拒赔决定前，从未提出涉案损毁大棚属于所谓的“简易建筑”的主张。

2.一审法院适用法律不当

某保险公司北京分公司应当承担保险赔偿责任：

第一，根据涉案纠纷当事人签订的保险合同《财产一切险条款》第五条约定：“在保险期间内，由于自然灾害或意外事故造成保险标的的直接物质损坏或灭失，保险人应当按照本保险合同的约定负责赔偿。”

第二，根据《保险法》第十七条、第十九条和第三十条等关于保险格式条款的相关规定，某保险公司北京分公司在未对涉案损毁温室大棚是否属于“简易建筑”进行解释和说明的前提下，在该案保险事故发生后应当按照《保险法》的规定承担赔偿责任。

第三，根据最高人民法院《关于适用〈中华人民共和国保险法〉若干问题的解释（二）》第十三条的规定，某保险公司北京分公司应当对其履行了保险免责条款解释说明义务承担举证责任，但是在该案一审中，某保险公司北京分公司未能够证明涉案损毁保险标的温室大棚等同于“车棚”“煤棚”等所谓的因暴雪受损的“简易建筑”从而免责不赔。

第四，购买保险的宗旨和目的是分散风险、补偿损失，在该案中一审某生态有限公司和北京某食品有限公司不可能自损利益认为涉案损毁温室大棚属于保险免责之“简易建筑”，并在投保时对“简易建筑”的定义亦达成了合意，根据涉案保险合同及《合同法》的相关规定，某保险公司北京分公司拒赔属于违约行为，应当承担保险赔偿责任。

第五，某保险公司北京分公司在投保时收取了大额保费，却在保险事故发生后拒绝承担保险责任，违背了投保人购买保险的初衷和意义，而且使某生态有限公司造成的巨额经济损失无从填补，对于某生态有限公司极不公平。

综上所述，某生态有限公司希望二审人民法院能够查明案件事实，公正裁决，保障某生态有限公司的合法权益，支持某生态有限公司的诉讼请求。

某保险公司北京分公司辩称：一审法院认定事实清楚，适用法律正确。请求维持一审判决，驳回某生态有限公司的上诉请求。不同意某生态有限公司的上诉请求和理由。

1.涉案温室大棚属于简易建筑，其因暴雪发生损失，不属于保险赔偿责任的范围，对该等损失保险人不负责赔偿

某保险公司北京分公司认为某生态有限公司的理由不能成立。涉案温室大棚是否属于"简易建筑"应当严格依据双方订立的保险合同来认定，而非温室大棚的建造成本和建造周期来判断；双方也从未达成"简易建筑仅指车棚或煤棚"的合意；根据保险合同中关于"简易建筑"的定义，完全可以判断涉案温室大棚是否属于"简易建筑"，聘请专家辅助人对其进行鉴定完全没有必要。

《财产一切险条款》第四十一条约定："本保险合同涉及下列术语时，适用下列释义：……（二十五）简易建筑：指符合下列条件之一的建筑：(1)使用竹木、芦席、蓬布、茅草、油毛毡、塑料膜、尼龙布、玻璃钢瓦等材料为顶或墙体的建筑；(2)顶部封闭，但直立面非封闭部分的面积与直立面总面积的比例超过10％的建筑；(3)屋顶与所有墙体之间的最大距离超过一米的建筑。"

《附加条款》第43条"简易建筑扩展条款（累计赔偿限额为人民币1,000,000元，每次事故赔偿限额为人民币500,000元）"第二款约定："简易建筑是指符合下列条件之一的建筑：(1)使用竹木、芦席、蓬布、茅草、油毛毡、塑料膜、尼龙布、玻璃钢瓦等材料为顶或墙体的建筑；(2)顶部封闭，但直立面非封闭部分的面积与直立面总面积的比例超过10％的建筑；(3)屋顶与所有墙体之间的最大距离超过一米的建筑"。

2017年6月28日，北京某食品有限公司联络人毕某向某保险公司北京分公司业务员吴某发来2017年度财产保险项目招标邀请函。招标邀请函第19页明确载明，"简易建筑是指符合下列条件之一的建筑：(1)使用竹木、芦席、蓬布、茅草、油毛毡、塑料膜、尼龙布、玻璃钢瓦等材料为顶或墙体的建筑；(2)顶部封闭，但直立面非封闭部分的面积与直立面总面积的比例超过10％的建筑；(3)屋顶与所有墙体之间的最大距离超过一米的建筑"。

可见，此次承保系通过北京某食品有限公司（投保人，该案原审第三人）

招标而达成的，简易建筑的定义是北京某食品有限公司提供的，相关文字也是北京某食品有限公司提供，因此，北京某食品有限公司对“简易建筑”的定义、内容应该非常了解，双方对“简易建筑”的约定也非常明确，即使用塑料膜等材料为顶或墙体的建筑属于简易建筑。对此问题没有歧义，也不需要对合同定义进行所谓的解释。因此，某生态有限公司提出聘请专家辅助人对“简易建筑”进行解释，实属没有必要。

该案中，某生态有限公司的温室大棚顶部及侧围均为塑料膜全覆盖，符合“简易建筑”定义第(1)条的约定。

此外，该案保险事故发生后，某保险公司北京分公司与北京某食品有限公司共同委托某保险公估公司对涉案保险标的/保险事故进行现场查勘、损失原因评定、损失程度鉴定、保险责任认定、定损理算等工作，并出具公估报告。

某保险公估公司同样认为，涉案温室大棚属于保险合同约定的“简易建筑”，因此，保单责任不成立。

因此，一审法院认定涉案温室大棚属于双方约定的“简易建筑”，认定事实清楚、正确。

2.某保险公司北京分公司对免责条款已尽到提示和明确说明义务，免责条款合法有效

某生态有限公司认为，某保险公司北京分公司在北京某食品有限公司就该案保险合同投保时从未对“温室大棚属于简易建筑”进行过解释说明，则某保险公司北京分公司应当按照《财产一切险条款》第五条的约定及《保险法》的规定承担赔偿责任。

某保险公司北京分公司认为，某生态有限公司上述理由不能成立，《保险法》第十七条规定的保险人应当履行的提示和明确说明的对象为“格式条款中免除保险人责任的条款”，即该案《财产一切险条款》第八条的约定，而非对“简易建筑”的定义以及“温室大棚是否属于简易建筑”的认定。

《财产一切险条款》第八条约定，“下列损失、费用，保险人也不负责赔偿：……(三)广告牌、天线、霓虹灯、太阳能装置等建筑物外部附属设施，存放于露天或简易建筑物内的保险标的以及简易建筑，由于雷电、暴雨、洪水、暴风、龙卷风、冰雹、台风、飓风、暴雪、冰凌、沙尘暴造成的损失……”

《保险法》第十七条规定,“订立保险合同,采用保险人提供的格式条款的,保险人向投保人提供的投保单应当附格式条款,保险人应当向投保人说明合同的内容。对保险合同中免除保险人责任的条款,保险人在订立合同时应当在投保单、保险单或者其他保险凭证上作出足以引起投保人注意的提示,并对该条款的内容以书面或者口头形式向投保人作出明确说明;未作提示或者明确说明的,该条款不产生效力”。

最高人民法院《关于适用〈中华人民共和国保险法〉若干问题的解释(二)》第十一条规定:“保险合同订立时,保险人在投保单或者保险单等其他保险凭证上,对保险合同中免除保险人责任的条款,以足以引起投保人注意的文字、字体、符号或者其他明显标志作出提示的,人民法院应当认定其履行了保险法第十七条第二款规定的提示义务。保险人对保险合同中有关免除保险人责任条款的概念、内容及其法律后果以书面或者口头形式向投保人作出常人能够理解的解释说明的,人民法院应当认定保险人履行了保险法第十七条第二款规定的明确说明义务。”

最高人民法院《关于适用〈中华人民共和国保险法〉若干问题的解释(二)》第十三条规定,“保险人对其履行了明确说明义务负举证责任。投保人对保险人履行了符合本解释第十一条第二款要求的明确说明义务在相关文书上签字、盖章或者以其他形式予以确认的,应当认定保险人履行了该项义务。但另有证据证明保险人未履行明确说明义务的除外。”

该案中,《财产一切险投保单》中“投保人声明”处载明:“本人所填写的投保单已附投保险种所对应的保险条款,且保险人已将投保险种对应的保险条款内容,特别是责任免除、投保人/被保险人义务、赔偿处理以及其他免除保险人责任的条款向本人作了明确说明,本人已充分理解。上述所填写内容均属实,同意以此投保单作为订立保险合同的依据。”北京某食品有限公司在此“投保人声明”处加盖了公章。

某保险公司北京分公司认为,对于《财产一切险条款》第八条的免责条款,某保险公司北京分公司已对条款内容进行加黑加粗显示,且投保人北京某食品有限公司已在“投保人声明栏”盖章确认,因此,某保险公司北京分公司对上述免责条款已尽到提示和明确说明义务,该条款合法有效。

同时，比较双方当事人的证据效力，按照直接证据优于间接证据、原始证据优于传来证据的基本原则，可以认定某保险公司北京分公司已经对投保人北京某食品有限公司就上述责任免除条款进行了明确说明，投保人对于责任免除条款的后果明确知悉。

另外，需要重点指出的是，北京某食品有限公司自2012年在某保险公司北京分公司进行投保，投保险种与该案险种相同，即该案系续保过程中发生的保险事故。北京某食品有限公司在以往投保过程中对于相关免责条款均已明确知悉。

因此，一审法院认定某保险公司北京分公司已就免责条款尽到提示和明确说明义务，认定事实清楚、适用法律正确。

综上所述，一审判决事实认定清楚、适用法律正确，某生态有限公司的上诉理由完全不能成立，请人民法院查明事实，正确适用法律，依法驳回某生态有限公司的上诉请求，维持原判。

北京某食品有限公司述称，同意某生态有限公司的上诉请求和理由，当时投保的时候并不知道该案争议建筑属于简易建筑不在保险范围。

某生态有限公司向一审法院起诉请求：(1)判令某保险公司北京分公司赔偿某生态有限公司保险金7,513,537.72元及利息(自2018年1月9日起至实际给付之日止，以7,513,537.72元为基数，按中国人民银行同期贷款利率计算；(2)诉讼费由某保险公司北京分公司负担。

一审法院认定事实：2017年7月15日，北京某食品有限公司在某保险公司北京分公司处投保了财产一切险，被保险人为该案某生态有限公司等公司，保险金额合计(资产价值+存货)1,955,577,001.35元，涉案嘉年华温室大棚14座作为保险标的之一，资产价值为7,513,537.72元，保险期间自2017年7月21日零时起至2018年7月20日二十四时止，每次事故绝对免赔额为2000元或者损失金额的10%，两者以高者为准。北京某食品有限公司在投保单的投保人声明处加盖公章，确认："本人所填写的投保单已附投保险种所对应的保险条款，且保险人已将投保险种对应的保险条款内容，特别是责任免除，投保人/被保险人义务、赔偿处理以及其他免除保险人责任的条款向本人做了明确说明，本人已充分理解。上述所填内容均属实，同意以此投保单作为订立保险合同的依据。”

某保险公司《财产一切险条款》第五条约定，“在保险期间内，由于自然灾害或意外事故造成保险标的直接物质损坏或灭失（以下简称损失），保险人按照本保险合同的约定负责赔偿”。第八条约定：“下列损失、费用，保险人不负责赔偿：……（三）广告牌、天线、霓虹灯、太阳能装置等建筑物外部附属设施，存放于露天或简易建筑物内的保险标的以及简易建筑，由于雷电、暴雨、洪水、暴风、龙卷风、冰雹、台风、飓风、暴雪、冰凌、沙尘暴造成的损失（该条以加粗加黑形式标识）。”第二十九条约定：“保险标的发生保险责任范围内的损失，保险人按以下方式计算赔偿：……（二）保险金额低于保险价值时，按保险金额与保险价值的比例乘以实际损失计算赔偿，最高不超过保险金额。”释义第二十五条约定：“简易建筑：是指符合下列条件之一的建筑：(1)使用竹木、芦席、篷布、茅草、油毛毡、塑料膜、尼龙布、玻璃钢瓦等材料为顶或墙体的建筑；(2)顶部封顶，但直立面非封闭部分的面积与直立面总面积的比例超过10%的建筑；(3)屋顶与所有墙体之间的最大距离超过一米的建筑。附加条款第三十二条约定，经投保人和保险人双方同意，保险事故发生后，保险人和被保险人可以指定双方认可的有合法执业资格的机构作为公估人，公估费用由保险人承担。”第三十三条约定：“保险事故发生时，如果保险单载明的保险金额大于或等于保险价值的85%，保险人对保险标的的损失在保险金额的范围内按照实际损失计算赔偿；如果保险金额小于保险价值的85%，保险人在保险金额的范围内按照保险金额与85%的保险价值的比例计算赔偿。上述赔偿应按照保险单载明的保险标的的项目分别计算。”第四十三条简易建筑扩展条款约定：“在本保险合同载明的地址内，被保险人所有的简易建筑因暴风雨责任造成的损失，保险人按照本保险合同的约定负责赔偿。简易建筑是指符合下列条件之一的建筑：(1)使用竹木、芦席、篷布、茅草、油毛毡、塑料膜、尼龙布、玻璃钢瓦等材料为顶或墙体的建筑；(2)顶部封顶，但直立面非封闭部分的面积与直立面总面积的比例超过10%的建筑；(3)屋顶与所有墙体之间的最大距离超过一米的建筑。本附加条款项下累计赔偿限额为100万元，每次事故赔偿限额为50万元。”特别约定中载明，“对农业简易大棚等没有产权证及验收报告的财产，本保单项下特约承保，累计赔偿限额50万元，每次事故赔偿限额20万元"。

某保险公估公司接受某保险公司北京分公司和北京某食品有限公司的共同委托，在2018年1月6日和1月13日两次对事故现场进行勘察后，于2018年9月10日出具最终报告，内容如下：损失日期和时间为2018年1月4日凌晨4时，事故原因为暴雪。损失性质及程度：本次事故造成14个钢结构覆膜温室大棚被雪压垮塌，钢管和钢柱弯曲变形，覆膜破损，每个大棚面积64米×60米＝3840平方米，总受损面积3840×14＝53,760平方米。根据投保清单显示，14个大棚的保险金额为7,513,537.72元，为不足额投保，投保比例为50.06%。考虑被保险人损失分担扩展条款的约定后，足额率调整为59.64%。该14个大棚顶部及侧围均为塑料膜全覆盖，符合保单条款约定对简易建筑特征定义第1条，"使用……塑料膜……等材料为顶和墙体的建筑"，基于以上条款的字面理解，保单责任不成立。2018年5月8日，某保险公估公司出具保险公估损失金额确认函，确认该案全部损失金额为14,924,290.10元。

另查，该案投保系北京某食品有限公司以招标方式进行。2017年7月11日，某生态有限公司向某保险公司北京分公司以微信方式发送名为招标邀请函的电子文件，其文件标题为北京某食品有限公司2017年度财产保险招标文件，内容包含招标邀请函、投标人须知、投标人基本服务要求及附件投标文件格式、合同基本条款。其中，合同基本条款附加条款中特别约定："农业简易大棚等没有产权证及验收报告的财产，本保单项下特约承保；简易建筑是指符合下列条件之一的建筑：(1)使用竹木、芦席、篷布、茅草、油毛毡、塑料膜、尼龙布、玻璃钢瓦等材料为顶或墙体的建筑……"

庭审中，某生态有限公司申请证人毕某出庭作证。毕某作证称，北京某食品有限公司自2012年开始至2018年在某保险公司北京分公司处投保，该案投保所用的保险条款是北京某食品有限公司在招标时确认的通用条款，该条款在双方之间使用多年，并且北京某食品有限公司曾根据需要对条款进行过修改，招标时北京某食品有限公司将保险条款发送给某保险公司北京分公司，某保险公司北京分公司同意使用该条款，并未进行任何改动。涉案大棚有钢结构和土建，不属于简易建筑。条款中约定的简易建筑仅指煤棚和车棚，且投保时某保险公司北京分公司没有提出简易建筑具体包括哪些，也没有告知简易建筑在何种情况下不予赔偿。某生态有限公司对此份证人证言予以认可,某保险公司北京分公司对其真实性认可,对其证明目的不认可,认为保险条款是北京某食品有限公司多年使用的,北京某食品有限公司对条款内容相当熟悉,涉案大棚顶部和墙体主要是塑料膜,属于简易建筑。

此外,某生态有限公司自认涉案大棚不具有产权证书。

一审法院认为,某生态有限公司、某保险公司北京分公司订立的保险合同合法有效,双方均应按照保险合同的约定行使权利、履行义务。该案的争议焦点为:(1)某保险公司财产一切险条款在该案中能否适用;(2)涉案大棚是否属于简易建筑。

第一,关于某保险公司财产一切险条款在该案中能否适用的问题。根据法律规定,订立保险合同,采用保险人提供的格式条款的,保险人向投保人提供的投保单应当附格式条款,保险人应当向投保人说明合同的内容。投保人对保险人履行了符合要求的明确说明义务在相关文书上签字、盖章或者以其他形式予以确认的,应当认定保险人履行了该义务。但另有证据证明保险人未履行明确说明义务的除外。该案中,某保险公司北京分公司向该院提交投保单,其上显示北京某食品有限公司在投保单的投保人声明处加盖公章,确认保险人在投保时向其送达了保险条款并对免责条款等内容进行了说明,某保险公司北京分公司以此证明其完成了保险条款的送达和解释说明义务。某生态有限公司对此不予认可,称虽然在投保单上加盖公章,但某保险公司北京分公司在投保时并未对何为简易建筑以及简易建筑免赔情况进行提示和说明,因而不同意在该案中适用该份保险条款。一审法院认为,根据毕某的证人证言,某保险公司北京分公司提交的财产一切险条款,原系北京某食品有限公司拟定,该条款在双方之间使用多年,且北京某食品有限公司曾根据自身需要适时对条款内容进行修改。该案投保系以北京某食品有限公司招标方式进行。北京某食品有限公司在招标时曾将保险条款发送给某保险公司北京分公司,某保险公司北京分公司收到后即以此条款为基础进行承保,对保险条款的内容未进行修改。因此,一审法院认为,财产一切险条款并非某保险公司北京分公司单方提供的格式条款,北京某食品有限公司对一切险条款的内容,包括条款中对简易建筑的定义以及对免责事项的约定都明知,现某生态有限公司及北京某食品有限公司提交的证据不足以证明某保险公司北京分公司未履行明确说明义务，故一审法院对某生态有限公司的主张不予认可，确认此份一切险保险条款在该案当中可以适用。

第二，关于涉案大棚是否属于简易建筑的问题。一审法院认为，事故发生后，某保险公估公司接受某保险公司北京分公司和北京某食品有限公司的共同委托，在2018年1月6日和1月13日两次对事故现场进行勘察。经查勘，涉案14个大棚顶部及侧围均为塑料膜全覆盖。一审法院认为，涉案大棚的结构符合保单条款中对简易建筑特征定义第(1)条，“使用……塑料膜……等材料为顶和墙体的建筑”的约定，故一审法院认定涉案14个大棚均属于保险条款中约定的简易建筑。至于某生态有限公司认为涉案大棚结构中含有钢建和土建因而不属于简易建筑的主张，一审法院认为，塑料膜为软体材料，仅有塑料膜的情况下无法搭建成任何建筑，塑料膜必须有钢建或土建结构支撑，若没有钢建或土建结构，将不存在任何建筑，包括简易建筑。此外，涉案大棚不具有相关国家机关依法颁布的产权证书，也可说明其不同于普通建筑，故一审法院对某生态有限公司的这一主张不予认同。

根据保险条款的约定，涉案14个大棚均属于保险条款中约定的简易建筑。根据保险条款的约定，简易建筑由于暴雪发生的损失，属于免责事项，故某生态有限公司的诉讼请求，不具有合同和法律依据，一审法院不予支持。

综上所述，依照《保险法》第五条、第十七条，最高人民法院《关于适用〈中华人民共和国保险法〉若干问题的解释(二)》第十一条、第十三条之规定，判决：驳回某生态有限公司的诉讼请求。

二审中，当事人没有新证据。二审法院对一审法院查明的事实予以确认。

二审法院认为：该案中，某保险公司北京分公司在保险条款中对简易建筑由于暴雪所造成的损失不负责赔偿的内容进行了加粗加黑的标识，同时关于简易建筑的定义系由北京某食品有限公司将该内容发送给某保险公司北京分公司，北京某食品有限公司在投保单的投保人声明处亦加盖公章，确认保险人在投保时向其送达了保险条款并对责任免除条款等内容进行了明确说明。故可以认定某保险公司北京分公司履行了对该免责条款进行解释说明的义务。现某生态有限公司上诉称某保险公司北京分公司未尽到解释说明的义务缺乏事实和法律依据，二审法院不予采信。某保险公估公司出具的《公估报告》载明：该次事故的原因为暴雪，受损的14个钢结构覆膜温室大棚顶部及侧围均为塑料膜全覆盖，符合保单条款约定对简易建筑特征定义第一条："使用……塑料膜……等材料为顶和墙体的建筑"，因此，基于以上条款的字面理解，保单责任不成立。现某生态有限公司称受损的建筑并非简易建筑，但其并未提交相反证据推翻某保险公估公司出具的《公估报告》的结论，亦未提交其他证据证明受损的建筑并非简易建筑，故一审法院据此认定受损建筑为简易建筑于法有据，二审法院予以确认。某生态有限公司的此上诉理由缺乏事实和法律依据，二审法院不予采信。

综上所述，一审判决认定事实清楚，适用法律正确，应予维持。依照《民事诉讼法》第一百七十条第一款第一项之规定，判决如下：

驳回上诉，维持原判。

二审案件受理费64,395元，由某生态有限公司负担（已交纳）。

该判决为终审判决。

评·析

一、如何认定免责条款有效

保险人在保险合同订立时应就其提供的格式条款中有关责任免除事项的条款向投保人明确告知和说明，否则保险人将面临免责条款不能适用的风险。《保险法》第十七条规定："订立保险合同，采用保险人提供的格式条款的，保险人向投保人提供的投保单应当附格式条款，保险人应当向投保人说明合同的内容。对保险合同中免除保险人责任的条款，保险人在订立合同时应当在投保单、保险单或者其他保险凭证上作出足以引起投保人注意的提示，并对该条款的内容以书面或者口头形式向投保人作出明确的说明；未作提示或者明确说明的，该条款不产生效力。"根据上述法律规定，本案中有两项问题需要着重探讨。

(一)本案中有关“简易建筑”的相关内容是否属于《保险法》第十七条第二款规定的“免除保险人责任条款”

最高人民法院《关于适用〈中华人民共和国保险法〉若干问题的解释(二)》第九条以列举方式解释了“免责”的含义,即“保险人提供的格式合同文本中的责任免除条款、免赔额、免赔率、比例赔付或者给付等免除或者减轻保险人责任的条款,可以认定为保险法第十七条第二款规定的‘免除保险人责任的条款’”。最高人民法院明确指出,免责条款不仅仅指形式上属于格式合同中被列明为“责任免除条款”的部分,还包括一切在实质与效果上具有使保险人免除、减少赔付或限制保险责任承担内容的合同条款,免责既包含全部免责,也包含部分免责,辨别免责条款以实质性审查为标准。

涉案《财产一切险条款》第八条约定,“下列损失、费用,保险人也不负责赔偿……(三)……存放于露天或简易建筑物内的保险标的以及简易建筑,由于雷电、暴雨、洪水、暴风、龙卷风、冰雹、台风、飓风、暴雪、冰凌、沙尘暴造成的损失……”从上述约定的字面意思理解,该“简易建筑”相关内容具有免除保险人责任的性质。

但根据法院查明的事实情况,本案中的保险条款系以投保人招标方式进行,招标过程中投保人曾将条款发送给保险人,保险人收到后以此条款为基础承保,对条款内容未作修改。因此,法院认为《财产一切险条款》并非保险人单方面提供的格式条款。据此,本案中有关“简易建筑”的内容是否属于《保险法》第十七条第二款规定的“免除保险人责任的条款”,是值得商榷的。

(二)保险人是否尽到了提示和明确说明义务

如果本案中有关“简易建筑”的相关内容属于《保险法》第十七条第二款规定的“免除保险人责任条款”,则保险人是否履行了提示和明确说明义务就成其是否应当承担保险责任的关键。

最高人民法院《关于适用〈中华人民共和国保险法〉若干问题的解释(二)》第十三条第二款中规定:“投保人对保险人履行了符合本解释第十一条第二款要求的明确说明义务在相关文书上签字、盖章或者以其他形式予以确认的,应当认定保险人履行了该项义务。”

保险人提交的投保单证据显示，投保人已经在投保单投保人声明处加盖公章，确认保险人在投保时向其送达了保险条款并对免责条款等内容进行了说明。此外，法院认为，根据保险人提交的招标邀请函可看出，《财产一切险条款》原系投保人在招标时拟定，双方之间使用多年。本案系以投保人招标方式进行，招标过程中曾将条款发送给保险人，保险人收到后以此条款为基础承保，对条款内容未作修改。因此，法庭认为投保人对条款内容，包括简易建筑的定义以及免责事项的约定都明知。因此，《财产一切险条款》有效，包括“简易建筑”的相关定义及免责内容。

二、举证责任

（一）保险人对其履行了明确说明义务负有举证责任

最高人民法院《关于适用〈中华人民共和国保险法〉若干问题的解释（二）》第十三条第一款规定：“保险人对其履行了明确说明义务负有举证责任。”本案保险人在保险条款中对简易建筑由于暴雪所造成的损失不负责赔偿的内容进行了加粗加黑的标识，同时简易建筑的定义系由投保人将该内容发送给保险人，投保人在投保单的投保人声明处亦加盖公章，确认保险人在投保时向其送达了保险条款并对责任免除条款等内容进行了明确说明。故法院据此认为，本案中保险人提出多项证据可以证明其已对免责条款尽到解释说明义务。

（二）举证责任的转移

最高人民法院《关于适用〈中华人民共和国保险法〉若干问题的解释（二）》第十三条第二款规定：“投保人对保险人履行了符合本解释第十一条第二款要求的明确说明义务在相关文书上签字、盖章或者以其他形式予以确认的，应当认定保险人履行了该项义务。但另有证据证明保险人未履行明确说明义务的除外。”

本案中，保险人已提供证据证明其履行了明确说明义务。这时，如若要证明保险人未履行明确说明义务，则需要被保险人提供相应证据。此时举证责任从保险人转移到被保险人处。被保险人如能够证明保险人未就其中有关责任免除事项的条款向投保人明确告知和说明，保险人将面临免责条款不生效的风险。能否证明被保险人对本保单项下责任免除范围明确知悉，直接决定本案能否胜诉。但被保险人并未提供有关证据，其应承担举证不能的法律后果。故二审法院认定一审判决认定事实清楚，适用法律正确，应予维持，驳回了被保险人的全部诉讼请求。

电子投保方式下保险人履行提示和说明义务的认定

广东省佛山市南海区人民法院
（2018）粤 0605 民初 23152 号民事判决书

（2019 年 1 月 23 日）

案·情

某保险公司肇庆中心支公司（以下简称某保险公司）承保粤AX2号小型轿车的交强险及商业第三者责任险。2018年9月20日，叶乙醉酒驾驶粤AX2号小型轿车在佛山市南海区行驶时，碰撞其同向右侧路边步行的冉己，造成车辆损坏、冉己当场死亡的道路交通事故。经公安交警部门认定，叶乙承担事故的全部责任，冉己不承担事故责任。冉己家属起诉至佛山市南海区人民法院，要求叶乙赔偿583,816.73元，并承担案件受理费。

判决结果：某保险公司提供电子投保的人脸识别照及电子投保单、免责声明书，并向法庭提交投保过程展示说明。最终法院认可某保险公司电子投保有效性，判决某保险公司在交强险范围内赔偿原告110,000元，商业险无须承担赔偿责任，保险公司实现了拒赔抗辩。

法院判决

原告：冉甲，男，生于1944年2月22日，汉族，住四川省宣汉县。

原告：赵某，女，生于1949年7月22日，汉族，住四川省宣汉县。

原告：冉乙，男，生于1999年1月2日，汉族，住四川省宣汉县。

原告：冉丙，女，生于2001年8月2日，汉族，住四川省宣汉县。

原告：冉丁，女，生于2001年8月2日，汉族，住四川省宣汉县。

原告：冉戊，男，生于2003年4月9日，汉族，住四川省宣汉县。

被告：叶甲，男，生于1992年1月9日，住广东省云浮市郁南县，现押于佛山市南海区看守所。

被告：叶乙，男，生于1970年11月3日，汉族，住广东省肇庆市鼎湖区。

被告：曾某，男，生于1990年7月16日，汉族，住广东省云浮市郁南县。

被告：某保险公司肇庆中心支公司，住所地：广东省肇庆市二塔路。

上列原告冉甲、赵某、冉乙、冉丙、冉丁、冉戊与被告叶甲、叶乙、以下简称保险公司机动车交通事故责任纠纷一案，法院于2018年11月14日受理后，依法适用简易程序，于同年12月14日公开开庭进行了审理。该案现已审理终结。

原告冉甲、赵某、冉乙、冉丙、冉丁、冉戊请求：(1)被告叶甲、叶乙、曾某赔偿原告各项损失共计583,816.73元。(2)被告保险公司对上述第1项诉讼请求在保险限额范围内承担连带赔偿责任。(3)该案诉讼费由四被告承担。被告保险公司辩称，(1)小型轿车在保险公司投保交强险及含不计免赔责任限额为500,000元的商业第三者责任保险，事故发生在保险期间内。其提请法院依法核实叶甲、曾某、叶乙之间的关系，并请求核实曾某作为被保险人在事故发生时与被保险车辆是否存在保险利益，如无，则保险合同自始无效，保险公司不承担赔偿责任。如叶乙未经曾某同意擅自驾驶车辆发生交通事故导致的损失，保险公司不负责赔偿。(2)叶乙存在醉酒驾驶的情形、投保人曾某已在投保单的电子链接阅读免责声明书及条款，点击已阅读并同意后签名才能完成电子投保单，故保险公司在商业第三者责任保险内不承担赔偿责任，交强险限额内垫付后享有追偿权利。(3)对原告诉请各赔偿项目的意见(详见附表)。(4)保险公司不承担诉讼费。被告叶甲、曾某共同辩称，(1)曾某自2017年开始成为粤AX2号小型轿车的使用人和管理人，2018年7月7日向叶甲转让该车，叶甲并非该车的所有人及管理人，对该起事故无须承担赔偿责任。(2)曾某对本起事故的发生没有过错，无须承担赔偿责任。事发当日凌晨，曾某与叶乙等朋友吃宵夜、喝酒，后曾某让有驾驶资格且未饮酒的朋友将粤AX2号小型轿车停在某出租屋外，并将车钥匙放在出租屋内。事发时，叶乙未经曾某允许擅自驾驶车辆外出并发生交通事故，曾某作为车辆的所有权人及管理人对车辆已履行妥善、管理及注意义务。(3)被告保险公司应在交强险范围内赔偿。曾某确认其在投保单的电子链接上签名但没有收到保险条款，在投保过程中，没有保险经纪人在旁解释保险条款，曾某亦没有阅读相关条款内容就直接根据链接指示完成电子投保单。(4)对原告诉请各赔偿项目的意见(详见附表)。(5)叶乙家属已赔偿50,000元，请求法院予以扣减。

被告叶乙辩称，(1)原告诉请的金额，叶乙无法赔偿。精神损害抚慰金过高，对于原告诉请的其他项目，由法院依法判决。(2)事故发生后，叶乙家属支付50,000元丧葬费予原告。(3)事故发生前一天晚上，叶乙与曾某及其他朋友吃宵夜喝酒，后回曾某出租屋睡觉，当晚曾某并不在出租屋，第二天(事发当天)10点钟，叶乙以为自己清醒了，在曾某不知情的情况下拿着车钥匙驾驶粤AX2号小型轿车出去发生了交通事故。

法院经审理查明：2018年9月20日10时38分，叶乙醉酒驾驶粤AX2号小型轿车沿佛山市南海区狮山镇松岗松新路从禅炭路方往山南市场方向行驶，行至松岗松新路浩能公司对出路段(松岗城区路段)时，碰撞其行驶方向前方右侧路边步行的冉己，造成车辆损坏、冉己当场死亡的道路交通事故。公安交警部门认定，被告叶乙承担此事故的全部责任，冉己不承担此事故的责任。

死者冉己生于1975年11月2日，为农村居民。冉甲、赵某、冉乙、冉丙、冉丁、冉戊是死者冉己的父母、儿子、两个女儿及儿子，系冉己的法定第一顺序继承人，其中冉甲、赵某、冉丙、冉丁、冉戊至冉己死亡之时被扶养年限分别为6年、11年、1年、1年、3年。冉甲及赵某共生育包括冉己在内3名子女。

粤AX2号小型轿车登记所有人为被告叶甲，实际支配人为被告曾某；该车辆在被告保险公司处投保了交强险及含不计免赔责任限额为500,000元的商业第三者责任保险，事故发生在保险期间内。《机动车综合商业免责事项说明书》第二十四条第二项第二点约定："驾驶人饮酒的，不论任何原因造成的人身伤亡、财产损失和费用，保险人均不负责赔偿。"投保人为被告曾某。上述机动车辆保险为电子投保，投保过程为通过短信链接进入"人脸识别"界面，了解并确认相关投保信息；确认无误后，阅读免责声明书及条款，了解后点击已阅读并同意以上信息，投保人签字后点击提交，完成电子投保单。曾某确认其在投保单的电子链接上签名。

法院认为，《事故认定书》认定事实清楚，责任划分准确，法院依法予以采信。

关于被告曾某、叶甲及保险公司的赔偿责任问题。根据上述投保过程，投保人需阅读免责声明书及条款且点击已阅读并同意后再进行签名确认才能完成电子投保。被告曾某已确认其在投保单的电子链接上签名，即可视为曾某已阅读并同意免责声明书及保险条款，曾某作为完全民事行为能力人应清楚点击“已阅读并同意”行为的后果；而电子投保作为投保的一种新型方式，且设立的目的系提高投保人投保的便利性及降低保险公司的承保成本，包括人力成本，若在电子投保过程中再要求保险公司派员进行解释说明工作，则跟传统投保方式无异，电子投保方式亦会失去其应有的存在价值，故曾某以没有阅读条款且无保险经纪人在旁进行解释为由辩称保险公司没有对免责条款尽提示告知义务没有依据，法院不予采纳。保险公司已就免责条款向投保人尽提示告知义务，其无须在商业第三者责任保险范围内承担赔偿责任。另一方面，根据曾某、叶乙的陈述以及原、被告双方提交的证据，是尚处于醉酒状态的被告叶乙自行取得车钥匙驾驶小型轿车发生了事故，曾某作为车辆的实际支配人对车辆的管理没有存在过错，亦没有证据证明作为车辆登记所有人的叶甲对本起事故的发生存在过错，故被告曾某、叶甲无须承担赔偿责任。

该案中原告因该起事故造成的损失共517,017.33元（详见附表），由保险公司在交强险死亡伤残赔偿限额内赔偿110,000元给六原告。超出交强险部分损失407,017.33元，根据事故责任划分，由叶乙承担全部赔偿责任，扣减其先行垫付的50,000元，则叶乙应赔偿357,017.33元给六原告。对原告超出上述核定范围的损失，法院不予支持。

为此，根据《民法典》第一千一百零八条、第一千一百七十九条，《道路交通安全法》第七十六条，最高人民法院《关于审理人身损害赔偿案件适用法律若干问题的解释》第二十二条、第二十七条、第二十八条、第二十九条，最高人民法院《关于审理道路交通事故损害赔偿案件适用法律若干问题的解释》第十六条，《民事诉讼法》第六十四条第一款、第一百四十八条第一款、第二款、第三款的规定，判决如下：

（1）某保险公司应于该判决发生法律效力之日起10日内赔偿110,000元给冉甲、赵某、冉乙、冉丙、冉丁、冉戊；

（2）叶乙应于该判决发生法律效力之日起10日内赔偿357,017.33元给原告冉甲、赵某、冉乙、冉丙、冉丁、冉戊；

（3）驳回冉甲、赵某、冉乙、冉丙、冉丁、冉戊的其他诉讼请求。

如果未按该判决指定的期间履行给付金钱义务，应当依照《民事诉讼法》第二百五十三条之规定，加倍支付迟延履行期间的债务利息。

该案案件受理费9638.17元，减半收取4819.08元（原告已预交）。由原告冉甲、赵某、冉乙、冉丙、冉丁、冉戊负担964.11元；被告某保险公司负担907.99元，被告叶乙负担2946.98元，两被告应于该判决发生法律效力之日起七日内向法院缴纳，逾期缴纳，法院依法强制执行，对六原告多预交的3854.97元，待该判决生效后，经六原告申请，法院退回予六原告。

如不服该判决，可在判决书送达之日起15日内，向法院递交上诉状，并按当事人的人数提出副本，上诉于广东省佛山市中级人民法院。

评·析

一、争议焦点

本案的争议焦点是电子保险合同中保险人免责条款的提示说明义务标准的认定问题。

本案标的车辆保险起始日期为2018年7月13日，此时车险市场电子投保仍未普及，对于电子保单的法律效力并无直接的、明文的法律法规或相关司法解释予以规定，同时“电子保单”这一概念目前也没有相应的法律术语进行定义。

本案投保人在保险公司举证人脸识别照片后确认其仅在投保单的电子链接中签名但未收到保险条款，没有保险人员在旁解释保险条款，也没有阅读相关条款内容就直接根据链接指示完成电子投保，否认保险人已履行免责条款的提示告知义务。

二、法院裁判

本案受理法院认为，投保人作为完全民事行为能力人应清楚投保单电子链接上的内容及签名行为的后果，认可电子投保作为投保的一种新型方式，从设立的目的上与传统投保方式的不同之处，但效力应与传统投保无异，否则电子投保方式将失去其应有的存在价值。故不予采纳投保人辩称保险公司没有对免责条款尽提示告知义务的意见。

三、案例简评

最高人民法院《关于适用〈中华人民共和国保险法〉若干问题的解释（二）》第十条规定："保险人将法律、行政法规中的禁止性规定情形作为保险合同免责条款的免责事由，保险人对该条款作出提示后，投保人、被保险人或者受益人以保险人未履行明确说明义务为由主张该条款不生效的，人民法院不予支持。"在"保险人将法律、行政法规中的禁止性规定情形作为保险合同免责条款的免责事由"的情形下，法院对保险公司履行"免赔条款"提示和明确说明义务的程度已经降低了要求，从而对保险公司证明其履行"免赔条款"提示和明确说明义务的证明标准也降低了要求，即比对保险公司履行"一般性免赔条款"提示和明确说明义务的程度要求及证明标准要求要低。

在实务操作过程中发现，仅有部分电子投保单在投保过程中是必须经过人脸识别后方能进行下一步投保操作，且人脸识别可用照片通过，更不乏签名栏乱写乱画、无法核实投保人本人签名的情况。也有部分法官认为电子保单是通过网络投保形成的格式合同，即使保险公司在网页上明确注明投保声明等注意条款，或在投保程序设置上必须由投保人阅读无异议、同意相关条款之内容点击"同意"后才能进入下一程序，但是并没有充分的证据证明保险公司已对免责条款在电子保单中予以明示和说明，或由于电子保单缺少投保人的实际签名并不能充分证明保险公司尽到了说明和提示义务。建议电子投保优化过程中对人脸识别进行加强，要求使用者做脸部表情的配合动作，并在识别通过后，对免责条款进行强制展示阅读，降低第三方认为保险公司存在未尽到询问、提示和说明义务需承担保险责任的可能性。

机动车损失保险中保险车辆出险后被保险人的及时通知义务

山东省威海市中级人民法院
（2019）鲁10民终2920号民事判决书

（2019年12月28日）

案·情

2019年1月31日，林某驾驶被保险机动车鲁K号与第三人的车相撞，致两车损坏，经交警部门认定，林某负全部责任。事故发生后，林某自行选择了威海某汽车维修有限公司（以下简称某汽修公司）维修车辆。受林某委托，某汽修公司拆检时通知了某保险公司威海中心支公司（以下简称某保险公司威海公司）工作人员到场并对受损的汽车配件进行了检查和拍照，同时对车辆受损范围进行了确认。此后，某汽修公司购买了相应的汽车配件对车辆进行了维修，但没有通知保险公司人员对购进的配件进行检验，也没有通知对维修完毕的车辆进行复勘。车辆维修期间，经某汽修公司指导，林某单方委托威海某价格评估有限公司（以下简称某评估公司）对车辆维修费用进行评估，同年2月18日，某评估公司出具评估结果报告，维修费用为12,560元。2月25日，车辆维修完毕，某汽修公司向林某出具了金额为12,560元的维修费发票。此后，林某持上述评估结果报告和维修发票等资料向保险公司索赔。保险公司初步定损金额约6000元，双方未能达成一致。

法院判决

上诉人(原审原告):林某,男,1970年1月31日出生,汉族,住山东省威海经济技术开发区。

被上诉人(原审被告):某保险公司威海公司,住所地山东省威海经济技术开发区。

上诉人林某因与被上诉人某保险公司威海公司财产保险合同纠纷一案,不服山东省威海市环翠区人民法院(2019)鲁1002民初1476号民事判决,向二审法院提起上诉。二审法院于2019年11月13日立案后,依法组成合议庭进行了审理。该案现已审理终结。

林某上诉请求:(1)依法撤销山东省威海市环翠区人民法院(2019)鲁1002民初1476号民事判决第一项,改判某保险公司威海公司向林某支付车辆维修费12,560元;(2)依法撤销山东省威海市环翠区人民法院(2019)鲁1002民初1476号民事判决第二项,改判某保险公司威海公司向林某支付诉前评估费500元;(3)该案一审、二审诉讼费用由某保险公司威海公司承担。事实和理由:(1)该案法律关系为保险合同法律关系,林某发生保险事故,若无免赔事由,理应由某保险公司威海公司进行赔付。根据《保险法》第二十二条第一款的规定:"保险事故发生后,按照保险合同请求保险人赔偿或者给付保险金时,投保人、被保险人或者受益人应当向保险人提供其所能提供的与确认保险事故的性质、原因、损失程度等有关的证明和资料。"第二十三条第三款规定:"任何单位和个人不得非法干预保险人履行赔偿或者给付保险金的义务,也不得限制被保险人或者受益人取得保险金的权利。"上诉人发生保险事故后,在某汽修公司拆检时通知了某保险公司威海公司到场,某保险公司威海公司对车辆受损情况也进行了检查,对车辆受损范围没有异议。按《保险法》的规定,林某告知了保险事故,也向某保险公司威海公司提交了维修费用,本案没有免赔事由,某保险公司威海公司理应按保险合同的约定赔付维修费用。(2)一审法院不认可林某支付的汽车维修费用,也不认可鉴定机构的鉴定意见实属不当。投保人享有自主选择维修机构维修车辆的权利,维修费用的高低是由市场定价,而价格的高低是《消费者权益保护法》的范畴。一审法院认为维修费用过高而不予支持，并不属于该案保险合同法律关系的范畴，不能以维修费用过高而不支持赔偿，该案亦不存在一审法院所认定的骗保情况。该案维修费用明确，被上诉人应按实际发生的损失赔偿。(3)保险公司在保险理赔中一直处于强势地位，被保险人处于相对弱势地位。若保险公司不认可投保人要求赔付的保险费用，投保人只能通过诉讼途径维护自己的合法权益。若法院亦判决保险公司以低价赔偿，保险公司则会压低报价，而则势必会导致维修公司使用低价配件以次充好，在该案中，若出现这种情况会严重损害林某的合法权益，在社会层面此种现象危害性极大。(4)一审法院混淆了保险合同关系和《消费者权益保护法》的法律关系，以社会上的个别不诚信现象映射到该案，以维修费用高的理由判决不支持投保人的诉讼请求，实属不当，无法维护上诉人的合法权益。综上所述，一审法院混淆法律关系，适用法律不当。

某保险公司威海公司辩称，(1)该案的争议焦点并不在于是否存在免赔事由，而是林某投保的车辆的合理损失数额。林某投保的《机动车损失保险条款》第十六条约定，“因保险事故损坏的被保险人机动车，应当尽量修复。修理前被保险人应当会同保险人检验，协商确定修理项目、方式和费用。对未协商确定的，保险人可以重新核定”。本案中，林某在修理保险标的前并未与某保险公司威海公司协商确定修理项目、方式和费用，因此，对于林某主张的修理费用12,560元，某保险公司威海公司有权利重新核定，而不能完全依据其提供的发票进行理赔。某保险公司威海公司对损失数额重新进行核定，与“免责事由”没有任何关联。某保险公司威海公司认可双方存在保险合同关系，在林某发生保险事故后，某保险公司威海公司按照《保险法》的规定和双方之间的合同约定积极进行查勘、定损、合理赔付，不存在林某上诉理由第一项中的不予赔付的问题。(2)某保险公司威海公司同意赔偿林某的实际损失，但该案的争议焦点是林某的实际损失到底是多少。第一，在被保险人车辆维修时及维修后，林某有义务、有能力通知某保险公司威海公司共同参与维修，但其拒不通知，侵犯了某保险公司威海公司的知情权，违反《保险法》规定的诚实信用原则。第二，在车辆维修完毕后，在未通知某保险公司威海公司参与的情况下，林某单方委托鉴定，鉴定程序存在重大瑕疵，鉴定机构不客观、不公正，违反诚实信用原则。第三，在一审法院委托重新鉴定的过程中，林某有义务、有能力提供所更换的配件进货单，但拒不提供，没有尽到《保险法》第二十二条规定的提供“损失程度等有关证明和资料”的义务，应当承担举证不能的责任。第四，本案中林某并未按其主张的12,560元实际支付维修费用。第五，车辆损失的具体数额，一审法院进行了具体细致、公平公正的调查、认定，在某汽修公司未提供完整可靠的进货手续的情况下，一审法院采用某保险公司威海公司的报价符合法律规定。(3)林某主张一审法院混淆了保险合同关系和《消费者权益保护法》无任何依据，一审法院也未依据消费者权益的相关法律进行裁判，某保险公司威海公司作为保险人对保险标的的损失进行核定符合法律规定及保险合同约定。

林某向一审法院起诉请求：某保险公司威海公司按诉前鉴定意见给付车辆维修费12,560元、施救费400元、诉前评估费500元。

一审法院认定事实：2018年9月，林某将自己所有的鲁K号小型客车向某保险公司威海公司投保机动车损失保险，保险期间为2018年9月18日至2019年9月17日，保险金额为40,569元。

2019年1月31日，林某驾驶上述被保险机动车在威海品南山小区西门与案外人马某驾驶的小型面包车相撞，致对方车辆驾驶人和乘坐人受伤、两车损坏的交通事故，经交警部门认定，林某负全部责任。事故发生后，林某自行选择了某汽修公司作为本方车辆维修单位，期间产生拖车费400元。受林某委托，某汽修公司拆检时通知了某保险公司威海公司到场，某保险公司威海公司工作人员对受损的汽车配件进行了检查和拍照，对车辆受损范围基本没有异议。此后，某汽修公司购买了相应的汽车配件对车辆进行了维修，但没有通知某保险公司威海公司对购进的配件进行检验，也没有通知某保险公司威海公司对维修完毕的车辆进行复勘。

车辆维修期间，经某汽修公司指导，林某以自己的名义委托某评估公司对车辆维修费用进行评估，同年2月18日，某评估公司出具评估结果报告，维修费用为12,560元。2月25日，车辆维修完毕，某汽修公司向林某出具了金额为12,560元的维修费发票，并同意林某缓交维修费，后林某将车提走使用。

此后，林某持上述评估结果报告和维修发票等资料向某保险公司威海公司申请理赔，申请金额为12,560元。某保险公司威海公司保险理赔系统里有三种定损价格，从高到低依次为4S店价格、市场价格和适用价格，因为无法掌握案涉车辆维修时实际使用的配件品质和配件数量等客观情况，某保险公司威海公司选择中间价格即市场价格作为定损依据，定损金额约6000元，双方未能达成一致。

2019年3月12日，林某诉诸一审法院，某保险公司威海公司向一审法院申请对车辆维修费用进行重新鉴定，根据《保险法》的规定，保险人有权对保险损失包括单方委托鉴定意见进行核定，故一审法院予以批准。为了公平确定车辆修复费用，一审法院要求林某提供与实际使用的新配件品质有关的鉴定材料，林某不能提供，也不能通过某汽修公司提供，拆下的旧配件也无法提供。一审法院于同年5月14日委托山东省某机动车鉴定评估有限公司（以下简称某鉴定评估公司）对案涉车辆的维修费用进行鉴定，并提出了八项具体的鉴定要求，其中包括根据案涉车辆维修实际使用的配件品质、维修单位的资质等级。某鉴定评估公司于6月24日出具鉴定报告，逐一列举了受损配件的损坏程度以及更换（或维修）的理由，同时载明“少部分配件编码勘查可见，大部分配件无法确定配件编码；部分配件需要更换但未实际更换，实际使用配件与购进的配件范围和数量不一致；因为维修单位无法提供新配件外包装、合格证、带有配件编码的发票和与配件相符的发货单等手续，因而无法确定新配件品质；根据正规厂家生产的合格配件的市场价格进行核算，鉴定案涉车辆修复费用为11,135元”。林某和某汽修公司均认可该鉴定意见，并据此将诉讼请求中的车辆维修费变更为11,135元。某保险公司威海公司不认可该鉴定意见，并申请鉴定人出庭作证，鉴定人到庭后说明，如果维修单位能够提供完整而真实的进货手续，鉴定人才有能力分辨出新配件品质并据此作价，但该案维修单位无法提供相关证据，故无法认定新配件品质。某保险公司威海公司为此支出鉴定费6000元、鉴定人出庭误工费600元。

一审法院认为，填补损害、禁止获利是我国《保险法》的重要原则，《保险法》确定这一原则的目的一是保护被保险人，使其因保险事故受到的损失获得充分补偿，从而达到规避风险的投保初衷；二是将被保险人获赔的保险金额限定在实际损失的范围之内，阻却被保险人因为投保而获得额外利益，从而更好地保护保险人和其他广大被保险人的合法权益。为了实现这一原则，《保险法》为投保人或者被保险人设置了通知义务，即保险事故发生后投保人或者被保险人要及时通知保险人，通知内容不限于出险本身，还包括与认定保险事故性质、原因、损失程度等有关的其他事项。

该案属于机动车损失保险，车辆受损后一般需要更换新配件才能恢复使用，而市场上的汽车配件可分为原厂件、正厂件、拆车件、翻新件、副厂件等多个种类。众所周知，不同厂家生产的同一部位汽车配件，市场价格差异悬殊，配件品质的好与差直接决定维修费用的高与低。该案争议焦点正是如何确定合理的维修费用，下面就被保险人（车主）、保险人、维修单位和鉴定机构各自的权利和义务及其在纠纷中的地位和作用逐一分析。

被保险人方面。道交事故发生后，被保险人自行选择维修单位无可非议，但应该通知或者通过维修单位通知保险人参与车辆维修过程，保险人见证车辆拆卸、检验损坏的配件才能确定车辆受损范围和程度，检验购进的新配件才能确定新配件品质和价格，复勘修理完毕的车辆才能确定新配件的实际使用数量。不保障保险人的维修参与权，保险人便无法知情，保险人无法知情便无法合理定损。

保险人方面。保险人虽然无权指定维修单位，但有权审核维修费用，无论车辆是在普通汽修厂维修，还是在4S店维修，只要没有超过保险限额，保险人都应该赔偿，但被保险人使用低品质的配件维修却按高品质配件价格申请理赔，意图赚取高额差价，保险人则有权拒绝。保险人拒赔并非完全因为维修费用过高，更不是因为受损车辆没有送交与保险人有合作关系的维修单位维修，而是因为保险人没有机会参与维修过程导致其只能根据就低不就高的原则盲目定损。事实上保险人并不反对被保险人去4S店高价维修，4S店的维修过程一般是公开透明的，保险人不仅能够掌握车辆受损范围，而且有权利在货到时查验新配件、车辆维修完毕时进行复勘。保险人参与维修过程之后定损的数额和维修单位的报价，往往会非常接近，被保险人和保险人通过协商的方式理赔便有了极大可能性。可见，被保险人和保险人之间的纠纷形式上是维修费用之争，实际上是维修过程应否公开之争。

维修单位方面。这些纠纷表面上是被保险人与保险人在诉讼，实际上是维修单位与保险人在暗中较量。车辆维修时使用了何种品质的配件，被保险人一般是不知情的，作为承揽人，维修单位知情却不给保险人参与机会，维修单位自行拆检、自行购件、自行维修，再以被保险人名义委托鉴定，理赔不成即诉讼，而诉讼中法院委托的鉴定机构往往会象征性地调低一点价格，法院再据此下判，使得维修单位的诉请基本上都会得到满足。使用低品质的配件维修却按高品质配件价格申请理赔、实际使用的配件数量少于购进的配件数量等现象的出现，正是被保险人和保险人之间不断发生纠纷而且愈演愈烈的根本原因，这在维修行业绝非个案问题。这种以合法形式掩盖非法目的索赔套路，严重损害了各保险人的利益。

鉴定机构方面。无论是诉前鉴定还是诉中鉴定，鉴定机构习惯性地不审查新配件品质，不是以质论价，而是根据所谓的“市场价格”草率确定维修费用，这种鉴定方式无疑会助长维修单位无理索赔。因此，不否定其鉴定意见，不足以叫停这一索赔套路，不足以改变这一索赔乱象。

在该案审理过程中，为了寻求一份公平的鉴定意见，合理平衡当事人之间的利益，一审法院委托鉴定时不仅列明了鉴定事项，而且提出了八项具体的鉴定要求，某鉴定评估公司的鉴定报告根据委托要求逐一列举了受损配件的损坏程度以及更换（或维修）的理由，跟以往的鉴定意见相比有明显改进，一审法院予以肯定，但该鉴定机构在无法确认新配件品质的情况下又根据所谓的“正规厂家生产的合格配件”进行费用核算，自相矛盾，这种结论不仅缺乏鉴定的事实基础，也违反了一审法院的鉴定要求，该鉴定意见不具有专业性和科学性，一审法院决定不予采信。

虽然一审法院没有采信任何鉴定意见，但车辆受损和已经维修是事实，在维修费用没有鉴定意见可供参考时，人民法院有权酌定。《保险法》规定，因为被保险人没有履行通知义务导致损失无法确定的，保险人就无法确定的损失部分有权拒赔；最高人民法院《关于民事诉讼证据的若干规定》规定，因为不能提供鉴定资料导致无法鉴定的，由负有举证证明责任的当事人承担不利的诉讼后果。该案无法合理定损、无法作出科学鉴定，是因为林某没有履行通知义务，也没有通过某汽修公司提供完整可靠的进货手续所致，不利的诉讼后果应该由林某承担。为了理顺保险人和被保险人、被保险人和维修单位之间的关系，惩戒恶意理赔，纠正维修行业乱象，依据上述实体法和程序法的规定，一审法院决定采用某保险公司威海公司报价，酌定本案维修费用为6000元。依照《保险法》第十三条、第十四条、第二十一条以及最高人民法院《关于民事诉讼证据的若干规定》第二十五条规定，判决：(1)某保险公司威海公司于判决生效之日起10日内赔偿林某车辆维修费6000元。(2)驳回林某其他诉讼请求。如果未按该判决书指定的期间履行给付金钱义务，应当依照《民事诉讼法》第二百五十三条之规定，加倍支付迟延履行期间的债务利息。案件受理费68元，某保险公司威海公司负担32元，林某负担36元。

法院二审期间，某保险公司威海公司提交涉案车辆《机动车损失保险条款》一份，保险条款第十六条约定，"保险标的修理前被保险人应当会同保险人检验，协商确定维修的项目、方式和费用，未经协商确定的，保险人可以重新核定"。这一条款证明对林某主张的12,560元的损失数额，保险人有权根据保险合同的约定进行重新核定。林某对证据的真实性没有异议，对关联性有异议，认为保险条款属于格式条款，事故发生后，林某已经通知保险公司，维修单位在拆检的时候也通知了保险公司到场，保险公司对受损汽车配件进行了检查和拍照，对车辆受损范围没有异议，林某已经履行了通知保险人的义务，不应无限扩大林某的义务。二审法院经审查认为，该证据是对保险人及被保险人权利义务的具体约定，内容真实、合法，应予采信。

二审法院二审查明的其他事实与一审查明的事实一致，予以确认。

二审法院认为，该案二审的争议焦点为：某保险公司威海公司对林某的车损理赔数额应如何认定。

保险合同是最大诚信合同，最大诚信原则要求保险合同的双方当事人在保险合同的订立和履行过程中，必须以最大的诚意行使权利和履行义务。该案为财产保险合同，而财产保险合同应适用损失填平的赔偿原则，即受害的损失得到全面填补，且被保险人不因保险事故的发生获得利益。从该案车辆受损到理赔的过程看，车辆发生事故后，林某并未在事故发生第一时间通知某保险公司威海公司到事故现场，而是自行选择维修机构，在车辆拆检时由维修机构通知某保险公司威海公司到场，并且在车辆维修过程中，林某未就车辆配件的品质及金额与某保险公司威海公司进行沟通，在车辆维修完毕以后，亦未通知某保险公司威海公司进行复勘，而是自行委托鉴定机构对车损进行鉴定，并据鉴定结论起诉某保险公司要求理赔。

在一审法院委托鉴定过程中，因林某不能提供确定车辆损失合理数额的进货手续等材料，致使鉴定机构未能按照“以质论价”的鉴定要求作出科学合理的鉴定意见。综上所述，林某在保险合同的履行中，有违诚信原则，没有在事故发生时及时履行通知义务，自行维修后没有提供完整可靠的配件进货手续，导致本案无法科学鉴定，故应对车损的合理数额不能确定承担不利后果。一审法院基于上述事实采用某保险公司威海公司的报价，酌定6000元的维修费并无不当。

综上所述，林某的上诉请求不能成立，应予驳回；一审判决认定事实清楚，适用法律正确，应予维持。依照《民事诉讼法》第一百七十条第一款第一项规定，判决如下：

驳回上诉，维持原判。

二审案件受理费136元，由林某负担。

该判决为终审判决。

评·析

本案的争议焦点主要是在被保险人未有效履行通知义务的情形下如何确定机动车的维修费用。

司法实践中，因机动车损失险导致的保险合同纠纷中，最具争议的主要集中在“被保险人是否违反及时通知义务”和“实际理赔费用是否合理”这两个方面，并进而延展至保险领域最大诚信原则与损失补偿原则的适用问题。就本案来讲，审理法院依照最大诚信原则在认定被保险人违反通知义务的前提下，依职权委托鉴定并提出八项具体的鉴定要求，且在鉴定机构无法做出“以质论价”的鉴定意见后，支持保险公司就因未及时通知导致的无法确定的损失部分不承担赔偿责任。

一、最大诚信原则与损失补偿原则

最大诚信原则与损失补偿原则是我国保险法确定的两项重要原则。最大诚信原则要求保险合同的双方当事人在保险合同的订立和履行过程中，必须以最大的诚意行使权利和履行义务。损失补偿原则要求保险人在保障保险经济补偿的同时，防止某些被保险人通过保险谋取额外利益，从而更好地保护其他广大被保险人的合法权益。

二、“及时通知义务”及违反后果

依照最大诚信原则，《保险法》第二十一条规定：“投保人、被保险人或者受益人知道保险事故发生后，应当及时通知保险人。故意或者因重大过失未及时通知，致使保险事故的性质、原因、损失程度等难以确定的，保险人对无法确定的部分，不承担赔偿或者给付保险金的责任，但保险人通过其他途径已经及时知道或者应当及时知道保险事故发生的除外。”本条规定采取的是有限的损害赔偿原则，即保险公司享有减少部分保险金赔付的抗辩权。具体而言，应同时满足以下条件：一是属于应通知内容而未通知，即“通知内容不限于出险本身，还包括与认定保险事故性质、原因、损失程度等有关的其他事项”；二是通知的时间超出合理范畴，违背“及时”要求；三是须主观上有故意或重大过失的过错因素；四是因违反通知义务造成损害后果，即致使保险事故的性质、原因、损失程度等难以确定。

三、“维修费用”应当如何认定

车辆受损后一般需要更换新配件才能恢复使用，而市场上的汽车配件可分为原厂件、正厂件、拆车件、翻新件、副厂件等多个种类，不同厂家生产的同一部位汽车配件，市场价格差异悬殊，配件品质的好与次将直接决定维修费用的高与低。因此，要想确定合理的维修费用，必须明确更换配件的品质。

司法实务中，车主一般先单方委托鉴定，凭鉴定报告向法院诉讼主张其损失，但对损失进行有效确定是保险公司控制风险和实现损失补偿原则的关键。在这种情况下，由于保险公司未参与鉴定过程，无法了解车辆损失配件品质以及是否维修或更换，只能根据“就低不就高”原则定损，这也是此类案件多发的根本原因。此时，保险公司只能申请重新鉴定，但是大部分的鉴定机构也只是简单的重新鉴定价格损失。鉴于目前的鉴定机构良莠不齐，尚缺乏统一的标准，鉴定结果虽有可能会下浮，但显失客观公正的仍不在少数。所以重新鉴定的项目，不应仅仅是价格，整车市场价值、整车残值、损失配件更换程度、损失配件品质、损失配件残值、损失配件价格、工时项目和费用等都可以一并鉴定。本案中，审理法院委托某鉴定评估公司对涉案车辆的维修费用进行重新鉴定，并提出了八项具体的鉴定要求，对保险公司有效化解此类争议具有一定指导意义。

审理法院针对被保险人、保险公司、维修单位和鉴定机构各自的权利和义务及其在纠纷中的地位和作用逐一展开分析，充分运用最大诚信原则与损失补偿原则，结合法律规定与合同约定，阐明了“及时通知义务”的内涵与外延以及违反后果，有利于理顺理赔流程，为减少此类纷争指明了方向。

机动车保险中暴雨与发动机进水受损的因果关系的认定

常州市中级人民法院
（2019）苏04民终1977号民事判决书

（2019年6月27日）

案·情

2018年8月17日20时30分（暴雨状态下）上海某服饰公司所持有的奔驰乘用车由其员工颜某驾驶从南京市某高速收费口驶出，遇积水路段后车牌掉落，捡回车牌送完客户后调头沿原路返回时，车辆扎进同一积水处，导致发动机进水损坏。某保险公司常州中心支公司认为暴雨不是车辆损失的直接原因，不属于保险责任，不予赔偿。后被保险人诉讼至法院要求赔付其损失125,156元。

法院判决

上诉人（原审原告）：上海某服饰公司，住所地上海市浦东新区。

被上诉人（原审被告）：某保险公司常州中心支公司，住所地常州市钟楼区。

上诉人因与被上诉人财产损失保险合同纠纷一案，不服常州市金坛区人民法院（2018）苏0413民初7275号民事判决，向二审法院提起上诉。二审法院于2019年5月15日立案受理后，依法组成合议庭公开审理了本案。上诉人、被上诉人委托诉讼代理人到庭参加诉讼。该案现已审理终结。

上诉人上诉请求：撤销原判决，支持其诉讼请求，一审、二审诉讼费用由某保险公司常州中心支公司承担。事实和理由：原审法院认定事实不清。驾驶员在正常行驶过程中发生车辆损坏、发动机损坏，导致车辆无法使用，被上诉人应当承担赔偿责任。被上诉人以发动机进水造成的损失属于免责条款范围为由拒赔，但没有对该免责条款作出提示或明确说明，上诉人对该免责条款不知情，故被上诉人对该条款没有尽到明确提示的义务，因此该免责条款不产生效力。请求依法支持上诉人的请求事项。

被上诉人答辩称，一审法院事实认定清楚，适用法律正确，请求二审法院驳回上诉维持原判。

上诉人向一审法院起诉请求：(1)要求某保险公司常州中心支公司赔偿损失125,156元；(2)判令某保险公司常州中心支公司承担本案诉讼费用。事实和理由：2018年1月26日，上海某服饰公司在某保险公司常州中心支公司投保了交强险和商业险，商业险的险种及保险金额包括车辆损失险304,940元和不计免赔特约险。保险期为2018年1月31日0时至2019年1月30日24时。保险车辆车牌号码为沪A号。2018年8月17日，上海某服饰公司持有的车牌号为沪A号的车辆在南京市某高速公路收费口因自然灾害进水，导致该车辆无法使用，因涉案事故所产生的维修、拖车费为125,156元。该次事故发生在保险期内。事故发生后，上海某服饰公司多次与某保险公司常州中心支公司协商理赔事项，但一直未能达成一致意见，为维护合法权益，特提起诉讼，请法院支持其诉讼请求。

一审法院认定事实：上海某服饰公司系车牌号沪A号奔驰牌客车的登记车主。2018年1月26日，上海某服饰公司为该车辆向某保险公司常州中心支公司投保了车损险及不计免赔险等，保险期限自2018年1月31日起至2019年1月30日止，车辆损失保险责任限额304,940元。2018年8月17日，上海某服饰公司的驾驶员颜某驾驶该投保车辆从服饰公司处出发，行驶至南京市某高速公路收费口通过路面积水处时，致车辆车牌掉落水中，驾驶员停车找到车牌送完客户后，下高速调头又驶上高速回转，通过原来积水的路面时车辆车头扎进路面积水中，导致车辆发动机熄火。驾驶员即拨打电话报案。嗣后，上海某服饰公司将被保险车辆拖至常州市某汽车维修公司维修，支付发动机维修费123,156元，拖车费2000元。因某保险公司常州中心支公司拒绝理赔，上海某服饰公司诉至法院。

上述事实，由上海某服饰公司提交的机动车辆保险单、保险报案记录、维修费用结算清单、免责条款说明书、保险投保单以及双方当事人的陈述等证据予以证实。

一审法院认为，保险公司应在保险合同约定的保险责任范围内承担保险责任。根据机动车综合商业保险条款和机动车商业保险免责事项说明书的约定，因暴雨、洪水造成被保险机动车的直接损失，保险公司负赔偿责任，而对于发动机进水后导致的发动机损坏，保险公司不负责赔偿。该案中，上海某服饰公司的驾驶员驾驶被保险车辆从无积水路面驶入积水路面时，未审慎观察，经过积水路面后，停车找到掉落水中的车牌，又再次返回经过原积水路面，以致车辆车头扎进路面积水中，车辆发动机熄火造成损失。该损失发生系上海某服饰公司的驾驶员在明知该处路面存在积水及其积水深度，仍强行行驶导致的，与暴雨、洪水均无关联性。综上所述，涉案被保险车辆因积水致发动机进水并不在保险合同约定的保险责任范围内，上海某服饰公司主张的被保险车辆的损失，该院不予支持。据此，一审法院依照《保险法》第二十三条，最高人民法院《关于适用〈中华人民共和国保险法〉若干问题的解释（三）》第十三条规定，判决驳回上海某服饰公司的诉讼请求。该案案件受理费人民币1402元（已减半收取），由上海某服饰公司负担。

二审审理期间，双方当事人对一审查明的事实无异议，亦未提交新证据，故二审法院对一审查明的事实依法予以确认。

二审法院认为，上诉人上海某服饰公司为涉案车辆在某保险公司常州中心支公司投保的车辆保险、不计免赔险合法有效，具有法律约束力。双方当事人应按照合同约定全面履行合同义务。上诉人上海某服饰公司提出发动机进水造成的损失虽属于免责条款，但某保险公司常州中心支公司没有尽到提示或明确说明的义务，应承担赔偿责任的上诉理由。经查，根据双方机动车综合商业保险条款和机动车商业保险免责事项说明书的约定，发动机进水后导致的发动机损坏，保险公司不负责赔偿。对于上述责任免除条款，在订立合同时某保险公司常州中心支公司已经在投保单作出提示、在保险免责事项说明书向投保人明确告知，上海某服饰公司均予以盖章确认，因此该免责条款具有效力。案发当天，驾驶员颜某驾驶投保车辆行驶至高速公路收费口通过路面积水处时，致车辆车牌掉落水中，颜某停车找到车牌送完客户后，下高速调头又驶上高速回转，重复通过原积水路面时，涉案车辆车头扎进积水中，导致车辆发动机熄火。上述涉案车辆发动机受损情形明显不是由于暴雨涉水行驶导致，不属于保险合同约定的保险责任范围。而某保险公司常州中心支公司对发动机进水后导致发动机损坏不负责赔偿的免除条款，因在订立合同时已向上海某服饰公司作提示和明确说明，该条款产生效力，因此某保险公司常州中心支公司不负有赔偿义务。因此，上海某服饰公司起诉主张被保险车辆发动机进水后导致的损失，一审法院不予支持并无不当。关于上海某服饰公司所提不承担一审、二审诉讼费的上诉理由亦没有事实与法律依据。根据《人民法院诉讼费收费办法》的规定，民事诉讼案件诉讼费由败诉方承担。该案中上海某服饰公司的诉讼请求依法被驳回，应当承担案件诉讼费。故上海某服饰公司所提该部分上诉理由二审法院不予采纳。综上所述，一审判决认定事实清楚，适用法律正确，应予维持。依照《民事诉讼法》第一百七十条第一款第一项之规定，判决如下：

驳回上诉，维持原判。

二审案件受理费2804元，由上诉人上海某服饰公司负担。

该判决为终审判决。

评·析

本案的争议焦点在于：（1）驾驶人车辆反复通过同一积水路段导致发动机进水受损是否属于保险责任；（2）本案“发动机进水后导致的发动机损坏”免责条款是否有效。

一、驾驶人车辆反复通过同一积水路段导致发动机进水受损是否属于保险责任

《中国保险行业协会机动车综合商业保险示范条款》（2014年版）机动车损失险第六条规定，保险期间内，被保险人或其允许的驾驶人在使用被保险

机动车过程中，因下列原因造成被保险机动车的直接损失，且不属于免除保险人责任的范围，保险人依照本保险合同的约定负责赔偿：……（四）雷击、暴风、暴雨、洪水、龙卷风、冰雹、台风、热带风暴；……

暴雨造成的车辆损失属于保险责任。实务中需要区分两种情形，一种情形是当暴雨天气时，驾驶人对降雨量、路面状况、积水深度以及车辆可涉水深度等情况无法预料和判断，驾驶员在主观上不具有故意或者重大过失前提下一次性驶入或通过积水路段，此种情形系正常驾驶行为，只是因为缺乏认知导致发动机进水，其最主要原因是暴雨，因此属于保险责任。另一种情形是驾驶人明知积水路段可能导致车损仍然驾驶前行，具有主观过错。此时积水路段可能由于暴雨造成，但暴雨已不是导致车辆进水的主要的、直接的、关键的因素，此种驾驶情形下的发动机进水损失不是暴雨导致，因此不在保险责任范围内。

本案事发时确逢暴雨，但驾驶员颜某驾驶投保车辆首次通过积水路段时车牌掉落，在明知积水严重的情况下，重复通过原积水路段，导致车辆发动机熄火、损坏。涉案车辆发动机受损情形显然不能归咎于暴雨，而是驾驶员故意或放任造成，因此不属于保险合同约定的保险责任范围。

二、免责条款的效力问题

根据《中国保险行业协会机动车综合商业保险示范条款》（2014年版）机动车损失险第十条第八款规定，“发动机进水后导致的发动机损坏”保险人不负责赔偿。对于上述责任免除条款，在订立合同时某保险公司常州中心支公司已经在投保单作出提示、在保险免责事项说明书向投保人明确告知，上海某服饰公司均予以盖章确认。该免责条款生效。

综上所述，标的车此次发动机进水损失，不是暴雨造成的，不属于保险责任。

保险实务中，保险人是否应履行赔偿义务，首先考虑保险责任是否成立。若损失并非合同中约定的保险事故，保险责任不成立，亦无须考虑是否在免责事项范围内。若损失属于保险事故，则保险责任成立，保险人需核实是否存在免责情形。存在免责情形的，保险人证明已对投保人就相应免责条款尽到提示和明确说明义务，则免责条款生效，保险人可拒赔处理；未尽到相应义务的，则免责条款不生效，保险人不能免责。

交强险和三者险中驾驶员特种车作业时存在犯罪行为造成损失情形下保险人赔偿范围的认定

四川省成都市中级人民法院
（2019）川01民终17569号民事判决书

（2019年11月21日）

案·情

2018年6月22日，雷某与杨某、陈某约定，由雷某购买红叶石楠，负责装上货车并交付陈某；2018年6月25日16时许，雷某和其雇佣操作吊车的陈某到达某地，欲将红叶石楠装车；雷某雇3个工人和1个三轮车师傅分别负责装树木和套绳子，杨某认为雷某雇的工人装车不专业，后陈某打电话叫李某和罗乙过来装树；18时30分许，陈某操作吊车与罗乙、李某协作，将红叶石楠装上车；19时许，吊车臂与高压线接触，导致正接触吊车吊钩的罗乙触电，经抢救无效死亡；2018年7月29日，陈某与罗乙家属达成《处理意外事故协议书》，协议约定：陈某除承担罗乙的抢救费用外，另一次性包干赔偿罗乙亲属58万元（此费包括死亡赔偿金、丧葬费、交通费、精神抚慰金等一切费用）；陈某支付部分赔偿款后，获罗乙家属谅解。某安监局出具责任认定意见：陈某、雷某违反安全生产管理规定，造成事故发生。2019年4月17日，法院作出刑事判决，判决陈某犯重大责任事故罪，有期徒刑10个月，缓刑1年。

陈某诉至法院要求某甲保险公司在交强险限额内向其支付保险赔偿款110,000元（精神损害抚慰金优先支付）、某乙保险公司在商业第三者险限额内向其支付保险赔偿款470,000元。

法院判决

上诉人(原审原告):陈某,男,1971年4月17日出生,汉族,住所地:四川省崇州市。

被上诉人(原审被告):某甲保险公司,住所地四川省阿坝州汶川县。

被上诉人(原审被告):某乙保险公司,住所地四川省成都市武侯区。

上诉人陈某因与被上诉人某甲保险公司、某乙保险公司财产保险合同纠纷一案,不服成都市武侯区人民法院(2019)川0107民初7134号民事判决,向二审法院提起上诉。二审法院立案受理后,依法组成合议庭对本案进行了审理。该案现已审理终结。

陈某上诉请求:(1)撤销成都市武侯区人民法院(2019)川0107民初7134号民事判决第二项和第三项;(2)改判被上诉人某乙保险公司向上诉人陈某支付保险赔偿款470,000元;(3)由被上诉人承担该案全部诉讼费。事实和理由:(1)该案中造成损害的行为虽然构成刑事犯罪,但首先是民事侵权行为,根据《侵权责任法》第十六条(《民法典》第一千一百七十九条)之规定,死亡赔偿金属于侵权人即陈某依法应当承担的民事赔偿责任。同时依据最高人民法院《关于审理道路交通事故损害赔偿案件适用法律若干问题的解释》(法释〔2012〕19号)第二十八条之规定,该案起重车驾驶操作事故可以参照适用该解释确定损害赔偿项目,并且根据该解释第十四条规定,《道路交通安全法》第七十六条规定的"人身伤亡"是指机动车发生交通事故侵害被侵权人的生命权、健康权等人身权益所造成的损害,包括《侵权责任法》第十六条规定的死亡赔偿金、丧葬费等赔偿项目。(2)该案所涉侵权行为虽然构成犯罪,但其民事赔偿责任并未通过刑事附带民事诉讼程序解决,而且即使在刑事附带民事诉讼中,案涉犯罪行为也属于最高人民法院《关于适用〈中华人民共和国刑事诉讼法〉的解释》(以下简称《刑诉解释》)第一百五十五条第三款规定的"驾驶机动车事故造成伤亡构成犯罪"的情形,其损害赔偿责任应适用《道路交通安全法》第七十六条的规定,原审判决适用法律错误。(3)本案受害人罗乙虽系农村户口,但常年离开户籍所在地的农村在城镇居住并以从事非农劳动为主要收入来源,其经常居住地及主要收入来源地均为城镇,其死亡赔偿金应当按照城镇标准计算，而按照事发时的法定标准，受害人的死亡赔偿金数额应为614,540元，损失总额为785,959.7元，上诉人与受害人家属达成的总金额为580,000元赔偿协议符合法律规定，也未超出交强险和第三者责任险的总限额，应当由两被上诉人在限额范围内分别赔付。(4)某乙保险公司不赔偿死亡赔偿金不公平、不合理，陈某的侵权行为因为构成犯罪而不用其赔偿死亡赔偿金，违背了投保人购买保险的初衷，也不符合《保险法》的立法本意。

某甲保险公司对上诉人的上诉没有发表意见。

某乙保险公司辩称，(1)对上诉人提出某乙保险公司应当承担赔偿责任不予认可，该次事故陈某构成重大责任事故罪，在处理犯罪行为造成的赔偿方面，肇事方仅向对方承担直接损失，直接损失包括了丧葬费、医疗费、护理费、误工费等，不包括死亡赔偿金，相应司法解释规定若受害人和肇事方因犯罪行为达成协议，则人民法院不予干涉。因此上诉人自愿向死者家属支付死亡赔偿金以及超过法定的赔偿项目的金额属于其处分自己的权利，而保险公司赔偿仅需依据相关法律规定进行理赔。故在陈某犯罪的情况下，其本身依照法律规定不应当支付死亡赔偿金，故该费用依法不应当纳入由保险公司赔偿的范围内。(2)上诉人提出按照城镇标准计算死亡赔偿金的事实理由不成立，死者罗乙在多年前有在城镇打工的记录，但是在此之后罗乙回到了农村老家，在老家居住，其没有持续在城镇居住，不应当按照城镇标准计算死亡赔偿金。综上所述，一审判决查明事实清楚，适用法律正确，请求驳回上诉人的上诉请求，维持原判。

陈某向一审法院起诉请求：(1)判令某甲保险公司在交强险限额内向其支付保险赔偿款110,000元（精神损害抚慰金优先支付）；(2)判令某乙保险公司在商业第三者险限额内向其支付保险赔偿款470,000元。

一审法院认定事实：陈某为川A号起重车在某甲保险公司处投保机动车交通事故责任强制保险，保险期间自2018年5月20日0时起至2019年5月19日24时止；为川A号在某乙保险公司投保特种车第三者责任保险（含不计免赔率险），保险金额为500,000元，保险期间自2018年5月22日0时起至2019年5月21日24日时止；被保险人均为陈某。2019年4月17日，四川省崇州市人民法院作出（2018）川0184刑初720号刑事判决，认定如下事实：2018年6月22日左右，被告人雷某与杨某、陈某约定，由被告人雷某购买红叶石楠，负责装上货车并交付陈某；2018年6月25日16时许，雷某和其雇用操作吊车的被告人陈某到达崇州市观胜镇某村委会对面，准备在此将红叶石楠装上货车；雷某雇请了三个工人和一个三轮车师傅分别负责装树木和套绳子，杨某认为雷某雇请的工人装车不专业，后陈某打电话叫李某和受害人罗乙过来装树木；18时30分许，被告人陈某操作吊车与罗乙、李某开始相互协作，将红叶石楠装上货车；19时许，吊车车臂与高压线接触，此时罗乙正接触吊车吊钩，罗乙触电，经抢救无效死亡；案发后被告人陈某与被害人家属达成赔偿协议，并支付部分赔偿款，取得罗乙家属谅解。崇州市安监局出具责任认定意见，认定陈某、雷某违反安全生产管理规定，造成此次事故发生。后四川省崇州市人民法院判决如下：(1)被告人陈某犯重大责任事故罪，判决有期徒刑10个月，缓刑1年；(2)被告人雷某无罪。

一审另查明，(1)2018年7月29日，陈某(甲方)与罗乙家属(乙方)在崇州人民调解委员会主持下达成《处理意外事故协议书》，协议约定：甲方除承担乙方亲属罗乙的抢救费用外，另一次性包干赔偿乙方580,000元(此费包括死亡赔偿金、丧葬费、交通费、精神抚慰金等一切费用)；甲方分两次将上述赔偿费用支付给乙方，该协议生效后甲方向乙方支付现金300,000元，2018年8月15日前乙方付清余款280,000元(扣除已预付60,000元)，实际应付220,000元。陈某已向罗乙家属支付530,000元。(2)罗乙父亲罗甲先于其死亡，其母亲沈某出生于1951年5月5日；罗甲、沈某育有两子女罗乙、罗丙；罗乙死亡时尚有女儿罗丁，生于2001年8月20日。

一审庭审中，证人段某出庭作证，称其与罗乙为同事关系，陈某是其与罗乙的临时雇主，其与罗乙一起从事苗木装卸工作，罗乙将土地租赁给罗乙的哥哥，罗乙平时都居住在成都。证人罗戊出庭作证，称罗乙将土地交给其十多年了，罗乙平时都居住在成都。

以上事实，有机动车交通事故责任强制保险单、特种车综合商业保险保险单、刑事判决书、处理意外事故协议书、收条、证人证言及当事人当庭陈述等在案佐证。

一审法院认为，该案的争议焦点为：(1)案涉特种车辆作业时发生的事故，是否属于交强险承保范围；(2)案涉特种车第三者责任保险免责条款是否生效；(3)陈某对死者罗乙家属的赔偿款是否超出保险公司理赔范围。

(1)案涉特种车辆作业时发生的事故，是否属于交强险承保范围。《机动车交通事故责任强制保险条例》规定，“机动车在道路以外的地方通行时发生事故，造成人身伤亡、财产损失的赔偿，比照适用本条例”。最高人民法院《关于审理道路交通事故损害赔偿案件适用法律若干问题的解释》规定，“机动车在道路以外的地方通行时引发的损害赔偿案件，可以参照适用本解释的规定”。结合该案，案涉起重车属于机动车的一种，应当适用《机动车交通事故责任强制保险条例》以及《关于审理道路交通事故损害赔偿案件适用法律若干问题的解释》的规定。虽然涉案交强险受害人范围限定为因被保险机动车发生交通事故遭受人身伤亡或者财产损失的人，但不包括被保险机动车本车车上人员、被保险人。某甲保险公司亦基于该案系安全责任事故而非道路交通事故主张不属于交强险赔偿范围。但案涉起重车作为特种车，相对于普通车辆具有特殊性：第一，其主要用途在于施工作业而非交通运输，第二，其主要使用场合在建设工地而非通行道路。上述两点区别决定了在使用起重车的过程中对第三人造成人身伤亡、财产损失主要源于施工作业时的意外伤害，而非狭义上的道路交通肇事。交强险设立的初衷在于保护不特定的社会公众利益，如果将保险条款中的“交通事故”狭义的理解为“道路交通肇事”，则为起重车交纳交强险就几乎不能起到保护不特定第三方利益的目的，违背了交强险设立的初衷。同时，中国保监会[1]在保监厅函(2008)345号《关于交强险条例适用问题的复函》中已明确：“根据《机动车交通事故责任强制保险条例》第四十三条的立法精神，用于起重的特种机动车辆在进行作业时发生的责任事故，可以参照适用该条例。”故该案中，陈某在驾驶投保起重车进行作业时发生的责任事故，属于交强险的保险责任范围，某甲保险公司应当在责任限额内予以赔偿。

(2)关于案涉特种车第三者责任保险免责条款的效力问题。某乙保险公

[1] 中国保险监督管理委员会已于2018年3月根据第十三届全国人民代表大会第一次会议《关于国务院机构改革方案的决定》撤销。

司《特种车综合商业保险条款》中虽有责任免除条款:“第二十五条下列原因导致的人身伤亡、财产损失和费用,保险人不负责赔偿:……(二)第三者、被保险人或其允许的驾驶人、操作人员的故意行为、犯罪行为,第三者与被保险人或其他致害人恶意串通的行为”,某乙保险公司并未提交其对于上述免责条款已经向陈某明确说明的证据,故该条款未生效,对双方均不具有约束力,某乙保险公司应在第三者责任险保险范围内承担赔偿责任。

(3)陈某对死者罗乙家属的赔偿款是否超出保险公司理赔范围。关于死者罗乙家属的各项损失:①死亡赔偿金,依据《刑诉解释》第一百五十五条第二款规定:“犯罪行为造成被害人人身损害的,应当赔偿医疗费、护理费、交通费等为治疗和康复支付的合理费用,以及因误工减少的收入。造成被害人残疾的,还应当赔偿残疾生活辅助具费等费用;造成被害人死亡的,还应当赔偿丧葬费等费用。”因罗乙所遭受的人身损害系陈某的犯罪行为导致,陈某不应当向罗乙支付死亡赔偿金;②精神损害抚慰金,依据《刑诉解释》第一百五十五条第一款规定:对附带民事诉讼作出判决,应当根据犯罪行为造成的物质损失,结合案件具体情况,确定被告人应当赔偿的数额,陈某不应当向罗乙支付精神损害抚慰金;③丧葬费,按照受诉法院所在地上年度职工月平均工资标准,以6个月总额计算,应为32,358.5元(64,717元/年÷12个月×6个月);④关于近亲属处理丧葬事宜产生的误工费、交通费及住宿费,一审法院酌情支持2000元;⑤沈某的被扶养人生活费为82,699.5元(12,723元/年×13年÷2);罗丁的被扶养人生活费为6361.5元(12,723元/年×1年÷2),被扶养人生活费共计89,061元。综上,因该次事故产生的总损失为123,419.5元(丧葬费32,358.5元+误工费、交通费及住宿费2000元+被扶养人生活费89,061元)。陈某自愿向罗乙家属赔偿580,000元,视为对自身权利的放弃,一审法院予以确认。

综上,某甲保险公司应在交强险范围内赔付110,000元(伤残项110,000元),某乙保险公司应在商业第三者责任险限额内赔偿13,419.5元(123,419.5元−110,000元)。

据此,一审法院依照《合同法》第六条、第八条、六十条,《保险法》第十条、第十七条、第六十五条,《侵权责任法》第三条、第十六条、第四十八条,最高人民法院《关于审理道路交通事故损害赔偿案件适用法律若干问题的解释》第二十八条，《刑事诉讼法》第一百零一条，《刑诉解释》第一百三十八条第二款、第一百五十五条，《民事诉讼法》第六十四条第一款、第五十二条、第一百三十四条之规定，判决：（1）某甲保险公司于判决生效之日起10日内支付陈某110,000元；（2）某乙保险公司于判决生效之日起10日内支付陈某13,419.5元；（3）驳回陈某的其他诉讼请求。一审案件受理费9600元，因适用简易程序减半收取计4800元，由某甲保险公司及某乙保险公司负担。

法院二审期间，各方当事人未提交新证据。二审法院对一审法院查明的事实予以确认。

二审法院认为，某乙保险公司依据第三者责任险保险合同向陈某理赔的范围是否应包含死亡赔偿金、精神损害赔偿金以及如果包含则理赔金额如何确定是该案的争议焦点。现评议如下：

案涉事故发生后，陈某与死者罗乙家属达成调解协议，约定陈某赔偿包括死亡赔偿金、丧葬费、交通费、精神抚慰金等费用共计580,000元。陈某主张某甲保险公司在交强险范围内、某乙保险公司在第三者责任险保险范围内承担相应的保险责任。一审法院基于特种车投保交强险的特殊性、交强险对不特定社会公共利益的保护意义以及中国保监会作为对保险业统一监督管理的机构已明确对于特种机动车在进行作业时发生责任事故可以参照适用《机动车交通事故责任强制保险条例》等方面综合评判，认定某甲保险公司应对案涉事故在交强险的保险责任范围内予以赔偿，保险人某甲保险公司对此亦未提起上诉，视为对其应承担责任的确认。对于陈某投保的特种车综合商业保险，发生事故后，保险人某乙保险公司承担赔偿责任的范围应限定为陈某依法应当对第三者承担的损害赔偿责任的范围，对于超出部分，某乙保险公司不负有赔偿责任。具体而言，根据已有的刑事判决，该案并非道路交通事故或机动车在道路以外的地方“通行”时发生的事故，而系陈某违反安全生产管理规定导致一人死亡的重大事故，其行为构成重大责任事故罪。《侵权责任法》第五条规定：“其他法律对侵权责任另有特别规定的，依照其规定。”根据《刑诉解释》第一百三十八条“被害人因人身权利受到犯罪侵犯或者财务被犯罪分子毁坏而遭受物质损失的，有权在刑事诉讼过程中提起附带民事诉讼；被害人死亡或者丧失行为能力的，其法定代理人、近亲属有权提起附带民事诉讼。因受到犯罪侵犯，提起附带民事诉讼或者单独提起民事诉讼要求赔偿精神损失的，人民法院不予受理”的规定以及第一百五十五条第二款“犯罪行为造成被害人人身损害的，应当赔偿医疗费、护理费、交通费等为治疗和康复支付的合理费用，以及因误工减少的收入。造成被害人残疾的，还应当赔偿残疾生活辅助具费等费用；造成被害人死亡的，还应当赔偿丧葬费等费用”的规定刑事附带民事诉讼的赔偿范围仅指因犯罪行为造成的物质损失，具体包括医疗费、护理费、交通费、误工费、丧葬费等，显然死亡赔偿金不在刑事附带民事诉讼或者单独提起民事诉讼的赔偿范围之内。故陈某依法不应向罗乙支付死亡赔偿金及精神损害抚慰金，其自愿向罗乙家属支付的前述赔偿款不属于某乙保险公司的赔偿范围。陈某关于某乙保险公司应向其支付死亡赔偿金及精神抚慰金的上诉请求并无事实和法律依据，法院不予支持。一审法院认定该次事故产生的总损失为123,419.5元以及某乙保险公司在商业第三者责任险限额内赔偿陈某13,419.5元并无不当，二审法院予以确认。

综上所述，陈某的上诉请求不能成立，应予驳回；一审判决认定事实清楚，适用法律正确，应予维持。依照《民事诉讼法》第一百七十条第一款第一项规定，判决如下：

驳回上诉，维持原判。

一审案件受理费的负担方式不变。二审案件受理费9600元，由陈某负担。

该判决为终审判决。

评·析

本案争议焦点是驾驶员犯罪行为导致第三者死亡是否应赔付死亡赔偿金和精神损害抚慰金。驾驶员的犯罪行为导致第三者死亡是否应赔付死亡赔偿金的问题需要先行甄别驾驶员的犯罪行为。

一、驾驶员的犯罪行为甄别

犯罪行为人非正常合理使用机动车(把机动车当做犯罪工具)或者非道路交通事故,也非在道路以外的地方通行时发生的事故,就不应该承担赔偿两金的责任。经查询裁判文书网大量的判决,此类犯罪行为涉及的刑事罪名主要有重大安全事故罪、以危险方法危害公共安全罪、故意杀人罪、故意伤害罪。具体的法律依据是《刑诉解释》第一百五十五条第二款的规定:“犯罪行为造成被害人人身损害的,应当赔偿医疗费、护理费、交通费等为治疗和康复支付的合理费用,以及因误工减少的收入。造成被害人残疾的,还应当赔偿残疾生活辅助器具费等费用;造成被害人死亡的,还应当赔偿丧葬费等费用。”本条款采用列举式的方式明确犯罪行为导致的被害人人身损害赔偿项目,即物质损失,未包含残疾、死亡赔偿金等非物质损失。同时,该解释第一百五十五条第三款“驾驶机动车致人伤亡或者造成公私财产重大损失,构成犯罪的,依照《中华人民共和国道路交通安全法》第七十六条的规定确定赔偿责任”的规定,对常规驾驶机动车发生道路交通事故导致第三人人身或财产损失,构成交通肇事罪的,为司法审判实践中仍支持赔付残疾、死亡赔偿金案件,提供了一定依据。

二、残疾、死亡赔偿金和精神损害抚慰金的赔付

究其原因,在《刑诉解释》实施之前,附带民事诉讼法院普遍支持受害人方索赔的残疾、死亡赔偿金,动辄二三十万元,经济发达地区甚至达七八十万元,而犯罪行为人的经济赔偿能力有限,高额的判决金额导致“空判”“执行难”,不但影响了法律的权威性,而且难以切实的维护被害人的利益。《刑诉解释》实施之后,附带民事诉讼虽不再支持非物质损失的残疾、死亡赔偿金,但《刑事诉讼法》第一百零三条规定:“人民法院审理附带民事诉讼案件,可以进行调解,或者根据物质损失情况作出判决、裁定。”此规定使“刑事和解入法”,犯罪行为人和被害人可以在自愿的基础上自行对民事赔偿部分进行调解,且调解范围不受物质损失的限制,犯罪行为人积极的赔偿,可以争取到受害人及其家属的谅解,法院在对刑事部分量刑时会充分考虑犯罪行为人对

受害人的赔偿和获得谅解的情况。“刑事和解入法”这一举措相对《刑诉解释》施行之前法院直接判决高额的判决金，更有利于犯罪行为人主动尽最大可能的赔偿受害人以获得谅解，从而使受害人获得相对多的赔偿，自身也获得相对轻的刑事判决。而针对涉嫌交通肇事罪的犯罪行为，基于道路交通事故的赔偿体系相对完备，及交强险、救助基金、商业险的日益完善，故从司法实践来看，法院判决仍支持残疾、死亡赔偿金。

但需要指出的是，无论何种情形的驾驶员犯罪行为导致第三者死亡、伤残均不应赔付精神损害抚慰金。《刑诉解释》第一百三十八条第二款“因受到犯罪侵犯，提起附带民事诉讼或者单独提起民事诉讼要求赔偿精神损失的，人民法院不予受理”明确规定了构成犯罪行为，不论受害人及其家属是提起附带民事还是单独提起民事诉讼，精神损失的主张均不应被支持。

那么，受害人及其家属针对伤残、死亡赔偿金另行提起民事诉讼，是否能得到法院支持呢？答案也应是否定的。根据《刑诉解释》第一百六十四条被害人或者其法定代理人、近亲属在刑事诉讼过程中未提起附带民事诉讼，另行提起民事诉讼的，人民法院可以进行调解，或者根据物质损失情况作出判决的规定，即使受害人及其家属单独提起民事诉讼，法院判决的范围也仅限于物质损失。而最高人民法院《关于确定民事侵权精神损害赔偿责任若干问题的解释》第九条明确规定了残疾赔偿金和死亡赔偿金均属于精神损害抚慰金，即残疾、死亡赔偿金和精神损害抚慰金均属于非物质性的损失，故单独提起民事诉讼，法院不应支持赔付死亡赔偿金和精神损害抚慰问金。如此，不仅保证了法律适用的统一性，而且体现了司法救济手段的协调性。

本案驾驶员陈某操作吊车过程中吊车臂触碰高压线，导致罗乙触电死亡，根据已生效的刑事判决，该事故并非道路交通事故或机动车在道路以外的地方“通行”时发生的事故，而系陈某违反安全生产管理规定导致一人死亡的重大事故，其行为构成重大责任事故罪。处理犯罪行为的赔偿范围问题，应优先适用《刑法》和《刑事诉讼法》的相关规定，故法院根据《刑诉解释》第一百三十八条和第一百五十五条的规定认为附带民事诉讼的赔偿范围仅指因犯罪行为造成的物质损失，具体包括医疗费、护理费、交通费、误工费、丧葬费等，死亡赔偿金不在刑事附带民事诉讼或者单独提起民事诉讼的赔偿范围之内。陈某依法不应向罗乙支付死亡赔偿金及精神损害抚慰金，其自愿向罗乙家属支付的前述赔偿款不属于某乙保险公司的赔偿范围。故法院最终判决某乙保险公司在商业第三者责任险限额内赔偿陈某物质损失13，419.5元。法院的判决思路符合现行法律的立法精神，体现了法律适用的统一性和司法救济手段的协调性，维护了法律的权威性。

机动车保险中标的车辆使用性质改变及危险程度显著增加的认定

上海市闵行区人民法院
（2019）沪0112民初18496号民事判决书

（2019年12月24日）

案·情

2018年6月26日，郑某在保险公司处为其所有的沪B小型轿车投保了车损险及不计免赔，保险期间自2018年8月10日至2019年8月9日，约定车辆使用性质为“非营业个人”。2018年12月23日，郑某将沪B小型轿车租赁给案外人宋某，同日，宋某将沪B小型轿车租赁给案外人于某，并收取租金及押金共计3100元。于某将该车交由肖某驾驶。2018年12月23日23时40分许，肖某驾驶车辆沿浙江省平湖市某景区内道路行驶至事发路段时因避让动物导致车辆失控冲出路面，与山体相撞，造成车辆损坏。平湖市公安局交警大队认定肖某负全部责任。2019年1月14日，保险公司向郑某出具《机动车辆保险拒赔通知书》，对沪B小型轿车在上述事故中产生的损失以不属于保险责任赔偿范围为由，拒绝赔偿。郑某不服，诉至法院，要求保险公司承担保险赔偿责任。诉讼中，双方当事人对系争车辆使用性质是否改变，是否导致危险程度显著增加发生争议。在本案判决书中，法院就“非营业”的概念、内涵，危险程度显著增加的表现形式以及同类案件判例援引适用等问题作了详细说理，最终作出驳回郑某诉讼请求的判决。

法院判决

原告：郑某，男，1986年7月27日出生，汉族，户籍地上海市黄浦区。

被告：某甲保险公司，住所地上海市闵行区。

原告郑某与被告某甲保险公司（以下简称保险公司）财产保险合同纠纷一案，法院于2019年5月16日立案后，先适用简易程序，由审判员归某独任审判。后因案情复杂，依法组成合议庭，适用普通程序，公开开庭进行了审理。原告郑某及其委托诉讼代理人姜某，被告保险公司的委托诉讼代理人熊某、陈某到庭参加诉讼。法案现已审理终结。

原告郑某向法院提出诉讼请求，（1）被告赔偿原告149,946元（维修费145,786元、施救费250元、评估费3910元）；（2）案件受理费由被告负担。事实与理由：2018年6月26日，原告在被告处投保了车损险及不计免赔，保险期间自2018年8月10日至2019年8月9日。2018年12月23日，案外人肖某驾驶原告所有的沪B车辆在浙江省平湖市某景区发生事故，经平湖市交通警察支队出具道路交通事故认定书认定肖某负事故全部责任。后由上海道路交通事故物损评估中心对事故车辆沪B进行修复价格评估，经评估确定，沪B车辆市场修复价格为145,786元，原告为此支付评估费3910元，事故施救费用250元，以上共计149,946元。原告认为，原、被告之间存在合法有效的保险合同关系，且事故发生在保险期间内，因发生事故致使原告车辆受损，被告理应进行理赔，原告向被告申请理赔，被告发出拒赔通知书拒绝赔偿。原告为维护自身合法权益，特提起诉讼，请求支持原告诉讼请求。

被告保险公司辩称，对事故发生经过、交警责任认定以及车辆投保情况是无异议的，但是被告不同意赔偿。因为车辆是在租赁期间发生的事故，原告改变了车辆的使用性质，依据《保险法》第五十二条的规定，不予赔偿。如果法院认定被告需要赔偿，那么对原告主张的维修费不予认可。评估费是原告单方委托发生的费用，被告也不同意赔偿。

当事人围绕诉讼请求依法提交了证据，法院组织当事人进行了证据交换和质证。对当事人无异议的证据，法院予以确认并在卷佐证。对当事人有争议的证据，法院认证如下：

对于原告提交的2019年2月20日出具的《物损评估意见书》及事故车辆勘估表1份，2019年3月22日出具的《物损评估意见书》及事故车辆勘估表1份，被告认为系原告单方委托的评估结论，不予认可。法院认为，被告的抗辩意见成立，上述证据不予采纳。

被告提供的以下证据，原告均有异议：

1.拒赔通知书1份，用来证明被告向原告出具的，告知原告发生事故损失不属于保险理赔范围内的原因；

2.被告委托的上海某调查公司出具的调查报告1份，证明被告委托该公司对事故的经过以及租赁营运的事实做了调查，确认涉案车辆是在租赁期间发生的事故；

3.上海某调查公司与肖某、于某之间的谈话记录1份及现场照片1份，证明保险公司委托调查人员向事故车辆驾驶员肖某及同车人于某调查，事故车辆系于某向第三方租用，并支付租金等事实；

4.转账记录1份，证明宋某（车辆出借人）从事车辆出租业务，原告的车辆租给宋某，宋某再将车辆租给于某，于某向宋某支付3100元，含两天的租金1600元、押金1500元，与谈话笔录相吻合；

5.照片1份，证明保险车辆的方向机没有损坏，但是原告的评估和修理都包含了此项费用；

6.微信记录1份，证明宋某系专门长期从事车辆租赁营业人员的事实；

7.调查人员工作证、调查公司营业执照1份，证明调查事实真实性；

8.机动车综合商业保险保险单及机动车车损险保险条款1份，证明保险事实以及保险公司已经就相关免责条款作了明确提示；

9.车辆投保单1份，证明保险公司已经对被保险人即车主履行告知义务；

10.机动车车辆定损单1份，证明保险公司已经依法对事故车辆进行查勘定损。

诉讼中，该院向原告郑某及肇事驾驶员肖某核实了相关情况，郑某承认将涉讼车辆租赁给案外人宋某的事实，肖某证实了被告提供的谈话记录的真实性。被告还申请了证人高某出庭作证，陈述了相关调查经过。法院认为，被告提供的证据5、证据10的关联性难以确定，法院不予采纳。被告提供的其余证据能够互相印证，且与原告本人及肖某、高某的陈述相吻合；其中证据8与原告提供的证据能够相互印证，法院认定上述证据真实、合法，与该案有关联，故予以采纳。

经对证据质证、认证，并结合当事人陈述，法院确认如下事实：沪B小型轿车为原告郑某所有。原告为该车向被告保险公司投保机动车综合商业保险，保险期间自2018年8月10日至2019年8月9日；《机动车综合商业保险保险单》使用性质一栏注明“非营业个人”；重要提示一栏注明“被保险机动车因改装、加装、改变使用性质等导致危险程度显著增加以及转卖、转让、赠送他人的，应书面通知保险人并办理变更手续”。

原告将沪B小型轿车租赁给案外人宋某（微信名）。原告提供的《轿车租赁合同》中甲方栏空白，乙方栏手写签名字迹潦草，难以辨认。合同落款日期为2018年12月23日。合同关于“借车概况”的条款中有关车辆的型号、牌照、租期、租金、车辆现状等内容均为空白。

2018年12月23日，宋某将沪B小型轿车租赁给案外人于某，并收取租金及押金共计3100元。于某将该车交由肖某驾驶。2018年12月23日23时40分许，肖某驾驶该车沿浙江省平湖市某景区内道路行驶至事发路段时因避让动物导致车辆失控冲出路面，与山体相撞，车辆损坏的事故。平湖市公安局交警大队认定肖某负全部责任。

2019年1月14日，被告保险公司向原告郑某出具《机动车辆保险拒赔通知书》，对沪B小型轿车在上述事故中产生的损失以不属于保险责任赔偿范围为由，拒绝赔偿。

诉讼中，原告向法院陈述：“宋某是我在网上认识的朋友，我们在去年第三季度，大概在10月左右认识的。认识后我们见过面的，主要是网上聊，一共就见过两次面。他的职业我不清楚，就知道他是车迷中一个组织者。我只知道他住上海，具体哪里不知道，至于他是哪里人我不清楚没问过。……曾经两次见面都是在我家附近的地方看车，问我有没有改装的兴趣以及对车这方面有什么喜好。”“事故车辆是大量闲置的，我不是经常开，他说停着也是停着不如借给他，我就说为什么借给你，有什么事情怎么办。他说停着也是停着，给我一些补贴，假如有什么事情他会赔，且车子本身也有保险。”“他说让我看一下一般到租车公司租这样的车要多少钱，然后再打个折给他，外面基本是六七百一天，所以最后我和他谈的是四五百一天。”“我与他（宋某）之间有一张书面协议，因为我不放心，所以他在网上找了一个租车协议模板，写了他的名字和联系方式，上面主要载明的是如果出了事情，他会赔偿的事宜，所以我才放心把车给他。拿了车大概过了十几分钟他就通过微信转给我1000元。车子就是事故当天中午给他的，是第一次给到他，结果晚上就出事了。事发当日宋某联系我只告诉我车子撞了，驾驶员是他朋友，具体细节没有提，之后的修车事宜都是他处理的，再后来是保险公司联系上我，说你朋友将车子租给别人，保险公司拒赔。”“我没有细问（宋某借车的用途），他说他会自己开或者给朋友开，就告诉我不用担心，有问题他会处理的。”“既然我把车给了他，就是因为我觉得即使他把车租给别人开也没什么问题，因为车子是有保险的，所以我才敢把车子给到他。他是否收取租金我也不方便再去问他，我觉得这也不影响理赔。”“没有核实过（宋某真名），我管他叫小宋，也没有看过身份证原件，签租车协议也是在外面签的，租车合同上的名字像宋某，所以我也不知道他的真实名字。”“（现在）联系过（宋某），但是几乎联系不上，我不知道他在哪里。我们只是在车友群认识的。”

宋某在其微信朋友圈发布各款汽车图片，并配有以下文字：“js在空秒飞雨天骨折价”“整的像国家领导人开会”“沪牌高配a5包月打骨折价”“911”“大g全新怕哪摸哪随时可发”。

该案争议焦点是：原告是否改变了保险标的——沪B小型轿车的用途，并且导致了保险标的危险程度显著增加。针对该项争议焦点，被告认为，沪B小型轿车作为非营业个人自用车辆的用途已被改变，宋某未取得汽车租赁公司营业执照、运营许可等相关证照，不具备经营资质，无法对租赁车辆进行保养、维修和规范管理，缺乏对驾驶人员资质的备案审查，显著增加了保险标的的危险程度。原告则认为，交通部对于营运性质作了详细的解释，一定是从事货物、人的运输，租赁不是营运。肖某是个人出游，不属于运人、运物，并未改变保险标的使用性质。原告还援引了法院已生效的民事判决支持其主张。

法院认为，上述争议焦点最终要解决的问题是，被告能否因系争车辆的用途改变而拒绝承担赔偿责任。根据《保险法》第五十二条和最高人民法院《关于适用〈中华人民共和国保险法〉若干问题的解释（四）》第四条的规定，并结合该案事实，评判被告应否承担赔偿责任，需要注意以下问题：（1）沪B小型轿车的用途是否改变；（2）如果沪B小型轿车的用途改变，是否因此导致危险程度显著增加；（3）危险程度虽然增加，但是否属于保险人预见或者应当预见的保险合同承保范围。

关于沪B小型轿车用途是否改变的问题，法院注意到，原告投保时双方约定系争车辆的用途为“非营业个人”，“非营业”相对的概念是“营业”，“营业”一词，《现代汉语词典》给出的解释是“（商业、服务业、交通运输业等）经营业务”，根据该解释“非营业”应当排除经营业务。公安部发布的《公共安全行业标准机动车类型术语和定义》中明确“非营运机动车是指个人或者单位不以获取利润为目的而使用机动车”，该规范所附的《机动车使用性质细类表》中列明营运类机动车包括：公路客运、公交客运、出租客运、旅游客运、租赁、教练、货运、危化品运输。该案中，双方约定的系争车辆的用途为“非营业个人”，排除了对系争车辆以营利为目的的商业性使用。该案根据被告提供的证据，并结合原告本人的陈述，法院有理由相信原告将系争车辆出租于案外人宋某，宋某又将系争车辆转租于次承租人。显然，系争车辆的使用性质已经不同于原、被告双方约定的“非营业个人”，而是转变为以获取利润为目的的商业性使用。

关于沪B小型轿车的用途改变是否导致危险程度显著增加且超出保险人应当预见范围的问题。该案中，系争车辆危险程度的增加体现在以下两个方面：首先，原告将车辆出租给微信名为宋某的案外人，而宋某通过网络发布广告，向不特定人员低价招揽租车用户的方式客观上大幅提高了车辆的出行频率、扩大了出行范围，车辆在运行中出险的概率也相应大幅提高，导致被告方所承担的风险远远超过原、被告双方按“非营业个人”的用途所确定的保费承受范围。其次，系争车辆用途的改变同时伴随着车辆管理人与使用人的改变。原告将车辆交付宋某管理。庭审中原告的陈述表明其对宋某的真实身份情况并不清楚，因此无证据证明宋某具备经营车辆租赁所必须的对车辆进行规范管理、维护、对客户进行风险管控的专业能力；而宋某承租车辆的目的在于转租再谋利，没有证据表明宋某在车辆转租过程中对相对人的风险控制能力进行了必要的审查。因此，系争车辆管理人的改变也足以导致危险概率的提高，而原告与宋某对危险概率的提高均采取了放任的态度。在此情况下，系争车辆危险程度的增加完全超出了保险人可预见的范围，如果由保险人来承担风险，将违反财产保险合同中对价平衡的原则，不利于保险业的健康长久稳定发展。根据最高人民法院《关于适用〈中华人民共和国保险法〉若干问题的解释（四）》第四条的规定，应当认定沪B小型轿车的危险程度显著增加。

需要说明的是，原告援引的法院已生效的民事判决据以裁判的事实与理由于该案不具有可借鉴性。这一案件中，被保险人深圳市某汽车服务有限公司上海分公司将被保险车辆（保单记载的使用性质为“非营业企业”）租赁给第三人上海某汽车租赁有限公司，被告卓某向第三人租赁被保险车辆三个月作为非营业用途使用。2016年4月2日，被告卓某驾驶被保险车辆发生道路交通事故致原告王某受伤。被告某乙保险公司上海市分公司作为保险人提出，被保险车辆的使用性质改变导致车辆的危险程度显著增加，拒绝承担相应的保险责任。法院经审查认为，尚无证据显示系争交通事故发生时，卓某正将系争车辆用于营运；保险人称深圳市某汽车服务有限公司上海分公司将车辆用于租赁改变了使用性质，然该公司经营范围中明确注明“汽车租赁”事项，就系争车辆购买商业三者险时，亦未见保险人对此提出过任何异议。因此，某乙保险公司以系争车辆改变非营运之使用性质为由，主张拒赔商业三者险，缺乏充分依据，不予支持。据此，可以看出，此案与该案的本质区别在于：该案中的被保险人为个人，而上个案件的被保险人为具有汽车租赁经营范围的公司，将被保险车辆出租应当在保险人的可预见范围内。

综上所述，法院认为，该案中被告拒绝理赔的理由成立。据此，法院依照《保险法》第五十二条，最高人民法院《关于适用〈中华人民共和国保险法〉若干问题的解释（四）》第四条第一款第一项、第五项之规定，判决如下：

驳回原告郑某的诉讼请求。

案件受理费3298.92元，由原告郑某负担。

如不服该判决，可在判决书送达之日起15日内向法院递交上诉状，并按对方当事人的人数或者代表人的人数提出副本，上诉于上海金融法院。

评·析

本案的主要争议焦点是在被保险人未有效履行通知义务的情形下如何确定机动车的维修费用。

司法实践中因机动车损失险导致的保险合同纠纷中，最具争议的主要集中在“被保险人是否违反及时通知义务”和“实际理赔费用是否合理”这两个方面，并进而延展至保险领域最大诚信原则与损失补偿原则的适用问题。就本案来讲，审理法院依照最大诚信原则在认定被保险人违反通知义务的前提下，依职权委托鉴定并提出八项具体的鉴定要求，且在鉴定机构无法做出“以质论价”的鉴定意见后，支持保险公司就因未及时通知导致的无法确定的损失部分不承担赔偿责任。

一、最大诚信原则与损失补偿原则

最大诚信原则与损失补偿原则是我国《保险法》确定的两项重要原则。最大诚信原则要求保险合同的双方当事人在保险合同的订立和履行过程中，必须以最大的诚意行使权利和履行义务。损失补偿原则要求保险人在保障保险经济补偿的同时，防止某些被保险人通过保险谋取额外利益，从而更好地保护其他广大被保险人的合法权益。

二、“及时通知义务”及违反后果

依照最大诚信原则，《保险法》第二十一条规定：“投保人、被保险人或者受益人知道保险事故发生后，应当及时通知保险人。故意或者因重大过失未及时通知，致使保险事故的性质、原因、损失程度等难以确定的，保险人对无法确定的部分，不承担赔偿或者给付保险金的责任，但保险人通过其他途径已经及时知道或者应当及时知道保险事故发生的除外。”本条规定采取的是有限的损害赔偿原则，即保险公司享有减少部分保险金赔付的抗辩权。具体而言，应同时满足以下条件：一是属于应通知内容而未通知，即“通知内容不限于出险本身，还包括与认定保险事故性质、原因、损失程度等有关的其他事项”；二是通知的时间超出合理范畴，违背“及时”要求；三是须主观上有故意或重大过失的过错因素；四是因违反通知义务造成损害后果，即致使保险事故的性质、原因、损失程度等难以确定。

三、“维修费用”应当如何认定

车辆受损后一般需要更换新配件才能恢复使用，而市场上的汽车配件可分为原厂件、正厂件、拆车件、翻新件、副厂件等多个种类，不同厂家生产的同一部位汽车配件，市场价格差异悬殊，配件品质的好与次将直接决定维修费用的高与低。因此，要想确定合理的维修费用，必须明确更换配件的品质。

司法实务中，车主一般先单方委托鉴定，凭鉴定报告向法院诉讼主张其损失，但对损失进行有效确定是保险公司控制风险和实现损失补偿原则的关键。在这种情况下，由于保险公司未参与鉴定过程，无法了解车辆损失配件品质以及是否维修或更换，只能根据“就低不就高”原则定损，这也是此类案件多发的根本原因。此时，保险公司只能申请重新鉴定，但是大部分的鉴定机构也只是简单的重新鉴定价格损失。鉴于目前的鉴定机构良莠不齐，尚缺乏统一的标准，鉴定结果虽有可能会下浮，但显失客观公正的仍不在少数。所以重新鉴定的项目，不应仅仅是价格，整车市场价值、整车残值、损失配件更换程度、损失配件品质、损失配件残值、损失配件价格、工时项目和费用等都可以一并鉴定。本案中，审理法院委托某鉴定评估公司对涉案车辆的维修费用进行重新鉴定，并提出了八项具体的鉴定要求，对保险公司有效化解此类争议具有一定指导意义。

审理法院针对被保险人、保险公司、维修单位和鉴定机构各自的权利和义务及其在纠纷中的地位和作用逐一展开分析，充分运用最大诚信原则与损失补偿原则，结合法律规定与合同约定，阐明了“及时通知义务”的内涵与外延以及违反后果，有利于理顺理赔流程，为减少此类纷争指明了方向。

沿海内河船舶一切险中超航区航行情形下保险人的赔偿责任及格式条款的适用

辽宁省高级人民法院
（2019）辽民终1626号民事判决书

（2019年12月2日）

案·情

2014年8月28日，某保险公司信阳市分公司承保“豫信货133”轮，保险单记载：承保险别为沿海内河船舶一切险，被保险人郑某，保险金额14,600,000元，并在“船舶信息”栏载明“航行区域：内河A、B、C、J级航区”，第一受益人为淮滨县某公司。2015年6月29日，“豫信货133”轮自辽宁省营口市鲅鱼圈驶往天津途中因遭遇恶劣天气、货舱进水而沉没（无打捞价值，全损）。某保险公司理赔人员现场查勘后，以船舶超航区航行出险为由拒赔。2016年8月9日，被保险人郑某向淮滨县人民法院提起诉讼，要求保险公司支付船舶全损保险赔偿金人民币14,600,000元及其利息，同时承担案件诉讼费用。该案经历河南、辽宁两地法院多次开庭审理，历时三年四个月，最终法院支持保险公司拒赔理由，驳回被保险人全部诉讼请求14,600,000元。

法院判决

上诉人（原审原告）：郑某，女，汉族，1991年9月16日出生，住所地：河南省固始县。

被上诉人（原审被告）：某保险公司淮滨支公司，住所地：河南省信阳市淮滨县。

原审第三人：河南淮滨某公司，住所地：河南省信阳市淮滨县。

上诉人郑某因与被上诉人某保险公司淮滨支公司、原审第三人河南淮滨某公司海上保险合同纠纷一案，不服大连海事法院（2019）辽72民初22号民事判决，向二审法院提起上诉。二审法院于2019年10月15日立案后依法组成合议庭，并于2019年11月14日对各方当事人进行了询问。上诉人郑某的委托诉讼代理人，被上诉人某保险公司淮滨支公司的委托诉讼代理人，原审第三人淮滨某公司的委托诉讼代理人到庭接受了询问。该案现已审理终结。

郑某向原审法院提出诉讼请求：（1）判令某保险公司淮滨支公司承担14,600,000元的保险赔偿责任及该款项自2015年7月10日起至实际付清之日止按中国人民银行同期贷款利率计算的利息；（2）某保险公司淮滨支公司将上述款项优先支付给淮滨某公司；（3）由某保险公司淮滨支公司承担该案诉讼费。事实和理由：2014年8月28日，郑某在某保险公司淮滨支公司处为其所有的“豫信货133”轮投保“沿海内河船舶一切险”，保险价值及保险金额均为14,600,000元，保险期间自2014年8月29日0时起至2015年8月28日24时止，第一受益人为淮滨县某公司。某保险公司淮滨支公司在郑某依约支付保险费后，向郑某开具了收取保险费的发票，并出具保险单。2015年6月29日11时许，“豫信货133”轮在大连水域沉没。郑某已于当日14时向某保险公司淮滨支公司作了事故报告，并于2015年7月10日向某保险公司淮滨支公司提出了正式的理赔申请，但一直未收到某保险公司淮滨支公司有关理赔事宜的书面通知。某保险公司淮滨支公司的行为严重违反了法律规定和合同约定，给郑某造成重大损失。“豫信货133”轮至今未打捞出水面。淮滨县某公司系该案所涉款项的第一受益人。

某保险公司淮滨支公司原审辩称，（1）“豫信货133”轮超航区航行发生沉没事故，不属于保险承保风险范围，而且属于违法行为，某保险公司淮滨支公司没有保险责任；（2）“豫信货133”轮作为内河船超航区航行，危险程度显著增加，郑某违反了危险增加时的法定通知义务，某保险公司淮滨支公司有权拒赔；（3）郑某违反了安全生产的法定义务，“豫信货133”轮存在多次超航区航行、配员不足且不适任、未经海事主管部门办理进出港签证违法活动，主观恶意明显，属于“明知可能引发保险事故而轻率作为”。某保险公司淮滨支公司有权解除保险合同，不承担保险责任。综上，应驳回郑某的诉讼请求。

淮滨某公司原审述称，(1)郑某作为“豫信货133”轮的合法所有权人与某保险公司淮滨支公司签订海上保险合同，并依约缴纳保险费，郑某与某保险公司淮滨支公司成立合法有效的保险合同关系。保险合同签订后，某保险公司淮滨支公司未向郑某提供保险合同和保险条款，也未就免赔条款依法履行说明义务。因此，保险事故发生后，某保险公司淮滨支公司应当承担保险责任，其无权拒赔。(2)淮滨县某公司系涉案“沿海内河船舶一切险”的第一受益人，对涉案保险赔款有优先受偿权。

原审法院审理查明：2014年8月28日，郑某父亲郑甲到某保险公司淮滨支公司，就郑某所有的“豫信货133”轮代郑某向某保险公司淮滨支公司投保沿海内河船舶一切险，并交纳保险费。某保险公司淮滨支公司于当日出具《沿海内河船舶一切保险保险单》，该保险单记载，“鉴于投保人已向本保险人投保沿海内河一切保险，并按本保险合同约定交付保险费，保险人同意按照适用条款的约定承担保险责任，特立本保险单为凭。”保险单同时载明，“船舶信息：船舶名称‘豫信货133’，船舶种类散货船，用途货物运输作业，航行区域内河A、B、C、J级航区；投保险别：沿海内河船舶一切保险；保险期间：自2014年8月29日0时起至2015年8月28日24时止；保险条件及特别约定：船舶第一受益人为淮滨县某公司，除条款约定外，发生全部或部分损失时，该船每次事故增加免赔率5%；保险费信息：保险价值14,600,000元，保险费合计87,600元”。郑甲在办理上述保险过程中，某保险公司淮滨支公司未向其出示保险条款，郑甲亦未签署投保单。

2015年6月29日约15时，“豫信货133”轮载运约8000吨海砂，超出其核定的内河航区，自辽宁省营口市鲅鱼圈附近水域驶往天津，在航行途中遭遇恶劣天气，货舱大量进水，该轮沉没于39° 15′.3N，120° 11′.8E(概位)。事故发生后，郑某向某保险公司淮滨支公司报告了保险事故。郑某主张，因某保险公司淮滨支公司迟迟未答复，其负担不了“豫信货133”轮的打捞费用，该轮至今未被打捞。2014年8月20日，河南省船舶检验处信阳检验所出具的《内河船舶适航证书》记载，“豫信货133”轮准予航行A级航区(航线)，作散货船用，该证书有效期至2015年4月11日。

大连海事局于2018年4月17日出具的《水上交通事故调查结论书》记载，经海事调查，涉案事故结论为本起沉没事故是内河船舶在海上恶劣天气海况条件下，无盖货舱大量进水，船舶实际控制人违规冒险指挥船舶跨航区航行和未按要求配备适任船员，以及船舶经营人对船舶和船员的监督管理缺位导致的单方责任事故。

原审法院认为，该案系海上保险合同纠纷。郑某向某保险公司淮滨支公司就“豫信货133”轮投保沿海内河船舶一切险时，某保险公司淮滨支公司未要求其签署投保单，亦未向其出示保险条款，但向其签发了保险单。郑某作为被保险人与保险人某保险公司淮滨支公司以《沿海内河船舶一切保险保险单》证明海上保险合同关系依法成立，保险单记载的内容是郑某与某保险公司淮滨支公司对涉案海上保险事项的有效约定。依据《海商法》第二百一十六条“海上保险合同，是指保险人按照约定，对被保险人遭受保险事故造成保险标的的损失和产生的责任负责赔偿，而由被保险人支付保险费的合同。前款所称保险事故，是指保险人与被保险人约定的任何海上事故，包括与海上航行有关的发生于内河或者陆上的事故”的规定，合意性是保险事故的特点之一，只有约定的保险事故造成的保险标的的损失或产生的责任，保险人方负有赔偿责任。涉案保险单未记载保险责任，将船舶航行区域“内河A、B、C、J级航区”记载于“船舶信息”一栏。某保险公司淮滨支公司据此主张“豫信货133”轮超航区航行不属于保险责任范围。郑某则主张保险单关于航行区域的记载仅为船舶信息，不是对保险责任范围的约定，涉案保险责任范围是“沿海内河船舶一切险”。保险单是某保险公司淮滨支公司对郑某的承保证明，也是郑某与某保险公司淮滨支公司关于保险权利、义务的约定。郑某与某保险公司淮滨支公司对保险责任范围存在的争议涉及对保险单条款的理解，应依据《合同法》第一百二十五条第一款（《民法典》第一百四十二条）[1]的规定进行认定。从保险单使用的词句及条款来看，保险单“船舶信息”

[1] 《民法典》第一百四十二条第一款规定，有相对人的意思表示的解释，应当按照所使用的词句，结合相关条款、行为的性质和目的、习惯以及诚信原则，确定意思表示的含义。

中已载明船舶航行区域为“内河A、B、C、J级航区”，这既是对船舶信息的描述，也具有向保险人告知船舶在限定的航行区域内面临的保险责任风险范围的意义，这是保险人是否接受承保的前提。从保险单的目的看，郑某未证明其在投保时向保险人告知了涉案船舶也航行于沿海，故无法确定其在投保时有将沿海航行的风险向保险人进行投保的缔约目的；某保险公司淮滨支公司虽使用沿海内河一切险保险单承保，但不能仅以该保险单的名称表明其有接受沿海保险责任的缔约目的。从诚实信用原则看，超航区航行属于《海上海事行政处罚规定》第二十六条确定的行政违法行为，郑某明知“豫信货133”轮《内河船舶适航证书》核准的航行区域，即应遵守有关航行安全的行政法规，在核准的区域内航行，这是郑某应遵守的诚实信用原则内容，而郑某将超航区航行的海上风险归属于涉案保险责任范围明显违背该诚实信用原则。故涉案保险单记载的船舶航行区域“内河A、B、C、J级航区”即是保险责任的范围，郑某主张其超航区航行仍属于涉案保险责任范围，原审法院不予支持。此外，依据《保险法》第四条“从事保险活动必须遵守法律、行政法规，尊重社会公德，不得损害社会公共利益”的规定，“豫信货133”轮为内河船舶，较之海船稳定性及抗风性差，如保险公司承保该类船舶可以在海上航行，必将纵容该类船舶超出适航区域进行航行，增加该类船舶上人及财物的安全风险，也将对该船舶航行区域内的其他船舶造成潜在的安全威胁，进而损害社会公共利益。因此，基于公共利益考虑，该案保险责任范围也不宜超出“豫信货133”轮的核准航区，对保险责任进行扩大解释。

综上所述，涉案事故发生的主要原因是船舶在不适航的情况下，船舶实际控制人违规冒险指挥船舶跨航区航行，事故发生地及沉没位置均已超过了保险单约定的承保范围“内河A、B、C、J级航区”，涉案事故不属于某保险公司淮滨支公司的保险责任范围，某保险公司淮滨支公司对此次事故不承担保险责任。郑某的诉讼请求应予以驳回。综上，依照《合同法》第一百二十五条(《民法典》第一百四十二条第二款)、《保险法》第四条、《海商法》第二百一十六条规定，判决：驳回郑某的诉讼请求。案件受理费109,400元，由郑某负担。

宣判后，郑某不服原审判决上诉称：(1)一审判决书认定事实错误。第一，原审判决认定郑某与某保险公司淮滨支公司之间成立海上保险合同关系不符合事实。案涉船舶“豫信货133”轮是内河船,不是海船。而且没有任何书面证据证明郑某与某保险公司淮滨支公司之间存在海上保险合同关系,某保险公司淮滨支公司向郑某签发保险单只能说明双方成立了船舶保险合同关系。第二,根据我国《保险法》第十八条之规定,保险合同应当包括保险责任和责任免除。保险责任一般采取列举式,明确负责的范围与免责的界限。该案保险单记载的船舶航行区域只能反映船舶的登记信息,并未对此是否属于保险责任范围作出约定或说明。船舶航行区域和保险责任范围是两个不同的概念,不能将涉案保险单记载的船舶航行区域认定为保险责任范围。(2)一审判决适用法律不当。第一,《合同法》第一百二十五条(《民法典》第一百四十二条)是当事人对合同条款的理解有争议时,有关解释方法和原则的规定。该案是保险合同纠纷,《保险法》作为特殊法,较《合同法》而言应优先适用于该案,对于存在争议的内容,应当适用《保险法》第三十条之规定进行解释。第二,《海商法》第二百一十六条是关于海上保险合同的定义,但是《海商法》第三条明确界定了《海商法》只适用于海船。该案涉事的船舶“豫信货133”轮是内河船,不适用《海商法》。第三,《保险法》第四条是总则中的条款,按照法律适用的规则,只有法律分则或其他法律没有明文规定的,才适用总则的规定。我国《保险法》分则条款已对该案涉及的法律事项作出了明确的规定。该判决书在未作任何说明和解释的情况下,直接引用《保险法》总则作出判决是不适当的。(3)该案应当依据我国《保险法》第十七条、第二十三条、第五十五条之规定认定事实,划分责任,作出判决。我国《保险法》对保险人履行提供保险条款和对免责条款作出明确说明的义务进行了具体的规定。该案查明的事实是某保险公司淮滨支公司作为保险人未向郑某出示保险条款,也未就免责条款作出任何说明。因此,尽管涉案船舶超出了内河船舶适航证书核准的航行区域,但因某保险公司淮滨支公司未能履行法定的明确告知义务,保险合同的免责条款不发生效力,某保险公司淮滨支公司作为保险人仍应承担赔偿责任。综上所述,一审法院的判决书认定事实错误,适用法律不当,恳请二审法院查明事实,依法撤销该判决书,改判某保险公司淮滨支公司承担保险赔偿责任,维护郑某的合法权益。

某保险公司淮滨支公司二审答辩称:(1)该案中“豫信货133”轮在海上

发生沉船事故，该内河船属于《海商法》第二百一十八条第七款规定的海上“其他财产”，该案案由确立为海上保险合同纠纷是准确的。(2)《保险法》是《海商法》的补充，该案也适用《保险法》，而且两个法律适用的结果是完全一致的。(3)《保险法》第十八条虽然规定保险合同内容应当包括保险责任和责任免除，但并没有规定保险责任必须采取“列举式”规定。而且这一点并非该案的争议焦点。该案的争议焦点不包括除外责任问题。(4)该案所涉保险单“船舶信息”栏记载船舶航行区域为内河A航区，诚如郑某所言，是船舶登记信息的反映，其目的是使保险合同所保障的船舶特定化，即保险合同保障的对象是按照法定航区合法经营、用航行于内河A航区的“豫信货133”轮。保险单中关于航区的记载是对保险标的之限定。如果超航区航行，“豫信货133”轮就不是该内河船保险合同之保险标的，超航区航行期间发生的风险自然也就不在保险合同所保障的范围之内。(5)该案中，保险单记载船舶登记航区为内河A航区是双方针对“豫信货133”轮的具体情况而达成的合同条款，是保险单正面明确记载的保险合同重要基本信息，不是与保险单配合使用的标准保险条款，而且“内河船”“航区”都是法律强制规定的明确概念，根本不存在理解上的歧义。所以，一审判决书根据《合同法》第一百二十五条的规定，而非根据《保险法》第三十条的规定，在法律适用上完全正确。(6)该案的基本事实是该轮违法超航区航行，一审判决书依据《保险法》第四条的规定，用以说明本案保险责任范围为“豫信货133”轮法定航区，在适用法律上完全正确。综上所述，一审判决书认定“豫信货133”轮超航区航行时发生的沉没事故，不属于保险责任范围，保险人不承担保险责任，事实认定清楚，法律适用正确，依法应予维持；郑某的上诉没有任何事实或法律依据，应依法予以驳回。

淮滨县某公司二审未发表意见。

原审法院查明并认定的事实，有相关证据予以佐证，二审法院对原审查明及认定的事实予以确认。

二审法院认为，该案系郑某作为案涉保险合同的投保人要求保险人某保险公司淮滨支公司承担保险责任产生的争议，故该案为保险合同纠纷。根据双方的诉辩主张，原判认定某保险公司淮滨支公司不承担保险赔偿责任是否恰当为该案二审的争议焦点。

《保险法》第五十二条规定:“在合同有效期内,保险标的的危险程度显著增加的,被保险人应当按照合同约定及时通知保险人,保险人可以按照合同约定增加保险费或者解除合同。保险人解除合同的,应当将已收取的保险费,按照合同约定扣除自保险责任开始之日起至合同解除之日止应收的部分后,退还投保人。被保险人未履行前款规定的通知义务的,因保险标的的危险程度显著增加而发生的保险事故,保险人不承担赔偿保险金的责任。”根据上述规定,被保险人未按合同约定履行危险程度显著增加通知义务的,因保险标的的危险程度显著增加而发生的保险事故,保险人不承担赔偿保险金的责任。该案中,郑某作为投保人将其所有的内河船舶向保险人某保险公司淮滨支公司投保,郑某父亲郑甲将投保的船舶资料及价值评估材料交付给某保险公司淮滨支公司,并在投保单上留下了姓名和电话信息,某保险公司淮滨支公司亦针对郑甲提交的资料按内河船舶一切险的保险费率收取了保费,后向郑甲提供了案涉的保险单。从郑甲提供的船舶信息、某保险公司淮滨支公司要求郑甲填写的投保单、收取的保费金额等事实看,能够认定郑甲系针对内河船舶进行的投保,某保险公司淮滨支公司系针对内河船舶进行的承保,双方意思表示真实且一致,合同有效,故双方应当按照合同约定履行合同义务。按照郑甲提供给某保险公司淮滨支公司的船舶资料可以看出,案涉船舶只能在“内河A、B、C、J级航区”航行,超出前述航区航行不但属于违法行为,也显著增加了危险程度,按照涉案保险合同第十六条的约定和《保险法》第五十二条的规定,被保险人郑某应当通知保险人某保险公司淮滨支公司,而郑某并未按照约定履行告知义务,故案涉船舶在跨航区航行中发生的保险事故属于保险标的的危险程度显著增加而发生的保险事故,保险人某保险公司淮滨支公司不承担赔偿保险金的责任。因此,原判未支持郑某的诉请符合法律规定,并无不妥。至于郑某上诉所提,不能将涉案保险单记载的船舶航行区域认定为保险责任范围、保险合同的免责条款因某保险公司淮滨支公司未能履行法定的明确告知义务而不发生效力的理由。因案涉案被保险船舶的资料系投保人郑某提供,资料中写明案涉船舶为内河船舶,亦注明了船舶的航行区域为内河A、B、C、J级航区,某保险公司淮滨支公司也将相应的内容记载于涉案保单之中,故保险人某保险公司淮滨支公司有理由相信投保人投保的船舶系在规定的航线内航行，投保人不会违反法律规定跨航区航行，且郑某并未提供证据证明其向某保险公司淮滨支公司交代了其会违反法律规定跨航区航行，故原判认定郑某提供船舶资料中记载的并被某保险公司淮滨支公司记载于保险单上的船舶航行区域即是某保险公司淮滨支公司承保的风险范围区域并无不当，郑某如跨出相应区域航行则应通知某保险公司淮滨支公司。另外，按照《保险法》第十七条"订立保险合同，采用保险人提供的格式条款的，保险人向投保人提供的投保单应当附格式条款，保险人应当向投保人说明合同的内容。对保险合同中免除保险人责任的条款，保险人在订立合同时应当在投保单、保险单或者其他保险凭证上作出足以引起投保人注意的提示，并对该条款的内容以书面或者口头形式向投保人作出明确说明；未作提示或者明确说明的，该条款不产生效力"的规定，保险公司只有对合同中免除保险人责任的条款未作提示和说明的，该条款才属于无效条款。而涉案保险合同第十六条是就投保人变更航行区域等行为有通知义务的约定，与免责条款不同，且被保险人未按合同约定履行危险程度显著增加通知义务的，因保险标的的危险程度显著增加而发生的保险事故，保险人不承担赔偿保险金的责任系《保险法》第五十二条的规定，而且涉案船舶应当在规定的航区航行系船舶所有人郑某的法定义务，故郑某无权以某保险公司淮滨支公司未向其提供保险合同并未作提示和说明，主张其可以不履行法定义务。因此，郑某的上诉理由不能成立，二审法院不予支持。

综上所述，郑某就内河船舶向某保险公司淮滨支公司投保，某保险公司淮滨支公司就郑某投保的内河船舶进行承保，其双方形成了内河船舶保险合同关系。虽然某保险公司淮滨支公司出具了保险单，但保险单名称并不影响其双方针对内河船舶在内河航行形成的保险关系，并不因保险单名称而改变其双方形成的合意。故原判将该案案由归纳为海上保险合同并适用《海商法》审理不当，二审法院予以调整。但原审判决认定事实清楚，审判程序合法，判决结果亦符合法律规定，二审法院对原判结果予以维持。郑某的上诉主张不能成立，二审法院不予支持。依照《民事诉讼法》第一百七十条第一款第一项、最高人民法院《关于适用〈中华人民共和国民事诉讼法〉的解释》第三百三十四条之规定，判决如下：

驳回上诉，维持原判。

二审案件受理费由郑某负担。

该判决为终审判决。

评·析

案件发生后，主要围绕三个问题存在争议焦点：一是淮滨县人民法院是否具有管辖权；二是保险单约定了第一受益人，被保险人郑某的诉讼主体资格问题；三是某保险公司淮滨支公司超航区航行拒赔理由是否充分。

本案属于海事海商案件，且事故发生地（保险合同履行地）属于大连海事法院管辖，所以某保险公司淮滨支公司首先提出管辖异议，申请将案件移送至大连海事法院。起初，淮滨县人民法院驳回保险公司申请。随后，某保险公司淮滨支公司提起上诉，信阳市中级人民法院裁定将案件移送至大连海事法院。至此，案件成功地被移送至大连海事法院，保证本案得到专业审判。

案件移送后，大连海事法院举行两次开庭审理，被保险人在庭审中主张：(1)保险公司在承保阶段未出示保险条款和提示、说明免责条款，因此保险公司无权依据保险条款免责；(2)保险公司的承保风险范围包括沿海。

针对被保险人的主张，某保险公司淮滨支公司抗辩：保险人承保航区仅限"豫信货133"轮法定航区，超航区航行不属于保险保障范围，也构成危险显著增加，保险人有权拒赔。具体包括：(1)投保人投保时提交船舶适航证书和《资产评估报告》都记载船舶法定航区为内河A、B、C、J级航区，构成要约，保险人出具保险单并记载航区构成承诺，双方就"豫信货133"轮法定航区内的风险成立保险合同；(2)内河船与海船在船舶结构上存在明显差异，内河船不具备沿海航行能力；(3)保单抬头"沿海内河船舶一切险"不能说明承保航区包括沿海。此外，某保险公司淮滨支公司还申请法院调取了大连海事局作出的《水上交通事故调查结论书》以证明"豫信货133"轮超航区航行是事故发生主要原因，查找、提交司法案例、船舶航区划分的技术规则、海事行政管理政策和海事行政机关打击超航区的新闻报道，以加强观点的说服力。

大连海事法院审理后认为，保险单记载第一受益人为淮滨县某公司，案涉保险单系向第三人履行之合同，被保险人与获取保险金之间不具有利害关系，裁定驳回起诉。被保险人不服，上诉至辽宁省高级人民法院。辽宁省高级人民法院审理后认为，郑某为涉案保险合同的被保险人，其诉请要求保险公司向合同约定的受益人支付保险赔偿金，与本案具有法律上的利害关系，诉讼请求具体、明确，属于法院受理民事案件范围，裁定大连海事法院重新审理。

大连海事法院追加淮滨县某公司作为本案的第三人参加诉讼。经开庭重新审理后，法院接受某保险公司淮滨支公司诉讼观点，认定保险公司在本案中仅承保“豫信货133”轮法定航区（内河A航区）内的风险，“豫信货133”轮超航区航行时发生沉没事故不属于保险责任，判决驳回被保险人的诉讼请求，且由被保险人承担全部诉讼费用。

被保险人不服，再次上诉至辽宁省高级人民法院。辽宁省高级人民法院审理后认为：（1）案涉船舶超内河航区航行，不但违法而且显著增加了危险程度，违法了保险合同第十六条的约定和《保险法》第五十二条的规定，被保险人未按照约定履行告知义务，故案涉船舶在跨航区航行中发生的保险事故属于保险标的的危险程度显著增加而发生的保险事故，保险公司不承担赔偿保险金的责任。（2）至于被保险人上诉所提的，免责条款因保险公司未履行法定的明确告知义务而不发生效力的理由，因案涉被保险船舶的资料系投保人郑某提供，资料中写明案涉船舶为内河船舶，亦注明了航行区域为内河A、B、C、J级航区，保险公司也将相应的内容记载于案涉保单之中，故保险公司有理由相信投保人投保的船舶系在规定的航线内航行，投保人不会违反法律规定跨航区航行。而案涉保险合同第十六条是就投保人变更航行区域等行为有通知义务的约定，与免责条款不同，且被保险人未按合同约定履行危险程度显著增加通知义务的，因保险标的的危险程度显著增加而发生的保险事故，保险人不承担赔偿保险金的责任系《保险法》第五十二条的规定，而且案涉船舶应当在规定的航区航行系船舶所有人郑某的法定义务，故郑某无权以保险公司未向其提供保险合同并作提示和说明，主张其可以不履行法定义务。据此，辽宁省高级人民法院于2019年12月2日作出二审判决，驳回被保险人的上诉请求，维持原判。

近年来，航运市场低迷，内河运输利润低薄，导致内河船所有人铤而走险从事沿海运输，本案正是在此背景下发生的一起典型船舶保险纠纷。司法实践中，被保险人不服保险公司拒赔理由而起诉的案件，“免责条款因保险公司没有履行明确说明义务而不发生效力”往往是被保险人起诉的主要理由。该类案件的应诉，需要保险公司在事实和法律上有十分充足的理由。拒赔理由能否最终获得法院支持，受承保环节的影响较大。当投保人为自然人时，保险公司更要重视投保程序，谨慎、完整地履行投保时保险条款的出示义务、免责条款的提示和说明义务并做好相关记录工作，既有助于明确双方的权利义务关系，也可以为后期解决纠纷提供有力帮助。

沿海内河船舶保险中保险标的出险情形下债权人代位求偿权的认定

武汉海事法院
（2017）鄂72民初420号民事判决书

（2019年12月26日）

案·情

2015年4月，泰州“三水8”轮（以下简称三水轮）在上海水域与“浙三渔0”轮（以下简称渔轮）碰撞。渔轮沉没，15人遇难。海事部门认定三水轮违规操作，肇事逃逸，负主责，渔轮负次责。

2016年，上海海事法院受理渔轮方诉三水轮船东肖某等三人损害赔偿一案，并在判决书中，就原告提出的各项损失进行了确认。因被告虽主张原告证据不充分，金额不合理，但无证据，法院基本支持原告主张，并将三水轮赔偿比例定为95%，判被告赔偿7,840,000元。

事发后，肖某曾向某保险公司泰州分公司（以下简称某保险公司泰州公司）报案，后因债台高筑而隐匿，涉诉后，亦未通知保险人。某保险公司泰州公司因承保该船船舶险、船东保障和赔偿责任险，曾与公估人一同核损，与肖某等联系未果。

因肖某等人造船向江苏某银行举债30,000,000余元未还，后者以上述生效判决书为基本证据，代位诉讼某保险公司泰州公司。2019年12月，法院以前述判决为主要依据，部分采信某保险公司泰州公司证据，判赔3,920,000元。

法院判决

原告：江苏某银行。住所地：江苏省泰州市姜堰区。

被告：某保险公司泰州公司。住所地：江苏省泰州市。

第三人：肖某，男，1974年2月9日出生，汉族，住所地：江苏省泰州市姜堰区。

第三人：黄某，男，1971年12月29日出生，汉族，住所地：江苏省常州市武进区。

第三人：沈某，男，1979年7月6日出生，汉族，住所地：江苏省泰州市姜堰区。

原告江苏某银行与被告某保险公司泰州公司、第三人肖某、黄某、沈某债权人代位权纠纷一案，2017年1月16日，法院作出（2017）鄂72财保12号民事裁定，裁定对某保险公司泰州公司承保的保单项下保险理赔款人民币（以下均为人民币）22,000,000元予以冻结。2017年3月3日，法院立案后，依法适用普通程序，由审判员吴某担任审判长，与审判员吴甲、审判员江某组成合议庭进行审理。后因工作原因，该案变更为由审判员吴甲担任审判长，与审判员江某、人民陪审员华某组成合议庭继续审理。2018年4月2日，法院公开开庭审理该案，江苏某银行委托诉讼代理人，某保险公司泰州公司委托诉讼代理人到庭参加诉讼，肖某、黄某、沈某经法院传票传唤，无正当理由拒不到庭参加诉讼，法院依法缺席审理。2019年11月29日，法院再次公开开庭审理该案，江苏某银行委托诉讼代理人，某保险公司泰州公司委托诉讼代理人到庭参加诉讼，肖某、黄某、沈某经法院传票传唤，无正当理由拒不到庭参加诉讼，法院依法缺席审理。案件审理过程中，江苏某银行和某保险公司泰州公司均同意法院主持调解，但终因分歧较大，未能协商达成一致意见。该案现已审理终结。

江苏某银行向法院提出诉讼请求：（1）判令某保险公司泰州公司向江苏某银行支付保险理赔款7,263,672元；（2）确认江苏某银行对某保险公司泰州公司应支付的保险理赔款享有第一顺位优先受偿权；（3）判令某保险公司泰州公司承担该案诉讼费用。事实与理由：江苏某银行与肖某、黄某、沈某、徐某、泰州某船务公司、张某、泰州某运输公司船舶抵押合同纠纷一案，武汉海事法院于2016年5月5日作出（2015）武海法商字第01023号民事判决，判令肖某向江苏某银行偿还借款本金34,400,000元及利息，黄某、沈某承担连带清偿责任，确认江苏某银行对肖某、黄某、沈某所属三水轮享有船舶抵押权。2018年9月25日，武汉海事法院作出（2017）鄂72执91号之二执行裁定，记载在执行过程中，武汉海事法院穷尽财产调查措施未发现被执行人有可供执行的财产，该案暂不具备继续执行的条件。裁定终结该次执行程序。

2014年11月12日，某保险公司泰州公司签发沿海内河船东保障和赔偿责任保险保险单，载明被保险人为肖某、黄某、沈某；船舶名称为三水轮；碰撞他船船舶造成的污染责任赔偿限额为20,000,000元；保险期间自2014年11月30日0时起至2015年11月29日24时。2015年2月27日，某保险公司泰州公司签发沿海内河船舶一切保险保险单，载明被保险人为肖某、黄某、沈某；船舶名称为三水轮；投保险别为沿海内河船舶一切保险；附加1/4碰撞、触碰责任和螺旋桨等单独损失保险；保险金额为70,000,000元；保险期间自2015年2月28日0时起至2015年11月30日24时。

2015年4月28日21时45分许，三水轮与渔轮发生碰撞，事故造成渔轮沉没，15名随船船员全部遇难。2016年4月11日，上海海事法院作出（2016）沪72民初308号民事判决，判决肖某、黄某、沈某应对其所有的三水轮在2015年4月28日与渔轮间的船崩碰撞事故承担95%的赔偿责任。2016年8月1日，上海海事法院作出（2016）沪72民初308号之一民事判决，判决肖某、黄某、沈某赔偿船壳、设备及备件损失1,938,000元、渔具损失366,786元、备用金损失47,500元、存油损失179,436元、渔汛损失570,000元、沉船勘测、打捞及清污费4,512,500元、船舶球鼻艏探摸费48,450元、船员个人物品损失28,500元、处理事故交通费190,000元等。2017年1月5日，上海海事法院作出（2016）沪72执112号之一执行裁定，裁定江苏某银行受偿103,294.46元。2017年7月15日，上海海事法院向江苏某银行拨付103,294.46元。

江苏某银行认为某保险公司泰州公司系三水轮保险人，应对该轮与渔轮碰撞事故造成的损失承担保险赔偿责任，江苏某银行系保险单载明第一受益人。碰撞事故发生后，肖某、黄某、沈某作为被保险人怠于行使保险赔偿索赔权利，致使江苏某银行债权未得以实现，江苏某银行诉请某保险公司泰州公司支付渔轮船壳、设备及备件损失1,938,000元、渔具损失366,786元、存油损失179,436元、沉船勘测、打捞及清污费4,512,500元、船舶球鼻艏探摸费48,450

元、船员个人物品28,500元、处理事故交通费190,000元，合计7,263,672元。

某保险公司泰州公司辩称，(1)江苏某银行基于两个保险合同关系提起诉讼，不能在同一案件中处理；(2)涉案损失系因被保险人代表，包括船长、船员违法犯罪行为所致，保险人免责；(3)被保险人在船舶碰撞事故诉讼中未积极抗辩、用尽权利，保险人可以行使独立核赔权；(4)船舶碰撞事故纠纷诉讼中，上海海事法院有利于渔船一方的裁判倾向是可以理解的，但不能自然地移植到该案当中；(5)渔轮船壳、设备及备件损失1,938,000元常识性地偏离老、旧、小渔船价值的认知，且未考虑船舶马力指标可转让、继承的情况，应采纳公估意见，认定损失为522,500元；(6)公估报告评估渔具损失为125,044元，较为合理，应予以采纳；(7)渔轮个人物品损失和差旅费不属于保险赔偿责任；(8)渔轮清污费用属于保险赔偿责任，但该轮强制打捞及因强制打捞所产生的污染处理费用不属于保险赔偿责任，江苏某银行未能提交充分证据证明清污费用金额，公估报告对此费用估损专业细致、范围详尽，应予以采纳，不超过1,568,545元；(9)应当扣除保险单上约定的5%免赔额，保险赔偿金额合计不超过2,400,203元。某保险公司泰州公司请求法院驳回江苏某银行的全部诉讼请求。

肖某、黄某、沈某均未发表意见。

江苏某银行围绕诉讼请求依法提交了下列证据：沿海内河船舶一切保险保险单、特别约定清单、沿海内河船舶保险条款(2009版)、沿海内河船东保障和赔偿责任保险保险单、特别约定清单、沿海内河船东保障和赔偿责任保险条款(2010版)、三水轮所有权登记证书、国籍证书、抵押权登记证书、抵押清单。(2015)武海法商字第01023号民事判决书、(2016)沪72民初308号民事判决书、(2016)沪72民初308号之一民事判决书、三水轮拍卖成交信息、(2016)沪72执112号之一执行裁定书、大额来账凭证(42017)、鄂72财保12号民事裁定书和协助执行通知书、(2017)鄂72执91号受理案件通知书、执行情况表、(2017)鄂72执91号之二执行裁定书、关于限期开展渔轮沉船打捞处置的通知、海事行政强制代履行决定书、和解协议书、租船合同、客户往来账。

某保险公司泰州公司围绕反诉请求依法向法院提交了下列证据：告知函、《公估报告》。

某保险公司泰州公司申请上海某公估公司公估师苏某到庭接受质询。苏某陈述了渔轮船壳部分价值、沉船勘测及打捞费用、清污费用的估算过程和方法,《公估报告》的出具过程。

肖某、黄某、沈某均未提交证据。

法院组织当事人进行了证据交换和质证。对当事人无异议的证据和事实,法院予以确认并在卷佐证。根据当事人陈述和经审查确认的证据,法院认定事实如下:

2016年5月5日,武汉海事法院作出(2015)武海法商字第01023号民事判决,判令肖某向江苏某银行偿还借款本金34,400,000元及利息,黄某、沈某承担连带清偿责任,确认江苏某银行对肖某、黄某、沈某所属三水轮享有船舶抵押权。该案执行过程中,武汉海事法院因未发现被执行人有可供执行的财产,暂不具备继续执行的条件,裁定终结该次执行程序。

2014年11月12日,某保险公司泰州公司签发《沿海内河船东保障和赔偿责任保险保险单》,载明被保险人为肖某、黄某、沈某;船舶名称为三水轮;碰撞他船船舶造成的污染责任赔偿限额为20,000,000元,特别约定污染责任每次事故绝对免赔额为60,000元或损失金额的5%,二者以高者为准;保险期间自2014年11月30日0时起至2015年11月29日24时止。《沿海内河船东保障和赔偿责任保险条款(2010版)》第五条第五款约定,"被保险船舶与他船发生碰撞而产生的应由被保险人承担的下列责任和费用:1.因碰撞事故致使他船上的油类、或其他有毒有害物质的泄漏而造成的污染;2.对因碰撞事故造成他船上发生人身伤亡的赔偿责任以及由此伤亡而支出的必要的、合理的医药、住院或丧葬费用"。第六条中约定,"在任何情况下,因下列原因造成的损失、费用和责任,保险人不负责赔偿:(一)被保险人、船舶所有人、船舶经营人及其代表、船长的故意行为或者违法犯罪行为……"

2015年2月27日,某保险公司泰州公司签发沿海内河船舶一切保险保险单,载明被保险人为肖某、黄某、沈某;船舶名称为三水轮;投保险别为沿海内河船舶一切保险;附加1/4碰撞、触碰责任和螺旋桨等单独损失保险责任;保险金额为70,000,000元,特别约定每次事故绝对免赔额为80,000元或赔偿额的5%,二者以高者为准,附加1/4碰撞、触碰责任险每次事故免赔额为20,000元或赔偿额的5%，二者以高者为准，附加螺旋桨、锚链、子船等单独损失保险每次事故免赔额为20,000元或赔偿额的5%，二者以高者为准；保险期间自2015年2月28日0时起至2015年11月30日24时止；第一受益人为江苏某银行。沿海内河船舶保险条款（2009版）约定，“1.保险船舶在可航水域碰撞其他船舶致使其它船舶发生的直接损失和费用，包括被碰船舶上所载货物的直接损失，应当依法由被保险人承担赔偿责任；2.被保险人及其代表（包括船长）的故意行为或违法犯罪行为，本保险不负责赔偿；3.因保险事故引起本船及第三者的间接损失和费用以及人员伤亡或由此引起的责任和费用，本保险不负责赔偿；4.保险人对每次赔款均按保险单中的约定扣除免赔额（全损、碰撞、触碰责任除外）”。

2016年4月11日，上海海事法院作出（2016）沪72民初308号民事判决，认定，2015年4月28日21:54时许，渔轮于东海海域发生船舶碰撞事故。2015年5月7日，上海海事局出具水上交通事故证明书，初步认定三水轮为碰撞渔轮肇事船舶。判决肖某、黄某、沈某应对其所有的三水轮在2015年4月28日与渔轮间的船舶碰撞事故承担95%的赔偿责任。

2016年8月1日，上海海事法院作出（2016）沪72民初308号之一民事判决，认定（1）结合渔轮系20年左右船龄的老旧船舶，该轮系沿海笼壶式捕捞船的实际情况，认为该轮船舶价值损失（包括设备及备件在内）应以每千瓦8000元为标准，以该轮主机总功率255千瓦为单位，计算确定为2,040,000元，且该轮经打捞出水后被拆解、销毁作为人工鱼礁礁体处理，已无残值。（2）按照市场价值计算渔具损失金额，按照一定的折旧比例扣除折旧费用，确定该项损失计386,091元为妥。（3）确定渔轮存油损失188,880元。（4）渔轮由海事主管机关依法强制打捞，相关海事主管机关强制打捞该轮并进行油污清除作业总计预算费用，以及实际委托打捞方上海某工程公司，上海某工程公司成功打捞该轮后最终结算费用均为6,300,000元左右。经渔轮船方与打捞方多次沟通协商，最终确定全部费用为4,750,000元，该判决确认相关沉船勘测、打捞及清污费用合计为4,750,000元。（5）三水轮碰撞事故后肇事逃逸，为调查事故事实、确定责任归属，确认该轮球鼻艏探摸费用50,000元是合理费用。（6）综合考虑渔轮配备船员人数、当下社会个人生活所需物品，以及相关渔业生产之实践情况，酌定该轮随船15名船员个人物品损失按照每人2000元标准计算为妥，总计30,000元；(7)综合处理碰撞事故环节繁琐、事宜较多、地域较广、周期较长等实际情况，认为处理事故事宜所致交通费200,000元并无不妥。判令肖某、黄某、沈某赔付船壳、设备及备件损失1,938,000元、渔具损失366,786元、存油损失179,436元、沉船勘测、打捞及清污费4,512,500元、船舶球鼻艏探摸费48,450元、船员个人物品损失28,500元、处理事故交通费190,000元等。

2017年1月5日，上海海事法院作出(2016)沪72执112号之一执行裁定，确认江苏某银行债权数额为36,026,005.18元，裁定江苏某银行受偿三水轮拍卖款103,294.46元。2017年7月15日，上海海事法院向江苏某银行拨付103,294.46元。

2015年5月29日，上海某工程公司与江苏某工程公司签订租船合同，约定上海某工程公司因渔轮沉船应急打捞工程需要，决定向江苏某工程公司租用船舶。上海某工程公司向江苏某工程公司支付船舶租用费用900,000元。

2017年11月10日，上海某公估公司出具《公估报告》，记载(1)三水轮与渔轮碰撞事故属于保险责任范围，构成保险责任事故；(2)评估赔付三水轮船舶球鼻艏探摸费48,450元、渔轮轮存油损失179,436元、船员个人物品损失28,500元；(3)渔轮船型略小，事发当时约20年船龄，船壳部分价值暂按500,000元计，备件部分按常规配置，按50,000元计，考虑到已确定的95%碰撞比例，赔偿金额约为522,500元，该轮马力指标未作废，船舶市场价值的认定需扣除最有分量的马力指标因素；(4)根据调查及经验，类似船型一般配备蟹笼约为6000个，新购价格约为28元/个，扣除运回的870个蟹笼，新购价约为143,640元，加之笼绳及配件新购约为30,000元，渔具损失约为163,640元，按照年折旧率7%，以3年计算折旧，赔偿金额约为125,044元；(5)渔轮勘测打捞费用不属于保险赔付范围，清污费用大致匡算为船殖费用1,200,000元、人工费用236,000元、清污材料21,000元、废弃物处理44,000元、管理费150,100元，合计1,651,100元，赔付金额为1,568,545元；(6)渔轮船员家属处理事故交通费虽属于保险责任，但仅限于肇事船逃逸调查取证等非处理人员伤亡、沉船打捞等部分，按照判决金额1/2计，为100,000元，赔付金额为95,000元。

某保险公司泰州公司陈述，碰撞事故发生后，肖某、黄某、沈某未申请保险理赔。

法院认为，该案系债权人代位权纠纷。《合同法》第七十三条（《民法典》第五百三十五条）[1]规定：“因债务人怠于行使其到期债权，对债权人造成损害的，债权人可以向人民法院请求以自己的名义代位行使债务人的债权，但该债权专属于债务人自身的除外。代位权的行使范围以债权人的债权为限。债权人行使代位权的必要费用，由债务人负担。”某保险公司泰州公司签发沿海内河船舶一切保险保险单和沿海内河船东保障和赔偿责任保险保险单，肖某、黄某、沈某与某保险公司泰州公司之间保险合同关系依法成立并生效。三水轮与渔轮碰撞事故属于保险责任事故，某保险公司泰州公司应当按照约定承担保险赔偿责任。江苏某银行对肖某、黄某、沈某享有到期债权，且肖某、黄某、沈某怠于向某保险公司泰州公司行使保险赔偿请求权，对江苏某银行造成损害，江苏某银行能够以自己的名义代位行使肖某、黄某、沈某的债权，要求某保险公司泰州公司支付应向肖某、黄某、沈某承担的保险赔偿款。

江苏某银行基于同一保险事故，要求某保险公司泰州公司承担沿海内河船舶一切保险和沿海内河船东保障以及赔偿责任保险赔偿责任符合法律规定，且有利于厘清责任、减少诉累，法院依法一并处理。某保险公司泰州公司辩称应当分开处理没有法律依据，法院不予支持。

上海海事法院作出（2016）沪72民初308号民事判决，判决肖某、黄某、沈某对三水轮在与渔轮间的船舶碰撞事故承担95%的赔偿责任。该判决已经发生法律效力，法院对此责任比例予以认可。某保险公司泰州公司辩称法案不应适用该责任比例没有事实和法律依据，法院不予支持。

江苏某银行和某保险公司泰州公司均认可三水轮船舶球鼻艏探摸费保险赔偿金额为48,450元、渔轮存油损失保险赔偿金额为179,436元，法院对此予以认可。

沿海内河船舶一切保险约定，渔轮因碰撞事故发生的直接损失和费用由

---

[1] 《民法典》第五百三十五条规定，因债务人怠于行使其债权或者与该债权有关的从权利，影响债权人的到期债权实现的，债权人可以向人民法院请求以自己的名义代位行使债务人或相对人的权利，但是该权利专属于债务人自身的除外。代位权的行使范围以债权人的到期债权为限。债权人行使代位权的必要费用，由债务人负担。相对人对债务人的抗辩，可以向债权人主张。

某保险公司泰州公司承担赔偿责任，包括渔轮船壳、设备及备件损失、渔具损失、船员个人物品损失。沿海内河船东保障和赔偿责任保险约定，渔轮清污费用由某保险公司泰州公司承担赔偿责任。

关于渔轮船壳、设备及备件损失和渔具损失，(2016)沪72民初308号之一民事判决已经作出认定，《公估报告》虽出具不同的评估意见，但该评估意见所依据的事实和分析不足以推翻上述判决所认定的结果，法院对上述生效判决所认定的损失金额予以采信，确认渔轮船壳、设备及备件损失保险赔偿金额为1,938,000元、渔具损失保险赔偿金额为366,786元。

关于渔轮勘测、打捞及清污费用，(2016)沪72民初308号之一民事判决根据沉船方与打捞方达成的和解协议认定为4,750,000元，其中沉船勘测、打捞及打捞过程中的污染处理费用不属于保险责任范围，应当予以扣减。江苏某银行应当提交而没有提交证据证明上述4,750,000元中清污费用的金额，应当承担举证不能的法律后果。《公估报告》测算清污费用金额为1,651,100元，在无相反证据情况下，法院对该损失金额予以认可，按照95%责任比例计算保险赔偿金额为1,568,545元。

关于渔轮船员个人物品损失，江苏某银行和某保险公司泰州公司均认可为30,000元，按照95%责任比例计算保险赔偿金额为28,500元。某保险公司泰州公司辩称该损失不属于保险赔偿责任没有法律依据，法院不予支持。

关于渔轮船员家属交通费损失，法院认为非碰撞事故造成该轮的直接损失，予以驳回。

关于免赔额。沿海内河船舶一切险保险单和沿海内河船东保障和赔偿责任保险单均在特别约定中明确每次碰撞事故免赔额，该特别约定具有法律约束力且优先于保险条款的格式约定。沿海内河船舶一切保险项下某保险公司泰州公司应当支付的保险赔偿金额为2,433,113元=(1,938,000元+366,786元+48,450元+179,436元+28,500元)×(1−5%)，沿海内河船东保障和赔偿责任保险项下某保险公司泰州公司应当承担的保险赔偿金额1,490,118元=1,568,545元×(1−5%)，合计3,923,231元。

江苏某银行诉请确认对上述保险赔款享有第一顺位优先受偿权没有实际意义和法律依据，法院予以驳回。

某保险公司泰州公司辩称三水轮被保险人代表，包括船长、船员存在违法犯罪行为，依约免赔，但没有提交相应的证据，法院不予支持。

综上所述，依照《合同法》第六十条（《民法典》第五百零九条）、第七十三条，《海商法》第二百三十七条，《民事诉讼法》第六十四条第一款、第一百四十四条规定，判决如下：

（1）被告某保险公司泰州市分公司于该判决生效之日起10日内向原告江苏某银行支付3,923,231元；

（2）驳回原告江苏某银行的其他诉讼请求。

如果未按该判决指定的期间履行给付金钱的义务，应当依照《民事诉讼法》第二百五十三条的规定，加倍支付迟延履行期间的债务利息。

案件受理费62,646元，由原告江苏某银行负担28,810元，被告某保险公司泰州市分公司负担33,836元；诉前财产保全申请费5000元，由原告江苏某银行负担2700元，被告某保险公司泰州市分公司负担2300元。如不服该判决，可以在判决书送达之日起十五日内，向一审法院递交上诉状，并按照当事人的人数提出副本，上诉于湖北省高级人民法院。

评·析

一、涉案问题

1.本案原告是否可以“第一受益人”身份向保险人求偿

肖某等人在向银行举债时，三水轮作为抵押物向某保险公司投保船舶险，并在保单上约定债权人银行为“第一受益人”。且不论受益人在财产保险合同中之说法不妥，即使按照“第一受益人”实为优先受偿人之意来理解，本案中，银行以此向保险公司主张赔偿亦不可：因为，该行是基于借贷合同的从合同即抵押合同取得的当抵押物毁损、灭失而获得赔偿的优先受偿权。本案中，抵押物三水轮体积庞大，事发后，自身几无损失，故银行优先受偿的情况根本不存在。后来，银行依《合同法》中关于代位权诉讼的规定，诉请次债务人某保险公司向其清偿债务，即支付保险赔款。

2.本案是否可以提起代位权诉讼

《合同法》第七十三条(现《民法典》第五百三十五条第一款[1])规定:“因债务人怠于行使其到期债权,对债权人造成损害的,债权人可以向人民法院请求以自己的名义代位行使债务人的债权,但该债权专属于债务人自身的除外。代位权的行使范围以债权人的债权为限。”

本案中,前一判决早就确定了渔轮的具体损失,如肖某等向保险人索赔,且本案构成保险责任,某保险公司将依据条款约定进行赔偿;而渔轮的具体损失并非专属于肖某等人,且肖某等人对银行所负债务已达33,400,000元,经银行诉讼并因无财产可供执行而执行中止。如果上述条件均成就,银行向某保险公司提起代位权诉讼是可以的。

3.本案是否构成保险责任

本案构成保险责任是银行代位权诉讼必须解决的逻辑前提之一,如本案不构成保险责任,则银行试图进行代位权诉讼的债权链条将不复存在,法院当然可以在审理后驳回其诉讼请求。

《沿海、内河船舶险保险条款》“除外责任”第三条约定:“保险船舶由于下列情况所造成的损失、责任及费用,本保险不负责赔偿:……被保险人及其代表(包括船长)的故意行为或违法犯罪行为……”我们认为,此系原因免责条款,即以故意行为或违法犯罪行为为因,而造成的损失、责任、费用均不予赔偿。

本案中,三水轮负主要责任,交通部海事局明确建议对包括船长在内的相关人员追究交通肇事罪刑事责任。尽管此罪属于过失犯罪(结合逃逸案情和当时的天气,我们认为定间接故意杀人亦不为过),但条款文义非常明确,并非专指故意犯罪为免责,即只要是被保险人(包括船长)实施了违法犯罪行为并由此造成损失、责任、费用,保险公司均不赔。

当然,依据《刑事诉讼法》第十二条,未经人民法院依法判决,对任何人

[1] 《民法典》第五百三十五条第一款:因债务人怠于行使其债权或者与该债权有关的从权利,影响债权人的到期债权实现的,债权人可以向人民法院请求以自己的名义代位行使债务人对相对人的权利,但是该权利专属于债务人自身的除外。

都不得确定有罪。因此，上述3人是否犯罪以及所犯何罪就必须以人民法院生效的刑事裁判文书为准。

保险责任中违法犯罪行为免责在实践中争议很大，这与司法实践有很大的关联。我们网上遍搜，不见有保险公司胜诉者。本案主办法官对此明确表示不支持，不过，判决书是通过裁判技术（某保险公司举证不能）不予支持的。因此，对某保险公司先前申请的相关调查令未予回应。

4.赔偿比例背后考量是什么

在前案审判中，法院确定了由三水轮承担95%的赔偿责任明显畸重，其背后考量应包含对三水轮的逃逸惩处。逃逸属于故意行为，由此多赔部分应属于上述保险条款的免责范围（部分免责），具体尺度可由本案法官进行裁量。遗憾的是，法官未予裁量。

5.判决书与《公估报告》的证明力孰高孰低

在本案中，银行对损失主张的主要证据材料就是前一案件的生效判决，某保险公司对损失的抗辩证据主要是《公估报告》。本案中，形成激烈冲突的是渔轮损失的确定。法院最终认为，1，940，000元的损失是前案经过证据交换、法庭辩论等程序认定的，而《公估报告》认为只有520，000元，系由保险公司委托形成的，按照最佳证据规则，不难得出证明力前者高于后者的结论；但对于前一生效判决确定的勘察、打捞、清污费用4，750，000元，因未分项列明，原告举证不能，法官采信《公估报告》清污费用1，650，000元。

二、本案启示

保险人应诉后，即处于大量事实被前一案件固定的被动地位。法务人员针对公司现状，翻检保险条款，认为可以通过适当修改保险条款对此类案件进行源头风险防范，即在被保险人义务中增加其涉诉后立即书面通知义务，这在涉他性保险合同中尤为重要。事实上，目前责任险条款中几乎均有此约定，然而，在由财产损失保险以及责任保险共同构成的船舶险条款中却不见此约定。尽管保险公司知道被保险人涉诉后可以申请作为第三人加入诉讼，或虽未参加诉讼，但在知道或应当知道人民法院生效判决可能损害其利益后6个月内，提出第三人撤销之诉（详见《民事诉讼法》第五十六条规定），但是，由于理赔和法律分属两个部门，如果被保险人不配合，理赔部门对情况尚不明了，无从告知法务人员。法务人员被动应诉方式必然导致前面的“防线失守”，最终，极有可能陷入“任人宰割”的境地。如果在保险条款中增加被保险人涉诉后的书面及时告知义务，法务人员即可有所作为；如果条款有约定，被保险人未履行，保险公司则可作为抗辩理由之一，当然，这样的抗辩理由对代位权诉讼中的原告也是同样可以行使的。

财产综合保险中存货出险时保险标的范围、保险价值及投保比例的确定

常州市武进区人民法院
（2017）苏0412民初7607号民事判决书

（2019年12月10日）

案·情

2015年9月，常州某制造公司作为投保人，以江苏某机械公司作为被保险人，向某保险公司常州市分公司（以下简称某保险公司常州公司）投保了财产综合险。保险单特别约定处载明“若投保保额不足按比例赔付”。保险单载明：保险标的项目中：流动资产（存货），保险金额/赔偿限额为15,700,000元，以出险时的账面余额确定保险价值。

保险单特别约定处载明“若投保保额不足按比例赔付”。投保单特别约定处亦如上记载。

某保险公司常州公司向法庭陈述，该处特别约定是在保单出具和交付之后，某保险公司的工作人员在检查单证时发现投保单上未载明该内容，故予以添加。投保项目清单列明保险标的中记载：固定资产为77,650,000元；存货：铸件、机架、垫板：15,700,000元，合计为93,350,000元。投保人投保时提供的资产负债表上行显示的存货期末余额为15,791,200元。

2016年6月，保险标的地址处因暴雨导致机器设备和存货严重损毁。因双方对损失金额和赔偿方案无法达成一致，江苏某机械公司将该案所涉保险索赔权转让给常州某制造公司，常州某制造公司向常州市武进区人民法院提

起诉讼。该案判决认定，常州某制造公司起诉的索赔项目中模具不属于保险标的，某保险公司常州公司无须理赔；存货的保险价值按照出险时的账面余额确定，本案为不足额投保，根据投保比例计算赔偿金额。一审判决作出后，双方均服判。

法院判决

原告：常州某制造公司，住所地江苏省常州市武进区。

被告：某保险公司常州公司，住所地江苏省常州市。

原告常州某制造公司诉被告某保险公司常州公司财产保险合同纠纷一案，法院于2017年10月27日立案后，依法适用普通程序，分别于2017年12月13日，2018年4月4日、5月9日，2019年10月30日、11月6日五次公开开庭进行了审理。原告常州某制造公司的法定代表人到庭参加了第二、三、四次庭审，委托诉讼代理人韩某到庭参加了五次庭审、委托诉讼代理人钱某到庭参加了第一、二、三、四次庭审，被告某保险公司常州公司的委托诉讼代理人窦某到庭参加了第一、二、四、五次庭审，委托诉讼代理人强某到庭参加了第一、三、四、五次庭审。该案现已审理终结。

原告常州某制造公司向法院提出诉讼请求：(1)判决被告向原告在机器损坏保险、财产综合险范围内承担保险赔偿责任，赔偿金额暂计10,000,000元(以评估确定的损失金额为准)；(2)该案诉讼费、评估费由被告承担。后原告根据评估报告明确诉讼请求为：(1)判决被告向原告支付保险理赔款8,217,465.17元及自2016年9月23日起至实际赔付之日止按中国人民银行同期贷款利率计算的利息；(2)该案评估费用461,877元由被告承担；(3)该案诉讼费由被告承担。事实与理由：原告向被告投保了财产综合险和机器损坏保险，保险期间为2015年9月14日至2016年9月13日，保险单所列被保险人为江苏某机械公司，保险标的为固定资产、存货、机器设备，并载明了相应的保险金额。在上述保险期内，因发生了保险事故导致公司资产和存货严重损毁，机器设备受损，江苏某机械公司作为被保险人向被告进行保险报案，被告也委托了上海某公估公司对资产、存货等损失数量进行了统计，但一直未完成进行定损。江苏某机械公司与被告就保险赔偿事宜多次协商,但均达不成一致意见。其后,江苏某机械公司与原告签订债权转让协议,约定将上述事故的保险理赔权转让给原告,并通知了被告,要求被告向原告承担赔偿义务,但被告至今未向原告承担赔偿责任。原告认为,原告、被告的保险合同具有约束力,江苏某机械公司向原告转让债权合法,被告应当依法向原告承担赔偿责任。原告为维护自身合法权益,起诉来院,望判如所请。

被告某保险公司常州公司辩称,(1)对于某公估公司江苏分公司出具的公估报告中大量内容其认为缺乏合理依据,所以原告以该公估报告作为损失计算基础,其不认可。另外,即便公估报告评估的损失是成立的,评估的也是现场的所有损失,而不是被保险人江苏某机械公司的损失。某公估公司江苏分公司并未进行理算,上述损失中存在免赔情况,需要法院查明并予以扣除。具体如下:第一,模具价值,公估报告中明确载明模具的账务处理方式是计入待摊费用,而不是计入存货科目,与该案所涉保险标的没有关系,故模具损失596,098元,不属于理赔范围,应当予以剔除。第二,案涉保险条款第九条第二款约定存放于露天的保险标的,损失保险人不负责赔偿,该条款加粗加黑予以提示,保险人已经尽到明确说明义务,故公估报告中评估的露天部分的损失745,215.82元属于免责范围,应当予以扣除。(2)该案存在不足额投保情况,应按比例进行计算。即使法院认定以三家公司共同财产计算损失,投保比例亦仅有70%左右,在损失金额扣除上述不属于保险标的的范围或者免责范围的金额之后还要乘以70%,才可以计算赔付金额。(3)该案的投保单约定了暴雨事故30%的免赔率,普通事故20%的免赔率,即便如原告所称,暴雨事故30%的免赔率未予说明,该案也应在计算理赔金额时扣除20%的免赔率。(4)原告常州某制造公司不具备向被告起诉的主体资格。保险合同记载的被保险人是江苏某机械公司,常州某制造公司只是投保人,常州某制造公司与江苏某机械公司是在同一地址经营的关联公司,共用一个财务会计,江苏某机械公司已经被包括武进法院在内的多家法院列为失信被执行人,名下有大量的未付债务,其将保险金索赔权转让给常州某制造公司,且没有约定任何对价,损害了其债权人利益。常州某制造公司通过受让债权,取得原告的诉讼权利,是典型的恶意逃债行为,其取得原告诉讼权利的基础行为无效。

该院经审理认定如下事实：

2015年9月，原告常州某制造公司作为投保人，以江苏某机械公司为被保险人向某保险公司常州公司投保了财产综合险。被告当庭所提交的投保单载明：保险期限为2015年9月14日零时起至2016年9月13日二十四时止；除另有约定该保险合同的每次事故免赔额为5000元，或损失金额的20%，二者以高者为准；特别约定处有三种不同字迹，分别是“固定资产中剔除汽车540,000元第一期9月30日交费68,490.5元，第二期12月25日交费65,000元”“存货垫高30cm，暴风雨单独免赔10,000元或30%”“若投保保额不足按比例赔”。庭审中，原告提出投保单在给其盖章确认时，在特别约定处，仅有“固定资产中剔除汽车540,000元第一期9月30日交费68,490.5元，第二期12月25日交费65,000元”。在原告因该案提出理赔未果，为了诉讼，要求被告提交投保单时，被告提供给原告的投保单复印件上也仅有“固定资产中剔除汽车540,000元第一期9月30日交费68,490.5元，第二期12月25日交费65,000元”“存货垫高30cm，暴风雨单独免赔10,000元或30%”两段内容。被告承认特别约定处的三段文字非同一时间形成，其中“固定资产中剔除汽车540,000元第一期9月30日交费68,490.5元，第二期12月25日交费65,000元”系业务员殷某于2015年9月11日在投保人处书写，在此之前投保人的工作人员已经在投保单上加盖了印章；“存货垫高30cm，暴风雨单独免赔10,000或30%”系殷某将投保单带回公司录入系统出单时，核保人员根据被保险人以往年度的出险情况提出新的承保条件，要求殷某补充。殷某经与原告公司会计朱某沟通，征得朱某同意后，殷某自行添加；“若投保保额不足按比例赔”，则是在保单出具和交付之后，被告的其他工作人员在检查单证时发现投保单上未载明该内容，予以添加的。对该解释，原告不予认可，认为被告添加特别约定并未告知原告，且未取得原告的同意。该投保单投保人声明载明：保险人已向本人提供并详细介绍了某保险公司条款（2009版）及其附加险条款（若投保附加险）内容，并对其中免除保险人责任的条款（包括但不限于责任免除、投保人被保险人义务、赔偿处理、其他事项等），以及该保险合同中付费约定和特别约定的内容向本人做了明确说明，本人已充分理解并接受上述内容，同意以此作为订立保险合同的依据，自愿投保该保险。江苏某机械公司、常州某制造公司在投保人处盖章。

财产险(2009)投保标的项目清单列明保险标的为:固定资产;保险金额/赔偿限额:77,650,000元;存货:铸件、机架、垫板为157,000,000元,合计93,350,000元。江苏某机械公司、常州某制造公司在项目清单的投保人处盖章。江苏某机械公司投保时提交的2015年8月的资产负债表显示存货期末数为15,701,200元,固定资产原值为78,185,000元。资产负债表上盖有江苏某机械公司、常州某铸造公司的公章。固定资产清单分为机器设备、房屋及建筑,显示原值总计为77,643,584.73元,该固定资产清单上盖有江苏某机械公司、常州某铸造公司的公章。

原告陈述,该次投保系续保,被告的业务员告知其可就同一地址上的所有企业的财产一并投保,在业务员的介绍下,一直以江苏某机械公司作为被保险人进行投保,实际是对位于常州市武进区前黄镇永胜路2号地址上的所有资产进行的投保。项目清单中的保险标的分别为常州某铸造公司的不动产、江苏某机械公司的机器设备及常州某制造公司的存货。江苏某机械公司所提交的资产负债表是包括了三家公司资产的汇总表格。

案涉财产综合险保险单载明,投保人信息:常州某制造公司;被保险人信息:江苏某机械公司;行业信息:行业类别为钢铁铸件制造,保险标的地址个数为1,标的地址为常州市武进区前黄镇永胜路2号,除另有约定外,该保险合同的每次事故免赔额5,000.00元,或损失金额的20%,二者以高者为准;保险标的信息:保险标的项目为固定资产,保险金额/赔偿限额为77,650,000元,以出险时的重置价值确定保险价值;流动资产(存货),保险金额/赔偿限额:15,700,000元,以出险时的账面余额确定保险价值;保险费:总保险金额为93,350,000元,总保险费为133,490.5元,费率为1.43‰,交费日期为2015年9月30日;保险期间:自2015年9月14日0时起至2016年9月13日24时止;特别约定:固定资产中剔除汽车540,000元,存货必须放置30cm仓垫板上,否则出险时保险公司不承担此高度下保险财产损失,出险时若投保保额不足按照比例赔付,暴风暴雨每次事故绝对免赔额不低于10,000元或绝对免赔率30%,该保单保费分2次缴清,2015年9月30日交费68,490.5元,2015年12月25日交费65,000元。之后,常州某制造公司按约支付了保费。

财产综合险条款载明，第二条：本保险合同载明地址内的下列财产可作为保险标的：(1)属于被保险人所有或与他人共有而由被保险人负责的财产；(2)由被保险人经营管理或替他人保管的财产；(3)其他具有法律上承认的与被保险人有经济利害关系的财产。第五条：在保险期间内，由于下列原因造成保险标的的损失，保险人按照该保险合同的约定负责赔偿：(1)火灾、爆炸；(2)雷击、暴雨、洪水、暴风、龙卷风、冰雹、台风、飓风、暴雪、冰凌、突发性滑坡、崩塌、泥石流、地面突然下陷下沉；(3)飞行物体及其他空中运行物体坠落。前款原因造成的保险事故发生时，为抢救保险标的或防止灾害蔓延，采取必要的、合理的措施而造成保险标的的损失，保险人按照该保险合同的约定也负责赔偿。第六条：被保险人拥有财产所有权的自用的供电、供水、供气设备因保险事故遭受损坏，引起停电、停水、停气以致造成保险标的直接损失，保险人按照该保险合同的约定也负责赔偿。第七条：保险事故发生后，被保险人为防止或减少保险标的的损失所支付的必要的、合理的费用，保险人按照该保险合同的约定也负责赔偿。第八条：下列原因造成的损失、费用，保险人不负责赔偿：(1)投保人、被保险人及其代表的故意或重大过失行为；(2)行政行为或司法行为；(3)战争、类似战争行为、敌对行动、军事行动、武装冲突、罢工、骚乱、暴动、政变、谋反、恐怖活动；(4)地震、海啸及其次生灾害；(5)核辐射、核裂变、核聚变、核污染及其他放射性污染；(6)大气污染、土地污染、水污染及其他非放射性污染，但因保险事故造成的非放射性污染不在此限；(7)保险标的的内在或潜在缺陷、自然磨损、自然损耗，大气(气候或气温)变化、正常水位变化或其他渐变原因，物质本身变化、霉烂、受潮、鼠咬、虫蛀、鸟啄、氧化、锈蚀、渗漏、自燃、烘焙；(8)水箱、水管爆裂；(9)盗窃、抢劫。第九条：下列损失、费用，保险人也不负责赔偿：(1)保险标的遭受保险事故引起的各种间接损失；(2)广告牌、天线、霓虹灯、太阳能装置等建筑物外部附属设施，存放于露天或简易建筑物内部的保险标的以及简易建筑本身，由于雷击、暴雨、洪水、暴风、龙卷风、冰雹、台风、飓风、暴雪、冰凌、沙尘暴造成的损失；(3)锅炉及压力容器爆炸造成其本身的损失；(4)该保险合同中载明的免赔额或按该保险合同中载明的免赔率计算的免赔额。第十一条：保险标的的保险价值可以为出险时的重置价值、出险时的账面余额、出险时的市场价值或其他价值，由投保人与保险人协商确定，并在保险合同中载明。第十二条：保险金额由投保人参照保险价值自行确定，并在保险合同中载明。保险金额不得超过保险价值。超过保险价值的，超过部分无效，保险人应当退还相应的保险费。第十三条：免赔额（率）由投保人与保险人在订立保险合同时协商确定，并在保险合同中载明。第十五条：订立保险合同时，采用保险人提供的格式条款的，保险人向投保人提供的投保单应当附格式条款，保险人应当向投保人说明保险合同的内容。对保险合同中免除保险人责任的条款，保险人在订立合同时应当在投保单、保险单或者其他保险凭证上作出足以引起投保人注意的提示，并对该条款的内容以书面或者口头形式向投保人作出明确说明；未作提示或明确说明的，该条款不产生效力。第十九条：保险人收到被保险人的赔偿保险金的请求后，应当及时作出是否属于保险责任的核定；情形复杂的，应当在三十日内作出核定，但保险合同另有约定的除外。保险人应当将核定结果通知被保险人；对属于保险责任的，在与被保险人达成赔偿保险金的协议后十日内，履行赔偿保险金义务。保险合同对赔偿保险金的期限有约定的，保险人应当按照约定履行赔偿保险金的义务。保险人依照前款约定作出核定后，对不属于保险责任的，应当自作出核定之日起三日内向被保险人发出拒绝赔偿保险金通知书，并说明理由。第三十一条：保险标的发生保险责任范围内的损失，保险人按以下方式计算赔偿：(1)保险金额等于或高于保险价值时，按实际损失计算赔偿，最高不超过保险价值；(2)保险金额低于保险价值时，按保险金额与保险价值的比例乘以实际损失计算赔偿，最高不超过保险金额；(3)若该保险合同所列标的不止一项时，应分项按照该条约定处理。第三十二条：保险标的的保险金额大于或等于其保险价值时，被保险人为防止或减少保险标的的损失所支付的必要的、合理的费用，在保险标的损失赔偿金额之外另行计算，最高不超过被施救保险标的的保险价值。保险标的的保险金额小于其保险价值时，上述费用按被施救保险标的的保险金额与其保险价值的比例在保险标的损失赔偿金额之外另行计算，最高不超过被施救保险标的的保险金额。被施救的财产中，含有该保险合同未承保财产的，按被施救保险标的的保险价值与全部被施救财产价值的比例分摊施救费用。

另外，原告还向被告投保了机器损坏保险。

机器损坏保险保险单载明，投保人信息：常州某制造公司；被保险人信息：江苏某机械公司；行业信息：行业类别，钢铁铸件制造，保险标的地址个数共1个，标的地址为常州市武进区前黄镇永胜路2号，除另有约定外，该保险合同的每次事故免赔额3000.00元，或损失金额的10%，二者以高者为准；保险标的信息：机器设备，保险金额/赔偿限额61,100,000元，总保险费103,870元……特别约定：出险时若投保保额不足按照比例赔付。该保单保费分2次缴清：2015年9月30日交费53,870元，2015年12月25日交费50,000元。之后，常州某制造公司按约支付了保费。

机器损坏保险载明，第三条：在保险期间内，因下列原因引起或构成突然的、不可预料的意外事故造成的物质损坏或灭失，保险人按照该保险合同的约定负责赔偿：(1)设计、制造或安装错误、铸造和原材料缺陷；(2)工人、技术人员操作错误、缺乏经营、技术不善、疏忽、过失、恶意行为；(3)离心力引起的断裂；(4)超负荷、超电压、碰线、电弧、漏电、短路、大气放电、感应电及其他电气原因；(5)除该条款中"责任免除"规定以外的其他原因。第五条：下列原因造成的损失、费用，保险人不负责赔偿：(1)被保险人及其代表的故意行为或重大过失；(2)被保险人及其代表已经知道或应该知道的保险机器及其附属设备在该保险开始前已经存在的缺点或缺陷……(10)雷击、飓风、台风、龙卷风、暴风、暴雨、洪水、冰雹、地崩、山崩、雪崩、火山爆发、地面下陷下沉及其他自然灾害……

另查明，保险标的地址即常州市武进区前黄镇永胜路2号注册有三家企业，分别为常州某制造公司、江苏某机械公司、常州某铸造公司。2015年7月1日，江苏某机械公司、常州某铸造公司作为甲方（出租方）与常州某制造公司作为乙方（承租方）签订房地产、设备租赁合同，由常州某制造公司分别租赁常州某铸造公司的房地产、江苏某机械公司的设备进行生产经营。

2016年6月，受厄尔尼诺事件滞后效应影响，常州连续遭受强降雨袭击，导致位于江苏省常州市武进区×××号厂区的机器设备和存货等严重损毁。6月23日，因雷击，×××号厂区内的江苏某机械公司的一台整流变压器受损。江苏某机械公司就事故向某保险公司常州公司报告。7月13日，双方委托上海某公估公司对此次暴雨致财产受损案进行公估，该公估公司于2017年12月8日出具终期报告，核算定损金额为4,267,650.77元，残值为611,575.22元，理算金额为164,000元。2016年8月6日，江苏某机械公司向某保险公司常州公司发送撤销声明，载明：江苏某机械公司在出险后，由某保险公司常州公司指派的上海某公估公司南京分公司进行保险损失评估，并于2016年7月21日签订了公估委托书，公估人当时没有向江苏某机械公司呈现委托书全部内容（只提供第一页和最后一页），也未将委托书内权利与义务进行说明。江苏某机械公司现撤回委托，原委托书作废。

诉讼中，常州某制造公司申请对暴雨及雷击的损失进行评估。经法院组织，双方摇号确定某公估公司江苏分公司为公估机构。经评估，某公估公司江苏分公司出具评估报告两份，确认暴雨导致的损失为8,936,969.81元，残值为1,077,865.45元，分别为存货和固定资产的损失，存货的估损金额为8,787,181.81元，残值金额为1,077,865.45元（评估报告载明为867,006.34元，后公估公司出具更正函，因调整废钢单价，核定的残值金额调整为1,077,865.45元）；固定资产的估损金额为62,580元，残值为0；施救费用估损金额为87,208元。双方有争议的在室外堆放的垫板的估损金额为872,291.6元，残值为157,984.079元（评估报告载明残值为127,075.78，根据其后出具的更正函中废钢单价的调整，该部分残值金额相应调整为157,984.079元），模具定损为596,098元。另确认雷击造成的损失为300,583.65元，残值为0。常州某制造公司2016年6月的资产负债表显示存货期末数为17,854,924.46元，江苏某机械公司2016年6月的资产负债表显示存货期末数为4,519,580.79元。原告支付评估费461,877元。

2017年9月20日，江苏某机械公司向某保险公司常州公司寄送债权转让协议和债权转让通知书，债权转让协议载明，鉴于常州某制造公司向某保险公司常州公司投保了机器损坏保险和财产综合险，保险单所列被保险人为江苏某机械公司，保险期间为2015年9月14日至2016年9月13日，在该保险期内，因发生了保险事故导致机器设备受损、公司资产和存货严重损毁，江苏某机械公司作为被保险人，对某保险公司常州公司享有理赔权。江苏某机械公司与常州某制造公司达成如下协议：（1）江苏某机械公司将因保险事故所致机器设备受损、公司资产和存货严重损毁的理赔权转让给常州某制造公司，转让后江苏某机械公司不再享有保险事故的理赔权，常州某制造公司同意接受由其向某保险公司常州公司享有并主张保险事故的相关权利；(2)江苏某机械公司、常州某制造公司认可本协议所涉转让金额以经常州某制造公司向某保险公司常州公司理赔或诉讼确定的实际赔付金额为准。债权转让通知书载明，常州某制造公司向某保险公司常州公司投保了机器损坏保险和财产综合险，保险期间为2015年9月14日至2016年9月13日，在该保险期内，因发生了保险事故导致机器设备受损、公司资产和存货严重损毁，江苏某机械公司作为被保险人对某保险公司常州公司享有理赔权，某保险公司常州公司应当向江苏某机械公司承担赔偿责任。经江苏某机械公司与常州某制造公司协商一致已达成债权转让协议，江苏某机械公司将上述保险事故所涉理赔权转让给常州某制造公司，与上述保险事故相关的权利均由受让方常州某制造公司享有并主张。现特此通知某保险公司常州公司，即日起贵公司对江苏某机械公司于上述保险期间所发生保险事故的赔偿义务均向常州某制造公司履行。

还查明，江苏某机械公司的该次投保为续保。2013年9月10日，江苏某机械公司作为投保人、被保险人向某保险公司常州公司投保了财产综合险，保险期间自2013年9月14日0时起至2014年9月13日24时止，约定该保险合同的每次事故免赔额为2000元，或损失金额的10%，二者以高者为准。2014年8月24日，江苏某机械公司因高压配电柜进线总柜受雷击致损向某保险公司常州公司申请理赔，某保险公司常州公司认定根据财产综合险条款，该事故属于保险责任范畴，定损赔付金额为固定资产维修金额×(1−免赔额)=133,723.07元，并赔付。2014年9月5日，江苏某机械公司作为投保人、被保险人向某保险公司常州公司投保了财产综合险，保险期间自2014年9月14日0时起至2015年9月13日24时止，约定该保险合同的每次事故免赔额为2000元，或损失金额的10%，二者以高者为准，特别约定部分除了交费期的约定外，还注明存货必须堆放离地15公分以上，保险公司对15公分以下的不予承担。投保标的项目清单显示，固定资产保险金额/赔偿限额为48,552,400元，存货保险金额/赔偿限额为21,457,300元，合计70,009,700元。2015年4月28日，因遭受冰雹袭击，江苏某机械公司向某保险公司常州公司申请理赔，经核算确认保险标的损失为112,266元，该部分为常州某铸造公司名下不动产的损失，某保险公司常州公司予以了理赔。2015年6月17日，因暴雨受损，江苏某机械公司向某保险公司常州公司申请理赔，保险公司认为受损财产属保险标的，出险时保单保额为21,457,300元，出险时存货账面余额为24,875,564.21元，存货保险比例为86.26%，赔款金额核定为（核损金额—残值）×赔付比例－免赔额=750,728.32元，某保险公司常州公司予以了理赔。

上述事实，由投保单、保险单、投保标的项目清单、资产负债表、固定资产清单、保费发票、财产综合险条款（2009版）、机器损坏保险条款（2009版）、保险报案证明、债权转让协议、债权转让通知书、邮寄单、上海某公估公司出具的评估报告、某公估公司江苏分公司出具的常州某制造公司暴雨致财产损失案评估报告及江苏某机械公司变压器受损案评估报告、更正函、评估费发票、历次理赔材料等及原、被告的当庭陈述予以证实。

该案争议焦点为：（1）常州某制造公司是否具备原告主体资格？（2）该案事故是否属于保险责任范围？（3）暴雨及雷击事故造成的损失为多少？某保险公司常州公司应赔偿金额为多少？

关于争议焦点一，根据《合同法》第七十九条（《民法典》第五百二十九条）的规定，债权人可以将合同的权利全部或者部分转让给第三人，但有下列情形之一的除外：（1）根据合同性质不得转让；（2）按照当事人约定不得转让；（3）依照法律规定不得转让。债权人转让权利的，应当通知债务人，未经通知，该转让对债务人不发生效力。法律、行政法规规定转让权利或者转移义务应当办理批准、登记等手续的，依照其规定。该案中，江苏某机械公司将对某保险公司常州公司的保险求偿权转让给常州某制造公司，并无不得转让的例外情况，且只需告知债务人某保险公司常州公司，并不需要其同意，现江苏某机械公司已将债权转让协议寄送某保险公司常州公司，某保险公司常州公司亦已签收。因此，常州某制造公司具备该案原告主体资格，具有向某保险公司常州公司理赔的权利。某保险公司常州公司关于常州某制造公司不具备原告主体资格的辩称意见没有依据，该院不予采信。

关于争议焦点二，法院认为，江苏某机械公司与某保险公司常州公司签订财产综合险，并缴纳了保险费，这是双方的真实意思表示，且不违反相关法律法规，为有效合同。根据财产综合险条款，因雷击、暴雨造成保险标的的损失的，保险人应负责赔偿，故该次事故属于财产综合险保险责任范围，江苏某机械公司已将保险理赔权转让给常州某制造公司，某保险公司常州公司应向常州某制造公司赔偿保险标的的损失。某保险公司常州公司提出雷击、暴雨造成的损失不能在该案中一并处理的意见，无相应依据，法院不予采信。至于原告主张机器损失若不足以赔偿，要求在机器损坏保险中予以理赔，因该保险在保险条款中明确约定雷击、暴雨造成的损失，保险人不负责赔偿，故该案所涉财产的损失，不属于机器损坏险的保险责任范围。

关于争议焦点三，常州市武进区前黄镇永胜路2号的地址共有三家企业进行经营活动，分别为江苏某机械公司、常州某制造公司及常州某铸造公司。首先，明确案涉保险标的应当认定为位于该地址内的固定资产及流动资产。理由如下：（1）财产综合险条款对保险标的的约定系“本保险合同载明地址内的下列财产可作为保险标的：（一）属于被保险人所有或与他人共有而由被保险人负责的财产；（二）由被保险人经营管理或替他人保管的财产；（三）其他具有法律上承认的与被保险人有经济利害关系的财产”，并对不属于保险标的的财产在投保单中作了明确约定，即“固定资产中剔除汽车540,000元”。在上述地址的固定资产、流动资产（存货）等，由常州某铸造公司、常州某制造公司、江苏某机械公司分别所有，均由被保险人江苏某机械公司保管，故在该地址内双方在投保时确定的财产均应作为保险标的。（2）投保时投保人提供的财产险投保标的项目清单载明固定资产保险金额/赔偿限额为77,650,000元，存货铸件、机架、垫板保险金额/赔偿限额为15,700,000元，所附资产负债表、固定资产清单上企业名称虽为江苏某机械公司，但盖有江苏某机械公司、常州某铸造公司的印章，且列明了固定资产的名称、原值、净值等。资产负债表是保险金额的确定依据，固定资产清单上所列资产应属于保险标的。（3）根据某公估公司江苏分公司出具的公估报告，载明2016年6月资产负债表显示常州某制造公司的存货期末数为17,854,924.46元，江苏某机械公司的存货期末数为4,519,580.79元，常州某制造公司的存货金额与投保时提供的资产负债表上载明的15,701,200元差距较小，而保单所列的被保险人江苏某机械公司的存货金额则远小于该金额；同时，江苏某机械公司名下并无房屋及建筑等固定资产，但固定资产清单上却列有房屋、建筑；进而结合过往的理赔情况，特别是2015年4月28日，常州某铸造公司的不动产遭受冰雹袭击，某保险公司常州公司予以了理赔这一事实，进一步证实投保人与保险人对于将位于常州市武进区前黄镇永胜路2号厂区内的固定资产、存货剔除特别约定部分的均视为保险标的是约定一致的。

其次，关于免责条款问题，虽然在投保单与保险单或者其他保险凭证不一致的，以投保单为准，但不一致的情形应经保险人说明并经投保人同意。(1)关于免赔额问题，双方已在投保单上明确约定“除另有约定本保险合同的每次事故免赔额为5000元，或损失金额的20%，二者以高者为准”，投保人在声明处盖章确认保险人已向其提供并详细介绍了条款内容，并对其中免除保险人责任的条款以及该保险合同中付费约定和特别约定的内容向其本人作了明确说明，其本人已充分理解并接受上述内容，同意以此作为订立保险合同的依据，自愿投保该保险。但被告某保险公司常州公司在投保人盖章确认后，却又自行在特别约定部分添加“暴风雨单独免赔10,000元或30%”，因被告未提供证据证明该变更经投保人同意，故法院确定免赔额应为5000元，或损失金额的20%，二者以高者为准。(2)关于存货垫高30cm的问题，亦系某保险公司常州公司在投保人盖章确认后，自行在特别约定部分添加，且未提供证据证明变更经投保人同意，故本院对“存货垫高30cm”的免责条款不予确认。(3)关于特别约定处“出险时若投保保额不足按照比例赔付”的记载，虽系某保险公司常州公司在投保人盖章后自行添加，但根据《保险法》规定，投保人和保险人约定保险标的的保险价值并在合同中载明的，保险标的发生损失时，以约定的保险价值为赔偿计算标准，保险金额低于保险价值的，除合同另有约定外，保险人按照保险金额与保险价值的比例承担赔偿保险金的责任。该案中，投保人与被保险人约定对流动资产(存货)的保险金额为15,700,000元，并以出险时的账面余额确定保险价值。根据某公估公司江苏分公司出具的评估报告，2016年6月常州某制造公司的资产负债表显示存货金额为17,854,924.46元，江苏某机械公司的资产负债表显示存货金额为4,519,580.7元，合计22,374,505.16元，保险金额/赔偿限额为15,700,000元，存货的投保比例应为70.17%。(4)财产综合险条款第九条约定，存放于露天的保险标的以及简易建筑本身，由于雷击、暴雨等造成的损失，保险人不负责赔偿，该条款加粗加黑予以了提示，且投保人亦在投保单中承认保险人对条款的责任免除进行了明确说明，故存放于露天的保险标的的损失872,291.6元，保险人不予赔偿。

最后，关于模具损失是否属于保险标的范围，根据投保标的项目清单，存货列明为铸件、机架及垫板，资产负债表中列明存货有原材料和库存商品。实践中，不同的企业对于模具是计入存货还是待摊费用有不同的处理方式，根据公估报告载明，常州某制造公司对所涉模具的财务处理方式是收到模具发票计入“存货—模具”科目处理，然后车间领用模具计入“待摊费用”，再按12个月分期摊销。在待摊费用下有模具费明细账，而受损的模具均为车间领用的模具，已计入待摊费用，但待摊费用并非保险标的，故该案所涉模具损失，保险人不予赔偿。

另外，原告另行主张的施救费用57,792元，因公估报告中已对施救费用作了合理的评估，原告未提供充分证据证明公估公司遗漏了施救费用未予评估，故对原告另行主张的施救费用，该院不予支持。

综上所述，根据某公估公司江苏分公司出具的两份评估报告，暴雨导致的损失：（1）存货损失为原材料244,614.39元+成品半成品铸件6,761,000.07元（7,838,865.52元−1,077,865.45元）+备用电机烘干47,850元+泥芯59,753.9元−堆放在室外的存货714,307.52元（872,291.6元−157,984.079元）=6,398,910.84元；（2）固定资产的损失为62,580元；（3）施救费用为87,208元，合计为6,548,698.84元，结合投保比例70.17%及20%的免赔额，该部分理算金额为3,676,178元。雷击导致的损失为300,583.65元，结合20%的免赔额为240,467元。综上，某保险公司常州公司应赔偿常州某制造公司损失合计3,916,645元。至于原告主张的利息，财产综合险的条款约定：保险人收到被保险人或者受益人的赔偿或者给付保险金的请求后，应当及时作出核定，情形复杂的，应当在30日内作出核定，该案中，在发生事故后，江苏某机械公司即报损，双方共同委托上海某公估公司南京分公司进行公估，后江苏某机械公司又撤销对该公估公司的委托。常州某制造公司对上海某公估公司南京分公司出具的公估报告的结论不认可，双方就理赔金额差异巨大，无法确定赔偿数额，原告提起诉讼，诉讼中，又委托某公估公司江苏分公司对损失进行重新评估，故在未达成赔偿保险金的协议亦无法确定赔偿数额的情况下，某保险公司常州公司待判决结果确定后再行支付保险金符合常理，法院对该利息主张不予支持。至于公估费461,877元，结合该案实际，法院认定由原、被告各半承担。

综上所述，依据《合同法》第七十九条(《民法典》第五百四十五条)、第八十条(《民法典》第五百四十六条)，《保险法》第二条、第十三条、第十四条、第二十三条、第五十五条，最高人民法院《关于适用〈中华人民共和国保险法〉若干问题的解释(二)》第十三条、第十四条，《民事诉讼法》第六十四条第一款之规定，判决如下：

(1)被告某保险公司常州市分公司于该判决发生法律效力之日起十日内向原告常州某制造公司支付保险赔偿款3,916,645元，公估费230,938.5元，合计4,147,583.5元。

(2)驳回原告常州某制造公司的其余诉讼请求。

如果被告未按该判决指定的期间履行给付金钱义务，应当依照《民事诉讼法》第二百五十三条之规定，加倍支付迟延履行期间的债务利息。

案件受理费84,926元，由原告常州某制造公司负担51,446元，由被告某保险公司常州市分公司负担33,480元。

如不服该判决，可在判决书送达之日起15日内向法院递交上诉状，并按对方当事人的人数提出副本，上诉于江苏省常州市中级人民法院。同时根据《诉讼费用交纳办法》的有关规定，向该院预交上诉案件受理费。

评·析

本案的争议焦点之一是：存货作为保险标的时如何确定其保险标的范围、保险价值以及投保比例，继而确定存货的保险理赔金额。

企业财产保险中除了固定资产之外，最重要的保险标的就是存货。司法实践中因企业财产险导致的保险合同纠纷中，矛盾最主要集中在存货的定损和理赔上。就本案所涉存货的理赔来说，涉及保险标的范围如何确定，也就是损失的流动资产是否都是保险标的；存货的保险价值如何确定，直接影响到投保人是否足额投保。本案中，审理法院充分考虑原被告双方对于保险合同的理解，充分征询第三方专业机构的意见，按照财务会计专业解释确定存货的保险标的范围，并且按照合同约定的账面余额确定保险价值并进而确认本案为不足额投保，对企业财产险中存货保险标的所涉的部分争议具有一定指导意义。

一、存货的合同解释

《保险法》第三十条规定："采用保险人提供的格式条款订立的保险合同，保险人与投保人、被保险人或者受益人对合同条款有争议的，应当按照通常理解予以解释。对合同条款有两种以上解释的，人民法院或者仲裁机构应当作出有利于被保险人和受益人的解释。"最高人民法院《关于适用〈中华人民共和国保险法〉若干问题的解释（二）》第十七条规定："保险人在其提供的保险合同格式条款中对非保险术语所作的解释符合专业意义，或者虽不符合专业意义，但有利于投保人、被保险人或者受益人的，人民法院应予认可。"

但保险条款中没有关于"存货"概念的特别解释，因此涉及《保险法》中规定的"通常理解"应如何解释。从合同解释的角度，通常解释应当包括专业领域的通常解释。财政部《企业会计准则第1号——存货》（财会〔2006〕3号）第三条：存货，是指企业在日常活动中持有以备出售的产成品或商品、处在生产过程中的在产品、在生产过程或提供劳务过程中耗用的材料和物料等。一般来说存货应当包括原材料、产成品/库存商品以及生产过程中的在产品（常表述为半成品）。因此，在没有其他约定的情况下，对存货以及存货相关的概念应当以财务会计概念为准。

二、模具是否属于存货保险标的

根据投保人陈述，本案所涉模具的实际管理方式类似于原材料和产成品，且投保时认为包括模具在内都是存货的保险标的范围，因此要求保险公司对模具予以赔付。保险公司则认为，双方约定的保险标的是存货，被保险人公司的模具在会计处理上明显不是作为存货，而是作为待摊费用处理，同时投保项目清单上存货的种类也不包括模具。

存货只是一个会计概念，同样的标的，在不同的企业可能会计处理完全不同。比如，就车辆而言，对于一般企业来说车辆明显是作为固定资产，但是对于汽车制造/销售企业来说，车辆却很可能会作为存货管理。就模具而言，多数企业作为待摊费用处理，但也有作为固定资产或存货处理的，因此，在判断受损模具是否属于存货保险标的时，需要考量两个要素：第一，合同中关于保险标的的约定；第二，模具在该企业的会计处理方式上是不是作为存货管理。法院审查投保人盖章的投保项目清单中未载明存货，同时根据被保险人自行陈述以及司法鉴定机构查明的会计处理方式，该企业的模具虽然日常管理方式与其他存货类似，但会计处理方式均是作为待摊费用处理，故不应作为存货理赔。

三、存货的保险价值以及投保比例如何确定

案涉保险单上载明：存货的保险价值按照出险时的账面余额确定。但投保人认为账面余额不能直接按照资产负债表上载明的期末余额确定，还需要考虑被保险人账实不符的情况，同时其提出不足额投保比例的条款也是免责条款，保险公司未向其进行明确说明，不认可不足额投保比例赔付的条款效力。保险公司则认为账面余额应当按照一般财务会计概念确定，按照账面余额确定保险价值既符合双方投保时的真意，也符合存货这类流动性资产的性质。另外，《保险法》第五十五条第四款规定："保险金额低于保险价值的，除合同另有约定外，保险人按照保险金额与保险价值的比例承担赔偿保险金的责任。"因此，不足额投保比例赔付条款系《保险法》第五十五条明确规定的赔偿方式，不需要向投保人另行履行提示和明确说明义务。

审理法院结合合同约定、投保金额以及以往的理赔程序，引用《保险法》第五十五条规定采纳了保险公司的意见。值得一提的是，在大量"按照出险时的账面余额确定存货保险价值"的存货保险标的所涉纠纷中，被保险人往往主张其会计账册不能反映真实库存，而且往往差距巨大，从而否认按照账面余额确定保险价值。该案判决释放了一个信号，保险合同是最大诚信合同，诚实信用原则是对保险合同双方的要求。对于保险人而言，就存货这样的流动资产，按照账面余额确定保险价值原本是为了简化定损和理赔程序，是有利于被保险人的。同时，保险人基于对被保险人提供的财务会计资料的信任，

接受投保和进行理赔。除了合乎会计准则的合理调整之外，作为被保险人的企业应遵守企业财务会计制度和税收相关法律法规，否则可能会得不偿失。

本案审理法院充分考虑到存货这类流动资产的特殊性、双方缔结保险合同的真实意思表示、合同双方当事人之间的过往理赔实践，结合法律规定和合同约定，按照财务会计的专业解释，确定了存货保险标的的范围、保险价值以及投保比例。对于企业财产险中存货保险标的的争议问题具有一定的指导意义，对企业财产保险市场中被保险人企业的经营行为也有良好的导向作用。

交强险中驾驶员驾驶证被暂扣期间驾车出险保险人是否享有追偿权的认定

山东省高级人民法院
（2019）鲁民再569号民事判决书

（2019年11月13日）

案·情

2017年4月29日7时30分，王某驾驶燃油二轮车（经鉴定属于机动车，无号牌，无保险）沿商河县由东向西行驶至某交叉路口处直行时，与由北向南行驶的董某驾驶的鲁A号牌轿车发生碰撞，造成王某受伤、两车损坏。交警认定，董某因驾驶证暂扣期间驾驶机动车，并驾驶未按规定定期进行检验的机动车及驾驶机动车超速行驶，应承担事故的同等责任；王某因未取得驾驶证、驾驶未悬挂号牌机动车、未让右侧道路来车先行，也应承担事故的同等责任。

事故发生后，王某就车辆损坏事宜诉至法院，经审理，法院判决某保险公司济南中心支公司在交强险限额内赔偿王某120,000元。判决生效后，某保险公司济南中心支公司向王某履行了该付款义务。

2018年1月11日，某保险公司济南中心支公司以追偿权纠纷将董某诉至其住所地商河县法院，一审法院判决驳回诉讼请求。之后，该保险公司以适用法律错误为据向济南中院提起上诉，二审维持原判。2019年该司申请再审，经审理，山东高院判决撤销一审、二审判决，董某应赔偿某保险公司济南中心支公司垫付的保险赔偿款120,000元及利息。

法院判决

再审申请人(一审原告、二审上诉人):某保险公司济南中心支公司。

被申请人(一审被告、二审被上诉人):董某,男,1970年2月19日出生,汉族,住所地:山东省商河县。

再审申请人某保险公司济南中心支公司因与被申请人董某追偿权纠纷一案,不服山东省济南市中级人民法院(2018)鲁01民终2406号民事判决,向法院申请再审,法院于2019年5月22日作出(2018)鲁民申7662号民事裁定,提审该案。法院依法组成合议庭,开庭审理了该案。再审申请人某保险公司济南中心支公司的委托诉讼代理人到庭参加诉讼。被申请人董某经公告送达开庭传票,未到庭参加诉讼。该案现已审理终结。

某保险公司济南中心支公司再审请求:(1)撤销一审、二审判决,并依法改判;(2)一审、二审诉讼费用由董某承担。事实和理由:一审、二审判决适用法律错误。(1)"未取得驾驶资格"应扩大解释,包括"未取得驾驶证"、驾驶证"暂扣期间"、"驾驶证超有效期"、"准驾不符"和"记分满12分"等情况。该案中,董某的驾驶证处于"违法未处理,注销可恢复,超分、暂扣"的状态,依据"任何民事主体不得基于其违法行为而获利"的法律规则,应当认定董某"未取得驾驶资格"。(2)依据最高人民法院《关于审理道路交通事故损害赔偿案件适用法律若干问题的解释》第十八条规定,某保险公司济南中心支公司有权在赔偿范围内向董某追偿。

董某未作答辩。

某保险公司济南中心支公司向一审法院起诉请求:(1)董某赔偿某保险公司济南中心支公司为其垫付的保险赔偿款120,000元及利息;(2)该案诉讼费用由董某承担。

一审法院认为,董某承认某保险公司济南中心支公司在该案中主张的事实,故对某保险公司济南中心支公司主张的事实予以确认。该案争议的焦点是驾驶证被暂扣是否属于驾驶人未取得驾驶资格的情形。对此,一审法院认为,《道路交通安全违法行为处理程序规定》(公安部令第105号)第二十九条规定了依法扣留机动车驾驶证的五种情形:(1)饮酒后驾驶机动车的;(2)将机动车交由未取得机动车驾驶证或者机动车驾驶证被吊销、暂扣的人驾驶的；(3)机动车行驶超过规定时速50%的；(4)驾驶有拼装或者达到报废标准嫌疑的机动车上道路行驶的；(5)在一个记分周期内累计记分达到12分的。具有该条规定的前四种情形之一的，扣留机动车驾驶证至作出处罚决定之日，只对违法行为人作出罚款处罚的，被处罚人缴纳罚款完毕后应立即发还机动车驾驶证；具有第五种情形的，扣留机动车驾驶证至考试合格之日才应立即发还机动车驾驶证。由此可见，交通警察在特定情形下扣留驾驶员机动车驾驶证行使的是行政处罚权，是对未按照法律、法规安全驾驶驾驶员的一种行政处罚，但是并未否认驾驶员的驾驶资格，在罚款缴纳完毕或考试合格后，就应当归还驾驶证。另外，《机动车交通事故责任强制保险条例释义》一书中[1]亦明确指出"未取得驾驶资格"是指：(1)无驾驶证；(2)驾驶车辆与准驾车型不符；(3)公安交管部门规定的其他属于非有效驾驶的情况。该释义并未将驾驶证被暂扣归为"未取得驾驶资格"。综上，董某驾驶证被暂扣不等同于未取得驾驶资格。某保险公司济南中心支公司要求董某赔偿其垫付的保险赔偿款120,000元及利息，不符合最高人民法院《关于审理道路交通事故损害赔偿案件适用法律若干问题的解释》第十八条规定的保险公司在交强险责任限额范围内赔偿后再予以追偿的情形。综上所述，某保险公司济南中心支公司的诉讼请求于法无据，理由不当，一审法院依照最高人民法院《关于适用〈中华人民共和国民事诉讼法〉的解释》第九十条之规定，判决：驳回某保险公司济南中心支公司的诉讼请求。案件受理费2700元，减半收取1350元，由某保险公司济南中心支公司负担。

某保险公司济南中心支公司不服一审判决，上诉请求：(1)撤销一审判决并依法改判董某赔偿某保险公司济南中心支公司保险赔偿款120,000元及利息；(2)该案二审诉讼费用由董某承担。

二审法院对一审判决认定的事实予以确认。另外，二审法院查明，2017年4月29日7时30分许，王某驾驶燃油二轮车沿商河县由东向西至某交叉路口

[1] 参见《机动车交通事故责任强制保险条例释义》编写组：《机动车交通事故责任强制保险条例释义》，中国法制出版社2006年版。

处直行时，与由北向南行驶的董某驾驶的鲁A号北京现代牌轿车发生碰撞，造成王某受伤、两车损坏的道路交通事故。2017年5月27日，该事故经商河县公安局交通警察大队商公交认字（2017）第04××001号道路交通事故认定书，认定董某驾驶证暂扣期间驾驶机动车、驾驶未按规定定期进行检验的机动车、超速行驶是事故发生的同等原因，王某未取得机动车驾驶证、驾驶未悬挂号牌的机动车、未让右侧道路来车先行也是事故发生的同等原因，确定董某和王某均承担事故的同等责任。董某所有的鲁A号北京现代牌轿车在某保险公司济南中心支公司处投保交强险一份，未投保商业三者险，事故发生在保险期间。事故发生后，王某就车辆损坏事宜向商河县人民法院提起诉讼，该院作出（2017）鲁0126民初1312号民事判决书，判令某保险公司济南中心支公司赔偿王某120,000元。判决生效后，某保险公司济南中心支公司向王某履行了该付款义务。交强险的全称是“机动车交通事故责任强制保险”，是由保险公司对被保险机动车发生道路交通事故造成受害人（不包括本车人员和被保险人）的人身伤亡、财产损失，在责任限额内予以赔偿的强制性责任保险。二审法院认为，根据《机动车交通事故责任强制保险条例》第二十二条的规定：“有下列情形之一的，保险公司在机动车交通事故责任强制保险责任限额范围内垫付抢救费用，并有权向致害人追偿：（一）驾驶人未取得驾驶资格或者醉酒的；（二）被保险机动车被盗抢期间肇事的；（三）被保险人故意制造道路交通事故的。有前款所列情形之一，发生道路交通事故的，造成受害人的财产损失，保险公司不承担赔偿责任。”《机动车交通事故责任强制保险条例释义》第二十二条指出“未取得驾驶资格”是指：（1）无驾驶证；（2）驾驶车辆与准驾车型不符；（3）公安交管部门规定的其他属于非有效驾驶的情况。该案中，董某的驾驶证是被暂扣，到目前为止，我国并没有任何法律、行政法规或有关国家机关明确将“驾驶证被暂扣”归为“未取得驾驶资格”。因此，董某驾驶证被暂扣不等同于未取得驾驶资格，故一审法院并无不当，二审法院予以支持。综上所述，某保险公司济南中心支公司的上诉理由不能成立，应予驳回；一审判决认定事实清楚，适用法律正确，应予维持。依照《民事诉讼法》第一百七十条第一款第一项规定，判决如下：驳回上诉，维持原判。二审案件受理费2700元，由上诉人某保险公司济南中心支公司负担。

再审法院再审查明：2017年11月24日，某保险公司济南中心支公司履行了（2017）鲁0126民初1312号民事判决确定的付款义务。

再审法院查明的其他事实同一审、二审查明的事实一致。

再审法院再审认为，该案争议焦点为某保险公司济南中心支公司在承担赔偿责任后能否向董某行使追偿权，核心问题是董某机动车驾驶证被暂扣应否认定为未取得驾驶资格。

核发机动车驾驶证系交通管理部门允许驾驶机动车而作出的行政许可，暂扣机动车驾驶证系交通管理部门对道路交通安全违法行为做出的性质处罚。《道路交通安全法实施条例》第二十八条规定："机动车驾驶人在机动车驾驶证丢失、损毁、超过有效期或者被依法扣留、暂扣期间以及记分达到12分的，不得驾驶机动车。"根据上述规定，机动车驾驶证被暂扣，驾驶人不得驾驶机动车，也就是说，交通管理部门通过核发驾驶证作出的允许驾驶机动车的行政许可效力因驾驶证被暂扣这一行政处罚而告中止，驾驶人在驾驶证被暂扣期间没有驾驶资格。故该案中董某驾驶证被暂扣应认定为最高人民法院《关于审理道路交通事故损害赔偿案件适用法律若干问题的解释》第十八条规定的未取得驾驶资格，某保险公司济南中心支公司主张追偿权具有法律依据。

另外，交强险设立的目的在于迅速填补损害，而交强险追偿权设立的目的则在于重大过错责任人承担最终赔偿责任以及惩戒违法行为、维护交通安全。该案中，董某在驾驶证被暂扣期间驾驶机动车属于违法行为，其不应因实施违法行为而获益。一审、二审判决与交强险追偿权的设立目的相悖，减轻了董某实施违法行为的成本，亦不利于构建良好的公共安全价值利益导向。

因此，某保险公司济南中心支公司有权向董某行使追偿权，董某应当赔偿某保险公司济南中心支公司为其垫付的保险赔偿款120,000元。同时，再审法院已经查明，某保险公司济南中心支公司已于2017年11月24日履行了生效民事判决确定的付款义务，故董某应自2017年11月24日起承担按照中国人民银行同期贷款利率计算的利息。

综上所述，某保险公司济南中心支公司的再审请求成立，再审法院予以支持。经再审法院审判委员会讨论决定，依照最高人民法院《关于审理道路交通事故损害赔偿案件适用法律若干问题的解释》第十八条，《道路交通安全法实施条例》第二十八条，《民事诉讼法》第二百零七条第一款、第一百七十条第一款第二项规定，判决如下：

一、撤销山东省济南市中级人民法院（2018）鲁01民终2406号民事判决及山东省商河县人民法院（2018）鲁0126民初217号民事判决；

二、董某于该判决生效之日起时日内赔偿某保险公司济南中心支公司垫付的保险赔偿款120,000元及利息（以120,000元为基数，自2017年11月24日起至实际给付之日止，按照中国人民银行同期贷款利率计算）。

一审案件受理费2700元，减半收取1350元，由董某负担；二审案件受理费2700元，由董某负担。

该判决为终审判决。

评·析

本案争议焦点是驾驶证被暂扣情形下交强险是否可追偿。

从法律解释角度来看，对"未取得驾驶资格"范围的认定，应结合交强险追偿的立法目的进行扩大解释，而驾驶证暂扣应可以纳入其中。理由在于，交强险是保险公司对被保险机动车发生道路交通事故造成受害人（不包括本车人员和被保险人）的人身伤亡、财产损失予以赔偿的强制性责任保险，其立法目的在于保障受害人得到及时有效的救助，故具有一定意义上的社会保障功能和社会公益性，但若被保险人存在严重主观过错，保险人在承担赔偿责任后，应有合理的途径消化或分解这一加重的负担，即赋予保险人追偿权。具体而言，交强险追偿权的主要立法目的在于：第一，惩罚未取得驾驶资格等恶意行为，防止道德风险。在未取得驾驶资格等情形中，被保险人主观恶性程度较重，其行为显著增加了交通事故发生概率，若对此类行为不予以规制，交强险分担风险的方式降低了违法成本，将造成变相放任违法行为、增加道德风险的不利后果。第二，契合交强险的立法目的。未取得驾驶资格等行为一般为保险人免责事由，但如交强险不予赔付，受害人的利益难以得到保障，为平衡利益关系，赋予保险人追偿权，使加害人负终局责任。第三，维护危险共同体的利益。未取得驾驶资格等行为导致交通事故发生的概率相对较高，若不赋予保险人追偿权，势必增加保险人的支出。而交强险基于不盈利不亏损原则设置，保险人必将通过增加保费的方式弥补潜在损失，如此一来，意味着所有投保人为恶意违法行为实施者承担风险，明显损害了其他投保人的合法利益。赋予保险人追偿权，可以避免因损失概率上升而引发保费上涨。[1]就驾驶证暂扣而言，其系公安机关交通管理部门依法作出的行政处罚决定。《道路交通安全法实施条例》第二十八条规定："机动车驾驶人在机动车驾驶证丢失、损毁超过有效期或者被依法扣留、暂扣期间以及记分达到12分的，不得驾驶机动车。"该规定明确将暂扣期间列为不得驾驶机动车的情形，驾驶员对此应普遍知晓并遵守，若驾驶人仍在此期间违反这一禁止性规定驾驶，即使驾驶能力足够，由于其行为违反法律法规规定，具有主观故意，为契合交强险追偿权的设置目的及体现社会对此行为的反面评价，应将其划入"未取得驾驶资格"的范畴，否则行政处罚的行政管理目的将难以实现，不利于构建良好的公共安全价值利益导向，也不利于交强险制度的良性发展。作为一种"准公共产品"，交强险此前一度长期面临亏损，直到2017年才实现承保扭亏为盈，这恰得益于近年来中国道路交通安全管理水平和全社会安全驾驶意识的不断提升。

需要指出的是，本案一审法院认为，"交通警察在特定情形下扣留驾驶员机动车驾驶证行使的是行政处罚权，是对未按照法律、法规安全驾驶驾驶员的一种行政处罚，但是并未否认驾驶员的驾驶资格，在罚款缴纳完毕或考试合格后，就应当归还驾驶证"。但事实上，此适用混淆了扣留与暂扣的规定。根据事故认定书记载，董某的驾驶证系被暂扣，并非扣留。根据《道路交通安全违法行为处理程序规定》第三十二条第二款规定"具有本规定第三十一条第（一）、（二）、（三）、（四）项所列情形之一的，扣留机动车驾驶证至作出处罚

[1] 谷昔伟：《无证驾驶等特殊情形下交强险追偿权之定位——基于交强险条例第二十二条的评析》，载《人民司法（应用）》2015年第19期。

决定之日；处罚决定生效前先予扣留机动车驾驶证的，扣留一日折抵暂扣期限一日。只对违法行为人作出罚款处罚的，缴纳罚款完毕后，应当立即发还机动车驾驶证。具有本规定第三十一条第（五）项情形的，扣留机动车驾驶证至考试合格之日。”依此规定，扣留驾驶证后是否作出及作出何种处罚决定处于不确定状态，而相比之下，暂扣驾驶证这一处罚决定已十分明确。

退一步而言，即使驾驶证系被扣留，归还驾驶证仍需以罚款缴纳完毕或考试合格为条件，在此前提下，一审判决以事故发生后而非事故发生时作为判断驾驶员具有驾驶资格的时点，显然不具合理性。以无证驾驶为例，即使事故发生时驾驶员系无证驾驶，但事故发生后驾驶员仍可以通过机动车驾驶员考试申领驾驶证，在此情形，无证驾驶基本无争议。同理，无论驾驶证处于扣留还是处于暂扣状态，均应以事故发生时作为是否具有驾驶资格的判断时点，而此后驾驶证的归还不应回溯至事故发生时。

“任何人不能因为自己的过错而获得利益”，本案再审法官除严格依据法律规定外，进一步引用法律原则，论证交强险追偿权设立的初衷，最终认定交通管理部门通过核发驾驶证作出的允许驾驶机动车的行政许可效力因驾驶证被暂扣这一行政处罚而告中止，故董某违反法律法规强制性规定在驾驶证被暂扣期间驾车属于无驾驶资格驾驶机动车，应赔偿某保险公司济南中心支公司垫付的赔偿款。这一裁判结果对交强险追偿有积极作用，有利于基于不盈利不亏损原则设置的交强险的良性发展和社会救助功能的实现，也有利于促使机动车驾驶员遵纪守法，营造“文明驾驶、安全通行”的良好交通秩序，从而维护法律的严肃性，保障交通安全与社会公共利益。

交强险中驾驶人无驾驶资格且未经被保险人允许情形下保险人的赔偿责任

山东省日照市中级人民法院
（2019）鲁11民终914号民事判决书

（2019年5月24日）

案·情

2018年4月10日，郑甲未经车辆所有人郑乙允许，且无证驾驶被保险车辆鲁L 38小型轿车在山东省五莲县由北向南行驶至解放路与招远路交叉路口，未保持安全车速，与前方左转弯的赵某驾驶的电动自行车发生交通事故。赵某从电动自行车上摔至地面，赵某所驾电动自行车又与沿解放路由南向北行驶尹某驾驶的鲁V 28小型轿车发生碰撞，后郑甲驾车逃逸。事故造成赵某受伤、三车受损，郑甲承担事故全部责任。伤者赵某因赔偿事宜起诉郑甲、郑乙及某保险公司，涉案车辆仅承保交强险。

法院判决

上诉人（原审被告）：某保险公司，住所地湖北省武汉市江岸区。

被上诉人（原审原告）：赵某，女，1988年4月16日出生，汉族，住山东省五莲县。

被上诉人（原审被告）：郑甲，男，1973年8月23日出生，汉族，住山东省五莲县。

被上诉人（原审被告）：郑乙，女，1963年4月25日出生，汉族，住山东省五莲县。

上诉人某保险公司因与被上诉人赵某、郑甲、郑乙机动车交通事故责任纠纷一案，不服山东省日照经济技术开发区人民法院（2019）鲁1121民初351号民事判决，向该院提起上诉。该院于2019年4月24日立案后，依法组成合议庭不开庭进行了审理。该案现已审理终结。

某保险公司上诉请求：撤销一审判决，改判由被上诉人郑甲赔偿赵某的全部损失，被上诉人郑乙对赵某全部损失的50%以上承担连带赔偿责任；一审诉讼费、二审上诉费由被上诉人承担。事实与理由：（一）驾驶人未取得驾驶资格的，保险公司仅仅有义务在交强险责任限额范围内垫付抢救费用。对于赵某的全部损失，应当由郑甲直接承担赔偿责任。一审判决保险公司承担赔偿责任，也应当在判决中明确示明保险公司的追偿权。郑甲无证驾驶且肇事后驾车逃逸，根据《机动车交通事故责任强制保险条例》第二十二条规定，有下列情形之一的，保险公司在机动车交通事故责任强制保险责任限额范围内垫付抢救费用，并有权向致害人追偿：(1)驾驶人未取得驾驶资格或者醉酒的；(2)被保险机动车被盗抢期间肇事的；(3)被保险人故意制造道路交通事故的。有前款所列情形之一，发生道路交通事故的，造成受害人的财产损失，保险公司不承担赔偿责任。对于该条中的“财产损失”应当做广义解释。根据最高人民法院《关于审理人身损害赔偿案件适用法律若干问题的解释》（法释〔2003〕20号）第一条之规定，因生命、身体、健康遭受侵害，赔偿权利人起诉请求赔偿义务人赔偿物质损害和精神损害的，人民法院应予受理。《机动车交通事故责任强制保险条例》第二十二条规定的“财产损失”，是广义的财产损失，应包括因人身伤亡产生的医疗费、误工费、护理费、交通费、住宿费、住院伙食补助费、必要的营养费、伤残赔偿金、精神伤害抚慰金等。（二）郑乙过错严重，一审法院判决其承担相应的连带赔偿责任比例过低。根据郑甲在交警部门所做笔录显示，郑甲可自由出入郑乙住宅且经常使用事故车辆，即其可随时实现对车辆的实际控制。虽然事故当天郑乙未在家中，但是其对于郑甲长期经常使用事故车辆且无驾驶资格系明知且持放任态度。最高人民法院《关于审理道路交通事故损害赔偿案件适用法律若干问题的解释》第一条规定：“机动车发生交通事故造成损害，机动车所有人或者管理人有下列情形之一，人民法院应当认定其对损害的发生有过错，并适用侵权责任法第四十九条的规定确定其相应的赔偿责任：……（二）知道或者应当知道驾驶人无驾驶资格或者未取得相应驾驶资格的；……”上诉人认为郑乙过错严重，应当承担50%以上的连带赔偿责任。（三）鲁V28车辆投保的交强险保险公司应当承担无责赔付的责任。一审法院认定赵某的损害后果与鲁V28车辆无因果关系系其主观推断。根据事故认定书的记载及相关当事人的陈述，并不能当然排除赵某在第一次碰撞后与鲁V28再次碰撞的可能性，事故责任认定书明确记载三方系同一交通事故当事人。（四）一审法院判决的第一项及诉讼费承担中“被告某乙保险公司”属于主体错误。某乙保险公司主体并不存在，也未在保监会备案。综上，一审判决认定事实不清、证据不足，且适用法律不正确，请求二审法院支持上诉人的上诉请求。二审过程中，上诉人增加上诉请求判令鲁V28号车在交强险无责赔付限额内承担无责赔付。

赵某辩称，对上诉人关于郑乙对赵某全部损失的50%以上承担连带赔偿责任的上诉请求无异议。其他同意一审判决结果。

郑甲辩称，保险公司应当承担赔偿责任，对于其本人承担的部分其全部承担，是其私自开的车辆，其知道钥匙在哪，不希望郑乙承担连带责任。

郑乙辩称，一审已经查明事故发生时郑乙在广州，对于郑甲私自开车一事并不知情，郑乙不应承担任何赔偿责任。

赵某向一审法院起诉请求：要求判令赔偿损失71,728.46元；诉讼费、保全费、邮寄费等由对方承担。

一审法院认定，（1）2018年4月10日，郑甲无证驾驶所有人为郑乙的鲁L38小型轿车沿五莲县解放路由北向南行驶至解放路与招远路交叉路口，未保持安全车速，与前方顺行准备左转弯的赵某驾驶的电动自行车发生交通事故，赵某从电动自行车上摔至地面，赵某所驾电动自行车又与沿解放路由南向北行驶的尹某驾驶的鲁V28小型轿车发生碰撞，后郑甲驾车逃逸。事故造成赵某受伤、三车受损。郑甲承担事故全部责任。（2）2018年4月11日10时22分至11时14分，郑甲在接受五莲县公安局交通警察大队询问时陈述2016年其因危险驾驶罪被判处拘役4个月。此次违法经过：2018年4月10日中午，其去其大姑郑乙居住的地方（当时大姑家没有人在家），从她家拿着车钥匙（平时其经常去她家吃饭，知道她的车钥匙在哪，以前其也经常开她的车），开着她的车沿日照路到了解放路，又去其租房子的地方拿了点东西。之后，郑甲又驾驶该车辆沿解放路由北向南行驶至招远路的时候左前轮胎爆胎了，方向失控偏向了左侧，将在其前方左侧顺行一骑电动车的女的撞了，当时将那人给撞飞了，她的头部撞到其驾驶车辆的前挡风玻璃，致挡风玻璃破碎。当时郑甲心里害怕，没有停车，继续驾驶车辆沿解放路向南加速。其驾驶鲁L38轿车撞了人之后逃逸了。车辆是其大姑郑乙的，驾驶车辆未经郑乙同意，是其自己偷开的。因没有驾驶证害怕承担责任，所以逃离现场。(3)某保险公司是郑甲所驾车辆的交强险的保险人。(4)2018年4月10日至5月31日，赵某在五莲县某医院住院治疗52天，支付医疗费34,192.81元。该院诊断，赵某的伤情为脑挫裂伤、创伤性蛛网膜下腔出血、颅底骨折（中后凹）、左额部头皮血肿伴头皮擦伤、左耳鼓膜损伤、左膝内侧副韧带损伤、左侧胸腔积液、软组织损伤。期间，2018年5月14日、29日，赵某两次到五莲县某医院检查治疗，分别支付医疗费84.45元、92元。2018年7月3日，赵某到潍坊市某医院检查治疗，支付医疗费218元。赵某共支付医疗费34,587.26元。(5)受一审法院委托，日照某法医司法鉴定所于2018年11月10日作出鉴定意见：赵某损伤不构成伤残；赵某的误工时间为150天；赵某需2人护理20天，1人护理40天；赵某的营养期为60天。赵某支付鉴定费1600元。(6)五莲县某建材公司证明：赵某是其公司员工，月收入3200元。赵某于2018年4月12日至11月30日因发生交通事故请假，期间停发工资。(7)五莲某汽车配件公司证明：周某是其公司冲压车间职工，因故于2018年4月10日至6月9日请假两个月，期间工资停发。其公司2017年12月至2018年4月期间用日照某工贸公司户名代发工资。赵某提供了周某山东某银行的活期查询表，记载：2018年1月3日、2月8日、3月7日工资分别为5440元、5943元、5130元。交易对手名称日照某工贸有限公司。(8)五莲县高泽镇某村民委员会证明：赵某因车祸住院期间由妹妹陪床。(9)郑乙提供了2018年4月22日的到达站为日照的飞机登机票1张。(10)根据赵某申请，一审法院将鲁L38小型轿车扣押，保全标的额10,000元。

一审法院认为，郑甲驾驶机动车辆发生交通事故，负事故全部责任，某保险公司应当在交强险限额内承担赔偿责任，郑甲应当对其余损失承担赔偿责任。郑甲无证驾驶、肇事逃逸，不是交强险免除赔偿责任的法定事由，某保险公司主张在交强险限额内免除赔偿责任的意见，不应采纳。赵某提供的证据不足以证明郑乙将车辆出借、租赁给郑甲使用，不能认定郑乙出借、租赁车辆过程中存在过错。郑甲对五莲县公安局交通警察大队的陈述是在事故发生不久进行的，可信度较高。根据陈述，能够认定郑甲未经郑乙及其家人同意驾驶被告郑乙车辆的事实。郑乙作为鲁L38小型轿车的车主，对该车负有管理义务，应当采取妥善保管钥匙等必要措施使该车不被未经准许的人，特别是无驾驶资格的人驾驶。郑甲、郑乙是熟人，郑乙知道郑甲驾驶证被吊销、能够出入其住宅，但未采取有效措施，造成无驾驶资格的郑甲驾驶车辆，存在疏于管理的过错。郑乙采取了一定管理措施，其过错较小，可对郑甲应承担的赔偿责任按20%承担连带赔偿责任。赵某所驾电动自行车与尹某所驾鲁V28小型轿车发生碰撞时，赵某的人身损害后果已经产生，该损害后果与赵某、尹某之间的交通事故无因果关系。某保险公司主张三方应无责赔付的意见，不应采纳。赵某的损失应作如下认定：(1)医疗费34,587.26元是赵某因接受治疗实际支付的费用，应予认定。(2)赵某住院治疗51天，其按照50元/天请求住院伙食补助费2550元，符合相关规定，应予认定。(3)根据鉴定意见，应当认定赵某的营养期为60天。营养费应当按照20元/天计算，为1200元。(4)根据鉴定意见，应当认定赵某需2人护理20天，1人护理40天。赵某未提供与周某关系及其护理期间的银行代发工资明细表，不足以证明相应的护理费赔偿标准，护理费可按日照市护理人员市场工资指导价位120元/人/天计算，为9600元（120×20×2＋120×40）。(5)根据鉴定意见，应当认定赵某的误工时间为150天。根据赵某所在单位的证明，能够认定其受伤后每月减少收入3200元。赵某按102.22元/天请求误工费15,333元，应予认定。(6)根据赵某的治疗情况，酌定其交通费为700元。以上损失合计63,970.26元，某保险公司应当在交强险限额内赔偿35,633元（包括医疗费10,000元、护理费9600元、误工费15,333元、交通费700元），郑甲应当赔偿其余损失28,337.26元。郑乙应对郑甲赔偿的损失按20％，即5667.45元承担连带赔偿责任。

综上所述，某保险公司应当在交强险限额内赔偿赵某损失35,633元，郑甲应当赔偿赵某损失28,337.26元，郑乙应当对其中5667.45元与郑甲承担连带赔偿责任。依照《侵权责任法》第二条第一款、第三条、第六条第一款、第十五条第一款第六项、第十六条、第四十八条、第四十九条、第五十三条(具体体现在《民法典》第一千一百六十五条第一款、第一千二百零八条、第一千二百零九条),《道路交通安全法》第七十六条第一款的规定,一审法院判决:(1)某保险公司在交强险限额内赔偿赵某损失35,633元,于判决生效后十日内付清;(2)郑甲赔偿赵某损失28,337.26元,郑乙对其中5667.45元承担连带赔偿责任,于判决生效后十日内付清;(3)驳回赵某的其他诉讼请求。如果未按判决指定的期间履行给付金钱义务,应当依照《民事诉讼法》第二百五十三条的规定,加倍支付迟延履行期间的债务利息。案件受理费1594元,减半收取797元,保全费120元,鉴定费1600元,邮寄费350元,合计2867元,由赵某负担310元,某保险公司负担1424元,郑甲负担1133元(郑乙对其中227元连带负担)。

二审中,当事人没有提交新证据。

二审法院查明:一审判决书判决主文及诉讼费负担部分将被告名称写为“某甲保险公司”。

二审法院对一审查明的其他事实予以确认。

二审法院认为,该案争议焦点系郑甲不具有驾驶资格,上诉人应否在交强险限额内承担赔偿责任及郑乙对赵某的损失承担责任比例问题。

关于上诉人应否在交强险限额内承担赔偿责任的问题。《机动车交通事故责任强制保险条例》第二十二条规定:“有下列情形之一的,保险公司在机动车交通事故责任强制保险责任限额范围内垫付抢救费用,并有权向致害人追偿:(一)驾驶人未取得驾驶资格或者醉酒的;(二)被保险机动车被盗抢期间肇事的;(三)被保险人故意制造道路交通事故的。有前款所列情形之一,发生道路交通事故的,造成受害人的财产损失,保险公司不承担赔偿责任。”最高人民法院《关于审理道路交通事故损害赔偿案件适用法律若干问题的解释》第十五条规定:“有下列情形之一导致第三人人身损害,当事人请求保险公司在交强险责任限额范围内予以赔偿,人民法院应予支持:(一)驾驶人未取得驾驶资格或者未取得相应驾驶资格的;(二)醉酒、服用国家管制的精神药品或者麻醉药品后驾驶机动车发生交通事故的;(三)驾驶人故意制造交通事故的。保险公司在赔偿范围内向侵权人主张追偿权的，人民法院应予支持。追偿权的诉讼时效期间自保险公司实际赔偿之日起计算。”《机动车交通事故责任强制保险条例》第二十二条虽然对几种情况下保险公司仅垫付抢救费用且不赔偿财产损失进行了规定，但并未明确免除保险公司对人身损害的赔偿责任，在道路交通事故人身损害赔偿案件中，肇事车辆投保交强险的，尽管致害人存在违法驾驶情形，保险公司仍应当对受害人在交强险责任限额范围内承担赔偿责任，对此最高人民法院《关于审理道路交通事故损害赔偿案件适用法律若干问题的解释》第十五条作了明确规定。一审法院判决上诉人在交强险责任限额范围内对赵某的人身损害予以赔偿并无不当，上诉人关于其不应当在交强险限额内承担赔偿责任的上诉理由不能成立，二审法院不予采纳。上诉人主张一审法院在判决其承担赔偿责任的情况下应当确认其享有追偿权，上诉人是否享有追偿权与该案不是同一法律关系，上诉人可以另行主张，一审判决未予明确亦无不当。

关于郑乙对赵某的损失承担责任比例的问题。赵某未提供有效证据证明郑乙在明知郑甲不具有驾驶资格的情况下将车辆出租或出借给郑甲使用，结合郑甲在交警部门的陈述，一审法院认定郑甲驾驶车辆未经郑乙及其家人同意并无不当。郑乙作为车主，对车辆负有管理义务，但其未能采取妥善保管钥匙等必要措施导致车辆被经常出入其住宅的郑甲取得并驾车上路，郑乙对车辆存在疏于管理过错，一审法院综合郑乙的过错程度确定郑乙对郑甲的赔偿责任承担20%的连带赔偿责任符合该案实际。上诉人关于郑乙承担责任比例过低的主张不能成立，法院不予支持。

一审判决在判决主文及诉讼费负担部分将被告某保险公司写为“某甲保险公司”，属于笔误，二审法院予以纠正。上诉人在法院审理过程中增加上诉请求，请求判令鲁V28车辆在交强险无责赔付限额内承担无责赔付责任，上诉人增加的该上诉请求已超过上诉期，不属于二审法院审理的范围，二审法院不予审理。

综上，上诉人的上诉请求不能成立，应予驳回；一审判决认定事实清楚，适用法律正确，应予维持。依照《民事诉讼法》第一百七十条第一款第一项规定，判决如下：

驳回上诉，维持原判。

二审案件受理费691元，由上诉人某保险公司负担。

该判决为终审判决。

评·析

本案争议焦点有二：(1)无证驾驶交强险是否应赔偿，保险公司是否享有追偿权；(2)机动车所有人未允许司机驾驶车辆时承担过错责任比例及是否连带责任。

一、无证驾驶交强险是否应赔偿，保险公司是否有追偿权

理赔实践中，保险公司依据《机动车交通事故责任强制保险条例》相关规定，驾驶人未取得驾驶资格的，对于符合规定的抢救费用，保险人在医疗费用赔偿限额内垫付。对于其他损失和费用，保险人不负责垫付和赔偿。对于垫付的抢救费用，保险人有权向致害人追偿。本案司机郑甲2016年因危险驾驶罪被吊销驾照，2018年4月10日驾驶车辆撞人之后逃逸。保险公司认为其只对抢救费用负责垫付并享有追偿权。二审法院认为《机动车交通事故责任强制保险条例》第二十二条虽规定："有下列情形之一的，保险公司在机动车交通事故责任强制保险责任限额范围内垫付抢救费用，并有权向致害人追偿：(一)驾驶人未取得驾驶资格或者醉酒的；……有前款所列情形之一，发生道路交通事故的，造成受害人的财产损失，保险公司不承担赔偿责任。"但最高人民法院《关于审理道路交通事故损害赔偿案件适用法律若干问题的解释》第十五条中规定："有下列情形之一导致第三人人身损害，当事人请求保险公司在交强险责任限额范围内予以赔偿，人民法院应予支持：(一)驾驶人未取得驾驶资格或者未取得相应驾驶资格的；保险公司在赔偿范围内向侵权人主张追偿权的，人民法院应予支持……"《机动车交通事故责任强制保险条例》第二十二条虽然对几种情况下保险公司仅垫付抢救费用且不赔偿财产损失进行了规定，但并未明确免除保险公司对人身损害的赔偿责任，在道路交通事故人身损害赔偿案件中，肇事车辆投保交强险的，尽管致害人存在违法驾驶

情形，保险公司仍应当对受害人在交强险责任限额范围内承担赔偿责任。

从法律渊源方面来说，保险公司拒赔依据的《机动车交通事故责任强制保险条例》是国务院出台的行政法规，该条例明确保险公司仅需要履行垫付抢救费用的义务并享有追偿权。法院判赔依据的是最高人民法院《关于审理道路交通事故损害赔偿案件适用法律若干问题的解释》，该司法解释明显增加了保险公司的赔偿义务。司法解释和行政法规谁的效力位阶高，在目前的立法体系并无明确规定。理赔和诉讼中在交强险责任范围内是否应赔付这种矛盾焦点，根源在于法律规定的冲突。从法律价值方面来说，该司法解释及司法实践中法院判决保险公司在交强险内赔偿，也是考虑交强险制度的立法精神和价值取向在于由法律明确规定将本该由肇事个体承担的赔偿责任扩大到社会保险机制中去分担，减少受害人的求偿环节，以获得有效及时的医疗救助，保障公民的生命安全，同时减轻肇事方的经济负担，充分发挥保险的社会保障功能。法院从交强险的保障性质、法律的价值出发，判决保险公司负责赔偿。

此案给我们的启示是保险公司关于此类法律法规禁止性规定的免责条款应在投保单、保单及条款等方面做好充足的提示说明义务。

二、驾驶人无证驾驶，保险人赔付以后是否有权向其追偿

从程序法角度，虽然本案中，一审和二审法院均没有对保险人依据交强险赔付以后是否有权向无证驾驶人进行追偿作出判断。其原因是一审、二审中保险公司均未明确提出行使追偿权的请求。人民法院审理案件遵循“不告不理”的原则，法院审理诉争的范围限定在当事人诉请之内。本案一审中保险公司未提出抗辩，二审中作为上诉人的保险公司也并未在上诉请求中列明追偿权的诉求，仅在上诉理由中提及追偿权的问题。虽然二审法院所陈明的理由不完全恰当，但一审和二审法院不对追偿权的问题作出裁决本身并无不当。

从实体权利角度，交强险属于强制责任保险，具有保护交通事故受害人的社会保障属性。保险公司的赔付应当从保护受害人的角度，而不是追究被保险人过错的角度实施。这是交强险和商业三者险的不同之处。我国交强险

条例第二十二条规定的本身存在问题。第二十二条规定:“有下列情形之一的,保险公司在机动车交通事故责任强制保险责任限额范围内垫付抢救费用,并有权向致害人追偿:(一)驾驶人未取得驾驶资格或者醉酒的;(二)被保险机动车被盗抢期间肇事的;(三)被保险人故意制造道路交通事故的。有前款所列情形之一,发生道路交通事故的,造成受害人的财产损失,保险公司不承担赔偿责任。”从保护受害人角度出发,该条应当作出调整,即存在驾驶人未取得驾驶资格等事由的,保险公司应当对受害人的损失予以赔付,而不是仅仅垫付抢救费用。保险公司赔付以后可以向有过错的驾驶人进行追偿。如果进行这样的调整之后,发生本案情形的,保险公司应当有权向郑乙进行追偿。

交强险和商业三者险中“第三者”的范围认定

江苏省苏州市中级人民法院
(2019)苏05民终863号民事判决书

(2019年5月23日)

案·情

2018年1月26日，林某驾驶苏E号小型汽车与董某驾驶的闽A号小型汽车发生碰撞，导致林某受伤及两车损坏。经交管部门认定，林某对该起事故承担全部责任。事故发生后，保险人某保险公司苏州分公司(以下简称某保险公司)就闽A号小型汽车的损失做了估损，最终明确闽A号小型汽车维修费总金额为415,000元。随后，闽A号小型汽车车主林某携维修发票向某保险公司主张赔偿被拒。随后林某向昆山市人民法院提起了诉讼。

经查，林某驾驶的苏E号小型汽车为董某所有，董某驾驶的闽A号小型汽车为林某所有，林某与董某又为夫妻关系。林某提起诉讼，要求某保险公司在苏E号小型汽车的交强险及商业三者险限额内承担闽A号小型汽车的损失。

昆山市人民法院一审判决某保险公司在交强险和商业险赔付限额内承担赔偿责任。后某保险公司提起上诉，经苏州市中级人民法院审理，最终改判，某保险公司仅需在交强险财产限额内承担赔付责任。

法院判决

上诉人(原审被告)：某保险公司，住所地江苏省苏州工业园区。

被上诉人（原审原告）：林某，女，汉族，1983年1月23日出生，住所地福建省长乐市。

被上诉人（原审被告）：董某，男，汉族，1982年8月1日出生，住所地福建省长乐市。

某保险公司与林某、董某机动车交通事故责任纠纷一案，不服江苏省昆山市人民法院（2018）苏0583民初16132号民事判决，向二审法院提起上诉，二审法院立案受理后，依法组成合议庭进行了审理，该案现已审理终结。

某保险公司上诉请求：撤销原判，依法改判或发回重审；诉讼费由被上诉人承担。事实与理由：（1）一审法院认定事实错误，适用法律错误。一审法院关于商业三者险的保护对象及保险标的认定错误。如果商业三者险是保护投保车辆以外第三人的财产及人身利益，那么，事故中承保机动车驾驶人没有责任的情况下，商业三者险的保险人是不是也要承担赔偿责任呢？事实上显然不是，商业三者险是根据被保险机动车一方驾驶人在事故中所负的事故责任比例承担相应的赔偿责任。一审法院认为，商业三者险是以财产及其相关利益为保险标的的合同是完全错误的认定。不管是交强险还是商业三者险，都是责任保险。虽然属于保险合同范畴，但其保险标的为被保险人或驾驶人对第三者依法应负的赔偿责任。不是财产，也不是相关利益。因此，一审法院关于商业三者险的保险标的认定是完全错误的。（2）事实上，被上诉人林某系保险公司承保车辆的驾驶人，属于被保险人，是涉案事故的全责方，是侵权人，并不是交强险保险条款里规定的受害人，也不是商业三者险保险条款里约定的第三者，其财产损失当然不属于交强险及商业三者险的保险责任范围。另外，即使被上诉人林某同时可以作为驾驶人与第三者，一审法院案由为机动车交通事故责任纠纷，属于侵权纠纷。被上诉人林某在事故中负全部责任，属于侵权人。其在此类案由的一审中应该是被告一，保险公司作为其三者险的保险人，应该是被告二。（3）抛开一审法院事实认定错误不计，一审法院在没有优先适用交强险情况下就直接适用商业险，属于法律适用错误。最高人民法院《关于审理道路交通事故损害赔偿案件司法解释》中关于责任承担上的认定，明确规定了赔偿的顺序，先交强险、后商业三者险、仍有不足的，根据侵权人的责任确定分担。

林某、董某未作答辩。

林某的诉讼请求：(1)履行保险义务，赔偿林某车损415,000元，拖车费1100元，共计416,100元；(2)判令董某、某保险公司赔偿车辆贬损价值，以司法鉴定评估为准，暂定100,000元；(3)承担该案诉讼费。庭审中，林某撤回诉请2。

原审法院查明：2018年1月26日，林某驾驶苏E号小型汽车沿昆山市周市镇萧林路由西向东行驶至卜峰莲花门口处，车头与同向车道在前行驶至此的董某驾驶的闽A号小型汽车尾部发生碰撞。造成林某受伤及两车损坏的交通事故。林某经检查为前肋骨骨折。经认定，林某负事故全部责任，董某无责任。事故发生后，产生拖车费1100元，某保险公司就闽A号小型汽车开出了车辆估损单，明确修理费总金额为415,000元，而后车辆进行了修理，并开具了相应金额的发票。之后，林某向某保险公司主张赔偿遭拒绝。林某为维护自身合法权益，向法院提起诉讼。

另查明，林某驾驶的苏E号小型汽车，车辆所有人为董某，于某保险公司处投保了交强险及商业三者险1,000,000元,含不计免赔；事故发生在保险期间内。董某驾驶的闽A号小型汽车，车辆所有人为林某。林某、董某系夫妻关系。

原审法院认为，被告某保险公司经合法传唤无正当理由拒不出庭应诉，视为放弃答辩和质证的权利。因财产遭受损失的，赔偿权利人有权要求赔偿义务人赔偿相应损失。该案中发生的交通事故，系林某驾驶的苏E号小型汽车导致董某驾驶的属于林某所有的闽A号小型汽车产生财产损失。相对于苏E号小型汽车而言，闽A号小型汽车所产生的财产损失，显属苏E号小型汽车承保的第三者责任险范畴，因此，保险公司应当在上述保险责任限额内先行承担赔偿责任，损失超出部分再由相关主体根据事故责任依法承担相应的赔偿责任。

针对某保险公司的辩称意见，认为林某与董某系夫妻关系，且车辆为婚内合法财产，该事故造成的损失系被保险人自身的损失，事故并未造成第三者的损失，根据保险合同约定，不需要赔付等意见，原审法院认为，第三者责任保险属于保险合同范畴，是以财产及其有关利益为保险标的的合同，故所指“第三者”应以财产作为判断标准，而非以财产的所有权人作为判断标准；第三者责任险针对该案事故产生损失的赔偿，系第三者责任险本身题中应有之义。因此，某保险公司上述抗辩意见无事实与法律依据，且并无证据证明该案事故存在其他免赔情形，故依法不予采纳。

据此，依照《侵权责任法》第四十八条（《民法典》第一千二百零八条）、《道路交通安全法》第七十六条、《民事诉讼法》第一百四十四条的规定，判决如下：

（1）被告某保险公司在商业险范围内赔偿原告林某416,100元，于该判决生效之日起10日内履行完毕（上述款项由保险公司直接支付至开户行：中国建设银行青阳路支行，户名：林某，账号：62×××51）；

（2）驳回原告林某的其他诉讼请求。

如未按该判决指定期限履行付款义务，应当依照《民事诉讼法》第二百五十三条的规定，加倍支付迟延履行期间的债务利息。

案件受理费8962元，减半收取4481元，由原告林某负担1150元，被告某保险公司苏州分公司负担3331元。

二审查明的其他事实与原审法院查明事实一致。

二审中，当事人无新证据。

二审法院认为，该案的特殊性在于夫妻之间互换了登记在各自名下的车辆发生了相互碰撞，林某既是受损车辆闽A号小型汽车的登记车主，也是驾驶苏E号小型汽车造成该车受损的侵权人。董某系闽A号小型汽车的被保险人，某保险公司系闽A号小型汽车和苏E号小型汽车的保险人。争议的焦点是某保险公司是否应对闽A号小型汽车的损失在交强险和商业三者险范围内承担赔偿责任。

二审法院认为，某保险公司应当在交强险责任范围内承担赔偿责任，商业三者险责任范围内免责。理由：（1）根据《机动车交通事故责任强制保险条例》第三条规定，第三人的范围为被保险人车上人员之外的受害人。第四十二条规定，被保险人是指投保人及其允许的合法驾驶人。根据《机动车交通事故责任强制保险条例》的前述两条规定，被保险人区分为记名被保险人和无记名被保险人，记名被保险人即为投保人，无记名被保险人为其允许的合法驾驶人。也就是说，交强险中的被保险人是特定化的概念，只有在交通事故发生时才能确定。由于我国的交强险制度设计是以机动车为基准，而非以人为基准。该案中，相对于苏E号小型汽车而言，闽A号小型汽车所产生的损失，属于苏E号小型汽车车辆承保的交强险责任赔偿限额范围。(2)《保险法》第六十条第一款规定："因第三者对保险标的的损害而造成保险事故的，保险人自向被保险人赔偿保险金之日起，在赔偿金额范围内代位行使被保险人对第三者请求赔偿的权利。"第六十五条第四款规定："责任保险是指以被保险人对第三者依法应负的赔偿责任为保险标的的保险。"根据商业三者险保险条款中关于保险责任的约定，其保险责任是其承保机动车被保险人或驾驶人因事故侵权，造成第三方人身和财产损失，依法应对第三者承担损害赔偿的责任。因此，商业三者险是替被保险人或驾驶人承担其对第三者的赔偿责任。事发时，林某系苏E号小型汽车车辆的驾驶人，属于被保险人，其不属于在其驾驶苏E号小型汽车与其作为闽A号小型汽车所有人事故中商业三者险保险条款里约定的第三者，否则与《保险法》中自己不能赔偿自己的法理存在冲突。因此，该案商业三者险应予免责。(3)根据最高人民法院《关于审理道路交通事故损害赔偿案件适用法律若干问题的解释》第十三条和《民法典》第一千二百一十三条的规定，同时投保交强险和商业三者险的机动车发生交通事故造成损害，当事人同时起诉侵权人和保险公司的，先由承保交强险的保险公司在责任限额范围内予以赔偿；不足部分，由承保商业三者险的保险公司根据保险合同予以赔偿；仍有不足或者没有投保机动车商业保险的，由侵权人赔偿。该案中，肇事车辆苏E号小型汽车在上诉人某保险公司投保有交强险，根据上述法律规定，应由上诉人某保险公司在交强险有责任财产损失赔偿限额2000元范围内对闽A号小型汽车的财产损失承担赔偿责任。

综上所述，原审法院认定事实基本清楚，但适用法律有误，二审法院予以纠正。上诉人某保险公司的上诉请求成立，二审法院予以支持。依照《民事诉讼法》第一百七十条第一款第二项、《道路交通安全法》第七十六条、最高人民法院《关于审理道路交通事故损害赔偿案件适用法律若干问题的解释》第十三条的规定，判决如下：

(1)撤销江苏省昆山市人民法院(2018)苏0583民初16132号民事判决；

(2)某保险公司在交强险财产损失赔偿责任限额范围内赔偿林某2000元，于该判决生效之日起十日内履行完毕(上述款项由保险公司直接支付至开户行:中国建设银行青阳路支行，户名:林某，账号:62×××51);

(3)驳回林某的其他诉讼请求。

如未按该判决指定期限履行付款义务，应当依照《民事诉讼法》第二百五十三条的规定，加倍支付迟延履行期间的债务利息。

一审案件受理费8962元，减半收取4481元，由原告林某负担2240.5元，被告某保险公司苏州分公司负担2240.5元。二审案件受理费6662元，由林某负担。当事人在履行本判决时一并互相结算。

该判决为终审判决。

评·析

我国的民事主体包括三类:自然人、法人和其他组织，民事主体之间存在极其复杂的身份关系。作为保险合同关系的参与者，各方当事人自然具有着民事主体因身份关系而产生的复杂性，如当事人本身可能身居多重身份(侵权人和受害人)，或者当事人之间存在各种的身份关系(家庭成员或者组成人员)。本案属于夫妻双方互换驾驶了登记在各自名下的车辆发生了相互碰撞导致各自财产受损的典型案例，其特殊性在于首先当事人之间存在夫妻这一特殊的身份关系;其次行为人本身具有双重身份，林某是被保险人允许的驾驶员，即他此时的民事侵权责任受到所驾车辆投保的责任险的保护，同时又是受到侵害的财产的实际所有人，其财产权利受到所有车辆投保的机动车损失险的保障。在此前提下，第三者责任保险和机动车损失险应当如何赔付，行为人应当向哪个险别的承保公司主张赔付?

要解决上述问题，我们需要溯本求源，回到保险法的基础概念。

一、责任险的概念

产险公司主营的车险种类有很多，从购买的强制性角度，可分为交强险和商业险;从是否可以独立投保，可分为基本险和附加险;从保险的标的看，又分为财产损失险和责任险。但不论是何种分类方式，对于消费者来说，购买车险的目的不外乎有二，一是保障自身财产的安全，二是分担自己对他人的赔偿责任，而后者就是消费者眼中的责任险。

责任险是指保险人承保被保险人的民事损害赔偿责任的险种，换句话说，责任险的保险标的就是被保险人在法律上应负的民事损害赔偿责任，通常是指侵权责任。从这一概念出发，本案一审法院商业三者险是以财产及其相关利益为保险标的的合同是完全错误的认定。三者险虽然属于财产保险合同范畴，但其保险标的绝不是财产，也不是相关利益。

二、被保险人的概念

《保险法》第十二条第五款规定："被保险人是指其财产或者人身受保险合同保障，享有保险金请求权的人。"《机动车交通事故责任强制保险条例》第四十一条第二项规定，"被保险人，是指投保人及其允许的合法驾驶人"。各类别的责任保险条款中都会有"被保险人或者其允许的驾驶人在使用被保险机动车过程……"一类描述。综上可知，被保险人是一个延伸的概念，它不但包括保单上记载的被保险人，还包括有保单记载的被保险人授权的合法有效的驾驶人，二者享有的保险权利是一致的。本案中，林某获得了董某的授权，驾驶了董某所有的车辆苏E号小型汽车，故林某是苏E号小型汽车交强险和三者险的被保险人。

三、基础概念在本案中的适用

本案的特殊性在于林某既是苏E号小型汽车的驾驶员，是侵权人，又是闽A号小型汽车的所有人，是受害人。林某以闽A号小型汽车所有人的身份向苏E号小型汽车承保公司（某保险公司）主张赔付，某保险公司要如何赔付？

二审法院认为，某保险公司应当在交强险责任范围内承担赔偿责任，商业三者险责任范围内免责。理由：(1)因为我国的交强险制度设计是以机动车为基准，而非以人为基准。所以，尽管林某兼具被保险人和受害第三人的双重身份。但相对于苏E号小型汽车车辆来说，闽A号小型汽车的损失，属于苏E号小型汽车交强险的赔付责任。(2)商业三者险是替被保险人或驾驶人承担其对第三者的赔偿责任。事发时，林某系苏E号小型汽车车辆的驾驶人，是苏E号小型汽车三者险合同中约定的被保险人，不属于本起事故中苏E号小型汽车的三者险保险条款里约定的第三者。如果同时认可林某在苏E号小型汽车三者险中的被保险人与第三人的地位，这将严重违背《保险法》中自己不能赔偿自己的法理规定。因此，本案商业三者险应予免责。

四、延伸

有人说，保险理赔诉讼是诉讼案件中最简单的纠纷，套用公式，加加减减即可；很多基层法院往往也会安排新任法官主审交通事故案件，意在案情简单、便于积累主审经验。但是他们往往忽略了民事主体间存在的复杂的身份关系。简单的保险理赔遇上复杂的身份关系，最终导致的结果往往不再简单。本案之外，立法和实践中还存在很多典型又有代表性的案例。

1.家庭成员间的相互赔偿义务

此类案件一般有两种情形，一是家庭成员行为导致标的车辆受损，标的车的损失要如何主张；二是驾驶人员导致车外的家庭成员受伤，家庭成员的人身损害赔偿责任要如何主张。

《保险法》第六十二条规定："除被保险人的家庭成员或者其组成人员故意造成本法第六十条第一款规定的保险事故外，保险人不得对被保险人的家庭成员或者其组成人员行使代位请求赔偿的权利。"所以，按照我国法律的规定，由于侵权人和被侵权人之间具有家庭成员关系，所以对于家庭成员非故意行为导致标的受损，但事故责任又在被保险人的家庭成员的，保险公司代位后是没有追偿权的。换言之，被保险人的家庭成员无须承担赔偿责任。

被保险人开车导致车外的家庭成员受伤，保险公司是否要承担赔偿责任要根据商业险条款的约定来履行。在商改的大环境下，保险公司的商业险条款已经做了修改，现今对于被保险人开车导致的车外家庭成员人身损害的，保险公司在三者险限额内需要承担赔偿责任。

2.对有偿代驾人员的责任承担

代驾人员在代驾过程中由于自身的责任导致标的车辆受损，保险公司代位后是否可以向代驾人员及其公司主张求偿权。对于此类问题，目前各地法院观点并不统一。已有判例表明，虽然代驾人员属于被保险人同意的驾驶员，三者险应当承担其侵权行为导致的对第三者的赔付责任；但同时，基于有偿代驾合同，代驾人员又是合同的履行人员，其过错行为导致相对人的权益受损，就应当承担相应的赔偿责任。根据《保险法》第六十条规定："因第三者对保险标的的损害而造成保险事故的，保险人自向被保险人赔偿保险金之日起，在赔偿金额范围内代位行使被保险人对第三者请求赔偿的权利。"综上，我们认为，保险公司代位后，是可以向有偿代驾人员或其所属公司追偿的。

保险理赔难的从来不是计算，最难的、也是最重要的是对车险保险责任的判定，由于参与主体复杂的身份关系，导致这个判定过程涉及了民法、合同法、保险法、侵权法和各种特别法的内容。作为车险理赔的法律从业人员，要善于抓住保险当事人的身份特点，从基本的概念出发，不忘法理基础，还原法律关系的本原。同时，更要善于分析和积累，对于每一个已发生的案件资源，都不能浪费，要从中提取关键点，为车险业务、合规、理赔等各条线工作提供建议和改进依据。

交强险和商业三者险中机动车驾驶员下车后是否转化为"第三者"的认定

四川省乐山市市中区人民法院
（2019）川1102民初1579号民事判决书

（2019年8月5日）

案·情

2019年2月27日零时40分，张甲驾驶川LX号货车从乐山市犍为县往永福镇方向行驶到沐川县城北路大楠路口处时，因车辆发生故障，下车对轮胎进行检查时，轮胎发生爆炸，造成张甲当场死亡。2019年3月20日，沐川县公安局交通警察大队作出第511112900005号道路交通事故证明，对事故发生经过予以证实。该车登记在乐山市某汽车运输有限公司（以下简称某运输公司）名下，且在某保险公司眉山支公司（以下简称某保险中心支公司）投保了交强险和商业三者险。2019年6月10日，张甲之子张乙、之母邓某向四川省乐山市市中区人民法院提起机动车交通事故责任诉讼，原告方认为张甲死亡时已从车上人员转化为了车外第三者，保险公司应当在交强险和商业三者险范围内赔偿；乐山市市中区法院于2019年8月5日作出一审判决，认定张甲系事故车辆的实际车主，并系事故发生时的车辆驾驶人，事故发生时张甲已身处车外，但张甲本人就是被保险人，且对机动车有实际控制力，依照现有法律规定和保险合同约定，不属于"第三者"。因此，法院判决驳回原告的诉讼请求。原告未上诉。

法院判决

原告：张乙，男，2009年10月3日出生，汉族，农民，住云南省昭通市。

原告：邓某，女，1965年5月12日出生，汉族，农民，住云南省昭通市。

被告：某运输公司。住所地，四川省乐山市市中区。

被告：某保险中心支公司。住所地，四川省眉山市东坡区。

原告张乙、邓某与被告某运输公司、某保险中心支公司机动车交通事故责任纠纷一案，法院于2019年6月10日立案后，依法适用简易程序，公开开庭进行了审理。原告张乙的法定代理人，原告邓某以及二原告的委托诉讼代理人，被告某运输公司的委托诉讼代理人，被告某保险中心支公司的委托诉讼代理人，均到庭参加诉讼。该案现已审理终结。

原告张乙、邓某向法院提起诉讼，请求判决二被告共同赔偿原告损害赔偿费用943,034.5元，其中的精神抚慰金30,000元优先在交强险赔偿限额内赔付。事实和理由：原告张乙、邓某分别是张甲的儿子、母亲，张乙出生于2009年10月3日，是张甲的被扶养人。张甲生前长期在城镇居住。2019年2月27日，张甲驾驶登记在被告某运输公司名下且在被告某保险中心支公司投保交强险和商业三者险的川LX号轻型货车，从乐山市犍为县往永福镇方向行驶途中，因车辆发生故障，下车对轮胎进行检查时，轮胎发生爆炸，造成张甲当场死亡的交通事故。2019年3月20日，公安机关对事故出具了证明。该案事故给原告造成了下列损失：死亡赔偿金664,320元（33,216元×20年）、丧葬费32,358.5元、精神抚慰金30,000元、被扶养人生活费211,356元（23,484元×9年）、交通住宿费5000元。因张甲死亡时已从车上人员转化为了车外第三人，被告应当按国家交强险和商业三者险的规定予以赔偿。因此主张上述请求。

被告某运输公司辩称：对原告诉称的事实无异议。川LX号车还在被告某保险中心支公司投保了乘座险。该案应由被告某保险中心支公司承担赔偿责任，被告某运输公司不应承担赔偿责任。

被告某保险中心支公司辩称：对原告诉称的事故发生经过和结果无异议。原告不能证明张甲生前长期居住的地方属城镇，对原告诉称的其余事实无异议。原告的死亡赔偿金和被扶养人生活费应按农村标准计算，其中的被扶养人应考虑供养人有两人的事实。原告主张的精神抚慰金过高，主张的丧葬费不能证明已经花费的数额，主张的交通住宿费无事实和法律根据，不予认可。死者张甲是车辆的驾驶人，不能转化为机动车的第三者，在事故发生时也不是车上人员。因此，被告某保险中心支公司不承担该案赔偿责任。

经审理查明，张甲系男性，出生于1989年3月27日，于该案事故中死亡时年满29周岁，属云南省昭通市永善县某村村民。审理中，原告主张张甲生前长期在城镇居住，并提供了下列证据：(1)永善县某镇移民发展服务中心和永善县某镇某社区居民委员会于2019年5月29日的证明，显示张甲户籍所在地为云南省昭通市永善县某村，因修建向家坝水电站云南永善库区，从2012年1月在某镇新址区购买96平方米地基用于建房自住，现已入住七年；(2)签订于2012年1月27日的《土地转让协议》，显示张丙将新址进场路下边承包地使用权以115,200元转让给张甲，用于修建房屋；(3)黑白照片两张，显示了在城区有房屋，在两张照片下加盖了永善县某镇某社区居民委员会的公章，注明"图片与实际居住地相符"，原告解释两张照片显示的房屋是张甲生前居住的房屋。原告张乙、邓某分别是张甲的儿子、母亲。原告张乙出生于2009年10月3日，于张甲死亡时年满9周岁。

川LX号轻型仓栅式货车的实际车主为张甲，挂靠登记在被告某运输公司名下经营，于该案事故发生前在被告某保险中心支公司投保了交强险和商业三者险。从某保险中心支公司提供的《机动车综合商业保险示范条款》第二章机动车第三者责任保险第二十二条规定："保险期间内，被保险人或其允许的驾驶人在使用被保险机动车过程中发生意外事故，致使第三者遭受人身伤亡或财产直接损毁，依法应当对第三者承担的损害赔偿责任，且不属于免除保险人责任的范围，保险人依照本保险合同的约定，对于超过机动车交通事故责任强制保险各分项赔偿限额的部分负责赔偿。"

2019年2月27日0时40分，张甲驾川LX号货车从乐山市犍为县往永福镇方向行驶到沐川县城北路大楠路口处时，因车辆发生故障，下车对轮胎进行检查时，轮胎发生爆炸，造成张甲当场死亡。2019年3月20日，沐川县公安局交通警察大队作出第511112900005号道路交通事故证明，对事故发生经过予以了证实。

由于双方未能就该案纠纷达成一致意见，原告遂于2019年6月10日向法院提起诉讼，主张上述请求。

一审法院认为川LX号车的实际车主为张甲，挂靠登记在被告某运输公司名下经营，被告某运输公司对该车的经营不能加以控制，也不能证明可以从该车的经营中享有利益，对原告要求被告某运输公司共同承担本案赔偿费用的请求，法院不予支持。《机动车交通事故责任强制保险条例》第三条规定："本条例所称机动车交通事故责任强制保险，是指由保险公司对被保险机动车发生道路交通事故造成本车人员、被保险人以外的受害人的人身伤亡、财产损失，在责任限额内予以赔偿的强制性责任保险。"第二十一条规定："被保险机动车发生道路交通事故造成本车人员、被保险人以外的受害人人身伤亡、财产损失的，由保险公司依法在机动车交通事故强制保险责任限额范围内予以赔偿。道路交通事故的损失是由受害人故意造成的，保险公司不予赔偿。"第四十二条第二项规定："被保险人，是指投保人及其允许的合法驾驶员。"该案某保险公司《机动车综合商业保险示范条款》第二章机动车第三者责任保险第二十二条规定："保险期间内，被保险人或其允许的驾驶人在使用被保险机动车过程中发生意外事故，致使第三者遭受人身伤亡或财产直接损毁，依法应当对第三者承担的损害赔偿责任，且不属于免除保险人责任的范围，保险人依照本保险合同的约定，对于超过机动车交通事故责任强制保险各分项赔偿限额的部分负责赔偿。"因此，机动车交通事故中的"受害人"是指本车人员、被保险人以外的受害人，交强险中的"第三人"并不包括投保人。该案中，张甲系涉案保险的实际投保人，不属于"第三人"。同时，因机动车驾驶人自己的行为造成自身损害，其不可能成为本人利益的侵权人，不能就对自己的损害要求自己的保险人赔偿，对其赔偿不符合我国交强险的规定和商业三者险的约定。因此，被保险人作为驾驶人的，不能纳入"第三人"的范围。该案中，张甲系事故车辆实际车主，并系事故发生时的车辆驾驶人，事故发生时张甲虽已身处车外，但张甲本人就是被保险人，且对机动车有实际的控制力，依照现有法律规定和保险合同约定，不属于"第三人"。因此，对于原告要求某保险中心支公司在交强险和商业三者险内承担赔偿责任，法院不予支持。

综上所述，依照《保险法》第十二条、第六十五条，最高人民法院《关于审理道路交通事故赔偿案件适用法律若干问题的解释》第十五条的规定，判决如下：

驳回原告张乙、邓某的诉讼请求。

该案受理费2392元，已由原告张乙、邓某预交。由原告张乙、邓某负担。

如不服该判决，可在判决书送达之日起15日内，向一审法院递交上诉状，并按对方当事人的人数提出副本，上诉于四川省乐山市中级人民法院。

评·析

道路交通事故人身损害赔偿纠纷诉讼中，对车上人员能否转化为机动车保险中的第三者常常存在争议，从而产生诉讼；对保险公司人员来讲需对车上人员转化为第三者进行准确的认定。近期某保险公司眉山支公司在一起机动车交通事故责任诉讼中一审胜诉，法院判决对第三者的认定作出了比较详细的论述，无论对车险理赔实务还是司法实践均具有一定的指导意义；本文尝试从法律适用、合同约定角度对机动车保险第三者的认定进行分析，以期为保险人维护自身合法权益提供参考。

案件争议焦点为机动车的车上人员下车后是否已经转化为车外第三者，保险公司是否应当在交强险和商业三者险内承担赔偿责任；原告方认为张甲下车后应认定为第三者；保险公司认为张甲下车后非车上人员，也非第三者，不同意承担保险责任。

类似车上人员转化为第三者的案件往往存在争议，《机动车交通事故责任保险条例》和商业三者险保险条款将事故发生时车上人员和被保险人排除在第三者之外，本案中法院认定张甲系涉案保险的被保险人，不属于“第三人”，系对上述争议焦点的依法合理认定，对保险人依法维护自身权益具有指导意义。分析如下：

被保险人不是第三者。根据《机动车交通事故责任强制保险条例》第三条规定：“本条例所称机动车交通事故责任强制保险，是指由保险公司对被保险机动车发生道路交通事故造成本车人员、被保险人以外的受害人的人身伤亡、财产损失，在责任限额内予以赔偿的强制性责任保险。”第四十一条第二项规定：“被保险人，是指投保人及其允许的合法驾驶员。”依据涉案某保险公司《机动车第三者责任保险条款》第二十二条约定：“保险期间内，被保险人或其允许的驾驶人在使用被保险机动车过程中发生意外事故，致使第三者遭受人身伤亡或财产直接损毁，依法应当对第三者承担的损害赔偿责任，且不属于免除保险人责任的范围，保险人依照本保险合同的约定，对于超过机动车交通事故责任强制保险各分项赔偿限额的部分负责赔偿。”因此，从行政法规对交强险及其被保险人的定义及案涉商业第三者责任保险条款对该保险的定义来看，无论是交强险还是商业险，机动车第三者责任保险中的“第三者”都是指本车人员、被保险人以外的人员，不包括被保险人。本案中死者张甲系案涉车辆的第三者责任保险的被保险人，且对机动车有实际的控制力，不属于案涉保险合同的“第三者”。因机动车驾驶人自己的行为造成自身损害，其不可能成为本人利益的侵权人，不能对自己的损害要求自己的保险人赔偿，对其赔偿不符合我国交强险的法律规定和商业三者险的合同约定。

综上所述，本案法院的判决关于第三者的论述对理赔实务和司法实践中准确认定第三者、处理类似案例争议，提供了理论支持，具有重要的指导意义。

教职员工校方责任险中是否适用工伤保险双重赔偿及赔偿范围的认定

山东省滨州市中级人民法院
（2019）鲁16民终1552号民事判决书

（2019年10月25日）

案·情

2015年10月8日，第三人滨州高新技术产业开发区某学校（以下简称高新区某学校）在某保险公司滨州中心支公司处投保教职员工校方责任险。涉案保险约定：保险期间为2015年9月1日上午0时起至2016年8月31日下午24时止，标的信息为97名在册教职工，原告林某系第三人正式在编职工。

2016年8月30日，魏某驾驶轻型厢式货车行驶至事故地点时，与林某驾驶的小型轿车发生事故，造成原告林某受伤。林某无责。

滨州高新技术产业开发区某服务中心出具认定工伤决定书，认定原告林某因该次事故所造成的事故伤害为工伤。

后林某向某保险公司滨州中心支公司提出赔偿。某保险公司滨州中心支公司认为根据保险条款第三条约定“在保险期间内，因下列原因导致被保险人的教职员工伤、残或死亡的，依照中华人民共和国法律（不包括港澳台地区法律）应由被保险人承担的死亡赔偿金、残疾赔偿金和医疗费用赔偿责任，保险人按照本保险合同约定负责赔偿。”此次事故中，林某损失已经由工伤保险赔偿完毕，学校依法不需要承担向林某进行赔偿的责任，所以，保险公司也无须承担赔偿责任。双方协商不成，林某以保险合同纠纷向法院提起诉讼。

法院判决

上诉人（原审被告）：某保险公司滨州中心支公司，住所地：滨州市滨城区。

被上诉人（原审原告）：林某，男，1959年10月16日出生，汉族，居民，住滨州高新区。

原审第三人：高新区某学校，住所地：滨州高新技术产业开发区。

上诉人某保险公司滨州中心支公司因与被上诉人林某、原审第三人高新区某学校责任保险合同纠纷一案，不服山东省滨州市滨城区人民法院（2018）鲁1602民初3155号民事判决，向二审法院提起上诉。二审法院于2019年7月25日立案后，依法组成合议庭审理了该案。该案现已审理终结。

某保险公司滨州中心支公司上诉请求：（1）撤销（2018）鲁1602民初3155号民事判决，依法改判驳回被上诉人全部诉讼请求；（2）诉讼费用由被上诉人负担。事实和理由：（1）被上诉人林某诉讼主体不适格。第一，《保险法》第六十五条第四款规定，“责任保险是指以被保险人对第三者依法应负的赔偿责任为保险标的的保险”。该案中，被上诉人林某所在学校投保的教职员工校方责任保险，是责任保险的一种，从《保险法》对责任保险的定义可以看出，该保险的被保险人为高新区某学校，而非教职员工，保险标的是学校对教职员工应负的赔偿责任，而非教职员工的生命、健康、财产。第二，高新某学校并未对被上诉人造成损害，因此该案不适用《保险法》第六十五条第二款的规定，且被上诉人亦不属于第三者之范围。第三，合同具有相对性，被上诉人无权向上诉人主张责任保险赔款。（2）教职员工校方责任保险与工伤保险存在竞合时，工伤责任保险应当优先适用。根据最高人民法院《关于审理人身损害赔偿案件适用法律若干问题的解释》第三条第一款的规定，依法应当参加工伤保险统筹的用人单位的劳动者，因工商事故遭受人身损害，劳动者或者其近亲属向人民法院起诉请求用人单位承担民事赔偿责任的，告知其按《工伤保险条例》的规定处理。上述司法解释明确赋予《工伤保险条例》作为因公伤亡案件民事赔偿适用标准的法律地位，同时也说明，劳动者在获得依照《工伤保险条例》标准执行的赔偿后，不能再次因同一事故向学校方提出其他民事赔偿要求，不能多重受益，也是责任保险补偿原则的体现。教职员工校方责任保险设立的目的是减轻学校因民事赔偿责任带来的经济负担，其所承保的并非是教职员工自身的生命财产安全，而是学校对教职员工依法应尽的赔偿责任。该案中，被上诉人已经就其工伤向社会保险部门申请了理赔，在其工伤理赔未完结的情形下，是不能确定学校的赔偿责任的。被上诉人损失中属于工伤保险部门不予赔偿并且应由学校应依法承担的部分，才属于涉案保险责任范围。虽然被上诉人针对交通事故肇事方的赔偿尚未执行完结，但其获得交通事故、工伤保险、校方责任险多重赔付不符合相关法律规定。

被上诉人林某答辩称，(1)涉案事故发生后，原审第三人作为涉案保险合同的被保险人未直接向上诉人请求赔偿，一审法院认定原审第三人怠于请求，被上诉人作为涉案保险合同的第三人有权直接请求上诉人赔偿，被上诉人作为原告主体适格。被上诉人被认定工伤后，原审第三人对被上诉人有赔偿责任。原审第三人同意被上诉人直接向上诉人要求赔偿，并不再向上诉人主张权利，被上诉人作为原告提起该案诉讼，并未加重上诉人的责任。(2)涉案保险与工伤保险存在本质区别，可同时主张，上诉人关于两者竞合工伤保险优先的上诉理由无事实和法律依据。涉案保险系商业保险，涉案保险事故发生后，上诉人应依约定赔偿，与工伤保险无关联。被上诉人是否享受工伤保险待遇，与上诉人依照涉案保险合同约定支付赔偿金并不冲突。且根据涉案保险条款第二十八条的约定，涉案保险理赔并非适用工伤保险优先适用的原则。请驳回上诉，维持原判。

原审第三人高新某学校陈述称，(1)被上诉人发生涉案事故后对上诉人进行了告知。(2)涉案保险合同是原审第三人和上诉人签订的，受益人是原审第三人的每位老师，被上诉人是原审第三人职工，原审第三人同意把赔偿请求权转移给被上诉人。涉案保险合同系商业合同，工伤保险系社会保险，工伤保险的赔付不影响涉案保险的赔付。原审第三人为全体职工买的涉案保险是对每位职工的保护，追求的结果是双重赔偿。如果职工发生工伤上诉人不赔付，则学校没有必要买涉案保险。

林某向一审法院起诉请求：(1)依法判令被告支付赔偿款440,000元；

（2）诉讼费由被告承担。

一审法院认定，2015年10月8日，第三人在被告处投保教职员工校方责任险，被保险人为第三人，第三人认可在投保后收到了涉案保单及相应的保险条款。涉案保险约定：保险期间为2015年9月1日上午0时起至2016年8月31日下午24时止，标的信息为97名在册教职工，每人死亡赔偿限额为300,000元，每人伤残赔偿限额为400,000元，每人医药费用赔偿限额为40,000元。涉案保险条款第二十七条约定，根据伤残鉴定书，对照《职工工伤与职业病致残程度鉴定标准》（GB/T16180−2006）确定伤残等级，在该条款所附表一《伤残赔偿比例表》规定的百分比乘以每次事故每人伤残赔偿限额的数额内据实赔偿。原告系第三人正式在编职工。

2016年8月30日，魏某驾驶鲁M号轻型厢式货车沿滨州市滨城区205国道由南向北行驶至事故地点时，与沿新四路由西向东行驶的林某驾驶的鲁M号小型轿车发生事故，造成原告林某受伤。

2016年10月12日，原告将魏某、博兴县某物流有限公司、某乙保险公司滨州中心支公司诉至法院，请求魏某、博兴县某物流有限公司、某乙保险公司滨州中心支公司赔偿其因该次事故所造成的损失。法院经审理，认定原告林某在本次事故中支出医疗费291751.47元，2016年10月19日作出如下判决：（1）某乙保险公司滨州中心支公司于该判决生效后10日内在鲁M号投保的交强险各分项限额内赔偿原告林某医疗费10,000元、残疾赔偿金（含精神损害抚慰金）110,000元、车损2000元，共计款122,000元；（2）魏某赔偿原告林某医疗费281,751.47元、住院伙食补助费2700元、后续治疗费8000元、辅助器具费1698元、护理费374,361.30元、残疾赔偿金426,888.1元、交通费400元、鉴定费2300元、车损25,805元、评估费2000元，共计款1,125,903.87元，博兴县某物流有限公司承担连带责任。后博兴县某物流有限公司不服该判决，提起上诉。滨州市中级人民法院经审理于2018年7月10日作出如下判决：驳回上诉，维持原判。对原告的各项损失，某乙保险公司滨州中心支公司已赔付到位，原告的其他损失赔付，尚在法院执行过程中。

2016年11月29日，滨州高新技术产业开发区某服务中心出具认定工伤决定书，认定原告林某因该次事故所造成的事故伤害为工伤。

2017年8月25日，博兴县某医院法医司法鉴定所对原告林某的伤情出具鉴定意见，被鉴定人林某因遭车祸受伤，致颈髓损伤，多发脑裂伤，脑室出血，肺部感染，颧骨骨折，上述损伤后遗症分别构成道路交通事故四级、八级、九级伤残。

一审法院认为，该案争议的焦点为：(1)原告主体是否适格；(2)涉案保险与工伤保险是否可以获得双重赔偿；(3)涉案保险残疾赔偿限额的计算问题。

关于焦点一，《保险法》第六十五条第二款规定："责任保险的被保险人给第三者造成损害，被保险人对第三者应付的赔偿责任确定的，根据被保险人的请求，保险人应当直接向该第三者赔偿保险金。被保险人怠于请求的，第三者有权就其应获赔偿部分直接向保险人请求赔偿保险金。"最高人民法院《关于适用〈中华人民共和国保险法〉若干问题的解释(四)》第十五条规定："被保险人对第三者应负的赔偿责任确定后，被保险人不履行赔偿责任，且第三者以保险人为被告或者以保险人与被保险人为共同被告提起诉讼时，被保险人尚未向保险人提出直接向第三者赔偿保险金的请求的，可以认定为属于保险法第六十五条第二款规定的'被保险人怠于请求'的情形。"在该案中，发生涉案事故后，2016年11月29日，滨州高新技术产业开发区某服务中心出具认定工伤决定书，认定原告林某因该次事故所造成的事故伤害为工伤，涉案事故符合涉案保险的理赔条件，被告对原告应负的赔偿责任已确定，但该案的第三人没有就涉案的保险事故请求被告直接向该案的原告赔偿保险金，故该案原告可以直接请求被告向其赔偿保险金，该案原告主体适格。

关于焦点二，所谓工伤保险，是指劳动者在工作中或在规定的特殊情况下，遭受意外伤害或患职业病导致暂时或永久丧失劳动能力以及死亡时，劳动者或其遗属从国家和社会获得物质帮助的一种社会保险制度。涉案保险是指因下列原因导致被保险人教职员工伤、残或死亡的，依照中华人民共和国法律(不包括港澳台地区法律)应由被保险人承担的死亡赔偿金、残疾赔偿金和医疗费用赔偿责任，保险人按照保险合同约定负责赔偿：(1)被保险人的教职员工在工作期间以及加班和上下班途中因从事被保险人的工作而遭受意外事故或患与工作有关的职业病；(2)被保险人的教职员工在中华人民共和国境内，因公外出期间由于工作原因遭受意外事故；(3)被保险人的教职员工在由其统一组织的活动中遭受的意外事故。涉案保险系商业保险，在投保人投保后，只要发生合同所约定的保险事故，且不存在免除保险责任的情形下，保险人就应当承担保险责任。工伤保险作为社会保险制度的一个组成部分，是国家通过立法强制实施的，是国家对职工履行的社会责任，也是职工应享受的基本权利。综上，涉案保险与工伤保险在性质上存在根本区别。且被告也没有提交证据证实涉案保险与工伤保险不能获得双重赔偿。故对被告主张两者不能双重赔偿的主张，不予采纳。

关于焦点三，涉案保险条款第二十七条约定："根据伤残鉴定书，对照《职工工伤与职业病致残程度鉴定标准》(GB/T16180-2006)确定伤残等级，在本条款所附表一《伤残赔偿比例表》规定的百分比乘以每次事故每人伤残赔偿限额的数额内据实赔偿。"在该案中，第三人已收到涉案保单及保险条款，关于伤残的赔偿限额，保险条款已作出了明确的约定。原告的伤残等级为四级。根据伤残赔偿比例表，四级伤残的赔偿比例为60%，具体计算方式为240,000=400,000×60%。

综上所述，第三人与被告签订的保险合同系双方当事人在平等基础上的真实意思表示，合法成立并有效。第三人按照约定向被告交纳了保险费用，被告应当按照合同的约定履行其义务。该案原告在保险期间内发生合同约定的保险事故，被告应当按照合同约定向原告承担保险责任。在该次事故中，原告共支出医疗费291,751.47元，原告已获赔10,000元，现原告主张被告在医疗费用限额内赔偿40,000元，事实清楚，证据充分，予以支持。对原告主张的伤残赔偿金，根据保险合同的约定，予以调整，应为240,000元。综上，被告应向原告给付保险理赔金共计280,000元。据此，依据《保险法》第十三条、第十四条、第十七条、第二十三条、第六十五条，最高人民法院《关于适用〈中华人民共和国保险法〉若干问题的解释（四）》第十五条及《民事诉讼法》第一百四十二条之规定判决：(1)被告某保险公司滨州中心支公司于该判决生效后10日内向原告林某支付保险理赔金280,000元；如果未按该判决指定的期间履行给付金钱义务，应当依照《民事诉讼法》第二百五十三条之规定，加倍支付迟延履行期间的债务利息。(2)驳回原告林某的其他诉讼请求。案件受理费7900元，减半收取3950元，由原告林某负担1396元，被告某保险公司滨州中心支公司负担2514元。于该判决生效后10日内付清。

二审法院查明，涉案保险条款第三条约定，在保险期间内，因下列原因导致被保险人的教职员工伤、残或死亡的，依照中华人民共和国法律（不包括港澳台地区法律）应由被保险人承担的死亡赔偿金、残疾赔偿金和医疗费用赔偿责任，保险人按照该保险合同约定负责赔偿："（一）被保险人的教职员工在工作期间以及加班和上下班途中因从事被保险人的工作而遭受意外事故或患与工作有关的职业病；……"

另查明，被上诉人林某就涉案事故已收到工伤保险赔付115,816.5元，赔偿明细为一次性伤残补助金115,816.5元。林某目前仍是原审第三人高新某学校教职工，其工资全额发放。二审法院查明的其他事实与一审法院认定的事实一致。

二审法院认为，该案争议焦点有以下两点：(1)林某是否具备该案原告诉讼主体资格；(2)林某要求某保险公司滨州中心支公司承担支付保险赔偿的要求是否具有事实和法律依据。

一、林某是否具备本案原告诉讼主体资格

该案系责任保险合同纠纷。涉案保险的被保险人系原审第三人高新某学校，涉案保险标的系因约定原因造成高新某学校教职员工伤、残或死亡的，依照法律规定应由高新某学校承担的死亡赔偿金、残疾赔偿金和医疗费用。被上诉人林某虽不是涉案保险合同当事人，但其系被保险人高新某学校教职员工，与该案具有利害关系，具备该案原告诉讼主体资格。上诉人某保险公司滨州中心支公司关于林某不具有该案原告诉讼主体资格的主张无法律依据，二审法院不予采纳。

二、林某要求某保险公司滨州中心支公司向其支付保险理赔金是否具有事实和法律依据

（一）林某是否有权向某保险公司滨州中心支公司提出支付保险理赔金的要求

《保险法》第六十五条第二款规定："责任保险的被保险人给第三者造成损害，被保险人对第三者应负的赔偿责任确定的，根据被保险人的请求，保险人应当直接向该第三者赔偿保险金。被保险人怠于请求的，第三者有权就其

应获赔偿部分直接向保险人请求赔偿保险金。”故原审第三人高新某学校对林某的赔偿责任确定且高新某学校怠于请求的情况下，林某就其应获赔偿部分有权请求上诉人某保险公司滨州中心支公司赔偿保险金。

（二）某保险公司滨州中心支公司依照涉案保险条款约定应承担的保险责任

根据涉案保险条款第三条的约定，某保险公司滨州中心支公司对涉案事故的保险责任，系高新某学校依法应对林某赔偿的残疾赔偿金、医疗费。

（三）高新某学校对林某因遭受涉案事故依法应承担的残疾赔偿金、医疗费是否确定

《工伤保险条例》第二条第一款规定：“中华人民共和国境内的企业、事业单位、社会团体、民办非企业单位、基金会、律师事务所、会计师事务所等组织和有雇工的个体工商户（以下简称用人单位）应当依照本条例规定参加工伤保险，为本单位全部职工或者雇工（以下简称职工）缴纳工伤保险费。”原审第三人高新某学校系事业单位，应参加工伤保险。

最高人民法院《关于审理人身损害赔偿案件适用法律若干问题的解释》第十三条第一款规定：“依法应当参加工伤保险统筹的用人单位的劳动者，因工伤事故遭受人身损害，劳动者或者其近亲属向人民法院起诉请求用人单位承担民事赔偿责任的，告知其按《工伤保险条例》的规定处理。”被上诉人林某因上下班途中发生非本人主要责任的交通事故造成涉案伤害，该伤害已被社会保险行政部门认定为工伤。对于林某遭受的涉案伤害，作为用人单位的高新某学校应承担何种责任及责任大小，应依照《工伤保险条例》的规定处理。

《工伤保险条例》第六十二条第二款规定：“依照本条例规定应当参加工伤保险而未参加工伤保险的用人单位职工发生工伤的，由该用人单位按照本条例规定的工伤保险待遇项目和标准支付费用。”该案中，原审第三人高新某学校已参加工伤保险。不管工伤保险是否赔付到位，高新某学校对于应由工伤保险基金向林某支付的工伤保险待遇部分均无赔偿责任。依照《工伤保险条例》的规定，涉案工伤所需医疗费用、一次性伤残补助金均应由工伤保险基金支付，高新某学校对该部分并无赔偿责任。

高新某学校对于涉案工伤应承担的赔偿责任，系依照《工伤保险条例》

应由用人单位承担的工伤保险待遇部分。该案中，林某未提交有效证据证实依照《工伤保险条例》应由高新某学校承担的工伤保险待遇部分包括何种责任及责任大小，更未明确该部分中残疾赔偿金是否存在及大小。被上诉人林某关于要求上诉人某保险公司滨州中心支公司向其支付涉案保险赔偿金的要求，无事实依据，不应予以支持。一审法院未正确认定原审被告高新某学校对被上诉人林某就涉案事故依法应负担的赔偿责任及责任是否确定，即判决上诉人向被上诉人支付保险赔偿金，系认定事实及适用法律错误。

综上所述，上诉人某保险公司滨州中心支公司的上诉请求成立，应予支持。依照《民事诉讼法》第六十四条第一款、第一百七十条第一款第二项规定，判决如下：

（1）撤销山东省滨州市滨城区人民法院（2018）鲁1602民初3155号民事判决；

（2）驳回被上诉人林某的诉讼请求。

一审案件受理费3950元，二审案件受理费5500元，由被上诉人林某负担。

该判决为终审判决。

评·析

一、争议焦点

1.林某是否具备原告诉讼主体资格

本案某保险公司滨州中心支公司承保险种为某教职员工校方责任保险。此险种为财产险中的三者责任险。三者为投保清单中的学校教职工。根据《保险法》第六十五条第二款规定："责任保险的被保险人给第三者造成损害，被保险人对第三者应负的赔偿责任确定的，根据被保险人的请求，保险人应当直接向该第三者赔偿保险金。被保险人怠于请求的，第三者有权就其应获赔偿部分直接向保险人请求赔偿保险金。"最高人民法院《关于适用〈中华人民共和国保险法〉若干问题的解释（四）》第十五条规定："被保险人对第三者应负的赔偿责任确定后，被保险人不履行赔偿责任，且第三者以保险人为被告或者以保险人和被保险人为共同被告提起诉讼时，被保险人尚未向保险人提出直接向第三者赔偿保险金的请求的，可以认定为属于保险法第六十五条第二款规定的‘被保险人怠于请求’的情形。”根据上述法律及司法解释规定，林某有权作为原告直接向人民法院提起诉讼。一审法院以上述法律规定确定了原告的诉权。二审法院虽没有提及具体的法律法规规定，但也是以林某虽不是涉案保险合同当事人，但其系被保险人高新某学校教职员工，与本案具有利害关系，确认其作为原告的诉权。

2.林某要求某保险公司滨州中心支公司承担支付保险赔偿的要求是否具有事实和法律依据

林某要求某保险滨州中心支公司赔偿是否有事实及法律依据。一审及二审法院观点差异大。一审法院认定保险公司需承担赔偿责任，二审法院认定保险公司无须承担赔偿责任。

二、一审及二审法院就保险公司是否承担责任说理

一审法院以工伤保险及该案涉及保险可以重复赔偿为由支持了原告诉求。理由为：涉案保险系商业保险，在投保人投保后，只要发生合同所约定的保险事故，且不存在免除保险责任的情形下，保险人就应当承担保险责任。工伤保险作为社会保险制度的一个组成部分，是国家通过立法强制实施的，是国家对职工履行的社会责任，也是职工应享受的基本权利。综上，涉案保险与工伤保险在性质上存在根本区别。某保险公司滨州中心支公司未举证证明工伤保险及涉案保险不能同时获得赔偿，需承担赔偿责任。

二审法院以保险公司承担责任的前提为高新某学校需对林某承担赔偿责任为由，认定高新某学校对林某无须承担赔偿责任而认定保险公司无须向林某承担赔偿责任。理由为：根据涉案保险条款第三条的约定，某保险公司滨州支公司对涉案事故的保险责任，系高新某学校依法应对林某赔偿的残疾赔偿金、医疗费。即高新某学校存在依法应向林某赔偿的情况下，依据保险条款，某保险滨州支公司在校方依法应赔偿的范围内赔偿林某。

对于林某医疗费及残疾赔偿金，学校应否向林某赔偿问题，二审法院认为，最高人民法院《关于审理人身损害赔偿案件适用法律若干问题的解释》第

十二条规定："依法应当参加工伤保险统筹的用人单位的劳动者，因工伤事故遭受人身损害，劳动者或者其近亲属向人民法院起诉请求用人单位承担民事赔偿责任的，告知其按《工伤保险条例》的规定处理"。林某因上下班途中发生非本人主要责任的交通事故造成涉案伤害，该伤害已被社会保险行政部门认定为工伤。对于林某遭受的涉案伤害，作为用人单位的高新某学校应承担何种责任及责任大小，应依照《工伤保险条例》的规定处理。

《工伤保险条例》第六十二条第二款规定："依照本条例规定应当参加工伤保险而未参加工伤保险的用人单位职工发生工伤的，由该用人单位按照本条例规定的工伤保险待遇项目和标准支付费用。"本案中，高新某学校已参加工伤保险。不管工伤保险是否赔付到位，高新某学校对于应由工伤保险基金向林某支付的工伤保险待遇部分均无赔偿责任。依照《工伤保险条例》的规定，涉案工伤所需医疗费用、一次性伤残补助金均应由工伤保险基金支付，高新某学校对该部分并无赔偿责任。

高新某学校对于涉案工伤应承担的赔偿责任，系依照《工伤保险条例》应由用人单位承担的工伤保险待遇部分。本案中，林某未提交有效证据证实依照《工伤保险条例》应由高新某学校承担的工伤保险待遇部分包括何种责任及责任大小，更未明确该部分中残疾赔偿金是否存在及大小。且法院还查明林某伤残赔偿金等工伤保险已赔付且学校一直全额发放工资。综上，在此次事故中，未有证据证明学校需依法承担对林某的赔偿责任。

学校对林某不负有赔偿责任，某保险公司滨州中心支公司依据合同条款约定也无须对林某承担赔偿责任。

三、案件简评

此判决明确了某教职员工校方责任保险为财产险责任险中的类型。保险公司应依据条款约定承担责任。涉案保险中保险公司的赔偿责任为：在保险期间内，发生条款中列明事故导致被保险人的教职员工伤残或死亡的，依照我国法律应由被保险人承担的死亡赔偿金、残疾赔偿金和医疗费用赔偿责任。根据《工伤保险条例》相关规定，学校参加工伤保险的，由工伤保险承担损失的部分，学校不再承担赔偿责任。

交强险中无责任限额部分赔偿责任的认定

江苏省无锡市中级人民法院
（2018）苏02民终4968号民事判决书

（2019年2月13日）

案·情

标的车在某甲保险公司上海分公司投保交强险、车损险及商业三者险（保额50万元），附加不计免赔险。保险责任期间，夏某驾驶标的车与周某、褚某、薛某驾驶的车辆发生连环追尾，导致四车受损、周某车上乘客葛某、刘某受伤。

经公安机关处理，其余车辆无法查明事故原因，按相关规定，出具道路交通事故证明，同时确认车上乘客葛某、刘某无责。

后伤者葛某因脾脏切除评定为八级伤残，并向四车驾驶员以及车辆保险公司提出诉讼。

经一审法院判决，认定标的车在该起事故中无责任，无须在交强险及商业险责任范围内承担赔偿责任。被告周某不服一审判决，提起上诉。最终二审法院维持了一审判决，某甲保险公司上海分公司不承担赔偿责任。

法院判决

上诉人（一审被告）：周某，男，1966年12月6日生，汉族，住江苏省沭阳县。

被上诉人（一审原告）：葛某，男，1973年5月3日生，汉族，住江苏省沭阳县。

一审被告：褚某，男，1964年10月10日生，汉族，住江苏省张家港市锦丰镇。

一审被告：张家港市某机械有限公司，住所地江苏省张家港经济开发区。

一审被告：某乙保险公司苏州市分公司（以下简称某乙保险公司苏州分公司），住所地江苏省苏州高新区。

一审被告：夏某，男，1983年10月29日生，汉族，住上海市浦东新区。

一审被告：上海某汽车租赁南京有限公司，住所地江苏省南京市鼓楼区。

一审被告：某甲保险公司上海分公司，住所地上海市静安区。

一审被告：薛某，男，1977年3月18日生，汉族，住江苏省滨海县。

一审被告：朱某，女，1984年10月5日生，汉族，住江苏省响水县。

一审被告：某丙保险公司常州中心支公司（以下简称某丙保险公司常州支公司），住所地江苏省常州市钟楼区。

上诉人周某因与被上诉人葛某，一审被告褚某、张家港市某机械有限公司、某乙保险公司苏州分公司、夏某、上海某汽车租赁南京有限公司、某甲保险公司上海分公司、薛某、朱某、某丙保险公司常州支公司机动车交通事故责任纠纷一案，不服无锡市惠山区人民法院（2018）苏0206民初191号民事判决，向二审法院提起上诉。二审法院于2018年11月30日受理后，依法组成合议庭进行了审理。该案现已审理终结。

周某上诉请求：撤销一审判决，依法改判褚某、张家港市某机械有限公司、某乙保险公司苏州分公司负全责并依法赔偿。夏某、上海某汽车租赁南京有限公司、某甲保险公司上海分公司、薛某、朱某也承担相应责任，葛某承担一定责任或将该案发还重审。事实和理由：(1)一审未查明案件事实。其驾驶的车辆与前车发生追尾并连环相撞是否系其造成缺乏证据。(2)一审认定事实错误。第一，薛某与前车碰撞后未设置警示标志，存在过错。第二，褚某从右侧超车变道后急刹车与其车辆碰撞属于反道超车强行变道，是导致事故发生的直接原因，应承担全部责任。第三，其因距离事故时间7个月左右，在庭审中作出不同的陈述与记忆误差有关，一审应以其在交警部门的陈述作为定案依据。第四，事故发生时正下大雨，各方均应减速驾驶，一审苛求其一人安全操作显失公平。第五，即使葛某为其购买钢材，钢材商会给予葛某一定回扣，但葛某未提供工资单，不足以证明其在厂里上班的事实。

葛某辩称，(1)周某称其拿回扣没有证据，其从事电焊工作，一审判决的误工损失正确。(2)其系帮助周某购买钢材发生的事故，一审认定事实清楚，适用法律正确，请求驳回上诉，维持原判。

褚某述称，一审认定事故责任正确，请求驳回上诉，维持原判。

某丙保险公司常州支公司述称，事故发生前后仅30秒左右，薛某驾驶的车辆与前车相撞后即打开双跳警示灯，由于事故发生时间很短，薛某无法下车放置安全警示标志。一审认定事实清楚，证据充分，请求驳回上诉，维持原判。

葛某向一审法院起诉请求，其因交通事故受伤，现主张各项损失(如表1所示)，要求各被告连带承担100%的赔偿责任，其中各保险公司在交强险、商业第三者责任险限额内先行承担赔偿责任；周某已经垫付的40,000元在该案中一并处理；诉讼费、鉴定费由各被告负担。

一审法院认定，2017年9月25日14时45分许，周某驾驶苏NR小型普通客车，沿京沪高速公路由南向北行驶至沪京线1066公里+600米处，撞击前方遇情停在左侧行车道内由褚某驾驶的苏EH小型越野客车，苏EH小型越野客车被撞后再撞前方由夏某驾驶的苏A2小型轿车，苏A2小型轿车被撞后再撞中央隔离护栏和前方由薛某驾驶的苏E6小型轿车，造成四车、路产损坏及苏NR小型普通客车乘员葛某、刘某受伤的交通事故。因无法查清事发前苏EH小型越野客车行驶的路面位置及动态，无锡市公安局交通警察支队高速公路二大队出具《道路交通事故证明》(乘员葛某、刘某无事故责任)。

苏NR小型普通客车车主为周某；苏EH小型越野客车车主为张家港市某机械有限公司，褚某系该公司法定代表人，事故发生时从事职务行为，该车在某乙保险公司苏州分公司投保了交强险、1,000,000元的商业第三者责任险、不计免赔险，事故发生在保险期限内；苏A2小型轿车车主为上海某汽车租赁南京有限公司，事故发生时由夏某租赁该车使用，该车在某甲保险公司上海分公司投保了交强险、500,000元商业第三者责任险、不计免赔险，事故发生在保险期限内；苏E6小型轿车登记在朱某名下，事故发生时由薛某驾驶，该车在某丙保险公司常州支公司投保了交强险、500,000元的商业第三者责任险，事故发生在保险期限内。

一审法院委托无锡市中西医结合医院司法鉴定所对葛某的伤情进行鉴定，鉴定意见为：葛某脾脏切除评定为八级伤残，误工期150日，护理期90日、营养期90日。经质证，葛某、周某、褚某、张家港市某机械有限公司、某乙保险公司苏州分公司、夏某、某丙保险公司常州支公司对鉴定意见书无异议。

关于误工费，葛某提供沭阳县某人造板厂的营业执照、该厂出具的证明、电焊工职业资格证书，证明其于2016年至沭阳县某人造板厂工作，从事机械维修工种，年薪80,000元，事故发生后未再上班，单位停发工资。

审理中刘某表示由葛某优先受偿赔偿费用。

表1　赔偿费用

具体项目	原告主张	证据	法院认定
医疗费	40,323.52元	门诊病历、出院记录、入院记录、手术记录、医疗费发票、用药清单、人血白蛋白发票、临时医嘱单、长期医嘱单	39,445.92元
住院伙食补助费	50元/天×16天=800元	出院记录	800元
营养费	30元/天×90天=2700元	鉴定意见书	2700元
护理费	120元/天×90天=10,800元	鉴定意见书	80元/天×90天=7200元
误工费	58,345元年/12个月×5个月=24,310元	营业执照、单位证明、电焊工职业资格证书、鉴定意见书	58,345元年/365天×150天=23,977.4元
残疾赔偿金	19,158元/年×20年×30%=114,948元	身份证、鉴定意见书	114,948元
精神损害抚慰金	50,000元×30%=15,000元（在交强险限额内优先赔偿）	鉴定意见书	15,000元
住宿费	600元	住宿费票据	酌情认定300元
交通费	927元	交通费票据	酌情认定600元
合计	210,408.52元		204,971.32元

审理中，法院调取了交警事故卷宗，并出示了交警事故卷宗中的道路交通事故现场图、交通事故照片、询问笔录、车辆检验意见书等材料。

周某于2017年9月26日在交警对其所作询问笔录中陈述：其驾车行驶至事发路段时，其车行驶在左侧行车道内，当时下着大雨，行驶速度为每小时80公里左右，距离前车约50米至60米左右，当行驶至事发地点时，在中间车道有一辆黑色奔驰轿车在其车前20—30米处突然变道驶入左侧车道，在左侧车道内行驶了2—3秒钟就与前车发生碰撞，其发现这个情况后就立即刹车，但是由于距高太近，路面湿滑，其车直接追尾撞上了这辆奔驰车，估计奔驰轿车速度有每小时100公里左右，从其发现奔驰轿车与前车发生碰撞到其车碰撞奔驰车之间有2秒钟左右。

褚某于2017年9月26日在交警对其所作询问笔录中陈述：其驾车行驶至事发路段时，其车行驶在中间行车道内，当时下着大雨，其车行驶速度为每小时60公里左右，在其车前有一辆大货车，速度很慢，于是其就变道驶入左侧行车道，在左侧行车道与前车保持有20米左右距离，行驶了有1公里左右，突然看见前面的轿车停了下来，于是其也立即刹车，在距离前面轿车4—5米处停了下来。变道后其在左侧行车道内行驶了有2分钟左右。其在变道前，看了左侧后视镜，左侧行车道内后面有车，距离其车不远，是否是撞其车的这辆别克商务车其没有看清楚。其车上高速后就打开双跳警示灯的，因为下着大雨。从其车停车到其车被撞有10—15秒。

夏某于2019年9月26日在交警对其所作询问笔录中陈述：其驾车行驶至事发路段时，其车行驶在左侧行车道内，当时下着大雨，其车行驶速度为每小时60公里左右，当行驶至事发地时其看见前面的一辆比亚迪轿车减速停车，其也就减速停车，在距离前车2米左右停了下来，停了约15秒，突然听到后面有碰撞声，紧接着其车被后车追尾碰撞了。其车被撞之后又撞上中央护栏和前面的比亚迪轿车。因为当时下着大雨，其开车时就开着双跳警示灯，从其车停车到其车被撞之间有15秒左右。整个过程中，其车被撞了一次。

薛某于2017年9月26日在交警对其所作询问笔录中陈述：其驾车行驶至事发路段时，其车行驶在左侧行车道内，当时下着大雨，其车的行驶速度为每小时60公里左右，当行驶至事发地时，其看见前面的一辆大众轿车减速停车，其也就立即刹车，但是距离太近还是与大众车轻微碰撞，大众车的驾驶员下车看了看没有什么大事就开车走了，其当时因为雨太大没有下车，等前面大众车走了之后，其刚准备起步离开，就在这时后面的车追尾撞上了其的车，于是其就下车看见车后有3辆车追尾撞到了一起。其开车时就开着双跳警示灯，从其停车到其车被后车碰撞之间有30秒左右，其车被撞了一次。

葛某于2017年10月11日在交警对其所作询问笔录中陈述：其乘在周某的车上，在苏州上高速公路之后，一直下着大雨。当行驶至事发路段时，突然听见猛烈的碰撞声，其人往前一冲，安全带勒在肚子上。其肚子很疼，其跟周某讲，其受伤了。过了一会儿，120救护车把其送到江阴人民医院，整个碰撞的过程其没有看见。

无锡某司法鉴定所司法鉴定意见书鉴定意见：苏A2小型车车头右侧与苏E6小型轿车车尾碰撞可以成立；苏EH小型越野客车车头、车头左前侧与苏A2小型轿车车尾右侧、车身右前侧碰撞可以成立；苏A2小型轿车车身左前侧与事故现场中心隔离金属护栏碰撞可以成立；苏NR小型普通客车车头与苏EH小型越野客车车尾碰撞可以成立。

周某于2018年4月24日在法院开庭笔录中陈述：当天下雨，其一直按80码的速度行驶，其看到前面苏EH小型越野客车的时候距离100米。该车是从其后面超过去的，该车超过其车以后就一直在其前面行驶，行驶了大概有十几秒的时间。该车变道过来后，离其车有80—100米，其车与该车保持100米的车距，行驶了十几秒后，该车突然停下来，其来不及刹车，就撞上了。其看到该车停下时距离其不到100米。

褚某于2018年4月24日在法院庭审笔录中陈述：事故发生时其是在第一车道，其从中间车道变更到第一车道后，行驶了大概一两分钟，发现前面有车子停着，其就刹车马上停下来，停下来后大概15—20秒，后面的车就撞上来了。

一审法院于2018年8月2日对刘某进行了调查，刘某在调查笔录中陈述：2017年9月25日交通事故发生当天，其和周某、葛某一起到苏州去看钢材。当时是因为周某要建厂房，需要钢材，周某叫其去买钢材，但其不认识钢材商，葛某认识，所以其就叫葛某跟其一起去，葛某是在沭阳县某人造板厂做木材加工设备的维修的，但葛某能联系到卖钢材的人。当天早上，其和葛某乘周某的车到周某家里，在周某家里吃完早饭后一起出发。其没有跟周某说为何要带葛某一起去，周某看到葛某也没有说什么，也没有问葛某去做什么，但周某是知道葛某是来帮他看钢材的，以前别人买钢材，其也是带上葛某一起去看钢材的，在整个去苏州的途中，葛某没有办自已的事，就是去帮周某看钢材，葛某乘周某的车，周某不收费的，这是第一次和周某一起去苏州。

经对调查笔录质证，葛某认为其当天纯粹是作为一个中间人为周某介绍苏州的钢材商帮周某去看钢材，其中途未下过车，也未办自已的私事，因此其当天乘坐周某的车，不属于好意搭乘，不应由此减轻周某的赔偿责任。

周某认为刘某让葛某乘坐其车辆，其并不知道葛某是谁，是做什么的，刘某也一直未告知，其并不知道葛某去苏州的目的。周某让葛某乘车，属好意搭乘。

以上事实，有道路交通事故证明、行驶证、驾驶证、保险单、交通事故现场图、交通事故照片、询问笔录，调查笔录、上述所列各项证据及当事人陈述等证据在卷佐证。

一审法院认为，机动车发生交通事故造成人身伤亡的，由保险公司在保险限额内承担赔偿责任，不足部分由侵权人承担赔偿责任。

关于赔偿责任。

第一，前车人员因未设置警示标志是否需承担相应赔偿责任。从薛某驾驶的车辆与前车追尾到周某驾驶的车辆与前车发生交通事故，整个过程未超过30秒钟时间，因时间太短，不能苛责前车人员在该较短时间内履行设置警示标志的义务，故对周某陈述因前车未设置警示标志而要求前车承担赔偿责任的意见不予支持。

第二，褚某一方是否要承担赔偿责任。周某在交警所作笔录和法院开庭时所作笔录中的陈述，两者内容有很大差异。根据夏某、褚某、薛某等的陈述以及周某于2018年4月24日在法院开庭时的陈述，可以确定在周某驾驶车辆追尾褚某驾驶的车辆前，褚某驾驶的车辆并未与夏某驾驶的车辆碰撞，在薛某的车辆与前车追尾后，夏某的车辆、褚某的车辆均已刹车并停住了。故周某在交警所作笔录中关于在其车辆碰撞褚某车辆前，褚某车辆已与夏某车辆碰撞这一陈述不可信，周某于2018年4月24日在法院开庭时陈述：褚某的车辆变道到周某的车道内后，褚某的车辆与周某的车辆相距80—100米，周某的车辆与褚某的车辆保持100米的车距，行驶十几秒后褚某的车辆停下来，周某刹车不及撞上褚某的车辆。褚某陈述其车辆变道后到周某的车辆撞上，大概有一两分钟。结合周某、刘某的上述陈述及其他当事人陈述等证据材料，一审法院认为在事故发生时，褚某的变道行为已经完成，周某自述其在左侧车道行驶十几秒，与褚某保持100米的车距的陈述不可信，故褚某的变道行为与该次交通事故的发生并无因果关系，对周某因褚某变道而要求要求褚某一方承担赔偿责任的意见不予采纳。

周某驾驶车辆在高速公路行驶过程中，未注意观察前方，遇情操作不当，未能及时有效采取制动措施，从而追尾前方车辆，其应对葛某超出交强险无责限额部分的合理损失承担全部赔偿责任。葛某乘坐周某车辆，周某车辆与褚某的车辆相撞，褚某车辆的保险公司某乙保险公司苏州分公司应在交强险无责限额内承担赔偿责任。夏某车辆、薛某车辆未与周某车辆发生直接碰撞，因此夏某车辆、薛某车辆的保险公司无须在交强险无责限额内承担赔偿责任。

第三，周某陈述葛某系好意搭乘，要求减轻周某的赔偿责任。一审法院认为，根据葛某、周某的陈述及一审法院向刘某所作调查笔录，葛某事故当天乘坐周某车辆系为周某介绍购买钢材，无证据证明葛某乘坐周某车辆是办葛某自己的事，周某也未提供证据证明葛某乘坐车辆是顺便搭车，故周某应承担举证不利的法律后果，对周某关于葛某系好意搭乘，要求减轻周某赔偿责任的意见不予采信。

关于医疗费、住院费票据37,041.72元中的伙食费836.8元，并不属医疗费，应予扣除；另28元和12.8元的医疗费票据，无门诊病历予以对应，葛某亦未补充提供证据证明该费用与治疗的关联性，故对该28元和12.8元的费用不予支持。某乙保险公司苏州分公司抗辩要求扣除10％的非医保用药费用，未提供证据，不予采信。一审法院认定合理的医疗费为39,445.92元。鉴定机构出具的鉴定意见书，系经过法定程序作出，合法有效，一审法院予以确认。

关于误工费，根据葛某提供的证据，可以证明其从事机械维修行业工作，刘某的证言亦可以证明。葛某主张按行业标准计算误工费，符合法律规定，一审法院确定其误工费为58,345元/年/365天×150天=23,977.4元。

葛某的各项合理损失合计20,4971.32元，由某乙保险公司苏州分公司在交强险无责限额内赔偿12,000元，由周某赔偿204,971.32-12,000=192,971.32元，扣除其已经支付的40,000元，周某还需赔偿葛某152,971.32元。葛某超出合理范围的请求不予支持。

法院判决：

（1）某乙保险公司苏州分公司于判决生效之日起10日内赔偿葛某12,000元；

（2）周某于判决生效之日起10日内赔偿葛某152,971.32元；

（3）驳回葛某的其他诉讼请求。

上述付款义务人如果未按判决指定的期间履行给付金钱的义务，应当依照《民事诉讼法》第二百五十三条之规定，加倍支付迟延履行期间的债务利息。案件受理费1352元，鉴定费3060元，合计4412元，由葛某负担141元，由周某负担3960元，由某乙保险公司苏州分公司负担311元。

二审法院经二审审理，对一审查明的事实予以确认。

二审法院认为，首先，关于前车未放置警示标志是否应当承担赔偿责任的认定。从薛某驾驶的车辆与前车追尾到周某驾驶的车辆与前车发生交通事故，整个过程未超过30秒钟时间，因时间太短，故一审认为不能苛责前车人员在很短时间内设置警示标志并判其不承担赔偿责任并无不当。

其次，关于周某等行车人责任的认定。周某驾驶车辆在高速公路行驶时，未注意观察前方，在遇到险情时未能及时有效采取制动措施，导致追尾前方车辆，故其应对葛某超出交强险无责限额部分的合理损失承担全部赔偿责任。在事故发生时，褚某的变道行为已经完成，周某自述其在左侧车道行驶十几秒，与褚某保持100米的车距，故褚某的变道行为与该次交通事故的发生并无因果关系，一审认定褚某不承担赔偿责任也无不当，夏某及薛某的车辆未与周某的车辆发生直接碰撞，夏某车辆、薛某车辆的保险公司无须在交强险无责限额内承担赔偿责任。

最后，关于葛某误工损失的认定。为证明其主张，葛某提供了沭阳县某人造板厂的营业执照、该厂出具的证明、电焊工职业资格证书、证明其于2016年至沭阳县某人造板厂工作，从事机械维修工种，年薪80,000元，事故发生后未再上班，单位停发工资。结合证人证言，一审对葛某误工损失的认定也于法有据。

综上所述，一审判决认定事实清楚，适用法律正确，二审法院应予维持。依据《民事诉讼法》第一百七十条第一款第一项之规定，判决如下：

驳回上诉，维持原判。

二审案件受理费1352元，由上诉人周某负担。

该判决为终审判决。

评·析

本案与保险公司有关的争议焦点为：(1)机动车之间事故责任无法认定，其如何抗辩其责任划分；(2)如未发生碰撞是否应在交强险内承担赔偿责任。

一、机动车之间事故责任无法认定，如何抗辩其责任划分

《道路交通安全法》七十六条第一项之规定："机动车之间发生交通事故的，由有过错的一方承担赔偿责任；双方都有过错的，按照各自过错的比例分担责任。"故在交通事故责任无法认定的前提下，任何一方都可举证对方存在过错，并要求对方根据该过错承担责任。

本案根据现有证据以及庭审陈述，我们认为：

1.在事发前，薛某驾驶的第一辆车遇情减速停车，夏某驾驶的第二辆车和褚某驾驶的第三辆车亦减速刹停，最后被周某驾驶的第四辆车追尾撞击，夏某和薛某均陈述仅受一次撞击，由此可得出本次事故主要原因系周某驾驶车辆未注意观察前方，遇情操作不当，追尾前方车辆而起，存在明显过错，其应承担主要责任以上，甚至承担全部责任。

2.夏某在雨天驾驶过程中已开启双跳灯，且事发前并未与任何车辆及物体发生碰撞，其不存在过错。

3.周某认为前车人员因未设立警告标志而需承担责任，其明显不符合规定。《道路交通安全法》第五十二条及第六十八条之规定，其指发生车辆故障及交通事故后应及时并根据规定设立警告标志。该起交通事故发生前夏某车辆并未与任何车辆及物体发生碰撞，可正常行驶，其遇情停车后需观望前车情况以及是否可以安全变道，并无长时间停车的打算，且事故全过程未超30秒钟，时间极短，其客观上无法履行及时设立警告标志的义务。

4.究其本次事故的起因，系薛某驾驶的车辆停车而起，如需承担责任，亦应由薛某或其保险公司予以承担。

二、保险公司是否应在未发生碰撞情形下承担交强险赔偿责任

交强险条款约定："被保险人无责任时，无责任死亡伤残赔偿限额为11,000元；无责任医疗费用赔偿限额为1000元；无责任财产损失赔偿限额为100元。"而我们认为，无责赔偿并不是无条件赔偿，应以无责机动车与损害结果存在因果关系为前提，本起事故夏某驾驶车辆并未与葛某乘坐的车辆发生碰撞或接触，其要求无责赔偿于理无据。

综上经保险公司抗辩，一审法院采纳了保险公司的答辩意见，判决保险公司不承担任何赔偿责任。二审法院也予以维持。

三、实务启示

在司法实践中，一般情况下对交通事故责任无法认定的情形，任何一方均需收集相关证据证明对方存在过错，起诉后由法官根据双方对事实的陈述和提供的证据等综合情况进行判断，这是法官自由裁量权的范围。如双方都存在过错，则责任按过错比例分担；如均无过错，再依据《民法通则》第四条公平原则的规定，由双方承担公平责任。

另根据最高人民法院《关于民事诉讼证据的若干规定》中的规定，事故责任认定书，在民事诉讼当中的性质就是证据中的书证，在损害赔偿诉讼中，还有相当多种类的其他形式的证据。交警部门出具的事故责任认定书，只是公安机关对交通事故中有无违章行为，及该违章行为与事故损害后果间的因果关系作出的，并不完全等同于民事法律责任的划分，在法院处理交通事故类的案件时应当予以综合考虑。

作为保险人应提早介入，在发现事实与责任认定书不一致或者责任认定不合理时，积极主动的引导交通事故当事人进行复议或行政诉讼，并收集证据，为推翻责任认定以及后期诉讼维权做充分准备。

交强险中被保险人无责受害人全责情形下保险人的赔偿责任

贵阳铁路运输法院
（2019）黔8601民初193号民事判决书

（2019年5月24日）

案·情

2018年6月23日2时20分许，龙某驾驶二轮电动车行驶至观山东路大营坡高架桥路段时与李某驾驶的小型普通客车贵A号发生碰撞，造成两车受损及龙某受伤。后经贵阳市公安交通管理局某分局认定，当事人龙某醉酒后未配戴安全头盔驾驶承担全部责任，李某无责任。

双方就赔偿事宜未能达成一致意见，龙某向法院提起诉讼，并要求客车投保的保险公司在交强险限额内赔偿122,000元，在商业险内承担10%的赔偿责任。

法院判决

原告：龙某，男，1985年10月29日出生，侗族，住贵州省贵阳市云岩区。

被告：李某，男，1960年8月18日出生，汉族，住贵州省贵阳市观山湖区。

被告：某保险公司观山湖支公司，住所地贵州省贵阳市观山湖区。

原告龙某与被告李某、某保险公司观山湖支公司机动车交通事故责任纠纷一案，法院于2019年2月26日立案后，依法适用简易程序，于同年5月21日公开开庭进行了审理。原告及其委托诉讼代理人，被告李某，被告某保险公司观山湖支公司的委托诉讼代理人到庭参加诉讼。该案现已审理终结。

原告龙某向法院提出诉讼请求:(1)被告支付给原告医疗费12,457.11元、住院伙食补助费1200元、营养费4500元、后续治疗费25,000元、护理费9509.92元、误工费19,019.84元、鉴定费1900元、残疾赔偿金69,792元、被扶养人生活费23,163.48元、交通费500元、财产损失费1170元,上述费用共计168,712.35元。除交强险责任限额122,000元外,被告还须承担剩余赔偿金额46,712.35元的10%,即4671.235元,故被告承担的费用总计为122,000+4671.235=126,671.235元;(2)被告某保险公司观山湖支公司在其为车辆(贵A)承保的交强险责任险限额内,对原告先行承担赔偿责任;(3)该案诉讼费由上述被告承担。事实和理由:2018年6月23日,原告驾驶二轮电动车行驶至观山东路大营坡高架桥路段时,与李某驾驶的贵A号小型普通客车发生碰撞,导致两车受损及原告受伤。经贵阳市公安交通管理局某分局认定,原告龙某承担全部责任,被告李某无责任。经贵州某司法鉴定中心鉴定,原告因交通事故致三处十级伤残,误工期限为180日,护理期限为90日,营养期限为90日,后续医疗费用为20,000元至30,000元。被告李某为其驾驶的车辆在被告某保险公司观山湖支公司投保了交强险和商业险。为维护原告的合法权益,诉请如前所述。

被告李某答辩意见与被告某保险公司观山湖支公司一致。

被告某保险公司观山湖支公司辩称:(1)其对事故发生及责任划分无异议;(2)该次事故是由于原告醉酒驾驶导致,其承担全部责任,由此造成的全部损失应由原告自行承担,即使保险公司承担,也只在交强险无责限额内赔付,保险公司已先行垫付10,000元医疗费,不应再承担任何赔偿责任;(3)保险公司不承担诉讼费。

经审理查明,2018年6月23日2时20分许,原告龙某醉酒后,未配戴安全头盔驾驶无牌二轮电动车,由观山湖区出发经观山东路往宝山路方向行驶,当行驶至观山东路大营坡高架桥路段时,与宝山路方向经观山东路方向行驶的李某驾驶的贵A号小型普通客车发生交通事故,事故致贵A号小型普通客车和该二轮电动车受损,原告龙某受伤。事故发生当日,原告被送往贵州医科大学附属医院住院治疗,同年7月5日出院,住院12天,共计花费22,457.11元

（包括门诊费用3,612.15元，住院费用17,625.92元，复查费用1,219.04元），其中被告某保险公司观山湖支公司垫付10,000元，原告自行支付12,457.11元。

2018年7月3日，贵阳市公安交通管理局某分局出具《道路交通事故认定书》，载明对标有龙某的血样进行两次平行检测，检测出含有乙醇成分，乙醇含量分别是155.8mg/100ml、158mg/100ml，并认定龙某醉酒后，未配戴安全头盔驾驶无牌二轮电动车上路，未确保安全行驶的行为是造成此次事故的全部原因，其应承担全部责任；被告李某无违法过错行为，无责任。

2019年1月15日，经贵州某司法鉴定中心鉴定：（1）①龙某因交通事故致左侧肱骨远端粉碎性骨折并左侧肘关节脱位遗留左肘关节功能部分丧失已达十级伤残。②龙某因交通事故致左侧桡骨远端骨折遗留左腕关节功能部分丧失已达十级伤残。③龙某因交通事故致右侧腓骨头骨折、右侧胫骨上端骨折、右侧髌骨骨折遗留右膝关节功能部分丧失已达十级伤残。（2）龙某因交通事故所受损伤的误工期限为180日，护理期限为90日，营养期限为90日。（3）龙某A23、B12牙义齿安装所需的后续医疗费用为20,000元至30,000元。原告支付鉴定费用1900元。

被告李某为其驾驶的车辆在被告某保险公司观山湖支公司投保了交强险，事故发生在保险期内。

上述事实，有原、被告当庭陈述笔录、《道路交通事故认定书》、住院病历、疾病证明书、医疗发票、收款收据、司法鉴定意见书、鉴定费发票、保单抄件、银行电子回单、身份信息、驾驶证、行驶证等证据在卷佐证，并经庭审质证，法院予以采信。

法院认为，该次交通事故，有交警部门出具的《道路交通事故认定书》认定，原告龙某承担此次事故的全部责任，被告李某无责任，原、被告双方均无异议，法院予以确认。原告龙某醉酒后，未配戴安全头盔驾驶无牌二轮电动车上路，未确保安全行驶，并与被告李某驾驶的车辆发生交通事故。事发后经两次平行检测，龙某血液内乙醇含量高达155.8mg/100ml、158mg/100ml，超出醉酒驾驶80mg/100ml的标准，处于严重醉酒状态。国家法律明确规定，驾驶人应当遵守道路交通安全法律、法规的规定，按照操作规范安全驾驶、文明驾驶。饮酒、服用国家管制的精神药品或者麻醉药品，或者患有妨碍安全驾驶的疾病,或者过度疲劳影响安全驾驶的,不得驾驶车辆。原告龙某作为成年人,具有完全民事行为能力,应当预料到自己的行为将产生的法律后果,仍然无视国家法律法规,醉酒驾驶,这种行为将原告自己以及道路上的其他行人及车辆均置于不可控的危险之中。因此,对于此次交通事故的发生,原告龙某具有醉酒驾驶的重大违法过错,其行为实际是主观故意而导致交通事故的发生,由此造成的损失应由原告龙某自行承担。根据《侵权责任法》第二十七条(《民法典》第一千一百七十四条)"损害是因受害人故意造成的,行为人不承担责任"、《机动车交通事故责任强制保险条例》第二十一条第二款"道路交通事故的损失是由受害人故意造成的,保险公司不予赔偿"之规定,某保险公司观山湖支公司作为承保李某驾驶的贵A号车交强险的保险公司,不应在该案中承担赔偿责任。国家设立交强险制度的初衷是为了控制机动车行驶这一高危行为的风险,并非是为因醉驾等严重过错情形下,负事故全部责任并导致自身受到损害的驾驶人员分担风险。若此种情况仍判令无责车辆保险公司在交强险限额内承担赔偿责任,则会使高风险驾驶人的肇事成本显著下降,导致驾驶人因有保险保障而降低驾驶的谨慎程度,放任自身的违法驾驶行为,不利于提高驾驶人自身的注意义务和对道路交通规则的遵守,也不利于预防或减少交通事故的发生。故对原告龙某的诉请,法院不予支持。

综上所述,判决如下:

驳回原告龙某的诉讼请求。

案件受理费2834元,减半收取计1417元,由原告龙某负担。

如不服该判决,可以在判决书送达之日起15日内,向一审法院递交上诉状,并按对方当事人的人数提出副本,上诉于贵州省贵阳市中级人民法院。

评·析

本案的争议焦点是:在案发当地交强险"不分责不分项"的司法实践背景下,全责方存在严重违法情形时,无责车保险公司是否应该在保险责任限额内赔付伤者损失?

一、案发当地交强险“不分责不分项”的解释及背景

交强险不分责，是指事故车辆在交通事故中无论有无责任，保险人都要承担交强险122，000元的赔偿责任。交强险不分项，是指受害人医疗费用、死亡伤残费用及各项其他财产损失在交强险122，000元中合并计算。

贵州省地处西南山区，大多数人投保意识不强，仅投保交强险的保险车辆比比皆是。据此，为保证交通事故受害人的权益可以及时得到维护，进一步促进社会稳定，2011年6月7日，贵州省高级人民法院《关于审理涉及机动车交通事故责任强制保险案件若干问题的意见》(黔高法〔2011〕124号)第五条规定：“被保险机动车发生交通事故，不论被保险人在交通事故中有无过错及过错程度，保险公司均负有在强制保险责任限额范围内向受害第三者直接赔付的法定义务。”2014年11月7日，贵州省高级人民法院对“涉及第三者责任强制保险案件是否应受保险分项限额限制”的问题进行了通报，要求全省各级法院审理交强险案件时实行“不分责不分项”，即在当地发生交通事故、被告住所地在当地或在当地提起诉讼的，交强险案件均按照不区分责任、不限于赔偿项目的责任限额进行裁判。

二、本案涉及相关条款及法律

《机动车交通事故责任强制保险条款》第八条第四项规定：被保险人无责任时，无责任死亡伤残赔偿限额为11，000元，无责任医疗费用赔偿限额为1000元。根据此规定，无责车承保保险公司仅在交强险无责限额内承担赔偿责任；而本案为特殊无责案件，即因原告违法行为造成自身损失的案件，特从以下几个角度作出相应分析：

1.本案直接拒赔。法律依据为《侵权责任法》第二十七条规定和《机动车交通事故责任强制保险条例》第二十一条第二款规定。

根据《民法典》的相关规定，侵权行为与侵权结果之间存在因果关系才需要承担赔偿责任，且《侵权责任法》第二十七条明确规定“损害是因受害人故意造成的，行为人不承担责任”。交通事故责任纠纷适用无过错责任，由此，在交通事故中，无责车不应对全责车损失承担任何赔偿责任。同时被广

泛周知的是，醉酒驾驶属于国家明令禁止的行为，无论何种形式的醉酒驾驶均有可能造成严重后果，当然不能忽略类似本案中醉酒驾驶电动车行为的社会危害性。本案中，原告驾驶的是电动车，该行为本质上是明知但仍选择放任危险行为的发生，有故意之嫌。依据《机动车交通事故责任强制保险条例》第二十一条第二款的规定，道路交通事故的损失是由受害人故意造成的，保险公司不予赔偿。

2.即使不拒赔，也应按照交强险分责分项的规定承担赔偿责任。法律依据为《机动车交通事故责任强制保险条例》第二十一条、第二十三条及《机动车交通事故责任强制保险条款》第八条规定。

即使法院要体现交强险的社会公益性，也应严格按照《机动车交通事故责任强制保险条例》及《机动车交通事故责任强制保险条款》中的责任限额进行责任承担。

三、本案是否适用交强险“不分责不分项”

国家设立交强险制度的初衷，是为了控制机动车行驶这一高危行为的风险，维护事故伤者人身权益及财产损失，进一步促进社会稳定。当地设置“交强险不分责不分项”的裁判观点，也是在交强险设立初衷的基础上，希望伤者能够及时得到赔付，维护伤者的合法权利。但在本次事故中，原告龙某醉酒且未配戴安全头盔驾驶，应自行承担本案的全部责任。

众所周知，饮酒会导致驾驶人视觉障碍、运动反射神经迟钝、触觉能力降低、判断力和操作能力降低，而醉酒是饮用酒精饮料导致神经麻醉的状态，无疑比饮酒更具有危险性。醉酒驾驶属于法律禁止性行为，若造成重大损失，可直接追究刑事责任。本案中，客车属正常行驶状态，在遭遇严重醉酒驾驶的原告时，无法按照正常驾驶规则判断原告的驾驶路线与方向，无法及时采取措施进行避险，故而不具有可非难性。这种结果是机动车方难以控制的，是原告放任自己使得自己以及相对方处于时刻不可控的危险之中。因此，损害后果的发生应单独归责于非机动车一方，机动车一方不应当承担赔偿责任。原告明知醉酒驾驶可能导致危险发生，但放任自己的行为，即存在主观故意，可以认定属于受害人故意的情形。根据《民法典》第六条“民事主体从事民事活动，应当遵循公平原则，合理确定各方的权利和义务”、第八条“民事主体从事民事活动，不得违反法律，不得违背公序良俗”之规定，在本案中，若判决无责车保险公司承担赔偿责任，不仅与贵州省高院“交强险不分责不分项”初衷相违背，也极易增加道德风险，违背公序良俗及公平原则，与立法目的相悖。

审理法院结合公平原则及相关法律《侵权责任法》规定采纳了无责方保险公司的意见，并简述了虽然交强险的设立是国家为了平衡机动车行驶这一高危行为的风险，但其初衷也并不等同于为醉酒驾驶等严重过错而自身受到损害的驾驶员分担风险。交强险不分责不分项，不能也不应当成为无视交通规则行为的“保护伞”。值得一提的是，该案作为贵州省首例第三人醉酒驾驶全责交强险不予赔偿的案件，这对提高驾驶人自身的注意义务、遵守道路交通规则，以及预防或减少交通事故的发生等方面起到了警示作用。

机动车保险中多车连环追尾情形下无责车辆保险人的赔偿责任

浙江省高级人民法院
（2019）浙民申3934号民事裁定书

（2019年12月16日）

浙江省杭州市中级人民法院
（2018）浙01民终9217号民事判决书

（2019年6月6日）

案·情

本案系某甲保险公司常州中心支公司在杭州市余杭区人民法院涉诉案件，经余杭区法院一审、杭州市中院二审及浙江省高级人民法院再审，判决某甲保险公司常州中心支公司在交强险无责限额内赔偿100元。

2016年10月31日，单某驾驶浙A沿沪蓉高速公路第三车道行驶，因刹车不及，不慎撞向前方王甲驾驶的浙B，浙B失控继而撞到前方胡某驾驶的皖N尾部。后范某驾驶苏D（某甲保险公司常州中心支公司承保交强险与商业第三者责任险）因疏于观察，撞向前方发生事故的由单某驾驶的浙A尾部，造成多车追尾连环事故。经交警队出具事故认定书，界定为两起事故，第一起事故中浙A全责，第二起事故中苏D全责。

事发后，涉浙B损失赔付事宜协商未果，其车辆所有人起诉至法院要求赔偿车辆修理费、拖车费等合计618,925元。

法院判决

（一）裁定

再审申请人（一审被告、二审被上诉人）：杭州某物流有限公司，住所地浙江省杭州市余杭区。

被申请人（一审被告、二审上诉人）：范某，男，1987年8月1日出生，汉族，住河南省周口市川汇区。

被申请人（一审被告）：江苏某塑业有限公司，住所地江苏省常州市安宁区。

被申请人（一审被告、二审被上诉人）：某甲保险公司常州中心支公司，住所地江苏省常州市天宁区。

被申请人（一审被告、二审被上诉人）：某乙保险公司六安市分公司，住所地安徽省六安市。

被申请人（一审被告、二审被上诉人）：某丙保险公司杭州中心支公司，住所地浙江省杭州市下城区。

被申请人（一审原告、二审被上诉人）：宁波某物流有限公司，住所地浙江省宁波市镇海区。

二审被上诉人（一审被告）：单某，男，1985年4月3日出生，汉族，住安徽省蒙城县。

再审申请人杭州某物流有限公司因与被申请人范某、江苏某塑业有限公司、某甲保险公司常州中心支公司、某乙保险公司六安市分公司、某丙保险公司杭州中心支公司、宁波某物流有限公司、二审被上诉人单某机动车交通事故责任纠纷一案，不服浙江省杭州市中级人民法院（2018）浙01民终9217号民事判决，依据《民事诉讼法》第二百条第一项、第二项、第六项及第十一项之规定，向法院申请再审。法院依法组成合议庭对该案进行了审查，现已审查终结。

再审审查期间，再审申请人提交了机动车行驶证复印件一份，拟证明皖SC5挂重型平板半挂车的所有人为蒙城县某物流有限公司。法院认为，因交警部门认定案涉重型平板半挂车存在套牌的违法行为，故该证据尚不足以认定案涉事故中单某所驾驶牵引车所牵引挂车的所有权人为蒙城县某物流有限公司，依法不予认定。综合本案审查情况，法院认为，原判决认定事实清楚，适用法律正确，审理程序及实体处理均无不当，再审申请人所提出的再审申请事由，均不能成立。

依照《民事诉讼法》第二百零四条第一款、最高人民法院《关于适用〈中华人民共和国民事诉讼法〉的解释》第三百九十五条第二款之规定，裁定如下：

驳回杭州某物流有限公司的再审申请。

（二）判决

上诉人（原审被告）：范某，男，1987年8月1日出生，汉族，住河南省周口市川汇区。

被上诉人（原审被告）：某甲保险公司常州中心支公司，住所地江苏省常州市天宁区。

被上诉人（原审原告）：宁波某物流有限公司，住所地浙江省宁波市镇海区。

被上诉人（原审被告）：某乙保险公司六安市分公司，住所地安徽省六安市。

被上诉人（原审被告）：杭州某物流有限公司，住所地浙江省杭州市余杭区。

被上诉人（原审被告）：某丙保险公司杭州中心支公司，住所地浙江省杭州市下城区。

被上诉人（原审被告）：江苏某塑业有限公司，住所地江苏省常州市天宁区。

被上诉人（原审被告）：单某，男，1985年4月3日出生，汉族，住安徽省蒙城县。

上诉人范某因与被上诉人某甲保险公司常州中心支公司（以下简称某甲保险公司）、宁波某物流有限公司、某乙保险公司六安市分公司（以下简称某乙保险公司）、杭州某物流有限公司、某丙保险公司杭州中心支公司（以下简称某丙保险公司）、江苏某塑业有限公司、单某机动车交通事故责任纠纷一案，不服杭州市余杭区人民法院（2017）浙0110民初16031号民事判决，向二审法院提起上诉。二审法院于2018年11月26日受理后，依法组成合议庭进行审理。本案现已审理终结。

原审法院认定：2016年10月31日6时50分许，单某驾驶浙A沿沪蓉高速公路第三车道行驶至沪蓉高速公路宁沪方向155公里+400米处时，对前方路况疏于观察，遇到情况刹车不及，车辆前部与前方王甲驾驶的浙B相撞，致王甲驾驶的车辆失控，车辆前部又撞到前方胡某驾驶的皖N的尾部。后范某驾驶苏D同向行驶至此路段，对前方路况疏于观察，遇有情况刹车不及，车辆前部撞上前方已发生事故由单某驾驶的浙A的尾部，车辆在碰撞过程中致王甲、单某、范某、案外人王乙、姜某受伤，车辆及货物损坏的交通事故。经公安交警部门调查认定，第一起事故中单某负事故全部责任，胡某、王甲、王乙、姜某不承担事故责任；第二起事故中范某负事故全部责任，单某不承担事故责任。宁波某物流有限公司因交通事故支出浙B修理费302,848元，支出浙B修理费49,500元。另查明，单某系浙A驾驶员，该车系杭州某物流有限公司所有，在某丙保险公司处投有交强险和商业险1,500,000元，保有不计免赔险，事故发生在保险期间内；苏D系江苏某塑业有限公司所有（实际由范某购买，并挂靠在江苏某塑业有限公司名下），该车在某甲保险公司处交强险和商业险500,000元，保有不计免赔险，事故发生在保险期间内；皖N重型半挂牵引车系六安市某运输服务有限公司所有，皖N挂重型平板半挂车系六安市某运输服务车队所有，两车均在某乙保险公司处投有保险，事故发生在保险期间内。又查明，原审法院（2017）浙0110民初19320号案件判决：（1）某丙保险公司于判决生效后10日内，在商业三者险范围内赔偿王甲70,000元。（2）某甲保险公司于判决生效后10日内，在商业三者险范围内赔偿王甲30,000元。（3）杭州某物流有限公司于判决生效后10日内，赔偿王甲61,340.29元。（4）范某于判决生效后10日内，赔偿王甲26,288.69元。（5）江苏某塑业有限公司就上述第二项判决承担连带赔偿责任。（6）驳回王甲其余的诉讼请求。宁波某物流有限公司于2017年9月14日起诉请求判令：杭州某物流有限公司、江苏某塑业有限公司、范某赔付宁波某物流有限公司车辆修理费424,000元、拖车费7500元、清排服务费1925元、评估费5500元、停运损失费180,000元（暂计算至2017年4月30日，要求计算至车辆修复完毕符合运营条件为止），以上共计618,925元；某丙保险公司、某甲保险公司、某乙保险公司在交强险及商业三者险范围内直接向宁波某物流有限公司赔付。

原审法院认为，当事人对自己提出的诉讼请求所依据的事实有责任提供证据加以证明。没有证据或者证据不足以证明当事人的事实主张的，由负有举证责任的当事人承担不利后果。该次交通事故，根据当事人的陈述及提供的有效证据，第一起事故中单某未遵守道路交通安全法律、法规规定，未按照操作规范安全驾驶，驾驶车辆对前方路况疏于观察，遇到情况刹车不及的违法过错行为是导致追尾王甲驾驶浙B事故发生的直接原因，应承担事故的全部责任，胡某、王甲、王乙、姜某不承担责任，事故责任原审法院予以确认。第二起事故中范某未遵守道路交通安全法律、法规规定，未按照操作规范安全驾驶，驾驶车辆对前方路况疏于观察，遇到情况刹车不及的违法过错行为是导致追尾单某驾驶浙A事故发生的直接原因，应承担事故的全部责任，单某不承担事故责任。关于该案赔偿，综合两起交通事故来看，单某驾驶浙A直接追尾宁波某物流有限公司车辆是导致事故发生及车辆遭受损失的主要原因；范某驾驶苏D追尾碰撞单某驾驶车辆，加重了事故中宁波某物流有限公司车辆损失的发生，是导致事故发生及车辆损失的次要原因。故原审法院酌定单某承担70％的民事赔偿责任，因单某系杭州某物流有限公司员工，发生交通事故系履行职务行为，民事赔偿责任由杭州某物流有限公司承担；某丙保险公司作为浙A的保险人在交强险和商业三者险保险范围内应依法予以赔付。原审法院酌定范某承担30％的民事赔偿责任，某甲保险公司作为苏D的保险人在交强险和商业三者险保险范围内应依法予以赔付。无证据表明江苏某塑业有限公司在该次交通事故中存在过错，故对宁波某物流有限公司要求江苏某塑业有限公司承担赔偿责任的主张，原审法院不予支持。考虑到该次交通事故中姜某、王甲伤残情况及肇事车辆商业保险情况，原审法院酌情分配商业三者险保险额度。经原审法院审查确认，该次诉讼的相关损失费用计算如下：（1）浙B定损金额，为30,2848元；（2）浙B挂定损金额，为49,500元；（3）拖车费7,500元；（4）清排服务费，为1,925元。以上合计为361,773元。本案具体赔付为:(1)交强险赔付，由某丙保险公司在交强险责任限额内依法赔付宁波某物流有限公司2000元；某甲保险公司在交强险责任限额内依法赔付宁波某物流有限公司2000元；某乙保险公司在交强险责任限额内依法赔付宁波某物流有限公司100元。(2)商业三者险赔付，由某丙保险公司在商业三者险范围内赔偿宁波某物流有限公司180,371.10元；由某甲保险公司在商业三者险范围内依法赔付宁波某物流有限公司77,301.90元。(3)侵权人赔付，由杭州某物流有限公司赔付宁波某物流有限公司70,000元；由范某赔付宁波某物流有限公司30,000元，江苏某塑业有限公司对范某民事赔偿承担连带责任。综上，宁波某物流有限公司诉请之合理部分，原审法院予以支持。据此，依照《侵权责任法》第六条、第十九条、第四十八条(《民法典》第一千一百六十五条、第一千二百零八条),《道路交通安全法》第七十六条，最高人民法院《关于审理道路交通事故损害赔偿案件适用法律若干问题的解释》第十五条，以及《民事诉讼法》第六十四条、第六十五条、第一百四十四条，最高人民法院《关于民事诉讼证据的若干规定》第二条之规定，判决:(1)某丙保险公司于判决生效后10日内，在交强险责任限额内赔偿宁波某物流有限公司2000元;(2)某甲保险公司于判决生效后10日内，在交强险责任限额内赔偿宁波某物流有限公司2000元;(3)某乙保险公司于判决生效后10日内，在交强险责任限额内赔偿宁波某物流有限公司100元;(4)某丙保险公司于判决生效后10日内，在商业三者险范围内赔偿宁波某物流有限公司180,371.10元;(5)某甲保险公司于判决生效后10日内，在商业三者险范围内赔偿宁波某物流有限公司77,301.90元;(6)杭州某物流有限公司于判决生效后10日内，赔偿宁波某物流有限公司70,000元;(7)范某于判决生效后10日内，赔偿宁波某物流有限公司30,000元;(8)江苏某塑业有限公司对上述第七项承担连带赔偿责任;(9)驳回宁波某物流有限公司其他诉讼请求。如果未按判决指定的期间履行给付金钱义务，应当按照《民事诉讼法》第二百五十三条之规定，加倍支付迟延履行期间的债务利息。案件受理费9990元，减半收取4995元，由宁波某物流有限公司负担2048元；由杭州某物流有限公司负担2048元；由范某负担899元。

宣判后，范某不服，向本院提起上诉称:原审法院查明事实不清、适用法律错误。该案事实为，2016年10月31日6时50分许，单某驾驶浙A沿沪蓉高速公路第三车道行驶至沪蓉高速公路宁沪方向155公里+400米处时，对前方路况疏于观察，遇到情况刹车不及，车辆前部与前方王甲驾驶的浙B相撞，致王甲驾驶的车辆失控，车辆前部又撞到前方胡某驾驶的皖N的尾部。后范某驾驶苏D同向行驶至此路段，对前方路况疏于观察，遇有情况刹车不及，车辆前部撞上前方已发生事故由单某驾驶的浙A的尾部，车辆在碰撞过程中致王甲、单某、范某、王乙、姜某受伤，车辆及货物损坏的交通事故。经公安交警部门的调查认定：第一起事故中单某负事故全部责任，胡某、王甲、王乙、姜某不承担事故责任；第二起事故中范某负事故全部责任，单某不承担事故责任。根据公安交警部门的事故认定书可确认以下事实：(1)该认定书明确了2016年10月31日发生的事故分为两起单独的事故，第一次事故为单某驾驶浙A与王甲驾驶的浙B发生相撞后王甲驾驶的浙B与胡某驾驶的皖N的尾部发生碰撞。第二次事故为范某驾驶苏D前部撞上前方已发生事故由单某驾驶的浙A的尾部。(2)该认定书明确了范某驾驶的车辆与单某驾驶的车辆发生碰撞后，单某驾驶的车辆未与王甲及胡某驾驶的车辆发生再次碰撞。(3)根据公安交警部门的原始笔录反映，范某驾驶的车辆与单某驾驶的车辆发生碰撞前，单某驾驶的车辆已进行了刹车，另从现场照片反映当时两次交通事故发生后单某驾驶的车辆与王甲驾驶的车辆之间至少存在3—5米的距离。因此从客观角度分析，第一次交通事故发生后，范某驾驶的车辆(为空载车辆)与单某驾驶的重载车辆发生第二次交通事故，范某的车辆不可能将单某驾驶的重载车辆并已踩了制动的车辆撞击后与王甲的驾驶车辆发生再次碰撞，退一万步讲就算范某驾驶的车辆与单某驾驶的车辆发生碰撞后单某的车辆再次与王甲的驾驶车辆发生碰撞，那么也不可能导致单某的车辆与王甲的车辆之间存在3—5米的距离，这完全与事实不符。况且根据交警部门的现场照片，范某驾驶的车辆与单某驾驶的车辆发生碰撞后是紧挨在一起的。故根据现行法律规定，王甲、胡某的车辆损失、人员损害与范某不存在任何的因果关系，范某没有实施任何的侵权行为，因此王甲、胡某的车辆损失、人员损害与范某无关，但是原审法院在未查明事实及未有任何合法有效的证据的前提下确认范某对于宁波某物流有限公司的车辆承担30%的赔偿责任，这明显系主观臆断的行为，于法无据，并且严重侵害了范某的合法权益。综上，范某请求撤销原审判决，驳回宁波某物流有限公司对范某的起诉。

被上诉人宁波某物流有限公司书面答辩称:(1)宁波某物流有限公司的车辆属于特种管控车,已被宁波市镇海区车管所锁定,未经报废不能注销宁波某物流有限公司的户头。该车辆既然推定全损,自然已无任何价值,某甲保险公司认为至少可以有15%的残值无事实和法律依据。(2)宁波某物流有限公司的车辆拖车费有正规票据,价格也合理,某甲保险公司并无相反的证据证明该费用不合理,应承担举证不能的后果。(3)关于范某、某甲保险公司与宁波某物流有限公司的车辆损害之间是否有因果关系以及应承担多少责任,由法院依据查明的事实和相关法律予以认定,宁波某物流有限公司不发表意见。

被上诉人某甲保险公司答辩称:一审判决认定事实不清,适用法律错误,请求撤销一审判决,并予以改判。

被上诉人杭州某物流有限公司答辩称:一审法院认定事实清楚,适用法律正确,请求驳回上诉,维持原判。

被上诉人某丙保险公司答辩称:一审法院认定事实清楚,适用法律正确,请求驳回上诉,维持原判。

被上诉人江苏某塑业有限公司答辩称:上诉人的上诉事实和理由确实充分,对于上诉人的上诉请求予以认同。

被上诉人单某答辩称:同杭州某物流有限公司的答辩意见一致,请求驳回上诉,维持原判。

被上诉人某乙保险公司未作答辩。

各方当事人均无新证据提供。

二审法院经审理,除对原审法院"又查明,原审法院(2017)浙0110民初19320号案件判决:(1)某丙保险公司于判决生效后10日内,在商业三者险范围内赔偿王甲70,000元。(2)某甲保险公司于判决生效后10日内,在商业三者险范围内赔偿王甲30,000元。(3)杭州某物流有限公司于判决生效后10日内,赔偿王甲61,340.29元。(4)范某于判决生效后10日内,赔偿王甲26,288.69元。(5)江苏某塑业有限公司就上述第二项判决承担连带赔偿责任。(6)驳回王甲其余的诉讼请求"一节事实不予认定外,其余查明的事实与原审法院认定的事实一致。

二审法院认为：根据案涉交通事故认定书记载，第一起事故中单某未遵守道路交通安全法律、法规规定，未按照操作规范安全驾驶，驾驶车辆对前方路况疏于观察，遇到情况刹车不及的违法过错行为是导致追尾王甲驾驶浙B事故发生的直接原因，应承担事故的全部责任，胡某、王甲、王乙、姜某不承担责任，事故责任二审法院予以确认；第二起事故中范某未遵守道路交通安全法律、法规规定，未按照操作规范安全驾驶，驾驶车辆对前方路况疏于观察，遇到情况刹车不及的违法过错行为是导致追尾单某驾驶浙A事故发生的直接原因，应承担事故的全部责任，单某不承担事故责任。且无证据证明第二次事故又对王甲驾驶浙B产生二次碰撞，加重了事故中宁波某物流有限公司车辆的损失，因此，范某驾驶车辆追尾碰撞单某驾驶车辆的行为，与宁波某物流有限公司车辆的损失并无直接的因果关系，范某对宁波某物流有限公司车辆的损失无需承担赔偿责任，应由浙A的驾驶员单某承担民事赔偿责任，因单某系杭州某物流有限公司员工，发生交通事故系履行职务行为，民事赔偿责任由杭州某物流有限公司承担；某丙保险公司作为浙A的保险人在交强险和商业三者险保险范围内应依法予以赔付。考虑到该次交通事故中姜某、王甲伤残情况及肇事车辆商业保险情况，二审法院酌情分配商业三者险保险额度。经审查确认，该次诉讼的相关损失费用计算如下：(1)浙B定损金额，为302,848元；(2)浙B挂定损金额，为49,500元；(3)拖车费为7500元；(4)清排服务费，为1925元。以上合计为361,773元。该案具体赔付为：(1)交强险赔付，由某丙保险公司在交强险责任限额内依法赔付宁波某物流有限公司2000元；某甲保险公司在交强险责任限额内依法赔付宁波某物流有限公司100元；某乙保险公司在交强险责任限额内依法赔付宁波某物流有限公司100元。(2)商业三者险赔付，由某丙保险公司在商业险范围内赔偿宁波某物流有限公司225,000元(1,500,000元×15%)。(3)侵权人赔付，由杭州某物流有限公司赔付宁波某物流有限公司134,573元。综上，依照《民事诉讼法》第一百七十条第一款第二项之规定，判决如下：

(1)维持杭州市余杭区人民法院(2017)浙0110民初16031号民事判决第一、三项，即第一项某丙保险公司于判决生效后10日内，在交强险责任限额内赔偿宁波某物流有限公司2000元；第三项某乙保险公司于判决生效后10日内，在交强险责任限额内赔偿宁波某物流有限公司100元。

（2）撤销杭州市余杭区人民法院（2017）浙0110民初16031号民事判决第二、四、五、六、七、八、九项。

（3）某甲保险公司于本判决生效后10日内，在交强险责任限额内赔偿宁波某物流有限公司100元。

（4）某丙保险公司于本判决生效后10日内，在商业三者险范围内赔偿宁波某物流有限公司225,000元。

（5）杭州某物流有限公司于本判决生效后10日内，赔偿宁波某物流有限公司134,573元。

（6）驳回宁波某物流有限公司其他诉讼请求。

如果未按该判决指定的期间履行给付金钱义务，应当按照《民事诉讼法》第二百五十三条之规定，加倍支付迟延履行期间的债务利息。

一审案件受理费9990元，减半收取4995元，由宁波某物流有限公司负担2048元；由杭州某物流有限公司负担2947元。二审案件受理费1798元，由杭州某物流有限公司负担。上诉人范某于该判决生效之日起15日内来二审法院退费。被上诉人杭州某物流有限公司该本判决生效之日起10日内，向二审法院交纳应负担的诉讼费。

该判决为终审判决。

评·析

本案争议焦点在于多车连环追尾、交警界定两次交通事故前提下，对浙B车辆损失赔偿责任应当如何划分。

本案系四车追尾、界定两起事故。第一起，浙A（第三辆车）承担全部责任；第二起，苏D（第四辆车）承担全部责任。其中，浙B（第二辆车）就其车辆损失向浙A车辆所有人及其保险人提起侵权之诉，苏D车辆所有人及保险人（某甲保险公司常州中心支公司）被追加共同被告参与诉讼。

一审期间，为客观有效还原案件事实，苏D保险人（某甲保险公司）向涉案交警队调取了事故全部卷宗材料（包括但不限于相关人员笔录、现场照片及草图），并作为证据提交，主张无责抗辩。经审理，对浙B损失赔偿责任，酌定浙A承担70%、苏D承担30%，后苏D保险人（某甲保险公司）不服判决向杭州中院提起上诉。

二审期间，苏D保险人（某甲保险公司）针对一审酌定30%责任异议，就无责抗辩进行针对性阐述与论证。

首先，事故认定书未载明第二起事故中浙B（第二辆车）存在二次碰撞且结合事故各方当事人陈述与笔录，第二起事故仅存在一次撞击且与浙B无关。

其次，据交警队调取现场照片所显示车辆位置、散落零件等，可判断浙A（第三辆车）被二次撞击后未发生位移，即对浙B不存在二次撞击。

最后，通过对比浙A与苏D（第四辆车）体积与重量等差异（浙A系大型主挂车、车身十余米且载货、苏D系轻型蓝牌货车且空载），可判断苏D追尾浙A力度很难传递至浙A车首，即造成浙A位移可能性极小。

庭审结束后，苏D保险人（某甲保险公司）补充代理意见并与二审法官充分磋商，因无依据佐证第二起事故加重浙B损失，认定苏D追尾浙A行为，与浙B损失无直接因果关系，应由第一起事故中浙A承担全部责任。最终，法院撤销一审判决，改判苏D保险人（某甲保险公司）在无责限额内承担100元赔偿责任。

此后，浙A所有人不服二审改判，向浙江省高级人民法院申请再审被驳回。

通过本案处理，集中体现遇重大复杂事故时，全面多元分析、合理举证并予充分论证的重要性，以最大限度还原案件事实，方有效获裁判认可。

交强险中被保险人无责受害人责任不明情形下保险人的赔偿责任

广东省深圳市福田区人民法院
（2018）粤0304民初31546号民事判决书

（2019年1月14日）

案·情

2017年11月17日14时6分许，韦甲（本案死者）在滨海沙河立交东人行天桥坠落后，被行驶至此路段由被告谢甲驾驶的粤BXF号小型客车碾压并拖行离事发地25米远，事故造成韦甲当场死亡、粤BXF号小型客车车辆受损。在公安机关委托下，广东某司法鉴定所于2018年1月16日出具的鉴定意见为死者韦甲死亡原因符合高坠致重型颅脑损伤及胸、腹腔多脏器严重损伤死亡。深圳市公安局交通警察支队某大队于2018年4月9日出具《道路交通事故证明》注明："谢甲没有导致此事故发生的过错；行人韦甲从人行天桥上坠落到滨海大道的机动车道上，其坠落原因不明。因此，导致此事故发生的成因无法查清。"死者家属韦乙于2018年7月18日向广东省深圳市福田区人民法院提起诉讼，请求法院按同等责任判决各被告赔偿人伤损失601,360元。广东省深圳市福田区人民法院于2018年11月30日对此案进行了开庭审理，于2019年1月14日作出判决，认定被告谢甲对事故的发生无过错无需承担赔偿责任；判决被告某保险公司深圳分公司在交强险无责限额内赔偿原告韦乙等11,000元；驳回原告韦乙的其他请求。

法院判决

原告（被反诉人）韦乙，男，壮族，1988年6月13日出生，住址广西大化瑶族自治县。

原告（被反诉人）韦丙，男，壮族，1937年9月12日出生，住址广西大化瑶族自治县。

原告（被反诉人）蓝甲，女，壮族，1941年9月12日出生，住址广西大化瑶族自治县。

原告（被反诉人）蓝乙，女，壮族，1968年8月20日出生，住址广西大化瑶族自治县。

原告（被反诉人）韦丁，女，壮族，1992年3月4日出生，住址广西大化瑶族自治县。

原告（被反诉人）韦乙为韦丙、蓝甲孙子，为蓝乙儿子，为韦丁哥哥。

被告谢乙，男，汉族，1953年8月7日出生，住址广东省深圳市罗湖区。

被告（反诉人）谢甲，男，汉族，1961年9月16日出生，住址湖北省宜昌市夷陵区。

被告某保险公司深圳分公司，住所深圳市福田区。

原告韦乙、韦丙、蓝甲、蓝乙、韦丁诉被告谢乙、谢甲、某保险公司深圳分公司生命权纠纷一案，法院于2018年7月18日立案受理后，被告谢甲于2018年9月9日向法院提起反诉，法院予以受理。法院依法适用普通程序，于2018年11月30日两次公开开庭进行了审理。四原告共同委托代理人韦乙，被告委托代理人谢乙，被告谢甲，被告某保险公司深圳分公司委托代理人到庭参加诉讼。该案现已审理终结。

原告向法院提出诉讼请求：（1）被告支付住宿费、交通费、误工费27,000元（150×180）；（2）被告支付丧葬费44,880元（7480×6）；（3）被告赔偿原告精神损害抚慰金100,000元；（4）被告支付死亡赔偿金409,480元（818,960×0.5）；以上各项合计601,360元，由三被告承担连带清偿责任；（5）由被告承担诉讼费用。

事实和理由：2017年11月17日14时6分许，原告韦乙父亲韦甲（本案死者）

在滨海沙河立交东人行天桥坠落后(坠落原因不明,事发前刚刚升职没多久,当天早上8时下班),被行驶至此路段由被告谢甲驾驶的粤BXF号小型客车碾压并拖行离事发地25米远,造成韦甲当场死亡。由于广东某鉴定机构在进行死因鉴定时,没有相关证据作为参考,对韦甲被汽车碾压拖行25米的事实并不知情,故作出了与汽车无关的结论。就此,原告曾多次前往鉴定机构的上一级部门深圳市司法局寻求书面解释。为此,广东某鉴定机构表示愿意出庭当面解释。因此,深圳市某交警大队经过长达5个月的调查取证,于2018年4月9日作出了交通事故责任无法认定处理的决定,并出具道路交通事故证明。在该交通事故中,由于被告谢甲事发前未能注意路面动态安全驾驶,事发时未能采取紧急制动措施,导致韦甲被汽车碾压后再拖行25米远,造成韦甲当场死亡。(事发天桥共有三块交通指示牌,而韦甲坠落的位置正好在交通指示牌上。由此可见,被告谢甲并没有做到安全驾驶、防御性驾驶。另外,根据南某鉴定机构的车辆速度鉴定作为参考,刹停最大距离应为17.7米,而实际上拖行了25米),被告的交通肇事造成原告方的经济损失费达数十万余元。根据《道路交通安全法》第七十六条的规定,被告某保险公司深圳分公司作为保险人,应当在保险限额内首先对原告的损失承担责任,超过限额部分由被告谢甲按照过错比例承担责任。但是,由于被告谢甲驾驶车辆的行为系职务行为,因此,其行为的后果应当由实际车主谢乙承担责任。被告谢乙作为登记车主,则应当对实际车主的上述责任承担连带清偿责任。综上所述,原告认为,公民的生命权、身体权、健康权应受法律保护,侵害公民的生命权、身体权、健康权的应承担相应的法律责任。既然交警作出责任无法认定,按照公平原则,双方应各承担同等责任。望判如所诉。

被告谢乙辩称,被告谢甲为其的弟弟,车挂在其名下,车辆实际使用人是被告谢甲。

被告谢甲辩称,2017年11月17日14时6分许,其驾驶粤BXF号小型普通客车在滨海由东往西方向行驶至南山区滨海沙河东人行天桥路段正常行驶时,韦甲突然从桥上跳下,其躲避不及与其发生碰撞事故。深圳市公安局交通警察支队某大队于2018年4月9日作出道路交通事故证明书,经调查取证后,作出“谢甲没有导致此事故发生的过错,行人韦甲从人行天桥上坠落到滨海的机动车道上，其坠落（他杀、意外失足或故意行为）的原因不明”的认定。首先，该小型普通客车的车主为被告谢乙，其与谢甲系亲兄弟，该车系谢甲向谢乙所借用于经营。此次交通事故，因韦甲的坠落行为（不排除其有故意自杀之可能），直接造成谢甲所驾驶车辆部分毁损，谢甲为此承担了5000元的车辆维修费。该费用理应由侵权人韦甲承担，但鉴于其已意外身故，故应由其直系亲属，亦即五原告承担。其次，该道路交通事故证明书只是认为事故的成因（他杀、意外失足或故意行为）无法查清，但无论成因如何，均不影响谢甲对本次事故发生无过错无须承担责任的认定。而五原告在明知上述文书认定结论的前提下依然提起索赔诉讼，且在起诉时有意曲解该交通事故证明书的语义，并不提交该证明书供法院查明事实真相，属于恶意索赔诉讼。谢甲因上述事故导致车辆被交管部门扣留时间长达74天之久，导致我方无法使用收益。最后，谢甲认为韦甲从人行天桥上坠落至机动车道内，实施了妨碍道路交通安全的其他行为，俨然违反了《道路交通安全法》第六十三条之规定，其过错行为是导致此事故发生的直接原因。事发路段人行天桥均设有防护栏，栏高1.2米，且护栏距离桥面外侧边缘0.65米，在如此严护的条件下，韦甲还能坠落至机动车道内，其有理由相信韦甲系故意自杀。而韦甲不顾他人安危，翻越护栏纵身跃入机动车道的行为，严重干扰了谢甲的正常行驶，若谢甲事发后稍有处理不慎，极有可能造成与其他车辆碰撞二次严重意外的发生，给谢甲及车内乘客（当时车内载有2人）带来更加难以估量的损失甚至车毁人亡。韦甲的行为给谢甲造成了心理上极大不适，导致谢甲一直处于极大的心理阴影中，至今无法驾车工作。更有甚者，在韦甲之违法行为已经给谢甲造成巨大生理和心理的伤害之后，其直系亲属还枉顾深圳市公安局交通警察支队某大队对这起交通事故的责任认定，恶意提起诉讼，给其造成极大的诉累，作为直接侵权人韦甲的直系亲属，五原告应向谢甲赔偿精神损害费用50,000元。

被告某保险公司深圳分公司辩称，(1)该案受害人死亡与车辆碾压之间没有因果关系，被告无须对受害人的死亡承担法律责任，原告的各项请求依法应予以驳回。根据《侵权责任法》的规定，承担侵权责任的前提是侵权行为与损害后果之间存在因果关系，该案中，由公安机关委托，广东某司法鉴定所出具的司法鉴定意见书中明确记载死者韦甲死亡原因符合高坠致重型颅脑损伤及胸、腹腔多脏器严重损伤死亡，可见死者的死亡是其从天桥坠下所致，与车辆碾压无关。要求被告承担侵权责任缺乏必要的构成要件。(2)司机在事故中没有任何过错，依法亦无须承担赔偿责任。根据《侵权责任法》第六条规定，行为人因过错侵害他人民事权益，应当承担侵权责任。可见行为人存在过错是承担侵权责任的构成要件，而该案中，交警部门出具的道路交通事故证明明确记载司机“谢甲没有导致此事故发生的过错”，也即该案被告不存在任何过错，因此也无须承担赔偿责任。(3)该案事故的发生是死者本人过错所致，死者本人应承担全部责任。根据道路交通事故证明的记载韦甲从滨海沙河东人行天桥上面坠落，其坠落的原因不明，是他杀、意外失足还是故意行为？如果是他杀，则死者死亡系第三人侵权所致，与该案被告无关，而公安机关经过半年多的侦查都没有找到他杀的相关证据，可见他杀可能性较小；那么该案更大可能是死者意外失足或者自杀，事发天桥两侧均有高达1.2米的护栏，且护栏距离桥面外侧尚有0.65米，天桥下面是城市快速路，路上是川流不息的快速驶过的汽车，一个具备完全民事行为能力的成年人应该也必须认识到攀爬护栏的危险，不管是意外失足还是故意，其越过护栏的行为就已经是严重过错，由其自身过错所导致的损失应当由其自行承担。(4)该案不能适用原告所主张的公平原则，被告也无须基于公平原则而承担任何赔偿责任。原告所主张的公平原则没有法律依据，而根据《侵权责任法》第二十四条的规定，受害人和行为人对损害的发生都没有过错的，可以根据实际情况，由双方分担损失。该案中，行为人及司机没有任何过错，但受害人具有明显且严重的过错，因此，也不能适用该法律规定由双方分担损失。综上所述，该案死者死亡与车辆碾压之间没有因果关系，且司机对于事故发生没有任何过错，事故系由死者本人过错所致，依照法律规定，司机无须承担任何赔偿责任。

被告(反诉人)谢甲向法院提出反诉请求：(1)五反诉被告共同赔偿反诉原告车辆维修费5000元；(2)五反诉被告共同赔偿反诉原告经营损失合计60,000元；(3)五反诉被告共同赔偿反诉原告精神损失费50,000元，以上三项合计115,000元；(4)本诉及反诉的诉讼费用由五反诉被告共同承担。庭审时，反诉人明确反诉案由为机动车交通事故责任纠纷。

反诉事实和理由：同被告(反诉人)谢甲对本诉的答辩意见。

五原告(被反诉人)辩称,(1)谢甲在反诉中提到车子是他借用来经营的。另外,谢甲说当时车内载有2名乘客,这一点也符合他所说的用来经营。但是在车辆行驶证上注明的是“非营运”,车辆保险单上注明的也是“非营运”。众所周知,将“非营运”的车辆用来经营,已经违反了《道路运输条例》第六十四条。这说明司机谢甲已经存在过错。(2)谢甲主张韦甲是故意行为。我国法律讲究“谁主张、谁举证”,原告家属也想知道前因后果。从事发到现在,将近一年的时候,就深圳目前的监控设施,交警和派出所不可能查不出来。(3)原告和派出所工作人员也去过韦甲生前的工作单位,韦甲的同事说他为人很好,乐观开朗,热爱跑步,和同事关系良好,工作勤勤恳恳,最近还刚刚升职加薪。当天早上还上班,下午就出了事故,他们觉得也很不可思议。原告家庭情感和睦,而且事发之前经济条件也算自给自足。相信派出所和交警也有过调查,不然也不会无法查清成因。鉴定机构在韦甲的血液里检测出了酒精。唯一的解释是韦甲当时醉酒了,出现幻觉或者其他原因不慎坠落。死因鉴定结论这一块,有很大的疑点。原告咨询过曾经在武装部的领导,他们说很大一种可能性是鉴定机构被干扰了。首先,为何所有的鉴定报告都是由南某司法鉴定所出具的,然后唯独死因鉴定这一块是过了几天之后,由另外一家鉴定机构进行鉴定。其次,做死因鉴定的广东某司法鉴定所,为何出具鉴定结论的时候断定与汽车无关?随后过了一段时间又出具了一份复函,提到确实与汽车存在碰撞碾压?最后,既然证明确实与车辆存在碰撞碾压,而且整个过程先后不到一秒钟的时间,为何鉴定机构就作出了“生活反应不明显”的断定。其去过深圳市司法局,他们也提出了质疑,但表示如果有证据证明鉴定机构违规,他们才能介入。司法局工作人员当着原告的面打了电话给广东某司法鉴定所,鉴定所的人员表示想要撤回鉴定结论,而某交警大队拒绝撤回。为此,原告找到某交警大队事故中队,但表示鉴定报告是权威性的,哪能说撤回就撤回。既然是权威性的,为何第一次出结论的时候没有提到与车辆有关?然后又出具了一份复函,承认确实与车辆存在碰撞刮擦和轮胎印痕?(4)如果不是鉴定机构被干扰,为何到了2018年4月9日才通知原告家属处理尸体?中间将近5个月的时间,有什么不可告人的秘密吗?其间,原告家属提出异议,想要自己找第三方进行尸检,为何又不允许。又为何限制原告家属在14日内处理尸体？对鉴定机构存在的疑问提出书面申请，为何只是口头回复而拒绝书面回复？

被告谢乙辩称，对反诉内容没有意见。

被告某保险公司深圳分公司辩称，对反诉内容没有意见。

经审理查明，2017年11月17日，韦甲从南山区滨海沙河东人行天桥上面的东侧坠落至滨海大道东往西方向右侧第二机动车道内，坠落着地后，其身体被沿滨海大道东往西方向行驶至该路段由谢甲驾驶的粤BXF号小型普通客车的车辆底部碰撞碾压，造成韦甲当场死亡的道路交通事故。

2017年11月20日，深圳市公安局交通警察支队某大队委托南某司法鉴定所对粤BXF号小型普通客车安全技术状况进行静态检验鉴定。2017年11月24日，南某司法鉴定所出具一份痕迹司法鉴定意见书，鉴定意见为粤BXF号车辆转向系、制动系、行驶系、照明信号装置未见安全隐患。

2017年11月21日，深圳市公安局交通警察支队某大队委托南某司法鉴定所对粤BXF号小型普通客车、韦甲碰撞痕迹进行鉴定。2018年1月17日，南某司法鉴定所出具一份痕迹司法鉴定意见书，鉴定意见为，(1)死者韦甲身体损伤痕迹，符合事故发生时，韦甲处于倒卧状态，其身体与粤BXF号小型普通客车底盘及地面接触碰撞刮擦可以形成。(2)粤BXF号小型普通客车前保险杠下饰板左前侧刮擦痕迹上附着的蓝色纤维，与死者韦甲蓝色外裤纤维，二者颜色、光泽、形态均相符。(3)粤BXF号小型普通客车左后轮里侧部件刮擦痕迹上附着的毛发，与死者韦甲头发，二者发色、光泽、形态均相符。

2017年11月23日，深圳市公安局交通警察支队某大队委托广东某司法鉴定所对韦甲死亡原因进行鉴定。2018年1月16日，广东某司法鉴定所出具一份司法鉴定意见书，鉴定意见为死者韦甲死亡原因符合高坠致重型颅脑损伤及胸、腹腔多脏器严重损伤(多发性肋骨骨折、心脏挫伤、肺挫裂伤、肝挫裂伤)死亡。

2018年4月9日，深圳市公安局交通警察支队某大队出具一份道路交通事故证明，载明，调查交通事故得到的事实:(1)道路交通事故发生经过。2017年11月17日14时6分许，韦甲从南山区滨海沙河东人行天桥(桥的两侧均设置有防护栏，护栏高1.2米，护栏距离桥面外侧边缘0.65米，天桥下沿距滨海大都路面高7.5米)上面的东侧坠落至滨海大道东往西方向右侧第二机动车道内,坠落着地后,其身体被沿滨海大道东往西方向行驶至该路段由谢甲驾驶的粤BXF号小型普通客车的车辆底部碰撞碾压,造成韦甲当场死亡的道路交通事故。(2)道路交通事故证据及事故形成原因的分析。根据道路交通事故现场图、现场勘查笔录、现场照片、询问笔录、证人证言、痕迹司法鉴定意见书、车辆性能检验鉴定、广东中某司法鉴定所法医病理司法鉴定意见书以及视频监控资料等有关证据证明。经调查取证:谢甲没有导致此事故发生的过错;行人韦甲从人行天桥上坠落到滨海的机动车道上,其坠落(他杀、意外失足或故意行为)的原因不明。因此,导致此事故发生的成因无法查清。

原告对广东某司法鉴定所的鉴定结论及交通事故认定书中事故经过第二条及结论有异议,但主张该事故认定书证明死者从桥上坠落的原因不清楚。被告某保险公司深圳分公司主张事故认定书中载明被告谢甲没有导致该案事故发生的过错,无论是他杀、意外失足或故意行为,被告谢甲都对该次事故无责任。被告谢甲主张经鉴定其所驾驶的粤BXF号小型普通客车无任何安全隐患,对该次事故的发生无过错。

粤BXF号车登记在被告谢乙名下,事故发生时由被告谢甲驾驶。粤BXF号车在被告某保险公司深圳分公司处投保了交强险和300,000元商业第三者险,事故发生时处于上述保险的保险期限内。

被告谢甲主张事故造成车辆受损,被告某保险公司深圳分公司不予赔偿,所以没去4S店维修,而是找的小维修厂维修,刷卡支付的维修费用,未提交证据证明产生了维修费。被告某保险公司深圳分公司庭后提交说明称因事故证明中载明被告谢甲无过错,谢甲事后也未要求对车辆损失定损,故未对粤BXF号车的车辆损失进行定损。

法院认为,该案本诉为生命权纠纷,五原告主张应由三被告承担侵权责任。道路交通事故证明中载明,被告谢甲没有导致此事故发生的过错,原告不认可事故认定书中的结论,但未能提交相反证据予以反驳,故法院依法采信该道路交通事故证明,被告谢甲对事故的发生无过错。原告请求被告按照公平原则承担责任。根据《侵权责任法》第二十四条(《民法典》第一千一百八十六条)的规定,受害人和行为人对损害的发生都没有过错的,依照法律的规定由双方分担损失。但道路交通事故证明中未载明受害人即韦甲对事故的发生没有过错，故该案不适用公平原则。原告请求被告谢甲、谢乙承担赔偿责任的主张，法院不予支持。因被告谢甲不负事故责任，故被告某保险公司深圳分公司应在交强险无责范围内赔偿五原告。

经法院核算，丧葬费，法院按《广东省2018年度人身损害赔偿计算标准》中深圳市国有单位在岗职工年平均工资计算为75,222元（150,444÷12×6），仅该项已超过交强险无责赔偿限额，故被告某保险公司深圳分公司应在交强险无责限额内赔偿五原告11,000元。其余费用由原告自行承担。

被告谢甲请求原告支付车辆维修费、经营损失，但未提交证据证明有上述损失产生，该请求无事实依据，法院不予支持。被告谢甲请求原告支付精神损失费，根据最高人民法院《关于确定民事侵权精神损害赔偿责任若干问题的解释》的有关规定，因侵权致人精神损害，但未造成严重后果，受害人请求赔偿精神损害的，一般不予支持。被告谢甲未提交证据证明因侵权造成其精神损害并遭受了严重后果，该请求本院不予支持。

综上所述，依照《机动车交通事故责任强制保险条例》第二十三条，最高人民法院《关于审理人身损害赔偿案件适用法律若干问题的解释》第二十七条、第三十五条，《民事诉讼法》第六十四条第一款、第一百四十二条规定，判决如下：

（1）被告某保险公司深圳分公司应于本判决发生法律效力之日起10日内赔偿原告韦乙、韦丙、蓝甲、蓝乙、韦丁11,000元；

（2）驳回原告韦乙、韦丙、蓝甲、蓝乙、韦丁的其他诉讼请求；

（3）驳回被告谢甲的全部反诉请求。

如果未按该判决指定的期间履行上述金钱给付义务，应当依照《民事诉讼法》第二百五十三条之规定，加倍支付迟延履行期间的债务利息。

该案本诉案件受理费3507元（法院准许原告予以免交），由被告某保险公司深圳分公司负担63元，五原告负担3444元（法院准许原告予以免交）；反诉受理费2,600元（已由被告谢甲预交），由被告谢甲负担。

如不服该判决，可在判决书送达之日起十五日内向法院递交上诉状，并按对方当事人的人数提出副本，上诉于广东省深圳市中级人民法院，并应在收到预交上诉费通知之日起七日内预交上诉案件受理费。逾期不交的，按自动撤回上诉处理。

评·析

本案争议焦点为：交警认定事故发生的成因无法查清，各当事人应当如何承担赔偿责任？

依照我国法规，道路交通事故的主管机关是公安机关。作出交通事故责任认定公安机关处理交通事故的主要职责之一，根据《道路交通事故处理程序规定》第六十条第一款“公安机关交通管理部门应当根据当事人的行为对发生道路交通事故所起的作用以及过错的严重程度，确定当事人的责任”；第六十七条“道路交通事故基本事实无法查清、成因无法判定的，公安机关交通管理部门应当出具道路交通事故证明，载明道路交通事故发生的时间、地点、当事人情况及调查得到的事实，分别送达当事人，并告知申请复核、调解和提起民事诉讼的权利、期限”之规定，公安机关需向当事各方送达《道路交通事故认定书》或《道路交通事故证明》，如果当事人在事故中过错明确，则需相应承担的责任情形有全部责任、主要责任、同等责任、次要责任及无责任；如果当事人在事故中责任不能明确的则记为事故责任无法认定，但不论哪种情况，交通事故责任认定都是损害赔偿进行调解的前提和基础，也是在当事人提起的民事损害赔偿诉讼中极为重要的证据形式。在实际中不乏公安机关不能确认事故成因以及事故责任无法认定的案例，在司法实践中，针对交通事故责任无法认定的情形，任何当事一方均需收集相关证据证明对方存在过错的程度，如果双方都存在过错，责任按过错原则分担；如均无过错，则依据《民法典》第四条“民事活动应当遵循自愿、公平、等价有偿、诚实信用的原则”，以及《民法典》第一千一百八十六条“受害人和行为人对损害的发生都没有过错的，依照法律的规定由双方分担损失”规定由双方承担公平责任。

本案中深圳市公安局交通警察支队某大队出具的《道路交通事故证明》中对于本次交通事故的形成分析记载为“经调查取证，谢甲没有导致此事故发生的过错，行人韦甲从天桥坠落到机动车道上，其坠落（他杀、意外失足或故意行为）的原因不明，因此，导致此事故发生的成因无法查清”，这里写了事故成因无法查清，按照广东省高级人民法院、广东省公安厅《关于〈道路交通安全法〉施行后处理道路交通事故案件若干问题的意见》第二十条规定“根据当事人提供的证据难以认定交通事故责任或当事人的过错的，人民法院可按如下规则确定当事人的民事责任：（1）机动车与机动车发生交通事故的，由事故各方承担同等民事责任。（2）机动车与非机动车驾驶人、行人发生交通事故的，由机动车方承担全部民事责任。（3）非机动车之间、非机动车与行人之间发生交通事故的，由事故各方承担同等民事责任”，本案被告谢甲为机动车驾驶人，死者韦甲为行人，是否可以按上述规定的难以认定交通事故责任的第二种情形判定被告谢甲承担全部民事责任呢？或者，根据《民法典》第一千一百八十六条“受害人和行为人对损害的发生都没有过错的，依照法律的规定由双方分担损失”之规定，即按照公平原则，由被告谢甲也应当承担同等事故责任呢？需要注意的是，本案中事故成因无法查清并不能简单的等同于事故责任无法认定，关键在于交警出具的《道路交通事故证明》中同时载明了“经调查取证，谢甲没有导致此事故发生的过错”，这里的“没有过错”包含了两方面的信息：一是从被告谢甲自身角度来说，其在正常行驶过程中，必然不可能预料到会有行人从天桥坠落并与车辆发生碰撞，即事故是偶然发生的，具有不可预见性，在碰撞发生前后整个过程中，不存在其无证驾驶、肇事逃逸或破坏现场等违法行为；二是从客观角度来说，死者韦甲直接的死亡原因经司法鉴定所鉴定为“符合高坠致重型颅脑损伤及胸、腹腔多脏器严重损伤死亡”，由此可推定其从天桥坠落路面后，不论是否与车辆发生碰撞，其死亡后果已经明确，即死者韦甲从天桥坠落与死者韦甲与车辆发生碰撞是两个独立的事件，姑且不论其坠桥原因为何，《道路交通事故证明》中已然明确了被告谢甲在本次交通事故中没有过错，属于无责任情形。至于死者韦甲是否存在过错，法院采纳了被告某保险公司深圳分公司的答辩主张，即如果死者韦甲死亡原因系他杀，则死者死亡系第三人侵权所致，与各被告无关；如果是死者系意外失足或自杀，则其明显存在过错，因为作为一个具备完全民事行为能力的成年人，在事发天桥两侧均有高达1.2米的护栏，且护栏距离桥面外侧尚0.65米的情况下，死者韦甲应该也必须认识到攀爬护栏的危险，桥下为快速行车干道，如果突然坠落路面则极有可能引发其他交通事故（事实也证明了会引发交通事故）。本案中原告方亦未能举证死者韦甲在事故中不存在过错，根据最高人民法院《关于民事诉讼证据的若干规定》第二条“当事人对自己提出的诉讼请求所依据的事实或者反驳对方诉讼请求所依据的事实有责任提供证据加以证明。没有证据或者证据不足以证明当事人的事实主张的，由负有举证责任的当事人承担不利后果”。所以本案不适用双方均无过错的责任公平分担原则。根据《机动车交通事故责任强制保险条款》保险责任第八条“在中华人民共和国境内（不含港、澳、台地区），被保险人在使用被保险机动车过程中发生交通事故，致使受害人遭受人身伤亡或者财产损失，依法应当由被保险人承担的损害赔偿责任，保险人按照交强险合同的约定对每次事故在下列赔偿限额内负责赔偿：（一）死亡伤残赔偿限额为110,000元；（二）医疗费用赔偿限额为10,000元；（三）财产损失赔偿限额为2000元；（四）被保险人无责任时，无责任死亡伤残赔偿限额为11,000元；无责任医疗费用赔偿限额为1000元；无责任财产损失赔偿限额为100元”，法院最终判决被告谢甲所驾驶车辆的交强险承保公司在交强险无责任限额内承担赔偿11,000元。

后·记

《2020年度保险诉讼典型案例报告》如期与读者见面了。

人保财险、太保产险、太平财险、平安产险、大地保险、中国信保、中华保险、永安保险、中银保险、中煤保险、安盛天平、三星财险、泰康在线、东海航运、华泰财险、国任财险、亚太财险、富德产险、京东安联财险等财产保险公司和人保寿险、泰康人寿、新华人寿、中荷人寿、国华人寿、大都会人寿、友邦保险、同方全球人寿、民生保险等人身保险公司以及太保集团提供了大力支持，各位编委在繁忙的工作之余付出艰辛的劳动，法律出版社编辑赵明霞女士为本书付诸了大量心血，在此，谨表感谢。

2019年，我国保险业原保险保费收入达42,645亿元，其中，产险业务原保险保费收入11,649亿元；寿险业务原保险保费收入22,754亿元；健康险业务原保险保费收入7066亿元；意外险业务原保险保费收入1175亿元。

2019年，我国保险业赔款和给付支出达12,894亿元，其中，产险业务赔款6502亿元；寿险业务给付3743亿元；健康险业务赔款和给付2351亿元；意外险业务赔款298亿元。我国保险业总资产达205,645亿元，资金运用余额为185,271亿元。我国保险业在现代金融、社会保障、农业保障、防灾减灾、社会管理等五大体系中发挥着越来越重要的作用。

我们真诚地希望，本书的出版能为保险业的持续健康发展贡献力量。

由于时间仓促，水平有限，本书不足之处，敬请批评指正。

本书编委会